As pessoas da Idade Média

Dados Internacionais de Catalogação na Publicação (CIP)
(Câmara Brasileira do Livro, SP, Brasil)

Fossier, Robert
As pessoas da Idade Média / Robert Fossier ; tradução de Maria Ferreira. – Petrópolis, RJ : Vozes, 2018.

Título original : Ces gens du moyen âge.

1ª reimpressão, 2018.

ISBN 978-85-326-5746-6

1. Civilização medieval 2. Europa – Condições sociais 3. Europa – Usos e costumes 4. Idade Média – História I. Ferreira, Maria. II. Título.

18-13234   CDD-940.1

Índices para catálogo sistemático:
1. Civilização medieval : História   940.1

Robert Fossier

As pessoas da Idade Média

Tradução de Maria Ferreira

EDITORA
VOZES

Petrópolis

© Librairie Arthème Fayard, 2007.

Título do original em francês: *Ces gens du moyen âge*

Direitos de publicação em língua portuguesa – Brasil:
2018, Editora Vozes Ltda.
Rua Frei Luís, 100
25689-900 Petrópolis, RJ
www.vozes.com.br
Brasil

Todos os direitos reservados. Nenhuma parte desta obra poderá ser reproduzida ou transmitida por qualquer forma e/ou quaisquer meios (eletrônico ou mecânico, incluindo fotocópia e gravação) ou arquivada em qualquer sistema ou banco de dados sem permissão escrita da editora.

CONSELHO EDITORIAL

Diretor
Gilberto Gonçalves Garcia

Editores
Aline dos Santos Carneiro
Edrian Josué Pasini
Marilac Loraine Oleniki
Welder Lancieri Marchini

Conselheiros
Francisco Morás
Ludovico Garmus
Teobaldo Heidemann
Volney J. Berkenbrock

Secretário executivo
João Batista Kreuch

Editoração: Maria da Conceição B. de Sousa
Diagramação: Mania de criar
Revisão gráfica: Nilton Braz da Rocha / Nivaldo S. Menezes
Capa: Ygor Moretti
Ilustração de capa: Gypsy Girl, Boccaccio Boccaccino (1460-1525).
Galeria Uffizi, Florença, Itália.

ISBN 978-85-326-5746-6 (Brasil)
ISBN 978-2-8155-0079-8 (França)

Editado conforme o novo acordo ortográfico.

Este livro foi composto e impresso pela Editora Vozes Ltda.

Sumário

Prefácio, 7

Parte I – O homem e o mundo, 11

1 O homem nu, 13

2 As idades da vida, 40

3 A natureza, 125

4 E os animais?, 157

Parte II – O homem em si próprio, 185

1 O homem e o outro, 187

2 O conhecimento, 241

3 E a alma, 285

Conclusão, 311

Índice, 315

Prefácio

"Nós, pessoas da Idade Média, sabemos de tudo disso", é a frase atribuída por um autor do século passado a um de seus personagens. Esta frase burlesca destinava-se a provocar o riso dos letrados; mas e os outros? Aqueles para quem a "Idade Média" é uma vasta planície de contornos vagos onde, entre uma catedral e um castelo, a memória coletiva movimenta reis, monges, cavaleiros, mercadores, todos mergulhados, homens e mulheres, em uma atmosfera de violência, de devoção e de festas, em uma atmosfera "medievalesca". Todos aqueles que agora mesmo saem em busca de informação – políticos, jornalistas e gente da mídia – nela buscam, geralmente na ignorância, aquilo de que precisam para desferir julgamentos apressados e peremptórios. Que fiquem, como no repertório do Teatro do Châtelet, com seu "medievalesco" e utilizemos "medieval" ou "tempos medievais", que dá no mesmo, mas sem conteúdo pretensioso.

Décadas atrás, Lucien Febvre e, depois dele, Fernand Braudel, embora com menos agressividade, zombavam muito daqueles que pretendiam abordar e descrever esses homens e essas mulheres, cambiantes e diversos ao longo de um milênio. Concordavam, como Marc Bloch já o fizera de forma definitiva, que o território da história era a condição humana, o homem ou os homens em sociedade; mas consideravam como pura ficção buscar um protótipo imutável ao longo de um tempo tão longo, e que o "homem medieval" não existia. Não obstante, foi este o título que Jacques Le Goff deu, há uns vinte anos, a um ensaio realizado com dez acadêmicos de renome. Soube, porém, evitar a generalização de um modelo quando escolheu passar em revista, como em uma galeria, simples "tipos sociais": o monge, o guerreiro, o citadino, o homem do campo, o intelectual, o artista, o mercador, o santo, o marginal... e a mulher na sua família. A arte e a cor desses retratos alimentavam-se de tudo o que era produzido pelo econômico e pelo social, pelos gestos e pelo imaginário, pelos sistemas de representação e de enquadramento. Desse todo revelava-se uma tipologia medieval em quadros específicos, acessíveis a nós, modernos, e elementos para a compreensão de alguns dos problemas que hoje nos afligem.

Não é essa a minha abordagem. De mais a mais, por que continuar ou mesmo retomar esse afresco dando-lhe outros "tipos de homens" ou fornecendo-lhe nuanças e novidades? Tal trabalho, setor por setor, seria interminável, fastidioso e pouco proveitoso; além disso, iria muito além de minhas competências. Em contrapartida, admira-me que nesse trabalho, ou em outros de ambições mais modestas, apareça claramente, sem que os autores das pesquisas se mostrem surpresos com isso, que todos esses homens, e de todas as origens, comam, durmam, andem, defequem, copulem e, até mesmo, pensem da mesma maneira que nós, pois também comemos com os dedos e, embora o usemos de modo idêntico, escondemos nosso sexo, nos protegemos quando possível da chuva, rimos ou gritamos, e isso no tempo de Carlos Magno, de São Luís ou de Napoleão. É claro que conheço bem as contingências do cotidiano ou de uma época, o peso do pensamento ou da moda; mas ao observá-lo em sua vida corriqueira, ontem como hoje, o homem não passa de um mamífero bípede que precisa de oxigênio, de água, de cálcio e de proteínas para subsistir na parte emersa de uma bola de fogo e de níquel que tem pelo menos três quartos de sua superfície recoberta de água salgada e a restante ocupada por um oceano vegetal habitado por bilhões de outras espécies. Ele não passa, afinal, de um "animal humano". É ele que me interessa, e Lucien Febvre cometia um erro ao crer que dez ou doze séculos poderiam mudar tudo isso.

Ao ler estas palavras, que talvez julgue provocantes, quem sabe o leitor se irrite um pouco; mas o mal-estar então sentido ilustraria perfeitamente meu discurso. Essa reticência, com efeito, mostraria que não consegue se desligar da ideia de fundo que sustenta sua reflexão: o homem é um ser excepcional porque foi desejado pelo Espírito divino ou, caso se rejeite esse cômodo postulado, porque é um animal dotado de qualidades superiores. Mas que não vê que sua vida está constantemente ameaçada pelo líquido, pelo vegetal e pelos animais que o cercam, que ela é um incessante combate para não perecer, e que talvez, na longa, na longuíssima história de nosso planeta, sua passagem não deixará mais marcas do que as deixadas pelos celacantos ou pelos dinossauros, lá se vão algumas centenas de milhões de anos. Sejamos, portanto, mais modestos, e deixemos de nos examinar com complacência.

Tentando assim sacudir algumas "certezas", minha única esperança é conduzir o eventual leitor a se interrogar sobre elas, mesmo tendo de retomá-las, naturalmente, caso se revelem melhores. Reconheço, no entanto, que nesse propósito há alguma fragilidade. A principal é que o ser que vou tentar descrever no seu corpo, na sua alma, no seu cérebro, no seu entorno, sou obrigado a inseri-lo em um quadro que é o das minhas fontes, pelo menos daquelas que posso dominar. Não tenho qualquer competência para pretender descrever o felá faraônico ou o monge tibetano, e muito menos o cortesão de Versailles ou o mineiro do *Germinal*. Porque é nos tempos medievais que me sinto um pouco mais à vontade; claro que, por profissão, tive de frequentar o hoplita ateniense ou o couraceiro de Reichshoffen, mas só por um breve momento. Embora a "Idade Média", como qualquer outra etapa da aventura humana, tenha algumas especificidades: não poderia ocultá-las, para assim apaziguar a ira póstuma de Lucien Febvre. E ainda é preciso chegar a um acordo sobre "Idade Média", expressão universitária inventada por Guizot, ou quem sabe por Bossuet. Uma fatia de tempo em que a economia e a sociedade têm certos traços bem-marcados, o "feudalismo" de Marx? Mas, realmente, existe uma maneira "feudal" de comer? Um tempo em que triunfa um cristianismo militante e geral? Mas o "mal dos ardentes" é um efeito do Evangelho de São João? Fiquemos por aqui; esta querela seria perda de tempo. Minha documentação e, no mais, a maior parte dos trabalhos de pesquisa que vou pilhar ou em que me apoio situam-se entre Carlos Magno e Francisco I; e, no entanto, farei a escolha, como todos os outros e com os mesmos argumentos discutíveis, do período entre os séculos XII e XIV, o dos "banquetes" e dos cortejos "medievalescos" organizados pelas municipalidades necessitadas. E mais: a maioria de meus exemplos virá da França e do norte da França porque ela me é mais familiar.

E ainda não encerrei esta tentativa de desarmar as críticas fáceis. O homem de que vou falar não é um cavaleiro, um monge, um bispo, um "grande", e menos ainda um burguês, um mercador, um senhor ou um letrado. É um homem que se preocupa com a chuva, o lobo, o vinho, o baú, o feto, ou ainda com o fogo, o machado, o vizinho, o sermão, a salvação, tudo aquilo de que nos falam só quando necessário ou por preterição, ou através do prisma deformante das instituições políticas, das hierarquias sociais, das regras jurídicas ou dos preceitos da fé. Aqui não se encontrará, portanto, nem exposição econômica, nem quadro das técnicas, nem luta de classes; apenas um pobre homem do dia a dia.

Uma última observação: tomei emprestado praticamente tudo dos outros, e não os cito. Mas como se diz nos rápidos agradecimentos, eles se reconhecerão a si próprios. Adicionei aqui e ali algumas percepções de minha safra sobre o peso daquilo que é "natural" e sobre a "miséria" do homem. Assumo essa responsabilidade, assim como de tudo aquilo que é resumo, simplificação ou desprezo pelas nuanças cronológicas ou geográficas, que certamente chocarão os "especialistas". Mas é o preço com o qual se paga qualquer pilhagem.

Deixei claro meu objetivo? Falta-me então alcançá-lo.

Parte I
O homem e o mundo

Eis, portanto, um ser animado que vive normalmente em um meio aéreo, essencialmente composto de oxigênio, de azoto e de hidrogênio. Pertence à ordem dos vertebrados e é um mamífero com ciclo de reprodução regular, que com frequência exige a união de dois sexos. Conhecer sua origem e as etapas de sua evolução seria indispensável para acompanhar por quais vias seu "pensamento" pouco a pouco contribuiu para uma parte, uma pequenina parte, da criação. Hoje, mesmo entre aqueles homens que têm a modéstia ou a humildade necessárias para tentar uma abordagem dessa questão, há os que hesitam e se refutam: competem, brandindo mandíbulas e cóccix vindos de uma profunda noite de algumas centenas de milhões de anos que toda nova descoberta torna ainda mais espessa, para tentar discernir como se passou de um chimpanzé marginal a Sigmund Freud.

Os homens da Idade Média não se faziam esse tipo de pergunta, não mais que os dos séculos seguintes e, por assim dizer, até nossos dias: o homem é uma criação desejada pelo Ser Supremo no fim da formação do mundo, como uma coroação de sua obra e à sua imagem. A mulher veio logo depois, como uma espécie de correção ao que inicialmente, no entanto, deveria ter sido perfeito. Nesse tipo de concepção, a origem do homem não representa nenhum problema e aquilo que nela consideram deplorável só pode ser castigo de Deus para algum pecado original? Será?

1
O homem nu

Peço então ao leitor – exercício difícil, concordo – que se abstraia por um tempo dos esquemas tradicionais e tente descrever e avaliar o ser humano.

1.1 Uma criatura frágil

1.1.1 *Um ser desgraçado*

É, sem dúvida, um título chocante, mas é fruto de observações arqueológicas, textuais, físicas, e diria até zoológicas: corpos encontrados intactos no gelo ou na turfa, múmias de homens santos ou de grandes personagens, esqueletos, completos ou não, revelados pelas necrópoles, pelos restos de vestuários ou de ferramentas; locais, datas, condições de conservação não passam de detalhes anedóticos. A iconografia, pintada ou esculpida, só se diferenciará desses restos indiscutíveis pela preocupação em valorizar um detalhe: gestos, alturas, olhares. Em relação aos nossos contemporâneos, as variações são razoavelmente negligenciáveis: talvez uma altura mais modesta, caso se julgue pelo equipamento da vida cotidiana, mas um maior vigor muscular ilustrado pelas surpreendentes proezas do guerreiro ou do lenhador. Questão de alimentação? Ou, quem sabe, de tipo de vida? E, além do mais, no cemitério, quem saberia distinguir a tíbia de um servo vigoroso da de um senhor doente?

Deixemos, pois, de nos enxergar com esse entusiasmo como fazemos desde milênios, o sexo feminino mais ainda do que o outro, e digamos cruamente que o homem é um ser feio e fraco. É claro que poderíamos atribuir alguma graça às curvas ou à corpulência, pelo menos segundo nossos critérios de beleza, naturalmente; mas quantos elementos grosseiros, e até ridículos: os pés e seus dedos inúteis, as orelhas encarquilhadas e imóveis, a cabeça demasiado pequena para o resto do corpo (o que os escultores gregos, amantes da harmonia, tentavam corrigir), o sexo do homem ou os seios da mulher! Pura questão de estética? Mas há bem pior: bípede e plantígrado, o homem anda, corre e salta muito pior do que os quadrúpedes; seus membros anteriores são tão atrofiados e fracos que provocam risos em qualquer carnívoro; suas unhas são inúteis, assim como o que resta de sua dentição; sua medíocre pilosidade não o protege de nenhum dos caprichos do céu; a cópula lhe impõe posturas grotescas, que compartilha, é verdade, com muitos outros mamíferos; quando a idade chega, a altura diminui, as carnes despencam, os órgãos o traem. E mais grave ainda, seus sentidos são de uma insuficiência atroz, não enxerga muito longe, e absolutamente nada à noite; percebe uma parte ínfima dos ruídos ou das ondas que o cercam; seu olfato é completamente insignificante, e seu sentido tátil dos mais medíocres. Também dizem que sua carne é insípida e demasiado salgada, seu odor enjoativo; mas este é o ponto de vista de outros animais, aqueles, justamente, cuja graça, leveza, visão, percepção nos surpreendem e nos encantam: o pássaro planando, o peixe ao longo da água, o felino prestes a saltar. Se parássemos de nos admirar, tudo ficaria mais claro: o homem é uma criatura desfavorecida pela criação. E ainda assim...

E ainda assim, como negar que tenha imprimido profundamente sua marca na parte emersa do planeta? Precisou certamente de alguma particularidade para compensar a medíocre bagagem de partida. Se admitirmos que se trata de uma criatura excepcional desejada pelo Espírito supremo, nenhuma explicação torna-se necessária; e a Idade Média simplesmente não se interrogava a esse respeito: que no mundo existam brancos, negros, amarelos, baixos, altos, bons, maus, gênios e idiotas, e mesmo cristãos, judeus e muçulmanos, tudo isso vinha de um desejo superior cuja finalidade escapava ao homem aqui na terra, e que talvez lhe fosse revelada no céu. De forma que não há vestígios de que nesses séculos se tenha buscado e, por motivos ainda mais fortes, encontrado, os dois critérios – um positivo, o outro não – que fazem do homem um caso zoológico excepcional; há atualmente bem poucos homens, mesmo com profunda convicção espiritual, que não reconheçam isso. O homem é o único mamífero que pode opor, na extremidade dos membros anteriores, os polegares aos outros dedos das mãos, condição única e indispensável para pegar, transformar e usar a ferramenta ou o fogo, do sílex ao computador, fundamento indiscutível de sua superioridade sobre os outros animais. Senhor do fogo, senhor do objeto, também é, e em contrapartida, o único entre os mamíferos, e talvez de todos os seres animados, que destrói e que mata por ódio ou por prazer, sem que a isso o leve o medo, a fome ou alguma pulsão sexual; é o mais temido e o mais impiedoso dos predadores.

1.1.2 Muito contente consigo mesmo

Convencidos de que eram o que Deus havia desejado, os homens dos séculos medievais só podiam atribuir as fealdades e as deficiências que bem viam em torno deles, e que alteram a obra original, a essa mesma vontade. As imperfeições físicas ou morais trazem os estigmas do descontentamento divino: quando se tem a alma vil, o corpo sofredor e a consciência pesada é porque se pecou, e se é inevitavelmente "feio" ou enfermo, descrito e pintado como tal. A iconografia e a literatura profana não deixam nenhuma dúvida. Os judeus, os "sarracenos", os aleijados são, por princípio, "feios": rostos careteiros, alturas disformes, desproporção dos membros, lesões cutâneas repugnantes, exageração da pilosidade ou da pigmentação, nariz, olhos, orelhas anormais ou inquietantes. Na realidade, esses traços só conseguem desencorajar a caridade ou a compreensão. O mundo medieval não tem nenhuma piedade pelo desgraçado, no sentido pleno dessa palavra. Riem das gafes do cego, excluem os doentes, desprezam os fracos; não procuram compreender nem o judeu nem o infiel: quando muito, têm medo e fogem deles; no pior dos casos, os exterminam, "penetrando a espada na barriga tão fundo quanto possível", como dizia o santo Rei Luís. Não que um movimento de ajuda mútua não possa surgir, vindo sobretudo da Igreja; mas só raramente a caridade engloba o reconhecimento do outro; na melhor das hipóteses, será a esmola de um pouco de piedade ou de indulgência. É que essas modestas marcas de abertura ao outro estão sempre manchadas de algum pudor, ou até de remorsos; pois essas vítimas da cólera divina são certamente culpadas. Culpadas de não poder ver onde está a verdadeira fé, ou culpadas de tê-la ridicularizado. Não é por esse caminho que a salvação passará, mas por um caminho bem pessoal de fé e de esperança; mais valerá ceder uma vinha à Igreja do que beijar um leproso. A rejeição não é apenas moral, é também social. Como a obra, escrita ou pintada, dirige-se às "pessoas de bem", só à aristocracia até o fim do século XII e, em seguida, também aos "burgueses", o cavaleiro covarde, o clérigo perverso ou o camponês grosseiro serão "feios", no máximo ridículos.

A ideia do bem e do mal, do belo e do feio nada tem de universal. Ao desprezar esta evidência, o homem arrisca-se a muitas decepções, e muito mais hoje quando somos confrontados às outras culturas, aos outros sistemas de pensamento. Estas diferentes escalas de valores nos expõem, e certamente também aos outros, aos graves erros de apreciação, às condenações precipitadas, às terríveis desordens. Para os cristãos dos tempos medievais do Ocidente, por muito tempo circunscritos a um quadro geográfico fechado e bastante homogêneo – o das populações de origem indo-europeia, célticas, germânicas, mediterrâneas –, a noção do belo podia ser uniforme: entre o cavaleiro celta e o legionário romano, a Afrodite grega e a Virgem germânica, as nuanças são mínimas; os cânones de Praxíteles ou de Apele são bem próximos daqueles dos pintores do Pré-renascimento ou do gótico de Amiens: altura geralmente inferior a 1,75 para o homem, proporcional a sete vezes a altura da cabeça, rosto oval e órbitas profundas, nariz proeminente mas lábios finos, pele clara mais rosada do que morena, dedos alongados, pilosidade média, mas cabelos abundantes. Sei, naturalmente, que se é mais alto no norte do que no sul do continente, que há muito mais crânios redondos no oeste e no sul do que no leste ou no norte; mas considero essas nuanças "étnicas" como variantes negligenciáveis perante os semitas, os asiáticos, os negros de todos os tipos. É notável constatar que os protótipos cantados pelos poetas de língua de *oc** e pelos romancistas de língua de *oil**, ou representados nos afrescos ou nas miniaturas, tenham esses traços; a tal ponto que, contrariando por vezes a realidade, são aplicados indiferentemente a modelos no entanto específicos, mas que se recusam a ver.

Pois a beleza é aquela desejada por Deus e, como Ele fez o homem à sua imagem, este terá seus supostos traços físicos: os anjos, João Batista e Jesus são todos parecidos, assim como as Virgens ao longo dos séculos. De forma que chegamos a uma curiosa contradição: ninguém ignora que, segundo a Escritura, foi entre os judeus que o Pai quis se encarnar, que os profetas, os apóstolos e o próprio Paulo eram judeus, isto é, "feios" do ponto de vista dos critérios do Ocidente; mas nenhuma das representações que fazem deles não comporta traços semitas, nem Cristo, os doze apóstolos, os arcanjos ou os

---

* Língua de *oc*: conjunto de dialetos occitanos falados em regiões da França ao sul do Rio Loire. Sendo que *oc* significava *sim* [N.T.].

* Língua de *oil*: conjunto de dialetos românicos falados no Norte da França. Sendo que *oil* significava *sim* [N.T.].

precursores. Os modelos locais atenuaram a realidade; a menos que tenham admitido que todos eles não são mais nem judeus nem feios dado que souberam reconhecer o Messias.

1.1.3 Mas ele vê nuanças mesmo assim?

Quando sai de seu universo de cristão de pele branca, o homem desses tempos logo perde seu espírito crítico. Não que não consiga encontrar, às vezes, alguma virtude em um Saladino ou em um Avicena, ou até em um rabino erudito, mas o que vê são só alguns traços morais. Vistos de fora, todos são "negros", porque o negro é a noite, o desconhecido, o perigo: os turcos, os sarracenos e os mongóis têm a pele negra; mas não os judeus porque concluíram uma aliança com Deus, por mais deicidas que sejam. Todos têm, no entanto, aparência humana. Mas, para além desse universo, os seres que o artista de Vézelay esculpe, que Mandeville imagina em seu gabinete londrino, que Jean de Plan Carpin ou Marco Polo encontram pelas estradas da Ásia Central são monstruosos, um verdadeiro bestiário humano: seres disformes que apresentam partes do corpo hipertrofiadas ou fantásticas, pele, chifres, orelhas, pés, rostos "maravilhosos", fruto de uma mistura de fantasias ocidentais e de lendas persas, indianas ou chinesas.

Quando regressa ao seu mundo familiar, o cristão que descreve os homens não é indiferente às nuanças de que falei, ou iludido pelos protótipos, mas raramente suas observações são descritivas e físicas. O poeta de língua de *oc*, o romancista de língua de *oil*, o guerreiro das sagas ou o das "gestas" se interessam pela altura, pela cabeleira, pela carnação, mas dificilmente escapam aos *topoi*: a barba é florida, a cabeleira dourada, os lábios escarlates, o tom rosado, os músculos flexíveis, a cintura esguia; e quando o rapaz salta a cavalo, ou que a meiga virgem estende uma flor a seu amante, o círculo admirativo dos "amigos" não se surpreende e se regozija alegremente. Como nunca descrevem o rústico no trabalho ou o tecelão no tear, é evidente que o historiador, como sempre, permanece mudo a respeito deles. Para que a curiosidade se afine, é preciso uma circunstância excepcional e até um extraordinário vigor físico, como as fabulosas proezas dos companheiros de Roland ou dos que saem em busca do Graal, que ultrapassam qualquer verossimilhança. Mas essas "façanhas", que certamente fazem vibrar de emoção a juventude guerreira, talvez se destinassem apenas a instruir e não a descrever.

Por fim, é sobretudo o comportamento geral do indivíduo o que parece reter a atenção. Se a expressão não for abusiva, diremos que o olhar é sociológico e não fisiológico. Quando observam, por exemplo, a obesidade de um rei e que a deploram, não é por alusão a seu regime alimentar desequilibrado, ou por se inquietar com sua saúde, é porque a função, neste caso pública, e a atividade, neste caso equestre e guerreira, são ridicularizadas, e que a obesidade é então um pecado, uma falta, uma "desgraça". Sob este aspecto, é ao olhar que a atenção será dada. Ele é o espelho da alma que, muito mais do que o gesto ou o vestuário, testemunha sentimentos que animam o homem descrito ou representado. É verdade que as contingências de um tempo podem impressionar o artista: observou-se que nos tempos dos românicos quase ninguém ri nos afrescos ou nas esculturas, como se sobre esses tempos pesasse uma angústia do presente; os olhos muitas vezes são exorbitados e temerosos, como uma espécie de reflexo desses velhos "terrores do ano 1000" que tão violentamente hoje se esforçam para negar ou dissimular. Em contrapartida, a paz é lida nos traços tranquilos do "Belo Deus" ou nos rostos sem rugas das miniaturas do século XIII. O "sorriso de Reims" não é o genial golpe de cinzel de um artista inspirado: é o de seus modelos.

No entanto, ainda é preciso que um cronista preocupado em "emplacar" seus heróis lhes dê alguma especificidade. Como dá pouca atenção à forma, busca um comportamento em que o físico sustente ou ilumine o moral. E, quase sempre sem sabê-lo, acaba recorrendo a Galeno ou a Hipócrates: o homem tem um "temperamento", um "humor", fruto das desarmoniosas combinações no seu corpo dos quatro princípios de vida reconhecidos pela medicina antiga e, depois, árabe: o homem é fleumático, melancólico, colérico ou sanguíneo. O poeta deixa aos médicos, aos *physici*, o cuidado de buscar suas causas; já ele interessa-se pelos efeitos, na vida cotidiana ou nas relações sociais: alimentação, atividades, reações morais ou físicas, todo um leque de virtudes ou de defeitos.

Um último campo, hoje bem dominado: o sangue. Que nesses séculos, ele tenha corrido tanto ou até mais do que em nossos dias não é muito importante. Em contrapartida, diante de seu derramamento, o espectador dessa época parece impávido. O artista usa e abusa das cabeças cortadas de onde o sangue jorra, das chagas abertas de Cristo, dos membros decepados nos campos de batalha de onde sai um jato vermelho, das couraças que deixam escapar jorros sangrentos; o poeta não deixa por menos: crânios fendidos, braços decepados, barrigas perfuradas, e paro por aqui. Seria ignorância, pelo menos parcial, do papel do sangue na vida? Uma menor sensibilidade à dor causada pelo ferimento. Resignação diante de um fim próximo, provável e inevitável? Nada que se assemelhe à emoção que hoje provoca o sangue derramado, ao menos em certas partes do mundo, felizmente estas onde vivemos, pois em outros lugares... O sangue não é indiferente para os homens desses tempos, mas veem nele muito mais um elemento de transmissão da vida, ou mesmo das virtudes. O hábito germânico de beber o sangue de um cavalo de guerra abatido para se impregnar com suas qualidades de coragem e de força talvez não passe de pura invenção de um cronista transtornado. Por outro lado, é evidente a importância dada aos ciclos menstruais da mulher: o primeiro sangue é conservado no lar, publicidade solene das *relevailles* [cerimônia de purificação que marca o retorno da mulher à Igreja após o parto], interditos sexuais durante o período menstrual.

O atual progresso alcançado pela sorologia é suficiente para que biólogos investiguem as conexões entre um grupo sanguíneo e a reação dos indivíduos que dele fazem parte ante as agressões microbianas ou virais. Nos tempos medievais, observava-se que um determinado homem – só de alta posição, infelizmente! – apresentava alguns sinais de afecções que seu vizinho ignorava; em período de epidemia, esses fatos eram ainda mais visíveis: dentro de um lar infectado alguns grupos pareciam ilesos, e sem qualquer razão. Sob este aspecto, é notável o caso das pandemias de peste dos séculos XIV e XV, de que voltarei a falar: algumas "ilhas" saudáveis no meio de um oceano de contágio. Para o historiador, infelizmente, era muito raro que estas observações fossem precisas ou postas em números; no entanto, talvez seja esta a razão das indiscutíveis diversidades de estimativa feitas pelo pesquisador sobre o volume das perdas humanas nessas ocasiões. Como nós por muito tempo, eles também ignoravam que, por exemplo, os indivíduos do grupo B são não receptivos ao bacilo da peste, e que ali onde esse grupo é majoritário, como na Hungria, o flagelo não assolava ou então muito pouco. A mistura dos grupos sanguíneos tomou desde esses distantes séculos uma magnitude que torna pouco provável uma estimativa satisfatória das repartições sanguíneas na Idade Média; não faltaram, no entanto, hipóteses, arriscadas sem dúvida, como as esboçadas na Grã-Bretanha para explicar por esse viés os movimentos, as condições e as etapas do povoamento saxônico no arquipélago.

1.2 Porém, uma criatura ameaçada

1.2.1 Ele realmente se conhece?

As nossas sociedades, que se dizem "evoluídas", hoje estão entregues a uma espécie de culto do corpo, de pânico diante da idade e de reverência pelos remédios que se acumulam nos consultórios médicos, abarrotam os espaços de "condicionamento físico" e, eventualmente, arrastam diante do tribunal os médicos cuja arte não manteve as promessas que dela se esperavam. O mundo mediterrâneo, tanto o da Antiguidade como o nosso, tem uma forte inclinação para isso, maior do que qualquer outro. Mas hoje dispomos de uma base de conhecimentos patológicos e de uma equipe médica de grande valor que dissipam, em princípio, nossos temores e nossas ignorâncias. Os historiadores, atraídos há quase um século por esta onda nosológica, multiplicaram os estudos sobre o corpo medieval, buscaram os traços de doenças, sondaram seus efeitos psicológicos, chegaram até mesmo a promover algumas delas, como a peste evidentemente, a um dos principais fatores – demográficos primeiro, econômicos e mesmo sociais em seguida – da evolução dos séculos medievais. Com isso, revelaram em larga medida as doenças dos grandes desse mundo, as epidemias de massa, a ciência judaico-grega e árabe, repertoriaram os sinais, escritos ou não, deram diagnósticos sérios, esboçaram algumas evoluções. E todo esse trabalho é admirável.

Admirável, mas superficial, pois nesses tempos como hoje, quando se está "estressado" (a palavra com este sentido data de 1953!), irrupções da peste ou avanço brutal da Aids – é tudo a mesma coisa –, de fato, pouco sabemos sobre um calo no pé, um nariz que escorre ou um intestino preguiçoso, estas "pequenas misérias" que nem por isso deixam de destruir a harmonia corporal. Quanto à nossa época, não posso responder à questão que abre este parágrafo, mas para a Idade Média a resposta é categoricamente negativa. No mais, como seria possível que esses homens acessassem, antes do século XII, os tratados médicos, aqueles que estão chegando, sendo escritos ou traduzidos em Córdoba, em Palermo, em Salerno, e em breve em Montpellier? Para começar, não temos certeza de que os monges, depois de Pedro o Venerável, em meados do século XII, ou os príncipes aconselhados pelos *physici*, tenham verdadeiramente tomado consciência das exigências e das deficiências do próprio corpo. Quanto aos outros, como teriam ousado se interrogar sobre o que provém, evidentemente, do desejo de Deus: o natimorto, o enfermo de nascença, o doente crônico, mas também o surdo, o cego ou o mudo? São o preço a pagar à sua cólera: com efeito, todos são naturalmente castigados por um pecado cometido por eles ou por seus genitores; pois se herda a falta como se herda a mácula servil. Por esse julgamento, não há remédio nem recurso. Quanto à morte violenta no combate, em algum lugar da floresta ou por acidente, ela traz em si uma infamante condenação: sem confissão, sem salvação.

E, mesmo assim, o cristão tem certa dificuldade para admitir esse tudo ou nada do dogma: procura alguns recursos, sem dar excessivas mostras de rancor contra a possível arbitrariedade vinda do Altíssimo. Primeiro, há intermediários que devem ser acionados para atenuar o rigor do Juiz. A veneração das relíquias ou as peregrinações aos lugares santos se desenvolvem ao mesmo tempo que a influência da Igreja. Pelo menos na Europa Ocidental, a Igreja sabe conquistar, como sempre, as devoções interessadas, muitas das quais lhe são anteriores; pequeno deus curador, pedra ou fonte taumatúrgicas são reunidos sob a égide de um santo, real ou inventado, cujas virtudes supostamente curam; cada um tem sua "especialidade", ilustrada pelos detalhes de sua vida ou de seu martírio: um cuidará das espinhas, o outro da febre ou da dor, e isso será possível por meio dos milagres avidamente buscados. Já nos interrogamos até sobre o retorno desses cultos laterais no século XI e mais tarde: É possível ver neles a pregnância desta ou daquela doença? De todo modo, os milagres operados, e que desta vez são descritos com complacência por um número bem maior de textos, oferecem uma panóplia das afecções mais comuns como, por exemplo, mais doenças por insuficiência alimentar do que ferimentos ou comprometimentos orgânicos. Quanto à Virgem, cujo culto dá um salto depois de 1150 sob o incentivo cisterciense, ela intervém muito mais para curar a alma do que o corpo: é invocada como mãe mais do que como taumaturga. É verdade que a Igreja nunca ousou deixar o culto ter a importância do de uma deusa-mãe, de uma Cibele cristã; pois é virgem e não pode, portanto, ser emblema de fecundidade.

A peregrinação e a oferenda são obras piedosas, e os monges se regozijam. Mas suas preces serão eficazes? Não valeria mais a pena recorrer – e secretamente, isso é evidente – às potências especialistas na arte de interrogar os astros, o que não pode ter senão um efeito intemporal, ou talvez àquela de confeccionar remédios nos limites de uma etiologia infernal? Magos e bruxas são particularmente apreciados hoje em dia por todos os historiadores que têm algo de antropólogos ou de sociólogos; esse mundo "invertido" encanta, com efeito, todos os discípulos, próximos ou não, de Freud, de Mauss ou de Lévi-Strauss. Ademais, os incontáveis processos que foram feitos, entre os séculos XV e XIX, aos mestres das forças "maléficas" fornecem material para consistentes comentários; é verdade que, em geral, temos somente o dossiê de acusação. Mas, no século XIII, os *exempla* dos dominicanos, que evidentemente os condenam, mostram que pelo menos no mundo rural o lugar deles é admitido e capital: práticas gestuais e quiropraxia, fórmulas e invocações repetitivas, ritos fundados no vegetal ou nas virtudes da água. Os cuidados dados ao corpo certamente triunfam sobre aqueles que tocam a alma, e como a Igreja não admite que certas práticas alterem a vontade divina é preciso, portanto, condenar e até queimar aqueles que pretendem tomar o lugar de Deus quando lutam contra os males por Ele desencadeados. Se necessário, um verniz de acusação herética justificará a fogueira para as feiticeiras; na realidade, queimam mais os curandeiros do que os maus espíritos.

Os *exempla* dominicanos e também os *fabliaux* [conto popular em versos, satírico ou moral] dão às mulheres, ou melhor, às mulheres velhas, um papel de intermediárias entre este mundo obscuro e as fraquezas do corpo: são elas, com efeito, que parecem ser mais sensíveis a essas práticas que por tanto tempo provocaram risos nos espíritos finamente "científicos" dos tempos ditos "modernos". Mas hoje, disfarçados de "medicina alternativa", fitoterapia, curas de juventude ou outros, esses recursos aos remédios "naturais" fazem um enorme sucesso: cremes, unguentos, chás, purgativos, massagens, ou manipulações cinesioterapêuticas competem com as "assistências psicológicas" e os "espaços de acolhimento aos quais nossos *egos* inquietos recorrem de forma quase grotesca. A tudo isso se misturam inclusive os regimes alimentares ou as virtudes de um vegetal qualquer; no mais, desde a Idade Média, a maioria das receitas de cozinha deve ser procurada nos tratados de medicina.

Embora as mulheres estejam em primeiro lugar porque Eva era meio feiticeira, e porque toda mãe conhece as receitas para curar o filho, os homens, mais observadores do que tradicionalistas, são os que trarão a experiência que lhes será oferecida pelos seus rebanhos e, mais raramente, por suas viagens. Há, contudo, uma exceção: os judeus. Eles vão de cidade em cidade, de rua em rua, carregando sachês, frascos e amuletos; sabem examinar a urina, purgar e sangrar, colocar talas corretamente, aplicar ventosas e tomar o pulso. Acumularam essa ciência e essas práticas em contato mais do que milenar com as culturas mediterrâneas ou orientais. Assimilaram as hipóteses sintéticas da medicina greco-romana, a experiência analítica dos doutores hindus e iranianos e, através do Islã, veicularam seus conhecimentos de comunidade em comunidade. Os mais doutos traduzem Avicena e Galeno, e comentam Constantino, o Africano; seguem Maimônides e ensinam Averróis. São os judeus, modestos estilhaços da ciência, que cuidam. É verdade que muito rapidamente pagaram o preço: pois se sabem, pois se são consultados para qualquer coisa, seu destino será confirmado pelo seu sucesso; em caso de fracasso perante uma epidemia, certamente foram eles que a desencadearam, pois a conhecem.

Para curar com outras armas além de "receitas da vovó", ainda é necessário conhecer de que é feito esse corpo. Inútil esperar que o homem comum o saiba: o soldado viu barrigas abertas e ferimentos sangrentos, o camponês tem alguma noção do esqueleto dos animais que ele despedaça e todas as mulheres são ginecologistas. Mas nada sabem sobre as visões de conjunto; talvez nem sobre o papel do coração e do cérebro. Até em caso de epidemia, a ideia de contágio, portanto a de um agente transmissor, não é percebida nem combatida. De todo modo, essa ignorância, que só foi vencida pela medicina popular do século XIX, não é completa, pois – por experiência ou intuição, como se queira – diversas ações terapêuticas surgem na hora certa: trepanação, cauterização com fogo, redução de fraturas, emplastros, opiáceos, torniquetes, ventosas, cataplasmas atingem seu objetivo, e comprovam algumas observações sobre o sangue, os ossos, a pele. Claro que muitas vezes se faz necessária a intervenção de um *physicus*, de um "mire". Estes são mais sábios, inclusive conseguiram que em 800 um capitular endossasse algumas listas de plantas medicinais. Mas durante muito tempo permaneceram no nível da teoria dos humores, a de Hipócrates, de Galeno, de Oribásio. Vem da Espanha e das Baleares, no fim do século XII, a contribuição persa, via Salerno ou Montpellier, sobre a harmonia das funções orgânicas, a circulação sanguínea, o papel da medula espinhal, e mesmo sobre a ideia dos critérios hereditários; mas chocam-se com os interditos da Igreja, como no Concílio de Troyes em 1163 e o de Latrão em 1215. A ideia de usar o bisturi no corpo humano é condenada e assimilada à "magia negra", no mesmo momento em que o despedaçamento dos cadáveres de animais não é só trabalho de açougue, mas também de investigação de ciência. De quando datam as autópsias humanas? De 1190 ou 1230 em Veneza, clandestinas e feitas no corpo dos inumados; um pouco mais tarde, no corpo dos condenados, sempre na Itália? O Imperador Frederico II, como sempre muito inovador, recomenda e permite sua prática na Sicília depois de 1240; a dissecação é autorizada em Bolonha e em Pádua, depois de 1290. No mais, os sábios seduzidos se precipitam nas delícias da ciência experimental, principalmente no norte da Europa (o que valeria um comentário): Alberto o Grande, Neckham, Cantimpré, Bacon. Esta ruptura com o empirismo à moda antiga é um novo capítulo na história do pensamento; os séculos XIV e XV verão surgir uma medicina científica. E como fica a gente pobre nisso tudo?

1.2.2 Contra o homem, as ofensivas "anormais"

Aturdidos pelo jargão médico que nos dá uma ilusão de sabedoria, perdemos facilmente de vista a forma primitiva da doença. Em nossas sociedades desregradas, quando aqueles que sabem entregam os pontos, o diagnóstico popular aponta o dedo para, por exemplo, a alergia a tudo e a nada, para o estresse, desculpa prática para qualquer desarranjo, e para o vírus mutante. Mas, no dia a dia, o resfriado, a cólica, as coceiras, as "dores nas costas" ou de cabeça são comuns a todos. Mas não as expomos; como poderia fazê-lo a gente de antigamente em uma sociedade mais dócil do que a nossa aos revezes do destino? "Dores de barriga", "catarros", "apatia", "pestilência", "febres" não têm um significado médico exato. As enfermidades, de nascença ou adquiridas, não são cuidadas nem discutidas: a bengala para o inválido, a mão em concha para o surdo, a gozação para as mímicas do mudo. Quanto aos cegos, não se pode duvidar que a chama trêmula da lareira ou da vela acabaram aumentando o número deles; mas suas confusões provocam risos, e entre a ametista de Nero e a lupa de Bacon, no século XIII, nada foi feito para ajudar o míope.

As anomalias do comportamento chocam muito mais: são observadas entre os grandes do mundo, mas para elas não oferecem remédio. E quantos obesos estigmatizados nas crônicas e cuja incapacidade para cavalgar é ridicularizada, mas não a gulodice! E desculpam com complacência a inútil consciência que tinham disso, como quando Luís VI e seu inimigo o Conquistador zombavam um do outro. A embriaguez é, caso se ouse dizer, vinho da mesma pipa: humildes ou não, muitos bebem demais e acabam perdendo as estribeiras. Além disso, o que sabemos sobre o volume de vinho ou de outros álcoois absorvido pelos adultos de ambos os sexos, de qualquer nível social e de qualquer idade, é uma explicação que vale para todos: de um litro a um litro e meio diário; é verdade que ignoramos sua graduação alcoólica. No mais, nos países vitícolas, a opinião pública sempre foi indulgente em relação à embriaguez quando esta não resultava em uma conduta desonrosa. Sabemos que João Sem Terra bebia demais, e também seu inimigo Filipe Augusto, e que os diagnósticos de cirrose do fígado em nada mudaram seus comportamentos; ou que, mais tarde, esta foi a causa da morte absurda de Carlos o Temerário, bêbado dia sim, outro também. E São Luís, de uma austera piedade, que mandou fechar e esvaziar pela força as tabernas de Paris à noite, será que era obedecido?

Comer e beber demais produz desregramentos que são atribuídos às fraquezas de caráter e lamentados com sorrisos. As atitudes ou as práticas sexuais, de que voltarei a falar, também provocam desordens estimuladas pelos abusos dos produtos afrodisíacos. Mas, assim como os exageros de alimentação, seus efeitos são classificados entre as doenças. Em contrapartida, e hoje sob a proteção de explicações psicossomáticas, dois comportamentos parecem, desde essa época, comprometer a harmonia hipocrática. Na verdade, um deles é considerado hoje um flagelo social: a droga, com seus efeitos psíquicos, nervosos e orgânicos. Infelizmente, a despossessão de si provocada pelo uso da droga se assemelha, nesses tempos distantes, a uma submissão às forças maléficas; ela é, portanto, mais assimilada ao pecado e ao vício, que ocultam, do que à dependência fisiológica a ser combatida; não denunciada, portanto não descrita, escapa em larga medida à pesquisa. É evidente, no entanto, sua presença. Nos estados francos do Oriente, ou nas terras vizinhas do Islã, a mastigação ou a fumigação do cânhamo indiano era certamente praticada para além das seitas muçulmanas do Líbano ou do Atlas. Mesmo na Europa, os pós de papoula, colhidos na Ásia, são italianos antes de 1200 ou 1250, e passam dos fardos de "especiarias" aos frascos medicinais. As estranhas visões, as impressões psicodélicas, os desvios cerebrais provocados por esse consumo não são observados na descrição que uma pessoa reservada poderia fazer; mas, se tiver a ocasião de segurar um pincel, serão as fantásticas visões de Hieronymus Bosch. Esta droga pode ser absorvida sem que se deseje tirar dela uma confusa iluminação interior. Temos hoje o sentimento de que é preciso identificar o ergotismo com o uso involuntário da droga: neste caso, nossas fontes são eloquentes; pois, se nesses tempos não viram absolutamente a origem do mal e seus remédios, o caráter epidêmico do "mal dos ardentes", do "fogo de Santo Antônio", chocou fortemente as massas e emocionou os cronistas. Atestado desde 872 no norte da Europa, no século X na França média, no fim do século XI, e muito amplamente, na França Meridional, o mal provém, sem qualquer sombra de dúvida, dos efeitos alucinógenos do esporão, cogumelo microscópico do tipo *morille*, invisível ao olho e que se insere na espiga dos cereais, muito particularmente na do centeio e que contamina plantações inteiras; todo consumidor é atingido, e a opinião pública o considera como um contágio maléfico: vertigens, confusão, delírio, e depois queimaduras e febres intensas dão a impressão de uma droga e de uma epidemia. Em toda época e em todo lugar, o ergotismo, nem sempre mortal, acompanhou o centeio em seu recuo no fim da Idade Média e capitulou diante dos adubos nítricos.

Assim como consideravam o ergotismo um flagelo epidêmico e o haxixe uma prática delituosa, também se enganavam sobre a origem da astenia cerebral, este complexo de angústia, paralisia, frustração e cansaço de que se lamentam quase todos nossos contemporâneos, sob o nome de "tensão" nervosa (*estresse*). Os termos utilizados nos tempos medievais mostram que talvez fossem mais sensíveis à atitude de abatimento do doente do que à sua exagerada excitação: dizem *langor, stupor, indolentia*. Aos nossos olhos, o ruído, a agitação, o trabalho abusivo são, naturalmente, motivos suficientes para a queda da resistência nervosa; nos séculos medievais, como sua pregnância era evidentemente menor, a dúvida era mais sobre a origem caracterial do abatimento. O inativo não passava de um inútil; no mais, sem férias, divertimentos ou casas de repouso. Rejeitado, ou mesmo desprezado, não era um doente a ser cuidado, um fraco a ser sustentado. A ociosidade é um luxo para o poderoso ou uma vocação para o monge.

1.2.3 *A doença que espreita*

Mesmo assim, nem todos esses homens eram mancos, bêbados, drogados ou depressivos; mas tinham doenças, como nós – ou melhor, não tinham as mesmas que nós. Muito estranhamente, o câncer, que corrói nosso subconsciente quando não corrói nossos órgãos, não é jamais citado; no entanto, seu próprio princípio, que é o desregramento da vida celular, portanto um atentado direto aos princípios de harmonia vindos da Antiguidade, poderia ter chocado os sábios e o homem comum: mas, silêncio! Evidentemente, alguns sinais que nos relatam poderiam ser, e certamente são, sinais cancerosos; a palavra *tumor* e inclusive a palavra *câncer* aparecem, mas com os sentidos de inchaços, ou até de pústulas. Quanto ao contágio, à metástase como dizemos, de um órgão ao outro, é negada, assim como a corrupção de um corpo pelo outro; talvez, para os doutos, tenha nisso o dedo de Aristóteles. Não existe câncer e, não menos curiosamente, não fazem alusão às vias respiratórias, pois o catarro pode ser qualquer coisa. No entanto, o lenço é realmente uma "invenção" medieval; mas nesses tempos as pessoas não usam lenço, não cospem, nem tossem, ou pelo menos não nos dizem isso.

Em última análise, o homem vulgar parece dar atenção só ao que choca seu olhar: a pele; ao que desperta sua inquietude: o ventre; ao que parece um sinal precursor de uma futura doença: a febre. A "cólica" é uma das causas mais invocadas no momento da morte de uma pessoa importante, e com certeza também da de uma sem importância. O que ela engloba? Simples desarranjos intestinais ou gástricos? No século XV falam de purgação, de emplastros, óleos para beber e, com um certo senso da realidade, da ingestão das águas poluídas e do ar viciado das ruas. Mas têm consciência de que podem aparecer algumas formas graves que às vezes são consideradas contagiosas: Será que distinguem disenteria, febre tifoide, ou mesmo escorbuto? Febre intensa, diarreias, sede e dores "malignas" são bem-observadas e, muito justamente, atribuídas aos insetos e à ingestão ou ao simples contato com materiais sujos, com líquidos impuros. De fato, veem nisso um mal contagioso porque atinge grupos inteiros que vivem sem higiene, gente pobre das cidades, soldados em campanha, camponeses famintos. Chegam a falar de epidemia: foram bem-observadas no século VI e no século XII nos exércitos da Itália e da Aquitânia, ou então ali onde grassava a fome: 30 mil mortos na Inglaterra em 1406? Mas a enormidade destes ou de outros números testemunha muito mais o medo do cronista do que a real extensão do mal. Sangram e purgam, o que talvez agravasse ainda mais a doença; usam unguentos e ervas maceradas, o que seria melhor, mas não salvará nem São Luís nem João XXII.

A febre não passa de um sintoma, sendo logo percebida em um doente. Mas quando é intensa, crônica, fonte de dores ou de vômitos, é realmente preciso considerá-la como um mal específico: amarela, quartã, miliar, alta e com suores excessivos, todas essas manifestações que a ciência médica atual sabe distinguir são então vistas como variantes da "peste dos pântanos", ou seja, a malária, o paludismo dos países quentes, úmidos e insalubres. É provável que realmente tenham estabelecido o vínculo entre essas diversas formas e as picadas de insetos venenosos, mas o caráter repetitivo dos acessos de febre ou das deficiências hepáticas acarreta apenas cuidados superficiais: compressas e poções de opiáceos. E assim morriam tantos os cruzados no Levante como os camponeses nas margens dos litorais. Em contrapartida, a gripe, de origem viral, e cujos sintomas são a tosse, a cefaleia e o caráter particularmente agudo do contágio, é mal-individualizada. Mas não deixaram de constatar algumas passagens terríveis desde 972, duas ou três outras no século XII, muito mais no XIV; nada que, no entanto, mostre que souberam distingui-la de uma febre "clássica", excetuando-se as crises de tosse do "catarro". E mesmo o "soluço", de que se lamenta o Burguês de Paris por volta de 1420, pois interrompe os sermões, era muito provavelmente a coqueluche.

Um homem pode dissimular suas dores e domar sua febre, mas não pode esconder as lesões de sua pele. Mencionei mais acima a importância, mesmo simbólica, desse invólucro carnal que era, é sempre e cada vez mais o reflexo da boa saúde, da riqueza, da beleza física e até moral. Pós e cremes devem cobrir as injúrias da idade ou a imperfeição dos traços. Neste aspecto, a Idade Média não tem nenhuma lição de cosmética a receber da delirante publicidade atual. Infelizmente, disfarçar as rugas e avivar a tez são inúteis quando a doença se revela a todos. Espinhas, pústulas, vermelhidões não escaparam ao pintor, e não apenas quando, no século XV, o gosto pelo realismo conduziu o pincel. Mas no subconsciente popular a lepra permanece como emblema da Idade Média. Quantas imagens comentadas, relatos repetidos sobre o doente coberto de crostas repugnantes e de escamas (*lepra* em grego) ignóbeis, em farrapos, agitando um sinete, e obrigado a se refugiar sozinho em um chiqueiro infecto, longe dos olhares de todos. De 2 a 3% da população afirmam categoricamente os historiadores; mais de 4 mil asilos para recebê-los, por volta de 1300 – lazaretos, hospitais, leprosários, hospícios –, apenas na França dessa época; e incontáveis prescrições desde o século IX para isolar o homem suspeito do mal, e cuja casa é queimada, com as roupas e todos os bens móveis que ele tocou. Hoje, no entanto, duvida-se muito dessas práticas, pois a doença ainda atinge a Ásia e se conhece melhor suas diversas faces. Os leprosos desses tempos vão para a cidade, testemunham nas atas, recebem e gerenciam bens, alguns têm funções na corte ou no comércio, e Balduíno IV chega a ser rei de Jerusalém. Bruscamente, a lepra desaparece. Talvez tenha cedido diante do bacilo da tuberculose, com o qual é incompatível; e, com efeito, ninguém parece mencioná-la antes do fim do século XIV. Até o século XVII haverá os infrequentáveis *cagots*, mas trata-se de proscritos mais do que de doentes. O que pensar? Os sinais da lepra são bem conhecidos: manchas dérmicas em placas, abscessos e gânglios, nódulos que destroem as articulações e as cartilagens das mãos e do nariz, crises de febre, ou mesmo paralisia progressiva. Mas todos esses sinais, que podem levar à morte, estão longe de ser atestados em toda parte: Será que não confundiram a lepra com as afecções dérmicas espetaculares – erisipela ou eczema generalizados por falta de higiene, psoríases, pintas – nenhuma das quais é contagiosa? Podemos nos perguntar então se a reputação desastrosa da lepra não se baseia em grande parte em sua significação psicológica: repugnantes, submetidos a pulsões sexuais incontroladas (não pensam em entregar-lhes Isolda?), carregando suas prováveis faltas sobre o rosto, acusados de infectar os poços, os grãos e até os animais, os leprosos são os "intocáveis" do Ocidente cristão, o símbolo do mal, do pecado e do impuro. Por conseguinte, é preciso excluí-los, afastá-los dos fiéis.

De todas essas afecções, resta uma que os antigos e os homens da Idade Média só evocam em voz baixa, e que ainda nos toca por seu caráter extranatural. Um homem, ou então uma mulher, fala e age normalmente no meio dos outros, de repente se enrijece, empalidece e cai tomado de convulsões e depois por uma espécie de coma. Após uma ou duas horas, levanta-se e não tem qualquer lembrança dessa crise: foi, manifestamente, "possuído" pelo Espírito. É o "grande mal", o "mal sagrado" que designa a vítima como momentaneamente depositária de um poder sobre-humano. Até os avanços das ciências médicas do século XIX sobre os sistemas nervosos, a epilepsia foi considerada como a marca de um favor divino, e o doente como um mensageiro do além. Não é lamentado, nem cuidado; é respeitado e temido, quer se trate do próprio César ou de um pobre trabalhador.

1.2.4 A morte negra

Em nossa época, em que a vida humana vale ainda menos porque é a dos pobres ou dos "subdesenvolvidos", reagimos de maneiras diferentes à extensão de um desastre demográfico. No mais, nossos meios de informação, nossas *mídias*, muito se empenham para que sintamos isso: dois soldados mortos inesperadamente, 200 mortos em um atentado ou 2 mil soterrados em uma torre desabada, eis o que causa uma forte comoção no mundo "evoluído"; mas que 700 "indígenas" se matem com nossas armas, ou que milhares pereçam em um terremoto, pouco nos toca – isso se passa tão longe de nossa casa. Precisaríamos, portanto, julgar com as mesmas armas, ser apenas prudente ao usar palavras que chocam, entre as quais "genocídio" é a mais aviltada. Em cinco anos as duas abomináveis e estúpidas guerras mundiais da primeira metade do século XX fizeram de 50 a 60 milhões de mortos; é pouco, afinal, ante os

120 milhões de índios massacrados pelo álcool e pelos bacilos de varíola e de sarampo pelos gloriosos conquistadores do México e da América do Sul. É verdade que dos primeiros se esperava a defesa de um país ou de uma ideia, e que o que restava dos outros recebeu a verdadeira fé. Mas o que dizer dos mortos da "morte negra": os 20 a 25 milhões de cristãos agonizando nas ruas, inchados com pústulas negras, nada pediram e nada receberam...

Por isso é preciso falar mais sobre a peste. Tanto meditaram, estudaram e escreveram sobre este flagelo que não posso pretender acrescentar algo novo. A este respeito, sabemos quase tudo o que nossas fontes retiveram. Só destacarei, portanto, alguns aspectos que serão julgados secundários. Primeiro, em relação à própria natureza do flagelo. Ainda hoje, a persistência de focos empesteados na Ásia Central ou Oriental, permitiu, desde Yersin no fim do século XIX, um estudo preciso do mal; as suas duas formas contagiosas – a pulmonar, que é 100% mortal, e a bubônica, em que um em cada quatro doentes tem a chance de escapar ao cabo de quatro dias – não têm nem a mesma gravidade nem os mesmos sinais externos. Para a epidemia do século XIV, mas não para suas recorrências, foi provavelmente a primeira que triunfou, por isso o terror que sua aproximação inspirava, irremissível e com alguns dias ou horas de incubação. Mas à medida que os contemporâneos constataram tais nuanças, é então a peste "negra" (a palavra é do século XVI apenas), a das pústulas inflamadas, menos terrível, entretanto, e mais imunizante para os doentes curados, que é geralmente descrita e temida. Também foi ela que retornou no fim do século XV, mas deixando cada vez mais sobreviventes por onde passava.

Em seguida, as condições de contágio. Convenceram-se de que, como outras doenças consideradas contagiosas, tocar no doente ou em suas roupas bastava para desencadear o mal. Sendo assim, o uso do fogo para destruir roupas e objetos do morto não surtia muito efeito, e ninguém ousaria a incineração dos cadáveres em uma sociedade cristã que a proscrevia. Quanto à identificação dos agentes propagadores, o fiasco é completo: as pessoas comuns os atribuíam às conjunções astrais, ao veneno lançado pelos judeus nos poços ou, mais simplesmente, à fúria divina; os próprios doutos, pelo menos os que escrevem, nada viram, nem mesmo os ratos veiculando as pulgas contaminadas, e menos ainda suas picadas. De tal modo que todas as medidas terapêuticas imaginadas são o inverso do que deveria ter sido feito, pois sangrar o doente, abrir as pústulas só agravava o mal e contaminava os cuidadores; as compressas com opiáceos ou os emplastros de órgãos de pássaros não surtiam nenhum efeito sobre o hálito úmido do doente, via de contágio pulmonar. Quanto à aglomeração na cidade, para fugir de um foco pestilento, era evidentemente o contrário que deveria ter sido feito.

Com a má observação da doença e a incapacidade profilática, a epidemia de 1348-1351 elimina quase 30% da população ocidental. Passa-se rápido demais sobre o que veio depois. Em primeiro lugar, o historiador surpreende-se com a extrema desigualdade regional dos prejuízos: ela, de fato, coloca muitos problemas. Embora a distribuição de nossas fontes seja muito regular, ignoram o que se passa na região vizinha. Aqui ou ali, o mal não chegou; como nenhuma medida de precaução foi então considerada (o bacilo atravessou o Canal da Mancha em menos de dez dias!), investigaram algumas causas locais, como o isolamento por falta de estradas ou de cursos de água, ou a pouca concentração urbana, mesmo assim são inúmeros os exemplos contrários. A tendência atual é perceber resistências individuais específicas. Com efeito, as recorrências da epidemia, por volta de 1372-1375, 1399-1400, 1412 e até o fim do século XV, são menos espetaculares e, portanto, menos observadas, a despeito de uma igual virulência. Mas temos a impressão de que a causa disso é que doravante as recorrências escolhem suas vítimas: crianças, velhos, mulheres grávidas. Para além de uma certa acomodação, cujo testemunho é, no mais, a manutenção da atividade econômica e a retomada do povoamento, certos indivíduos podem ter apresentado uma disposição sorológica imunizante ao contágio: mencionei mais acima que o grupo sanguíneo B parece rebelde aos ataques do bacilo pestilento; sua predominância nas populações puramente célticas ou de origem asiática, como os húngaros, talvez explique as "manchas brancas" sobre o mapa do flagelo.

Duas outras observações. Primeiro, se a chegada do flagelo e sua fulminante propagação chocaram pela rapidez e provocaram pânicos irracionais, falta muito para que a extensão das perdas resulte apenas da virulência do bacilo. Os contemporâneos não a observaram no momento: buscaram conjunções astrais desfavoráveis, afinal talvez em ligação com as variações climáticas; mas o historiador, hoje, encontra outras causas nos documentos de arquivos: levantamentos demográficos ou contábeis inquietantes, uma conjuntura econômica alterada e um acúmulo das dificuldades sociais fazem do período de 1310-1340 uma fase de depressão que tem como fundo calamidades naturais e distúrbios políticos. O único documento demográfico preciso que chegou até nós, calhamaço extraordinário, é o registro de nascimentos e de mortes da pequena aldeia borgonhesa de Givry, ao sul de Dijon. Esse ilustre documento atesta uma sobremortalidade crescente a partir de 1320, embora haja um salto com a chegada do flagelo. As manifestações mórbidas na arte ou nas desequilibradas condutas religiosas também são anteriores à peste; e muitos judeus foram massacrados antes dessas datas. De todo modo, a peste atingiu homens enfraquecidos ou já doentes. Por outro lado, o recuo progressivo da morte negra não se deveu apenas à diminuição da penetração do bacilo, mas também a uma recuperação econômica e a um aumento dos nascimentos, provocando uma reocupação das terras e de povoados abandonados. No Ocidente como um todo, esta retomada ocorreu entre 1430 e 1480 de acordo com as regiões; mas o mal castigará ainda por muito tempo.

Uma segunda observação, muitas vezes amenizada. É a relativa abundância das fontes que dá destaque à peste do século XIV. Por isso se minimizam suas ocorrências anteriores, como as da Antiguidade e, sobretudo, a dos séculos VI e VII que devastou a costa do Mediterrâneo. Mas se sabemos muito pouco sobre ela, ainda assim concorda-se hoje em colocá-la como ponto de partida do profundo e duradouro enfraquecimento político e econômico ou mesmo espiritual do flanco sul da jovem Cristandade; o que explica a brutal expansão do Islã sobre solos arruinados e populações debilitadas. Fenômeno capital na história do mundo. Devemos, portanto, nos colocar uma questão de mesma natureza em relação à epidemia dos séculos XIV e XV. Limitamo-nos, normalmente, a destacar a interrupção do relativo superpovoamento da Europa, o remanejamento do *habitat* camponês, a desorganização dos preços e dos salários – o que não é necessariamente negativo – ou as atribulações do sistema senhorial. Observando mais de perto, as fortes conturbações sociais, a fome de ouro, a redistribuição das fortunas, que são as sequelas do mal, vão muito além de seu recuo biológico: assim como a peste tão tolamente qualificada de "justiniana" deve ser um dos pilares do fenômeno muçulmano, assim também a dos últimos tempos da Idade Média está na origem da expansão colonial da Europa a partir do século XVI; o suposto "renascimento" da Antiguidade nada tem a ver com isso.

1.2.5 *É possível contar estes homens e mulheres?*

Estes homens e estas mulheres que procuro compreender, ainda não tentei calcular seu número. Porém, assim como Marc Bloch observava, como julgar a vida cotidiana e a atividade laboriosa sem dispor deste dado básico? Infelizmente, não conhecemos esse número, ou melhor, nossos dados são ínfimos, esparsos, discutíveis e tardios; pelo menos antes do século XV, desafiam qualquer certeza. A razão para isso não é apenas de arquivo: é verdade que neste, como em outros campos, as perdas são enormes, mas há pior: em todos os séculos medievais o número não é estimado em seu real valor aritmético, exceto pelo cômputo eclesiástico. Essa "maneira de ver" tem provavelmente causas psicológicas como, por exemplo, uma certa indiferença com a exatidão contábil, que não é encontrada em outras culturas, principalmente orientais ou semitas. O número tem apenas valor de símbolo: um, três, sete, doze eram Deus, a Trindade ou números bíblicos; quanto ao seis e ao seu múltiplo seis vezes seis, eles eram o sinal daquilo que não se consegue mais contar com uma mão, portanto o que ultrapassa o entendimento imediato – quer se trate, por exemplo, de mortos ou de vivos, de anos de idade ou de parentesco. Este desdém pelo número também atinge a medição: alguém vende "um bosque", lega "sua terra", dá "aquilo que tem". Se um número aparece, o desespero do historiador não diminui, pois não sabe como usá-lo. Por exemplo, "um bosque de cem porcos": Eles realmente estão ali? Seria uma avaliação do seu apetite? Até os jogos de dados que persistem por toda a Idade Média são entregues à intervenção do acaso, portanto de Deus, e suas sentenças são mais psicológicas do que contábeis. No campo que estou percorrendo justifica-se, pois, uma indiferença em relação ao número dos indivíduos, pela ausência de uma vontade definida, fiscal, por exemplo. No mais, os homens estão em constante movimento, ignoram a idade, hesitam sobre os parentescos; ainda em 1472 é possível encontrar florentinos que não sabem mais quantos filhos têm. Os poderosos são, certamente, os únicos que pensam nisso, mas por pura preocupação familiar, fiscal ou política, não por espírito de geometria. Para penetrar essa muralha de ignorância, o pesquisador está bem desmunido, pois não há listas sérias e, sobretudo, completas de rendeiros, de tributáveis ou de requisitados, principalmente nos campos e antes do século XV. É preciso garimpar entre as séries de testemunhos, nas genealogias senhoriais ou principescas, nos fragmentos de crônica, em alguns pedaços de um todo. E, mesmo assim, quantas obscuridades: Os recém-nascidos? Os eventuais ausentes? Os demasiados velhos ou os miseráveis? Quanto ao sexo feminino, a "Idade Média masculina" – para usar uma fórmula perfeitamente exagerada – afasta-o dos textos econômicos ou políticos, trabalho masculino, ou dos artigos de lei, que são assexuados. Às vezes o suprime completamente, como em algumas fases de "machismo" que exigiriam explicação, por exemplo no norte da França entre 1100 e 1175.

Eis, portanto, o demógrafo muito mal-equipado; melhor, no entanto, do que há algumas décadas, quando se contentavam com adjetivos ou advérbios vagos e se refugiavam atrás de alguns documentos famosos cuja reputação devia-se à sua própria raridade: o *Domesday Book* inglês do século XI, repleto de incertezas; o *État des feux* de 1328, onde não se sabe o que é um *feu*; o *Catasto* toscano de 1427, cujo uso como exemplo é até um exagero. Tentemos enumerar algumas questões e analisar as respostas. A evolução geral, primeiro: a não ser por algumas exceções regionais que não examinarei, a curva é ascendente, com uma triplicação que vai do ano 1000 até 1300; e que não é mais contestada. Entre os historiadores existe, no entanto, um debate sobre o enquadramento cronológico. São amplamente majoritários os que defendem um crescimento nos séculos VII e VIII, talvez no fim do século VI, e um segundo no fim dos tempos carolíngios. Outros, inclusive eu, veem nesse crescimento apenas uma recuperação, provavelmente até parcial, do recuo dos séculos III-V: buscam em vão capitulares "natalistas", e se afligem com constatações ambíguas e decepcionantes. Mas todos concordam que depois do ano 1000 houve um real aumento da população, com um ritmo talvez irregular, cedendo depois de 1250 ou 1270, com um dado médio, evidentemente bastante teórico, de 0,7% de crescimento anual; o número é baixo, muito inferior às taxas de crescimento de muitas regiões "em desenvolvimento" de hoje, ou ainda àquelas que nosso próprio país conheceu recentemente. Não há *baby-boom* nem uma avalanche de bebês, mas um movimento de uma extraordinária duração: trezentos anos.

Eis o que sem dúvida explica a relativa indiferença dos contemporâneos; encontramos, de fato, alguns cronistas que falam de maré humana, mas na maioria das vezes são pessoas da cidade, onde o afluxo foi provavelmente mais visível: imigrados mais do que recém-nascidos. Mesmo na aristocracia, da qual nos falam muito mais, não vemos desenvolver um sentimento de superpopulação a controlar: se o casamento dos filhos mais novos foi por muito tempo desencorajado, era para evitar a partilha dos bens, e não porque a casa senhorial corria o risco de ficar superlotada. No mais, no século XIII, esse obstáculo desapareceu. Este olhar neutro sobre o número dos vivos se alimenta também daquele dirigido aos mortos. Pois quando destacamos os elementos de uma estrutura familiar, encontramos grupos pletóricos quase em toda parte: seis, sete, dez crianças são um mínimo; e geralmente as meninas são deixadas de lado. Um número assim deveria ter feito saltar as taxas de crescimento. Se isso não aconteceu é porque pelo menos um terço dessas crianças acabava morrendo – inclusive entre os grandes, que poderiam esperar maiores cuidados: Branca de Castela perdeu cinco dos treze filhos. Essa atroz mortalidade infantil durou todo o milênio medieval; por isso valerá a pena voltar ao assunto. Mas, ainda no século XV, em 42% dos túmulos dos cemitérios húngaros há crianças com menos de dez anos; e ainda não falo aqui dos natimortos, que são um outro tema para reflexão.

São bem claras as causas da queda dos nascimentos no fim dos tempos medievais, sendo pouca a participação da guerra e das práticas contraceptivas; as fomes anteriores à peste enfraqueceram mais do que ceifaram os homens; a deterioração das estruturas familiares e seus efeitos nas relações de ajuda mútua não devem ser negligenciadas. Mas chegamos inexoravelmente a uma constatação genésica: mesmo sem a intervenção de nenhum dos "três cavaleiros do Apocalipse" que então ameaçavam o mundo – a guerra, a fome e a peste –, a natalidade cai, o que, ao remontar no tempo, leva o historiador a buscar o que a fizera crescer. É fácil reconhecer o que a havia sustentado: alimentação mais rica reforçando as defesas naturais do homem e fazendo recuar a mortalidade, principalmente infantil; evolução acelerada da estrutura familiar para o casal conjugal, isolado e reprodutor; propagação do hábito de se usar uma ama de leite devido ao grande número de mulheres que podiam amamentar o filho de uma outra – liberada da amenorreia que acompanha o aleitamento, a mulher podia então ser novamente fecundada, reduzindo então os "intervalos genésicos". Como ter certeza de que isso não passou de uma "moda", ou pelo menos de uma comodidade, de um conforto, mais do que uma vontade "natalista". Esta só é percebida no momento do desenvolvimento dos privilégios do primogênito, que provoca a busca de um herdeiro masculino, ou até de seu substituto. Mas já estamos por volta de 1050-1080, e unicamente no mundo senhorial. De forma que as explicações que damos *a posteriori* nos conduzem ao limiar da causa inicial. Caso descartemos uma brusca mansuetude divina em relação a uma parte bem pequena de sua criação – explicação que bastava nesses tempos, e às vezes até hoje para certos espíritos –, é preciso então nos voltarmos para o que escapa ao homem, e retornar às causas "naturais" de que já falei. Os historiadores de hoje não evitam, embora com reticências, o recurso às forças do clima e à história da Terra. A fase "ideal" que observamos depois de 900 ou 950 durará quase até 1280 ou 1300; mas os sinais de oscilação são sensíveis depois de 1150, quando alguns lúcidos cronistas observaram as marés inesperadas, as chuvas crescentes, o recuo de uma geleira. Mas nenhum deles podia ver nessas observações o efeito de um poderoso movimento das águas oceânicas próximas – e não sou, não mais do que eles, capaz de explicá-las; penso, no entanto, que é nessa lenta inversão do ideal biótico entre os séculos X e XIII que reside a explicação dos fenômenos de estagnação demográfica pelos quais abri este desenvolvimento.

Fiz algumas alusões ao sexo feminino, tão maltratado nos textos; mais adiante será preciso abordá-lo em sua casa. Porém, no momento, o mais importante é perceber a *ratio*, isto é, a relação numérica entre os dois sexos. No mundo animal, ao menos para as espécies terrestres, o macho reprodutor é minoritário, talvez por ser eliminado fisicamente depois da função realizada; é o que ocorre, por exemplo, entre os insetos e entre alguns mamíferos. Quanto aos humanos, os demógrafos concordam em avaliar os dois sexos em igualdade numérica no nascimento, exceto por oscilações de desigualdade temporária, cuja origem ainda nos escapa. Mas, na idade adulta ou até na da puberdade, o sexo feminino aparece minoritário, particularmente nos séculos XI-XIII, em uma relação de 80 a 90 mulheres para mais de 100 homens. As fontes escritas – que, na verdade, falam das camadas sociais mais favorecidas – mostram bem essa caça, iria dizer este "mercado" da mulher, rara e, portanto, cara. Casam a moça aos quinze anos, às vezes "prometem-na" mais cedo ainda; ela é, com efeito, o núcleo da riqueza familiar, a joia que se comercializa. Os rapazes percorrem os torneios, mas também as estradas e as fazendas para obtê-las; depois de, nos tempos de São Luís, a Igreja ter autorizado os novos casamentos, os viúvos desprezados recorrem às rejeitadas, e que custam menos. As moças que já passaram dos 20 ou 25 anos e não encontraram pretendente, ou que se recusaram a entrar para o convento, permanecem em casa como "fiandeiras" (as *spinsters* da Inglaterra) sob a autoridade do pai ou dos irmãos. Esta inferioridade numérica feminina é anormal e traz problemas. Invocou-se o mutismo, ou melhor, os caprichos dos textos: escapatória fácil. Também se invocou o infanticídio sistemático das mais frágeis, mas é tecnicamente absurdo e não diria respeito senão à alta Idade Média, da qual na realidade nada sabemos. A sobremortalidade por causa de partos repetidos e brutais – um a cada dezoito meses em média – não atingiria, evidentemente, as moças que acabaram de se tornar núbeis – além do mais, a resistência física do sexo dito "frágil" é superior à dos homens, e já se observava isso nesses tempos em que, com efeito, há um grande número de jovens viúvas. Na falta de melhor explicação, contentamo-nos hoje com a ideia da pouca atenção dada às meninas: desmame prematuro, alimentação restrita, falta de cuidados médicos. Mas essas explicações não satisfazem.

Um último problema, que só abordarei mais adiante: as estruturas familiares onde convivem ambos os sexos e as várias gerações. E não posso deixar o campo demográfico sem falar do "feu"*. O importante aqui é sua significação aritmética. Mas a maioria dos documentos que traz dados numéricos sobre a população expressa esses dados como *feu*, e por vezes até como *feu fiscal*, isto é, como lugar de cobrança de impostos, e não como *feu réel*, considerado como um grupo de indivíduos. Veementes querelas continuam dividindo os historiadores a esse respeito. Seria o *feu* a célula básica do casal e dos quatro ou cinco filhos que vivem sob o mesmo teto, ou seja, cinco ou seis pessoas vivendo juntas? Ou um grupo mais amplo com prolongamentos laterais, ascendentes ou que incluem até domésticos, isso em função das estruturas locais de reagrupamento familiar? (Estimou-se até dez ou dozes indivíduos nos lares judaicos!) E, inversamente, a viúva idosa e isolada? E os recém-nascidos? Será que o escriba contabilista utilizou os mesmos métodos de cálculo em toda parte? Como, nesses tempos, era estranha a ideia de recenseamento desinteressado, será que os números fornecidos ao escriba eram exatos, de acordo com o interesse do lar? Por exemplo, no caso de um inquérito fiscal ou militar, para evitar uma taxa ou uma requisição ou, ao contrário, obter víveres? O exemplo do recenseamento feito em Paris em 1328 é bem conhecido: a cidade tem 80 mil ou 200 mil habitantes?

É somente pelo número de *feux* que, portanto, podemos estimar, segundo os lugares e as épocas, a densidade do povoamento; a tradução em "habitantes por quilômetro quadrado" é, pois, aleatória. Está fora de questão, e também muito além do meu olhar, esboçar aqui uma geografia da implantação humana e de suas variações. Mas alguns elementos parecem incontestáveis. Se considerarmos os anos por volta de 1300, auge do aumento populacional, a população dos campos era na França, por exemplo, quase igual à de 1900 e prodigiosamente superior à de 2000. Foi a expansão urbana que concorreu, igualou, e depois tragou a população rural a partir do século XVII e, sobretudo, no século XX, invertendo a relação camponeses-citadinos, levando estes últimos de 10 a 60% do total. Os problemas colocados pela aglomeração na cidade e pelo êxodo rural em nossos dias são bem conhecidos, mas fogem do meu escopo. Por muito tempo a historiografia tradicional deu à Europa Ocidental, e especialmente à França, uma reputação de estabilidade, ou mesmo de imobilismo: as "velhas tradições camponesas" e a "imutável serenidade dos campos" são

---

* *Feu*: fogo, lareira. Palavra também usada no sentido de lar ou de unidade fiscal sujeita aos impostos [N.T.].

normalmente atribuídas aos séculos medievais. O que é um grave erro. Pelo contrário, embora nesses tempos o campo seja efetivamente quase tudo isso, não deixa de ser animado, como dizia Marc Bloch, por uma espécie de "movimento browniano", pois esses homens não param no lugar; sozinhos ou em pequenos grupos, vão e vêm constantemente. E não são apenas os caçulas atrás das moças, os peregrinos, os mercadores ou os homens da guerra, mas também os camponeses que, de uma geração para a outra, vão se instalar em uma outra clareira, trocam a costa pelas regiões mais altas, ou o contrário, como em uma espécie de desconforto material ou mental. Quer estude uma aldeia ou uma senhoria, o historiador se surpreende quando mergulha no coração dessa massa confusa ao encontrar listas censitárias em perpétua mudança. Em consequência, nas raras regiões que permanecem isoladas – vales estreitos, terras insalubres onde se misturam e se deslocam pouco –, a homonímia torna-se regra, nesses tempos como nos nossos.

Estas observações sobre as "transumâncias" dos homens abrem dois campos de estudo bem diferentes, mas igualmente bem-definidos. A antroponímia é hoje o objeto de um crescente interesse como instrumento prosopográfico no estudo das famílias e como prova de um estatuto social ou econômico. É verdade que é preciso esperar o século XII para que desapareça o uso romano antigo do nome próprio de um indivíduo seguido do de sua *gens*, de seu clã, e eventualmente de um apelido pessoal: Caius Julius Caesar. Depois veio o uso, germânico e cristão, do nome de batismo seguido apenas da filiação: João filho de Pedro. A preocupação em distinguir entre os João, filho de Pedro trouxe de volta o apelido, e primeiro entre os homens de armas: João Belos Olhos, filho de Pedro e cavaleiro. Em seguida, o apelido conquistou o homem comum e a filiação passou a ser negligenciada: João, o neto de Pedro tornou-se João Grande; depois, em benefício de um reconhecimento de proveniência geográfica imposto justamente pelo incessante deslocamento dos homens: João Grande, de Paris. A partícula "de" foi então retomada pela aristocracia para designar a terra familiar de origem, ou o feudo principal. Passado o século XIII, a reviravolta antroponímica estava concluída: João Belos Olhos é certamente um homem comum, e João de Paris um aristocrata. O primeiro usará normalmente como apelido um termo qualificando sua profissão ou sua aparência, como o Ferreiro ou o Gordo. Mas só em pleno século XV ele o transmitirá a seus herdeiros que, no entanto, são magros e não batem na bigorna. Quanto ao "primeiro nome" que com razão os anglo-saxões chamam nome, o estudo que foi feito revela as influências regionais, as sucessivas piedades, as relações de família, ou mesmo a moda: cultos locais, práticas devocionais, lembrança dos ancestrais.

Há no incessante vai e vem dos homens de que acabo de falar um último campo de estudo: Que lugar reservar ao estrangeiro, aquele que vem de fora, mesmo de uma aldeia vizinha? A assimilação do "outro" é certamente mais psicológica do que jurídica; diz respeito ao campo do coração e do espírito – portanto voltarei ao assunto. Mas podemos desde já avançar que, em uma sociedade ainda não circunscrita às estritas regras de vida comum, a acolhida do recém-chegado efetuou-se certamente sem maiores choques; na França, onde os aportes sucessivos tornaram a população muito compósita, a homogeneidade final é extraordinária. Talvez o futuro julgue de uma outra forma.

Finalizo assim este primeiro olhar, bem exterior, sobre o ser humano, o que é seu corpo e o que sabe sobre ele, sobre o cuidado que lhe dedica e sobre seu número. Agora é preciso inseri-lo em seu ambiente natural, e acompanhá-lo pelas idades da vida.

2
As idades da vida

Um dos fortes argumentos opostos à noção de um "homem da Idade Média", para denunciar sua vanidade, baseia-se na longa duração desse período; portanto, nas inevitáveis mudanças que esse ser, considerado mítico, teria conhecido no decorrer dos séculos. Essa visão não é falsa e, evidentemente, será levada em conta, mas sobretudo para os fenômenos culturais ou mesmo sociais. Considero essas mudanças realmente superficiais na medida em que não causaram danos aos quadros físicos, materiais, nos quais, como vimos, situei meu objetivo. Busco o homem físico, seu corpo, seu ambiente, suas relações com os outros seres animados. Diante destas preocupações, será que podemos descobrir a evolução pessoal do ser humano? Ele nasce, vive e morre, como no fascinante enigma da Esfinge antiga. Também neste caso não há nenhuma ruptura, nenhuma oposição indiscutível entre o recém-nascido greco-romano e o de hoje. Por que teria então entre o recém-nascido carolíngio e o da Guerra de Cem Anos? Quando muito, alguns detalhes e uma questão de fontes. Vejamos o que se sabe a respeito.

2.1 Da criança ao homem

2.1.1 *Esperando a criança*

A idolatria de que hoje são vítimas (prestando bastante atenção, esta é a palavra adequada) a criança, e mesmo o recém-nascido, dissimula na verdade nossa obsessão pela velhice e pela morte. Como a criança é bem novinha, será usada para vender cremes ou automóveis. Assim, alguns corajosos pediatras arremessaram sobre a infância "certezas" que levaram os tribunais ou a simples opinião pública a tomar como provas e verdades algumas fantasias infantis, aquelas mesmas que um ser inacabado, ou pelo menos "em formação", extrai de seus sonhos ou de seu subconsciente. Esta atitude de devoção é, afinal de contas, bastante recente. Os últimos séculos anteriores a este tinham sido duros com os jovens, atolados em um clima econômico ou social severo em que dominavam o útil e o utilizável. Por conseguinte, e remontando ainda mais, foi possível afirmar que a Idade Média, bem mais do que os "tempos modernos", havia desprezado a infância, e até mesmo ignorado essa noção. Já faz uns quinze anos que essa opinião foi seriamente abalada, e até abandonada. Os séculos medievais, ou pelo menos aqueles de que subsistem restos, mostram bem: mesmo não sendo rei como hoje porque vive em um mundo onde é preciso rapidamente se armar para poder sobreviver, a criança é o objeto de uma forte ternura, de cuidados atentos ou de uma preocupação de educação que se equivalem às nossas.

Mas é preciso matizar esses motivos. Que para a mãe o nascimento da criança seja a realização total de sua feminilidade e para o pai a própria expressão de sua virilidade é uma coisa pessoal e de todos os tempos. Esses sentimentos bastariam para alimentar o desejo de tê-la, e nenhuma sociedade humana não lhe escapa, a despeito das pretensões da moda. Mas, enquanto nossa época trata a criança como um consumidor, imediato ou futuro, nesses tempos dominava seu papel de produtor: produtor de poder e de riqueza. Pois a criança não é apenas um "dom de Deus", como repete a Igreja, mas também um elemento do mundo do trabalho, um instrumento de autoridade, um bem de família. É esta aparência material que, certamente, está na origem de um pretenso descrédito da infância, que não teria sido reconhecida em sua plenitude; pelo contrário, são seus papéis futuros que justificam a atenção e a ternura. Como sempre, e até o século XVI quando seu ministério se enfraquece, a Igreja não deixou de observar: fazer crescer e multiplicar as crianças de Deus faz delas símbolos vivos da glória do Altíssimo. Evidentemente, alguns pregadores murmuram: todas essas crianças custam caro, e isso significa menos para as esmolas que fazem a Igreja viver. E, além do mais, elas não dão em árvores, pois cada uma delas, inclusive as que não desabrocharão, são fruto de uniões profanas que Deus, decerto para testar suas criaturas, quis tornar das mais prazerosas, ao menos para o homem. Rezar antes e depois, certamente, mas durante o ato carnal? Dilema cruel, pois a abstinência sexual iria contra o propósito divino, e não é uma virtude humana.

De todo modo, entre os laicos e de ambos os sexos a criança é desejada e esperada. Como a Igreja lançou um véu sobre o assunto, é difícil saber se esse também é o desejo dos amantes ou dos casais cujas relações com o direito canônico não são das melhores. Em princípio, a futura criança é resultado de uniões legais; contudo, a posição bastante honrosa que os bastardos alcançaram, sobretudo nos séculos XIV e XV, revela que, embora não desejados, foram admitidos, pela mãe é claro, mas também pelo pai, que poderia tê-los ignorado ou fingido ignorar, e que normalmente lhes garante um lugar confortável na família que os acolhe. Este não era o caso, infelizmente, de nenhuma das heroínas das peças romanceadas dos séculos XIII e XIV para que pudéssemos conhecer seus sentimentos a esse respeito. Mas as decisões de justiça, as receitas repetidas e as prescrições penitenciais oferecem muitas provas sobre o lugar das práticas anticoncepcionais ou abortivas; e não se trata só de criadas grávidas de seu senhor ou de viúvas violentadas por um bando de "jovens", mas de casais legais que também as usam. No mais, é o homem que geralmente toma a iniciativa de incitar sua companheira a se desfazer do fruto recusado, e a justiça decorrente sempre o considera como cúmplice. E o faz de forma ainda mais normalmente porque, a seus olhos, o papel do homem, pelo menos para a concepção, é evidentemente essencial: as posições adotadas para o coito e sua interrupção voluntária são, naturalmente, responsabilidade sua, na ausência de todos os recursos criados hoje pelas técnicas modernas. Estes problemas são uma grande preocupação de nosso tempo e para cuidar deles até estabeleceu todo um arsenal jurídico. A única diferença real em relação aos séculos antigos é que hoje essas práticas são generosamente expostas, assim como os comportamentos sexuais de que voltarei a falar. O aborto provocado voluntariamente era com certeza uma prática das mais comuns, na cidade e mais ainda no campo, mas permanecia clandestino, portanto perigoso; com efeito, a Igreja zelava pelo respeito do sêmen. Na prática, são bem conhecidas as receitas ensinadas pelas matronas: em geral, beberagens de camomila, de gengibre, de feto, e algumas manipulações decerto bem mais perigosas. Por outro lado, os motivos para esse abandono da gestação permanecem bem obscuros. No século XIV, vários "doutores da fé", como Bernardino de Siena, chegaram a admitir que o embrião podia ser destruído antes dos quarenta dias de vida fetal, não sem muitas penitências, evidentemente, e sob a condição de sérios motivos de saúde ou até de miséria. Para se ter uma ideia de como esses atos eram comuns.

Eis a criança esperada e concebida. Somos curiosamente ignorantes sobre a gestação. Talvez porque aqueles que escrevem são homens e não se interessam em saber o que é um parto; talvez também porque durante o casamento toda mulher engravide a cada dezoito meses em média, ou seja, uma dezena de vezes em relação às normas demográficas da época. Não é, pois, um estado que ainda poderia ser qualificado, como pouco tempo atrás, de "interessante". Aparentemente, as normas inerentes à espécie humana são seguidas: nove meses, curvatura das costas, amenorreia completa. É também provável que as matronas, experientes em previsão, comentassem as posturas, as atitudes, os "desejos" da paciente. Ademais, uma gestação problemática era uma razão bastante forte para ser interrompida, a culpa cabia só à mulher, como no caso da esterilidade, sempre atribuída ao sexo feminino, ainda que o sêmen do homem fosse indiscutivelmente considerado sem valor: o vaso era defeituoso, não o que se colocava nele. Como hoje, a mulher, naturalmente, mas também o esposo, como nos dizem, emocionavam-se ao perceber os primeiros movimentos do feto *in utero*, sinal positivo de que a gestação era de qualidade; é bom lembrar, no entanto, que os médicos da Antiguidade viam nisso muito mais o sinal de uma gestação difícil e de um parto comprometido.

Nem o próprio nascimento tem uma abordagem mais fácil, pois aqui também o homem está ausente, seja ele o pai, o escriba ou o pintor; o que conhecemos são raras e tardias exceções. A parturiente está deitada ou de cócoras, ou só apoiada em almofadas. Algumas matronas preparam lençóis e banho; é a "parteira" que encoraja e apoia a mãe; também é ela que, com massagens emolientes sobre o ventre ou a vagina, ou com manipulações feitas com as mãos nuas, se esforça para corrigir a posição de uma criança que não se apresenta de forma correta. Estas mulheres são experientes em parto, e parecem agir voluntariamente. Se a expulsão não acontece sozinha, e se o cordão não é rapidamente cortado e suturado, são imensos os riscos de infecção. Em tais condições de higiene rudimentar, o parto, provavelmente já doloroso por si só, acarreta um risco mortal; a cesariana para salvar a criança não é praticada, ao menos enquanto a mãe estiver viva; e já se calculou que uma em cada dez mulheres, talvez mais, não sobrevivia aos partos difíceis, e que quase sempre se tratava de primíparas.

2.1.2 A criança nasceu

Se a mãe já corre risco, não é muito melhor o destino do recém-nascido. Mesmo que não morra ao sair do ventre materno, a duração de sua vida pode ser insignificante: algumas horas, alguns dias. Por que a gente do povo teria mais sorte do que os poderosos, cujas genealogias atestam a hecatombe nos nascimentos? O número de natimortos varia de 25 a 30%, um número que ainda hoje dificilmente seria encontrado nos países mais deserdados: tetania, meningite, sufocamento provocado por manipulações desajeitadas, disenteria, insuficiência vascular resultante de uma gestação malconduzida ou de um nascimento prematuro. Entretanto, por mais frequente que seja, essa morte ligada ao nascimento parece inaceitável, injusta e dolorosa, e toda a literatura familiar testemunha isso. Ademais, mesmo morta após alguns instantes de vida, a criança conheceu um sopro humano; se não foi batizada irá, evidentemente, para o inferno, como garante Santo Agostinho. Como mantê-la, antes do juízo final, no limbo, essa região de espera que permite o "trabalho de luto", como dizemos hoje? Os santuários de "remissão", às vezes simples capelas no campo, conservarão esse vínculo sob a proteção da Igreja, agraciada com doações e preces. Quanto ao corpo da criança morta, a arqueologia atesta a extrema raridade de seu enterro entre os batizados. Existiria um local especial de sepultamento sob o adro de uma igreja, por exemplo? Ou, como as escavações mostraram, sob a entrada da casa paterna, esmagado embaixo de uma pedra para evitar que algum demônio dela se apodere e a transforme em uma prole do diabo? Ou, mais simplesmente, não seria jogada em um rio?

E a criança nasceu, e com boa saúde – pelo menos por ora. Mas será que é realmente aquela engendrada pelo pai e carregada pela mãe? Esta obsessão da substituição da criança, acidental ou voluntária, de origem humana ou diabólica, ainda hoje atormenta as mães. E o que dizer ou o que fazer com os gêmeos? Não seriam eles uma prova de libertinagem da mãe, grávida de dois homens diferentes? Ou então um dos bebês – mas qual? – não seria o duplo diabólico do outro? Sabemos poucas coisas sobre os nascimentos de gêmeos: a raridade da sua presença atestada nas genealogias aristocráticas levanta a suspeita de uma funesta decisão de infanticídio; crime grave, pior do que o aborto provocado, mas o único que poderia lavar a honra familiar ultrajada. De todo modo, a criança só será verdadeiramente um membro admitido do grupo humano depois de dois ritos de passagem que significam sua entrada na vida comum.

O primeiro é o banho. Dado logo após o nascimento, é provavelmente o principal aos olhos das pessoas da época. Rito que a iconografia piedosa muitas vezes registra em relação a Jesus, mas sistemático e ancestral. Assim como hoje, é antes de tudo um gesto de higiene corporal para lavar a criança dos vestígios deixados pela sua estada no ventre materno; mas é também sua entrada no mundo dos vivos: o grito, se necessário obtido com uma palmada na bunda, e depois o contato das mãos e da água. A significação ritual, de origem provavelmente pré-histórica, do primeiro banho não escapava às pessoas desses tempos, e embora a toalha e a cuba ficassem nas mãos das mulheres, o pai, desta vez, estava presente.

O segundo é o batismo. E mais uma vez a água está presente: é a entrada no mundo dos cristãos, o que fornece ao historiador uma abundância de testemunhos e de explicações. Limitar-me-ei, portanto, a algumas observações não dogmáticas. A administração deste primeiro sacramento não é obra exclusiva dos servidores de Deus: um laico e até uma mulher podem outorgá-lo se houver perigo de morte para a criança. Mas, ao contrário e muito estranhamente, a Igreja, pelo menos em sua fase de conquista do Ocidente, tolerou por muito tempo, e até encorajou, o batismo dos adultos ou, pelo menos, dos adolescentes, na ocasião de uma festa de recepção e de renovação como Natal, Páscoa e Pentecostes. Tais práticas, que deixaram tantas provas arqueológicas até o século XI, criavam, pois, uma situação canonicamente perturbadora: O que acontecia com a alma do rapaz morto antes de ter sido "recebido"? Uma simples ablução bastaria? De todo modo, o parentesco com Deus triunfava sobre qualquer outro, o desenvolvimento dos usos de apadrinhamento correspondia a um controle do novo cristão pelo mundo que, no lugar dos pais, seria exercido por meio de uma delegação divina. Esse parentesco espiritual, hoje simbólico, podia substituir o parentesco natural; é fácil ver seus efeitos tanto psicológicos quanto materiais.

2.1.3 As "infâncias"

Eis que a criança desejada chegou e foi recebida. Seu sexo foi algumas vezes previsto pelas matronas experientes, mas no geral é uma surpresa; provoca muito menos reações do que se costuma dizer. São muitos os argumentos apresentados para apoiar a ideia de uma forte preferência pelos meninos. Um deles procede da superioridade numérica dos homens na idade adulta. Lembrei mais acima que a *ratio* normal entre os sexos é a igualdade e que a posterior desproporção, para além de oscilações que ainda desconhecemos, poderia resultar dos poucos cuidados dados às meninas. Mas também se tem alegado que nossa documentação sempre prioriza os homens, e que nossos cálculos são, portanto, falsos. Se nesses tempos a preferência é dada aos meninos – e não continua presente em nossas mentalidades? –, ela é essencialmente de natureza econômica, simples reflexo do contexto da época, o que talvez explique sua reviravolta muito lenta hoje em dia. Em uma sociedade de produção e de predação, mais vale ter guerreiros e lavradores do que fiandeiras ou cozinheiras. Como só os homens escrevem, não deixam de valorizar seu papel na sociedade, e isso desde o nascimento. Mas, na realidade, as verdadeiras riquezas da família são as meninas, cujo casamento é um assunto capital, e cuja fecundidade manterá a espécie. Isso é visto e sabido na aristocracia, e com certeza fora dela. O descrédito suportado pelo sexo feminino é, pois, muito mais de ordem psicológica do que econômica: suposta fraqueza física, baixa utilidade produtiva. Sem entrar em uma briga fora de meu propósito e que começou assim que soubemos escrever, observaremos apenas que qualquer estudo fisiológico e qualquer constatação econômica séria provam, evidentemente, o contrário.

A mãe, embora revigorada desde o parto por uma alimentação superabundante e por boas talagadas de vinho, permanece "impura". Serão necessárias aos doutores da fé muitas contorções para excluir Maria, cuja concepção foi "imaculada". Na explosão do culto da Virgem no século XII, foi este papel de mãe o valorizado pelo fiel; bem mais próximo da verdade do que os doutos, ele viu que o papel dela foi o de ter carregado o Menino, mais do que o de ter recebido um dom misterioso. As *relevailles*, que a lavará de toda mácula, marcam o retorno da mãe à comunidade dos cristãos. Esta espécie de rebatismo tem referências bíblicas; a Igreja o assimilou à "apresentação da Virgem no Templo", mas não conseguiu despojá-lo de sua dimensão sexual: a mulher está, com efeito, novamente "disponível". As *relevailles* são, portanto, marcadas por manifestações de alegria que envolvem todo o clã familiar, ou mesmo toda a aldeia. Em geral, este rito de reinserção ocorre um mês depois do nascimento de um menino, dois se fosse uma menina, como se a impureza tivesse sido maior.

O recém-nascido é alimentado com o leite materno, primeiro porque esta é uma lei da natureza, em seguida porque qualquer outro tipo de alimentação manteria a mãe por mais tempo em casa, impedindo-a assim de retomar suas atividades econômicas. É bastante abundante a iconografia em que se vê a mulher a fiar, a cozinhar, ou mesmo a ceifar, com a criança no peito, mamando, ao que parece, sem "horário" determinado. Mas o leite pode ser insuficiente ou, já no século XII, a mãe pode desejar secá-lo – temos listas de remédios sobre isso – para se livrar de uma obrigação julgada opressora. E pode tanto ser a aristocrata que assim pretende ter de volta sua liberdade quanto a camponesa requisitada pelos trabalhos na lavoura. É então preciso confiar a criança a uma ama de leite: elas não faltam, nem que seja pelo grande número de mulheres cujos filhos não sobreviveram. Nossos pediatras normalmente estimam que existe aí uma primeira ruptura, quase imediata, com a mãe, pelo menos com o corpo dela; é bem difícil julgar esse fato, mas pode ser que tenham tido alguma consciência dele, pois a escolha da ama de leite é objeto de grandes cuidados e de uma legítima desconfiança: idade próxima à da mãe, certeza de a ama de leite não estar grávida, estado de saúde excepcional. No mais, nada a impede de amamentar seu próprio filho junto com o que lhe fora confiado. É um traço normalmente exaltado nos romances, nos *fabliaux* ou nas crônicas a afeição mais do que fraterna, quase sexual, que unia os dois "irmãos de leite". Razão do abundante uso da imagem da "amizade" entre o pequeno nobre e o pequeno camponês mamando no mesmo seio.

Ao que parece, o desmame é bem tardio, depois de dezoito meses, por vezes mais para os meninos, como se a proteção materna sobre eles devesse se estender por mais tempo. Início da dentição, esgotamento do leite? A criança passa por uma segunda ruptura com a mãe. Aparentemente, porque sabem ou adivinham, essa separação é feita lentamente, por etapas. A criança fica abalada pelo choque, mas também a mãe conhece um novo estado, pois com o fim da amenorreia que acompanha o aleitamento a mulher pode então ser novamente fecundada. É esse inevitável *délai de viduité** que estabelece o ritmo de fecundidade de um ano e meio entre os nascimentos na mulher que amamenta. Mas se não o faz, o "intervalo genésico" é menor; os nascimentos são mais próximos, e talvez a "revolução das amas de leite", como já dissemos, apareça entre as causas do crescimento demográfico dos séculos XII e XIII.

Um filho a cada dezoito meses, jovens mães de dezesseis ou dezoito anos, uma duração de vida de quarenta a sessenta anos: essas estimativas resultam em umas dez ou quinze gestações na vida de uma esposa. Com o auxílio da

---

* *Délai de viduité*: prazo que uma mulher viúva ou divorciada devia respeitar antes de poder se casar novamente, a fim de evitar qualquer confusão ou incerteza sobre a paternidade da criança a nascer. Lei francesa revogada em 2004 [N.T.].

mortalidade infantil, a média dos filhos sobreviventes por casal é, caso se ouse dizer, de 4,5 a 6,5. Estes números, que na França de hoje nos parecem consideráveis, explicam o aumento da população que há pouco chamou minha atenção. Todas as genealogias aristocráticas o indicam. Por que seria diferente entre os humildes? A menos que a miséria não tenha provocado o infanticídio ou o abandono. Dramático e criminoso, o primeiro é evidentemente ocultado; mas transpassa nas considerações das cartas de remissão referentes ao *encis* – a criança que, deitada no leito dos pais, morre "fortuitamente" por asfixia. Menos ocultado, e menos grave, o abandono foi até objeto de regulamentação e de publicidade: religiosos, misericordiosos cristãos recolhiam nos adros das igrejas os recém-nascidos que ali eram depositados e confiados à sua piedade, e para os quais os hospícios são construídos. Temos certeza de que essas práticas são apenas "medievalescas"?

De todo modo, mesmo que escapasse a esse destino funesto, a criança permanecia exposta, até os quatro ou cinco anos, e as meninas talvez ainda mais, às doenças da primeira infância, quase sempre contagiosas, por vezes mortais: varíola, rubéola, escarlatina, coqueluche ou frutos de um desregulamento funcional, como as febres intestinais. Podemos temer que esses obstáculos não tenham sido imediatamente percebidos e que, até o fim da primeira infância, deixaram agir a ingrata natureza, ceifando para além mesmo do nascimento uma boa parte das crianças que poderiam sobreviver. Nas necrópoles, os esqueletos de crianças com menos de sete anos representam até 20% dos defuntos. E, por sua vez, os relatos de milagres, tradicional via de acesso ao nosso conhecimento da saúde dos fiéis, só excepcionalmente são consagrados às crianças, como se a intervenção da Virgem ou dos santos não tivesse nenhuma razão de se manifestar em benefício de criaturas tão jovens e tão frágeis, "mortos em sursis". E aquele pretenso desdém, ele existiu? Certamente não, pois a dor causada pela morte de uma criança alimenta os lamentos dos heróis de romance, e os sinais de afeição de cada um dos pais são evidentes na iconografia. A Igreja, no mais, irrita-se com esses beijos, com esse "mimo" que revela o apagamento de Deus por trás de suas criaturas. Pelo menos um certo fatalismo acompanha essa dor diante da morte, demasiado inevitável, que cerca esses anos iniciais.

A iconografia, os tratados médicos e a biografia dos futuros homens ilustres trazem inúmeros detalhes sobre a primeira infância. A criança é envolvida em largas faixas bem apertadas, com os braços ao longo do corpo, mas às vezes com os pés descalços. É lavada com frequência, até três vezes por dia, e suas roupas trocadas ainda mais. Esse trabalho é feito só pelas mulheres. O homem parece chocado com a nudez do bebê e a evita ostensivamente; no entanto, é representado dando a papinha ou a mamadeira à criança. A partir de um ano, ele a ajuda a andar com o auxílio de um andador; mas o chiqueirinho ou o engatinhar são sistematicamente deixados de lado, pois certamente acreditam ver no primeiro uma imagem do enclausuramento fetal e, no segundo, um retorno à vida animal, condenado por Deus. A arqueologia justificou perfeitamente o lugar que a imagem dava aos brinquedos: chocalhos, bolinhas, bonecas de cera, jogos de jantar, pequenas armas de madeira, cavalos e soldados. Como em todos os séculos, esses brinquedos são o reflexo daquilo que a criança vê ao seu redor, e deixo aos psiquiatras o cuidado de determinar o que neles é o substituto da mãe, a oposição ao adulto, a parte do espírito, o testemunho do caráter. Da mesma forma, meu ponto de observação me dissimula a regulamentação das brincadeiras infantis imaginada pelos adultos, que tanto interessava aos antigos, ou ainda a parte das transgressões psíquicas, que apaixonam os filósofos, e a do demônio, contra a qual vituperam os pregadores. A criança tem sua alimentação, suas roupas, seu mobiliário e suas próprias brincadeiras. Não é um anão sem idade como por muito tempo vista por tantos historiadores.

2.1.4 A criança no meio dos seus

Até o fim da *infantia* e o início da *pueritia*, a criança desfruta de um lugar particular na sociedade. Não é, como normalmente acreditavam os homens do século XIX, um simples decalque em miniatura do adulto; nem o ser plenamente realizado em sua originalidade, como tentam nos convencer muitos de nossos atuais "pensadores". É uma obra em elaboração, em acabamento, mas cujo papel na evolução humana é observado. O elo entre o aqui, de onde vem e cuja marca conserva, e seu devir de homem, assim como se representavam a filosofia antiga e a convicção cristã. A criança é, pois, sagrada; talvez até esteja na hóstia do sacramento eucarístico. Suas palavras são o eco do divino; seus gestos devem ser interpretados como sinais religiosos; só ela é a depositária da vontade dos mortos que expressa em seus obscuros propósitos. Não que se deva, como hoje, babar de admiração diante desta metade de Deus; ao contrário, a Igreja recomenda que não seja interrogada, nem mesmo olhada com excessiva insistência, pois isso a mimaria. No mais, não seria eventualmente o demônio que a habitaria por um momento? Razão do sucesso do culto dos Santos Inocentes e de se pedir aos anjos da guarda para que zelem pela sua conduta. Se errar, deve ser castigada, às vezes duramente; se chorar, então o mal a habita e deve apanhar. Esta severidade não é um vestígio da onipotência paterna da Antiguidade; é uma forma do serviço de Deus.

É neste campo das relações entre a criança com seu círculo familiar que pouco a pouco nossas apreciações morais foram retificadas. A rigidez parental não é indiferença nem desprezo: é religiosa. Por isso o pai e a mãe, e em partes iguais, transbordam de afeição pela criança e a manifestam com carinhos e uma atenção quase temerosa. Dedicamo-nos a buscar uma evolução nesses sentimentos: a partir de meados do século XIII, acreditamos perceber um progresso na posição ocupada pelo pai, talvez porque o avanço das escolas vai pouco a pouco retirando da mãe a tarefa da educação elementar que até então era sua. Para além da afeição comum, cada um tem um papel bem-definido: ao pai, o cuidado de iluminar a alma da criança, de lhe ensinar o que é a *auctoritas*, principalmente a do Altíssimo; à mãe, a de zelar pela saúde do corpo e pelos rudimentos que enriquecerão seu jovem cérebro. Chegaram até nós alguns manuais de educação que tratam mais do adolescente do que da criança; e alguns são obras de mulheres – um caso bem raro na história da literatura medieval. Mas, como tantas outras fontes escritas, são obras de teoria e geralmente reservadas aos ricos, ou seja, príncipes como no século IX, futuros clérigos no século XII, filhas de cavaleiros no século XIV, filhos de burgueses no século XV. No mais, possuímos, na realidade, mais tratados de hipiatria do que de conselhos de pediatras. E, na faixa de idade de que falo agora, as reações da criança perante os pais nos escapam totalmente. A hagiografia mostra bem alguns "jovens" atraídos pela "morte do pai", mas com frequência não passa de puro romance imaginado por um religioso muito idoso.

Um campo, no entanto, merece uma última atenção: a criança tem, algo natural, irmãos e irmãs, tios e tias, às vezes avós. Se o adágio comum do "irmão, amigo dado pela natureza" é um piedoso pensamento contestado, evidentemente, por tantos exemplos e em todas as épocas, talvez os séculos medievais o admitissem com mais caridade. Os mais velhos de ambos os sexos exercem indiscutivelmente sua influência sobre os mais jovens, particularmente sobre as moças, submetidas, após a morte dos pais, à autoridade e aos interesses do primogênito. Ainda hoje tal situação pode ser encontrada – e claro que me refiro apenas ao nosso espaço cultural. Em contrapartida, dois traços desapareceram ou se atenuaram. Se o papel da irmã mais velha como substituta da mãe desaparecida é perceptível sem nos cegar, forte, ao contrário, é o papel do irmão da mãe, do tio materno, neste caso substituto do pai ausente ou morto. E inúmeros são os exemplos desse "nepotismo", no sentido etimológico do termo, de Carlos Magno a Luís XIV. A razão para isso é bem conhecida: o "modelo matrimonial", de que voltarei a falar, une dois seres com idades geralmente bem diferentes. Como prova a evidência natural, que hoje cansam de ridicularizar, a criança tem uma vital necessidade de sentir sobre si os olhares de ambos os sexos. Se o pai, muito velho ou muito ausente, não pode se dedicar plenamente, será substituído por um outro homem, do mesmo sangue e da mesma idade da mãe. Os efeitos sociais desta situação são consideráveis, pois duas linhagens se conjugam então para enquadrar a criança, depois o adolescente e, por fim, o adulto em seu "estabelecimento": quantos lavradores herdam do tio, caçulas que assim recebem um cargo na Igreja, cavaleiros que crescem na "amizade" de um grande! Quanto aos avós, hoje indispensável contrapeso aos excessos dos pais, são então quase inexistentes. Quando presentes, porque conseguiram ultrapassar em muito a barreira dos sessenta anos, quase não falam mais nada, pois estão riscados da vida ativa, a única digna de interesse. Devo voltar ao lugar ocupado por esses "terríveis velhos" que, sobretudo em região de Direito Romano, controlarão por muito tempo a gestão de seus bens; mas o exemplo deles é citado porque são raros.

A criança da primeira infância já ultrapassou os perigos da doença; entrou em contato com os trabalhos domésticos, se necessário com as tarefas rústicas, e até militares. Conhece as letras, algumas vezes os números. Em uma passagem pela paróquia, o bispo a fez confirmar os votos do batismo. Não é mais um *infans*, mas um *puer* ou *puella*. Tem oito, doze anos, se tanto. É agora que sua vida realmente se inicia.

2.2 O homem em sua privacidade

Entre os historiadores, sobretudo os dos tempos antigos, existe uma noção bem sólida de opor em todos os campos o público, que se vincula à massa, e o privado, que é da esfera do indivíduo. O poder, a fortuna, os regulamentos e, claro, a economia, a hierarquia social ou até as crenças são marcados por essa oposição, e a evolução no tempo ou a variedade no espaço são a trama da história. Mas, naturalmente, é o público que nos salta aos olhos, pois é ele que nossas fontes escritas, pintadas ou esculpidas iluminam. O privado, isto é, a modesta esfera pessoal onde se move o humano, é fechado, inacessível ao olhar estrangeiro, portanto amplamente dissimulado ao olhar do pesquisador. Para alcançá-lo, é preciso tirar de nossas informações os fragmentos do que a "casa" deixou: anedotas colhidas nos "ditos" ou nos *fabliaux*, fragmentos de contas particulares, inventários pós-morte, testamentos se necessário, detalhes de uma miniatura, material de escavações. Tudo isso é pouco e discutível. Claro que ao longo dos séculos houve evolução. Por exemplo, depois da peste, no momento em que o desencanto por um mundo em ruínas, o *contemptus mundi*, está em ascensão, dá-se ainda mais importância à esfera do particular. Mas será que é isso mesmo? Não somos vítimas de uma simples evolução de nossas fontes, doravante mais próximas do indivíduo – uma aurora de "humanismo"? Além do mais, a percepção sempre é mais forte na cidade; e as camadas sociais são atingidas de forma desigual: observamos que, nas historietas romanceadas, a aristocracia aparece em mais de 18% das intrigas, os clérigos em 9%, os mercadores em um terço; o resto, camponeses ou marginais, não chega a uma metade, muito menos do que seu peso na realidade. Pelo menos deixam de nos falar o tempo todo de monges e de cavaleiros, de bispos e de advogados no Parlamento, de mestres tecelões e de escabinos. Talvez durmam e comam como todos os outros, mas não me interessam em sua vida privada.

2.2.1 O tempo que passa

Nossa triunfante espécie foi dotada pelo Criador de capacidades de percepção que, embora inferiores às de outros animais, não são inúteis. Hoje, ofuscados pelo brilho da eletricidade, estupefatos pela cacofonia mecânica, tendo trocado a fala por um teclado, aspirando apenas eflúvios químicos, dispensados de apalpar o que quer que seja e degustando produtos congelados, perdemos o uso completo de nossos sentidos. Infelizmente, é muito difícil medir seu estado nos tempos medievais, pois, também neste caso, são traços tênues deixados por nossas fontes.

"A visão é a vida", proclama nossa publicidade. E aquele que a doença ou um destino cruel tornou cego desperta nossa compaixão e nosso apoio; na Idade Média, causava risos. Pois tal infortúnio só podia ser um justo castigo divino; e os "milagres" que devolvem a visão só tocam crianças inocentes ou virtuosos eremitas. As trapalhadas do cego são um excelente recurso cômico. E isso nos surpreende ainda mais porque sinistra é a reputação da noite que mergulha todos os homens na escuridão. Todavia, esse desdém pela cegueira poderia muito bem ser um sinal de que esta é, justamente, uma exceção negligenciável. Em contrapartida, podemos duvidar da qualidade dessa visão que está submetida ao incessante tremular de uma lareira caprichosa, de uma vela vacilante, de uma tocha fumarenta, de uma moribunda lamparina a óleo. Eventualmente, um cronista rirá de um capitão que não soube discernir a aproximação do inimigo, de um mercador que confunde seus fardos de lã, ou de um contabilista incapaz de estabelecer um inventário exato. Quanto a corrigir essa visão deficiente, será preciso esperar o século XIV para que sejam mencionados, ou mesmo pintados em afresco, óculos corretivos apoiados no nariz de um escriba ou de um oficial de justiça; no mais das vezes, são pedras talhadas, entre outras o berilo, espécie de esmeralda incolor, usado nas lentes de nossos "binóculos", mas que só proporcionam um aumento de lupa, e nos monoculares como os usados por Nero.

E a audição dessas pessoas seria melhor? Mais uma vez, como distinguir a surdez da distração? São surdos aquele que parte em busca do Graal e, na floresta, não ouve as advertências do anão verde, ou aquele rei adormecido que o choque de uma lança contra seu elmo mergulha em um acesso de loucura? Até onde sei, não há qualquer imagem de personagem com a mão em concha sobre um ouvido deficiente. No entanto, em uma civilização onde o oral domina, gostaríamos de saber se percebiam bem o chamado de uma sentinela postada no alto de um campanário por ocasião da passagem de mercenários, ou então os gritos tentadores dos mercadores de Paris e em outros lugares, sem falar, no outro extremo, do murmúrio dos "perfeitos" cátaros ao ouvido de seus fiéis agonizantes, ou as predições entrecortadas de um bruxo em transe. Um problema, aliás, vale todos os outros: já observamos, decerto, a excelente acústica das inúmeras naves de igreja, e sobre isso constatamos até mesmo o alto nível de conhecimento dos arquitetos para obter uma boa repercussão dos cânticos e das melodias; mas se a multidão é densa, compacta, absorvendo os sons, como compreender a palavra do pregador, quer fale em latim ou não? Suprimir as naves laterais, como nos edifícios dominicanos? É um pouco difícil admitir que São Bernardo, ao falar para um milhar de cruzados ao pé da Madeleine de Vézelay, tenha conseguido se fazer ouvir por todos os cantos da colina, não mais do que Jesus "na montanha". O que acontecia com esses propósitos que iam de fileira em fileira até os fiéis mais distantes?

Surpreendemo-nos facilmente com a extrema sensibilidade ao tato que oferecem os vários animais que nos cercam, domesticados ou selvagens. No homem, é pela boca, à qual leva qualquer objeto, que o lactente entra em contato com o mundo onde vive. Mesmo adulto, não abandonou essa forma primária de conhecimento. A Idade Média viu reinar de forma absoluta o beijo, o *adoratio*: beijo de união e de paz sobre a boca do outro; beijo de submissão e de devoção sobre a mão e o pé do senhor, ou sobre a relíquia; beijo de ternura ou de prazer sobre o corpo da criança ou da amante. Nesses gestos, que nos permanecem familiares, manifesta-se a união entre o carnal e o simbólico. No mais, a Idade Média é uma cultura do gesto: gestos de todo o corpo que a dança ilustra, as dos camponeses durante as festas ou as dos próprios clérigos segundo os ritos sagrados; mas também gestos que servem para exteriorizar a alma, da simples saudação com a cabeça à genuflexão do humilhado ou do devoto. O contágio de um campo pelo outro, portanto, se explica: as mãos juntas do escravo antigo que se dá a um senhor serão as do vassalo colocando as suas nas do seu senhor, ou do cristão diante de Deus, e renunciando desde a alta Idade Média à atitude do crente dos tempos antigos, a de quem "ora", com os braços erguidos para o céu. E cabe lembrar que esses gestos permanecem comedidos; a desordem lhes retiraria todo valor simbólico. Reis e pontífices permanecem imóveis, instrumentos de comando na mão, e a própria dança não poderia se distanciar de seu sentido sagrado: ela é ação lúdica, mas piedosa, e não transes lúbricos ou demoníacos que é preciso deixar às feiticeiras ou aos possuídos do diabo.

Pertence à mão o papel principal; certamente porque esse elemento do corpo é o que mais distingue a espécie humana dos outros seres vivos. A *manus* é o emblema da autoridade: é a de Deus jorrando das nuvens e pela qual se manifesta a vontade do Criador; mas também aquela do pai colocando a mão da filha nas de seu futuro esposo; a do príncipe ou do dignitário que a coloca sobre a coroa, insígnia de seu poder, ou sobre o pergaminho redigido em seu nome; a do velho cavaleiro dando um "tapa" na nuca do jovem guerreiro que é assim promovido ao posto da *militia*; a do mercador que com um aperto de mão ou com uma "palmada" se engaja a honrar seu acordo com um comprador. Que mais dizer além de recordar os gestos que chegaram até nós: o juramento prestado ao juiz, a mão direita levantada, mas despida; a saudação do soldado, levar a mão à testa, diante de um superior; ou o beija-mão mundano, hipócrita homenagem ao poder feminino.

Não estudamos só a "razão" dos gestos, ou seu progressivo relaxamento sob o efeito da leitura e do escrito. A arqueologia, em busca dos sinais materiais da vida cotidiana, dirigiu o olhar para a ferramenta, para os cabos, para os punhos, para as alças, assim como o fez para a altura ou a força dos homens desses tempos. Conseguiu apenas constatar que esse mundo é um mundo de destros. Esta observação não é nova: o descrédito da parte esquerda, a *sinistra* romana, pode ser visto logo que o homem deixou traços de sua passagem pela terra. Não tenho qualquer competência para discutir as hipóteses, ou mesmo as certezas, que atribuem uma maior motricidade e uma maior força propulsora ao hemisfério cerebral esquerdo, o que comanda a parte direita do corpo; e menos ainda as consequências, primeiro neurológicas e depois psicológicas, provocadas por essa situação inata. Portanto, tudo leva a supor que nos tempos medievais, assim como hoje, a direita triunfava sobre a esquerda, e que deviam ensinar aos escribas a segurar a pena ou o cálamo com a direita. É o que em geral a iconografia dessa época mostra; "em geral" apenas, pois possuímos várias cenas pintadas ou relatos em que é patente a ambidestridade em um guerreiro em combate, em um peregrino em marcha ou em um príncipe em "majestade". Quanto aos próprios escribas, chegou-se a procurar canhotos entre eles; alguns sinais aqui e ali: se, como já se disse, o segundo testamento de Filipe Augusto e o primeiro manuscrito de Guibert de Nogent no século XII são autógrafos, esses dois homens eram canhotos – talvez canhotos "contrariados"?

Existe um outro sentido, que em suas manifestações brutas também é bastante animal: perceber o transcorrer do tempo. Nosso ritmo cardíaco e nosso equilíbrio psíquico são tão sensíveis a ele quanto as plantas e os outros seres vivos. Submissos aos nossos relógios e aos nossos calendários, não nos preocupamos tanto com ele quanto nossos ancestrais, às vezes bem próximos. O retorno dos calores ou dos frios não exigia, naturalmente, profundas reflexões; tampouco a sucessão dos dias e das noites. O sol, obra de Deus, zela por tudo isso: começam a trabalhar assim que ele ilumina o celeiro ou a oficina; param assim que se põe, e também na cidade não se admite o trabalho à noite, o "trabalho no escuro" – retornarei a isso. As divisões de "horários", estimadas em doze durante o dia e quatro à noite (é ainda o "quarto" das sentinelas) baseavam-se no antigo cálculo duodecimal; mas, em nossos climas, suas durações eram inevitavelmente desiguais segundo as estações. E isso bastava, em princípio, ao camponês como ao operário. Se quisessem saber mais, tinham dois recursos: o relógio solar projeta a sombra de sua agulha, no ritmo do aparente percurso do astro no céu, sobre o plano de um quadrante no qual foram feitos doze traços; mas ainda é preciso que se possa ver o sol! Caso se esconda, o jeito é recorrer às badaladas regulares do sino da igreja ou do convento mais próximo, que marcam os momentos dos ofícios a que os clérigos, e particularmente os monges, assistem: prima ao raiar do dia, terça quatro divisões mais tarde, sexta no meio do dia, nona quatro "horas" depois, vésperas ao pôr do sol; à noite serão três divisões: completas no primeiro terço, matinas no segundo, laudes três "horas" antes da prima. No meio do ano, por exemplo no momento do equinócio de primavera, os sinos tocarão, em nossas regiões, às 6, 10, 14, 18, 21, 0 e 3 horas.

Essas desigualdades eram muito desconfortáveis. Quando era preciso determinar a hora de uma reunião, a da execução de um contrato ou de um julgamento a ser dado por escrito, não se admitia tal procedimento. Os antigos tinham consciência disso e, na Grécia antiga, em tais casos, usava-se o escoamento, previamente graduado, da água ou da areia, de um recipiente para um outro: uma clepsidra ("que rouba a água" em grego). Embora a ideia de um mecanismo debitando divisões iguais de tempo – vinte e quatro ao longo do dia, sempre vinculado ao sistema duodecimal – pareça ter sido concebida na Antiguidade, ela não foi aplicada nessa época. Ou melhor, só se espalhou muito mais tarde. Sua aplicação foi lenta, sobretudo na cidade onde sua necessidade era mais imperiosa para ritmar o trabalho ou organizar os negócios, e temos algumas imagens do início do século XIII e alguns exemplo no XIV. Colocado no alto de uma torre comunal, como em Caen em 1317, o relógio público fará triunfar o "tempo dos mercadores" sobre o "tempo da Igreja".

Contar as horas é importante para a vida diária, mas não os dias ou os meses. Foi certamente por essa razão que a herança bíblica ou greco-romana se manteve firme (e é ainda a nossa), excluindo-se a genial invenção do calendário "revolucionário" (infelizmente esquecida). Só o Dia do Senhor rompe a sucessão numerada dos *feriae*, do domingo (*prima feria*) ao sábado, embora o Criador só tenha terminado sua obra no fim de semana. Mesmo assim conservamos as divisões recortadas do mês romano, as calendas, as nonas e os idos, bem como os velhos nomes pagãos, aqui ou ali germanizados, dos dias da semana e dos meses do ano: aparentemente, e não mais do que hoje, ninguém se surpreendeu com esse "abandono" generalizado da Igreja cristã. O fato é que esse era um assunto de clérigos e de escribas; o homem comum pouco se importava: conhecia apenas os dias dos festejos de algum santo personagem às vezes conhecido só localmente, ou algum episódio da vida de Cristo. De mais a mais, as variações são incessantes, segundo os costumes do lugar, mesmo quando era preciso fixar a data de pagamento de uma taxa. Quanto às festas rituais, elas absorveram a herança antiga e foram camufladas em celebrações cristãs. Desse modo, solstícios e equinócios tornaram-se Natal, Ascensão, São João ou São Miguel. As lembranças judaicas ligadas à vida agrária ou à história "sagrada" permaneceram, mas disfarçadas como Páscoa, Pentecostes ou até Quaresma. Sobravam os domingos, em que muitas vezes era o padre da aldeia que lhe dava o nome com algumas palavras emprestadas da epístola do dia; e o único que subsiste – e olhe lá! – é o nosso *quasi modo*.

Quanto à sucessão dos anos, eis um problema para os pensadores. Para o homem comum, a numeração contínua – que parece natural aos ocidentais dos mundos cristão e muçulmano, mas não aos asiáticos – não tem qualquer interesse na vida diária do camponês ou do artesão: eles não escrevem e sua memória pessoal é nebulosa. E no mais, será que sabem quando se passa de um ano ao outro? O encavalamento dos "estilos", que só os que conhecem acompanham, é tão variado quanto irracional: Natal? Páscoa? Anunciação? Epifania? E a partir de que base? A "fundação de Roma"? Uma velha noção esvaziada de qualquer sentido. O nascimento de Jesus? Mas o Natal é uma ficção, e o cálculo feito no século VI é falso, adiantado pelo menos em quatro anos em relação à provável realidade. A hégira do profeta? Mas essas "viagens" a Medina se repetem e geralmente são de pura tradição oral. Mais vale, e os simples assim o fazem, ou batizar cada ano com um nome original, como se faz na China – mas para isso é preciso uma memória muito boa –, ou então contar a partir do momento em que o barrete episcopal ou a coroa principesca foram colocados na cabeça do senhor mais próximo. Ainda assim é preciso conhecê-lo; e sem contar o espírito tortuoso dos clérigos: sagração? coroação? designação? consagração?

Contadas ou não, as horas desfilam em plena luz do dia. E será preciso ir ao encontro delas. Mas não sem antes ter atravessado a noite, esta metade do dia em que homens e animais, praticamente desprovidos de luz e proibidos de trabalhar, estão entregues à escuridão, ao desconhecido, ao perigo. Raramente representada mas tantas vezes descrita, a noite é o inevitável momento em que o homem se encontra despossuído de si mesmo. É a noite "aterradora", que diabos e feiticeiros usam para estender suas armadilhas: pânicos no escuro, pesadelos ou tentações lúbricas; e, de forma ainda mais cruel, brutalidades, guerreiras ou não, roubos e estupros – foram contados mais de 55% de delitos noturnos entre aqueles revelados pelas "cartas de remissão". É preciso se proteger, se trancar, se revezar para perceber e compreender os ruídos, os resvalares, os lampejos que animam a escuridão. É possível, e até se consegue domesticar essa noite, fazer dela um lugar de afagos e de prazer, ou ainda de nobres pensamentos: quantos não são os cristãos que nela encontraram ou reencontraram a fé! Mas eis que o sino tocou a prima e é preciso recomeçar a viver.

2.2.2 O corpo que é preciso alimentar

É evidente que "é preciso comer para viver", mas não se poderia também "viver para comer"? Em um mundo onde a metade dos homens não come o suficiente para matar a fome e a outra metade, ou quase, tem apenas o necessário, como não sonhar com a Cocagne, o país onde tudo é bolo açucarado (é este o sentido da palavra), ou com o Palácio de Dame Tartine? Fantasias infantis? De jeito nenhum. Do século XII, em que o descrevem como algo distante, até Bosch ou Breughel, que nele se encontram, é a esperança das barrigas vazias, de uma saciedade, às vezes em gigantescas comilanças permitidas por uma festa desenfreada e, evidentemente, profana, e onde as pessoas passam mal porque bebem como se não houvesse amanhã. É que muitas vezes às inevitáveis privações engendradas por uma natureza caprichosa adiciona-se uma brusca calamidade alimentar: uma série de colheitas desastrosas causadas por intempéries e, em sua presença, bocas além da conta para alimentar, nem estoques, nem comércio suplementar ou ferramentas competitivas. No Ocidente, em todo o Ocidente, é isso que ocorre no século XI, e depois no XIV; e já mencionei o que esse terreno minado foi para o bacilo da peste. O canibalismo básico pode então reaparecer: um clérigo de barriga cheia, como Raoul le Glabre, descreve-o com um deleite quase mórbido, na Borgonha por volta de 1090.

Felizmente, nem sempre se mata seu vizinho para comê-lo. A natureza, normalmente, alimenta os homens desde os tempos neolíticos quando começaram a solicitá-la. Neste ponto, e ao menos por uma vez, nos é fácil descrever e contar. O estudo da alimentação medieval, da qualidade botânica do grão até a disposição dos lugares à mesa, já fez consideráveis progressos. Tratados médicos que incluem receitas e prescrições dietéticas, contabilidades de víveres, mas geralmente para o topo da sociedade, iconografia de banquetes, bem raros em grande parte, relatos ou fábulas, crônicas de príncipes, observações arqueológicas sobre a dentição ou o tecido ósseo dos esqueletos e, por fim, utilização do instrumental culinário. É possível, portanto, esperar elementos de qualidade. Segundo o sexo, a idade, o trabalho a fornecer ou até as condições climáticas, o adulto precisa de 2.500 a 4.000 calorias por dia. Mas a justaposição dos dados retirados das fontes que acabo de citar embaralha completamente este parâmetro médico: no século IX, os que estão sujeitos às corveias e, no século XIV, os vigias noturnos recebem cerca de 6.000 calorias; os marinheiros do século XIII ou os lavradores do século XII estão nitidamente acima de 3.500. E mais, para estes últimos, por exemplo, nada sabemos da contribuição dos produtos "de ar livre" sobre os quais nossas fontes não falam! A comparação dos dados nos oferece ao menos em uma conclusão: ao contrário da tenaz opinião popular, e exceto nos momentos de uma brusca carestia, comia-se o suficiente e mesmo em excesso no Ocidente medieval. Mas a baixa resistência física aos ataques externos contradiz esta afirmação: o fato é que na Idade Média comia-se muito, mas mal.

O que se questiona é o desequilíbrio entre as origens proteicas, não por escolha, mas por necessidade: com efeito, os glucídios ocupam até 80% do aporte calórico, o que é excessivo. É o pão, ou melhor, as diversas farinhas de cereais, que forma a base alimentar. Em michas, em pãezinhos, em longos bastões, em tortas ou em bolinhos, mas também misturado aos caldos, às sopas, aos ensopados, o pão é o rei. É branco, com muito mais frequência do que se imagina. O centeio não tem boa reputação, como lembrei mais acima; e é raramente usado – para o homem, mas não para o rebanho – a aveia ou cevada, quando muito em sopas espessas, como no noroeste da Europa ou em regiões mediterrâneas: o *porridge* saxônico, o *gaumel* de Artois, a *polenta* italiana, a sêmola magrebina. Nas regiões onde o solo não é muito favorável ao grão branco, podem usar o *méteil*, uma mistura de frumento e de centeio. Quanto aos diversos tipos de massas – espaguete, macarrões, lasanha –, são atestados desde a alta Idade Média, no entanto constituem apenas um certo modo de trabalhar a farinha. Se a ela se adicionam os feculentos, com muito amido, que crescem no meio das espigas, por isso chamados de "pequenos trigos" – favas, ervilhacas, ervilhas, lentilhas –, aumenta-se ainda mais o peso dos glucídios. O pão é a primeira das "espécies" eucarísticas; portanto está em toda parte. Será o único produto cujo preço, que flutua ao sabor das colheitas, é controlado pela autoridade local, ou mesmo decretado por ela; já nos esquecemos de que na França foi assim até poucas décadas atrás. Nas regiões eminentemente cerealíferas, será esta a medida do lugar econômico, do valor simbólico, do peso alimentar do pão. Mas sua parte na alimentação é, por isso, excessiva: de 1,6 a 2 quilogramas diários por pessoa. O resto não passa de *companaticum*, "aquilo que se come com o pão".

E a estes glucídios ainda seria preciso adicionar aquilo que é a obsessão de nossos "regimes" alimentares: o açúcar. É bastante curioso que saibamos tão pouco sobre ele, embora enriqueça as sobremesas e as "hóstias" que encerram a refeição. A beterraba existe, mas para o gado; introduzida no século IX pelos árabes na Sicília e na Andaluzia, a cana-de-açúcar é rara e cara, quase exótica. É o mel das colmeias que será então roubado; mas, como veremos, o paladar medieval é menos atraído por seu sabor do que o nosso.

Convém, naturalmente, dirigir o olhar para as proteínas animais, alimento de base do esforço físico. Que decepção! A despeito das tradicionais e falsas imagens das mesas medievais desabando sob o peso de javalis assados e de enormes pernis, a carne é bastante rara. Encontra-se, evidentemente, cozida na panela ou salgada, picada na sopa ou então, mais raramente, assada. E não! Os senhores não comiam só carne de veação, nem os burgueses só carne de boi, nem os camponeses só carne de porco e os estudantes só carne de carneiro. Todos comiam de tudo: as escavações de restos alimentares ou as contas de mesa o comprovam. E come-se de tudo, inclusive cavalos, e até cães (pois é!); em seus ossos foram encontrados indiscutíveis vestígios de corte. É claro que segundo a região e o momento, um animal foi mais sacrificado do que um outro, segundo os paladares locais e o nível de vida. O porco será comido salgado ou em embutidos durante o inverno; o carneiro, criado em toda parte sobretudo por sua lã, dará seus miúdos no verão; o boi está por todo lado, cerca de 20% do total; quanto à carne de veação, depois do século X, e salvo em zona de caça florestal intensa, as ossadas não representam mais do que 5% – e essencialmente de cervídeos. Tudo isso deve fornecer, após o exame das porções que nos deixaram, pouco menos de 80 a 100 gramas por dia. É pouco. E onde estão o coelho, a perdiz, e mesmo os ovos? Total silêncio arqueológico. Talvez as carcaças fossem jogadas aos cães que perambulam por toda parte; mas os textos são pródigos em alusões e em montantes de galinhas, de frangos ou de ovos pagos como impostos. Para onde foram? Evidentemente, os relatos sobre os grandes senhores nos falam de pavões, faisões, cegonhas, dispostos sobre uma mesa de banquete, mas isso é coisa de ricos.

Restaria o peixe. Outra decepção! Enquanto ao longo do ano passam pelo estreito de Calais milhões de arenques, e que as abadias se disputam as rendas que estes lhes podem proporcionar, enquanto nossos arquivos transbordam de processos sobre tanques ou rios, sobre engenhos de pesca e mercados, e embora o emblema do cristianismo seja o peixe (o *ichtus* grego: *Iesus Christos Theou uios sôter*: Jesus Cristo, filho de Deus, Salvador), este alimento pouco aparece no cardápio dos banquetes, e praticamente ausente da mesa do camponês. E mais, até as espinhas deixaram poucos vestígios. Seria porque a pesca em mar profundo é tecnicamente fraca e pouco distante da costa? Ou porque o salgamento (arenques brancos) ou a defumação (arenques *saurs*) continuam de medíocre qualidade a ponto de provocar o apodrecimento dos restos? Ou quem sabe porque o peixe de água corrente sempre vai para o refeitório dos monges? Tudo o que temos, portanto, são listas: percas, carpas, enguias, lúcios; ou arenques, badejos, salmões e bacalhaus. E não deixemos de citar, já que não podemos dizer muito mais, mariscos e ostras, menos apreciadas do que nos tempos antigos, mas presentes nos restos, e *escargots* e rãs, uma novidade ao que parece.

Consumimos lipídios e gorduras em excesso, e nossa silhueta se ressente com isso. Este risco não parece ter ameaçado as pessoas dos tempos de que falo; pois usam muito pouca gordura, preferem o ensopado à fritura. Mesmo o leite, supostamente um alimento completo, só é bom para o bebê no seio materno. O leite de vaca, de mula ou de cabra são considerados pesados, e consumidos talhados, drenados ou misturados à sopa. Os queijos são certamente apreciados, sendo que o *formaticum* ("colocados em formas") triunfaram na Gália e na Itália, mas o *caseum*, mais autêntico, acabou se impondo, por ironia linguística, nas regiões saxônica (como também na Espanha, deve-se convir). Estes queijos são objeto de vantajosos comércios, e alguns deles já começam a se distinguir: *brie*, *hollande*, *chester*, *parma*; mas só aparecem na refeição matinal, aquela que Robin levou para Marion. A manteiga começa a rançar assim que colocada no pote; preferem-lhe a banha ou o óleo vegetal, o de oliva no Mediterrâneo, o de nozes ou de papoula mais ao norte. A não ser que, cansada da existência, como dizem, uma baleia acabasse encalhando em uma praia e desse aos habitantes o *grapois*, gordura e carne, que duraria um ano. Mas a bênção é rara.

O pão e seus derivados, um pedaço de queijo ou um naco de carne para acompanhá-lo... Mas no *potage*, ensopado cozido na panela (*pot*), deve haver algo mais: as "ervas", colhidas na horta ou na floresta. O leque é extenso. Tudo o que conhecemos está presente, com exceção – o que não é pouca coisa – do tomate e da batata, vindos do além-Atlântico, como sabemos: primeiramente couve, cenoura e pastinaca, depois, alho e cebolas (conhecidos como os mais ricos dos legumes), agriões, alfaces, alcachofras, abobrinhas, espinafres, aspargos, e fico por aqui. Os mais ricos apreciam pouco esses frutos arrancados do chão, por considerá-los insípidos, terrosos e vulgares; preferiam-lhes aqueles que vêm das árvores ou dos arbustos: maçãs, peras, nozes, figos, castanhas, olivas, marmelo, cerejas, nêsperas, e mesmo cítricos caso possam se oferecer. E a uva, esta glória do Ocidente? Talvez em algumas mesas de príncipes; o resto, todo o resto, vai para o lagar.

E chegamos ao vinho. A segunda "espécie" da Eucaristia, o símbolo da renovação, a bebida da Bíblia, a de Canaã e da Santa Ceia. São tantos os estudos e livros redigidos sobre a vinha, seu trabalho, sua vindima, e depois sobre as etapas da vinificação e da comercialização, que não tenho a pretensão de acrescentar algo; portanto, farei apenas algumas observações simples. Primeiro, o vinho está presente em todas as mesas, em todos os quartos, em todas as caves; e em toda a parte é praticamente o mesmo. Na França, a distinção, que nos é cara entre cepas e regiões privilegiadas, está apenas nascendo: Gaillac-Bordeaux, Hermitage-Bourgogne, "France" (a considerar de Chartres a Reims); na corte de Filipe Augusto, ele mesmo um grande apreciador, a "Batalha dos vinhos" procurou estabelecer uma hierarquia, na verdade segundo os paladares do príncipe. Mas somente no século XIV as distinções serão mais claras. Em seguida, a maior parte é de vinhos brancos; apenas o *claret* bordalês é um rosé, e os ingleses importarão até 700 mil hectolitros por ano no século XIV. Mas, nesse momento, o vinho do papa, o vinho dos duques são os tintos cujo prestígio crescerá ao longo dos séculos. Quanto aos vinhos exóticos, como o malvasia do Oriente, o moscatel italiano, o grenache de Portugal, poucas são as chances de encontrá-los nas choupanas. Em terceiro lugar, esse vinho não é o nosso, pois até onde é possível saber e por causa dos processos ainda rudimentares de vinificação, seu teor alcoólico não deve passar de 7 a 10º; conservado – não mais de um ano, antes de se tornar ácido – em tonéis de madeira resinosa, devia lembrar o vinho das ânforas, com um sabor de especiarias mais para o acre. Em contrapartida, e este último elemento é essencial, o volume consumido é enorme: de um a três litros diários por pessoa, incluindo mulheres e monges. Consumo extraordinário, que apenas o baixo teor alcoólico tornava suportável.

Mas o que beber então? Água? Sim, evidentemente, mas das fontes e dos poços, submetida aos caprichos do tempo, pois a dos rios podia ser um bom caminho para as cólicas e as "dores de barriga" registradas pelos textos. Talvez cerveja? Sim, pois já era atestada na Antiguidade, e conquistará seu lugar depois do século XIII. E, também neste caso, não é a mesma cerveja que a nossa. A *cervoise* céltica e a *ale* saxônica, ácida e escura, são à base de aveia fermentada; o tom loiro da cerveja germânica vem da cevada e da adição de lúpulo, pelo menos no fim dos tempos medievais. Mas é consumida sobretudo no norte do continente, onde a vinha, no entanto plantada com constância, dá apenas um fiozinho de suco ácido: na Escócia, na Frísia, no litoral do Mar Báltico. E que se pare de dizer que a obrigação de encher o cálice sacerdotal cotidiano justifica alguns hectares de plantação para a taça do padre da aldeia; quanto à comunhão dos laicos com vinho, não passa de uma arcaica lembrança que, aliás, não esvaziaria os tonéis!

Como é consumida toda essa quantidade de sólidos e líquidos, esses alguns quilos por dia? Depois de acolher as restrições nórdicas, que se devem aos caprichos diurnos ou ao frio e exigem alguma adaptação, prevalece o costume antigo, o do bom-senso, aliás. Ao levantar, entre 6 e 8 horas segundo a estação, ocorre a "ruptura" do jejum noturno, o *disjejunium*, o "break" da prima: um pedaço de queijo e um copo de vinho (para ganhar cor, como dizem para as damas). O *prandium*, a refeição principal, tomada bem cedo, entre 11 e 13 horas, após a primeira metade do trabalho: é a refeição da sexta. A *cena*, entre 16 a 19 horas, é cedo, pois o sol, de seis a oito meses, se põe antes das 19 horas e então só poderiam contar com luz das velas. Como talvez sentissem fome mais cedo, os ingleses acharam tardio esse jantar da hora nona: e fizeram-no recuar no dia, de forma que *noon* e *after noon* marcavam seu período da "tarde". Come-se sentado, como nos tempos antigos, apesar da reputação dos leitos romanos, puro costume de ricos e que, no mais, deixa o conviva pouco à vontade para manejar a faca. Cavaletes ou pranchas, bancos ou sacos de palha; muito mais tarde, mas não em todas as casas, mesa fixa e cadeiras resolverão a questão. O alimento é cozido no caldeirão suspenso acima da fornalha da lareira, se necessário no espeto; pães e tortas vêm do forno doméstico, que fica um pouco afastado. Sobre a mesa, na casa dos humildes, a toalha só aparece em dia de festa; para limpar a boca, a mão ou a manga bastam; e só na época de Francisco I para que, como o rei, se comece a usar o guardanapo. A panela fica no meio dos convivas, que têm tigelas, de madeira ou de metal, por vezes compartilhada por vários, e um copo. Cada um se serve na panela usando uma faca, "talher" polivalente, e se o alimento estiver frio leva-o para a mão, ou para o *tranchoir,* que pode ser tanto uma fatia de pão velho como uma prancheta de madeira. A colher serve apenas como concha; molho e sopa são vertidos na tigela de onde são bebidos diretamente. Quanto ao garfo, seus primeiros exemplares são do século XV, são então de metal precioso: coisa de príncipe. As mãos são lavadas antes da refeição, e sem o complicado e simbólico ritual imposto aos cavaleiros da Távola Redonda; e também depois, não sem razão, na bacia onde a louça será lavada. Quanto aos *tranchoirs* sujos e aos restos que ficavam em cima ou embaixo da mesa, estes seriam comidos pelos cães que andam em volta das pernas.

2.2.3 O paladar que é preciso formar

Descrevo aqui o trivial do homem comum. Não é aquele de que falam textos e miniaturas, mas unicamente o que a arqueologia nos revela por meio das ferramentas e dos restos culinários. O que as outras fontes mencionam é, ao contrário, o excepcional. Pode ser, evidentemente, uma refeição de festa camponesa ou um bom jantar de rico mercador, mas tenta-se então imitar as mesas "principescas". Não se trata apenas do zelo da dona da casa, aquela ainda jovem e inexperiente, à qual o "Ménagier de Paris" oferece, no século XV, seus conselhos, nem do de algum dos mestres-cucas do Rei Carlos V, aos quais, no "Viandier", Taillevent distribui suas receitas; mas de todo um conjunto de ritos e usos que nos transportam para bem longe do homem comum.

Primeiro, é preciso pessoal e espaço. No palácio real, por volta de 1330, há 75 cozinheiros, 33 despenseiros, 21 saqueteiros muito hierarquizados e, geralmente, com uma longa experiência, entre eles muitas mulheres. Em seguida, cozinhas especializadas, guarda-louças e aparadores, músicos sobre um estrado e espetos giratórios. Depois, os convivas, distribuídos segundo uma hierarquia na mesa do senhor ou frente a frente, por isso na "cabeceira" ou no "fim" da mesa, os convivas malcolocados receberão apenas os restos, se receberem alguma coisa. No século XV, os banquetes ducais da Borgonha conseguiram reunir mais de 300 convivas, mas 20 é um número médio para um banquete da Igreja. Consistem normalmente em três "serviços", cada um dos quais com uma paleta completa dos pratos oferecidos que, no mais, já chegam frios por causa da distância: carnes vermelhas e aves, intercaladas por geleias e bolos, frutos como entrada e, para finalizar, pratos condimentados; entre cada um, as "sobremesas leves", pausas em que se servem bebidas ou biscoitos e pudins para beliscar. A noção de um "menu" constituído com pratos organizados só aparece bem mais tarde, e é considerada de origem eslava.

Esse tipo de refeição dura várias horas, e pode se repetir por dois ou três dias. É isso que explica o extraordinário volume de alimentos consumidos citados nas listas das provisões. Um exemplo entre tantos outros, no fim dos tempos medievais naturalmente, pela falta de números anteriores: trinta convivas em três dias consumiram 4 vitelas, 40 porcos, 80 frangos, 10 cabritos, 25 queijos, 210 sobremesas feitas com farinha na forma de tortas ou biscoitos, 1.800 "hóstias" doces, e beberam 450 litros de vinho, sem citar o pão e a água. Como não supor que o destino de uma parte não negligenciável desses alimentos retorna, na realidade, para as cozinhas ou para a despensa?

Estes excessos enraizaram no espírito popular a ideia de uma cozinha "medievalesca" absurda e vagamente repugnante. De um lado, couve sem toucinho e, do outro, pratos gigantescos transbordando de gordura, mais ou menos deteriorados e preparados por ignorantes. Hoje enxergamos com mais clareza. Foi ao longo do milênio medieval que lentamente se formou o paladar culinário ocidental, pelo menos aquele que, bem ou mal, ainda prevalece ante a invasão de usos mais brutais, em grande parte exóticos, sempre artificiais e veiculados pelas modas. Sem dúvida, esse paladar conseguiu tomar aqui e ali um aspecto "regional", e na França se é muito afeiçoado à ideia da cozinha "local"; na realidade, trata-se de tradições recentes, fortemente submetidas às contingências imediatas do lugar. O núcleo do paladar – o pão, as carnes vermelhas e o vinho – está, em contrapartida, bem-assentado; assim como o cozimento leve e a atenção com as misturas. Quem sabe apreciavam mais o agridoce, a justaposição dos contrastes: cabrito com laranja, badejo na cerveja. Mas a principal diferença talvez esteja no gosto pelas especiarias, que são misturadas a tudo: não para dissimular, como constantemente se repete, as iguarias de frescor duvidoso, mas porque as especiarias têm um valor simbólico, o do inesperado, do estranho. Por isso a mostarda e as pimentas são consideradas demasiado vulgares, pois custam muito menos do que o cravo, a canela, a noz-moscada ou o cardamomo, reflexos de um Oriente mítico. Mas 80% das receitas medievais admitem bem a adição de especiarias; é pela sua variedade que se avalia o "nível social" de uma mesa. Sal e pimenta na casa do simples; canela e "grão do paraíso" [pimenta da Guiné] na do rico.

2.2.4 *O corpo que é preciso enfeitar*

O cavaleiro regado de perfumes, essencialmente óleos aromáticos, que encontra um "vilão" o considera, como diz o romancista, bem escuro, hirsuto, sujo e fedorento. Desprezo de classe, evidentemente, mas também erro histórico, pois as pessoas não se lavam mais no castelo do que na choupana ou na oficina. Além disso, naquele ou nesta, provavelmente tanto ou mesmo mais do que no *Grand Siècle* ou na *Belle Époque*. Dos cuidados com o corpo, a memória coletiva preservou sobretudo, e a iconografia confirma, as saunas públicas que se tornaram lugares de prazer clandestino. Parece que essa evolução realmente ocorreu, em todo caso nos séculos XIV e XV quando nos falam abundantemente delas. Mas é esquecer que havia nisso um reflexo, obscurecido é verdade, das termas antigas como lugares de banho, de esporte, de distração e de luxúria. Essa "instituição" do mundo romano era urbana por excelência, a ponto que ali onde Roma desejava impor sua marca, mesmo que fosse no campo, ela construía termas. Também nos tempos medievais os banhos públicos serão coisa da cidade, e sentirão orgulho de uma origem distante. Mas as construções que abrigavam as saunas eram muito mais modestas do que as termas. Até onde sabemos, em uma ou várias salas contíguas havia algumas cubas de madeira enchidas por um sistema hidráulico de adução ligado a uma fonte ou a um curso de água próximo; acedia-se a elas por uma escada para então mergulhar até a cintura. A capacidade era de uns doze banhistas de ambos os sexos e inteiramente nus, o que está naturalmente na origem da péssima reputação das saunas; além do mais, algumas miniaturas mostram, ao fundo da sala dos banhos, vários leitos que não eram só para repouso. Os "clientes" têm a cabeça coberta, o que nos surpreende, mas permite – ao menos para as mulheres – afastar a hipótese de simples casas de "encontros", uma vez que as "profissionais" geralmente usam os cabelos soltos. Na entrada, alugam uma toalha e um pedaço de sabão feito de uma mistura de óleos, gordura e cinzas. Como na Antiguidade, o calor sob as cubas é mantido com tijolos refratários: essa tarefa era realizada por um ajudante, e vigias circulavam pelo local para evitar o roubo dos pertences dos banhistas. O esforço do poder municipal, na Itália ou no sul da França, e do poder real mais ao norte, é o de organizar mais ou menos honestamente este "serviço público", bastante lucrativo, ao que parece.

Mas nem todos possuem os denários necessários para o uso das saunas, que nem existem no campo. Não nos faltam, contudo, relatos e imagens: um jovem buscador do Graal banhado por donzelas, uma dama esfregada em uma cuba por uma criada, um vilão que se lava em uma fonte. No espaço privado, e conforme o nível de riqueza, há um local especial no castelo, um canto da cozinha na casa burguesa, uma simples bacia ou até um balde na choupana. No século XIV, menciona-se até um lavabo enchido com jarros e com escoamento por um ralo móvel. A água é trazida de fora, do poço ou da fonte, a menos que um aguadeiro não ande pelas ruas, como na Itália. O costume é de se lavar os pés ao deitar, o rosto ao levantar, as mãos antes de ir para a mesa e os dentes, quando necessário, com pó de siba. Mas, no campo, um banho completo só pode ser um elemento de uma festa familiar.

Quando se trata de abordar a evacuação dos excrementos e da urina humana é total o silêncio de nossas fontes, e até dos *fabliaux* mais licenciosos. Esses atos, evidentemente vitais e constantes, são cobertos por um espesso manto. Seria pudor? Desdém? Humilhação diante dessas imperiosas exigências? As crônicas permanecem mudas: esses reis, esses senhores, esses bispos, esses cavaleiros nunca têm necessidades naturais a satisfazer, quer no meio de uma batalha ou de um sermão. No entanto, como nos dizem, Guilherme o Bastardo, ao fugir de seus barões revoltados, quase foi pego porque precisou, por um breve momento, descer do cavalo. Bem mais tarde, o que teria acontecido se Henrique III não estivesse em sua cadeira-retrete quando o assassino o surpreendeu, ou com Napoleão devorado por cólicas em Waterloo? Sabemos muito mais sobre a corveia de limpeza das baias sujas dos estábulos do que sobre o destino dos dejetos humanos, no entanto essenciais para adubar a horta vizinha. Não sabemos quase nada, portanto. No campo, sem dúvida, a natureza oferecia espaço, bosques, riachos, e baldes que dão conta da situação. Na cidade, a informação é dada pela iconografia ou pela arqueologia. Nelas encontramos latrinas públicas construídas nas margens dos rios ou nos fossos, com pranchas perfuradas colocadas sobre toras. As casas particulares têm às vezes edículas no pátio; e de uma delas temos até um pictograma que representa um penico. Ou então há um cano que se projeta para fora: e os passantes que se cuidem! O caso mais perfeito, mas já no século XV, é o do "quarto de retrete", com assento, escoamento assegurado por uma canalização de terracota até uma fossa ou um esgoto, e uma "abertura" que permite a aeração deste "conforto". E quanto aos cuidados higiênicos após o uso? O papel não existe antes do século XV; o algodão era excessivamente caro; um pano não resolve o assunto. E então? Folhas? Ou absolutamente nada.

Resta o problema do vestuário. "Resta" não é uma boa palavra, pois, assim como hoje, nas preocupações diárias das pessoas o vestuário vem imediatamente após a alimentação. Seu papel de "marcador social" é, naturalmente, mais nítido na cidade ou no castelo do que no campo; mas, mesmo neste, os bordados, cinturões adornados ou lenços preciosos, guardados no baú, são exibidos com orgulho no momento das festas. Para todos, é realmente o "hábito que faz o monge", e não o contrário. Muitas vezes se opõe, em uma imagem romântica, a Antiguidade branca e nua à Idade Média coberta de couro e de ferro. No entanto, não é esta a diferença essencial: a questão é, quando muito, de clima. Mas ocorrem mudanças bem mais nítidas, até radicais, na concepção do vestuário. E como sempre, encontro-me mais uma vez diante de clichês: não! o romano não era aquele magistrado vestido com uma toga imaculada e calçado com belas sandálias abertas, mas um camponês com saia curta e túnica, como mostram os mosaicos campestres. Mais tarde são introduzidos (Mas quando? Como?) alguns procedimentos de ajustes ou peças de roupa normalmente desconhecidos da Antiguidade (da Antiguidade mediterrânea, pois podemos encontrar-lhes origens mais setentrionais, célticas, germânicas, às vezes asiáticas): a botoeira pouco a pouco suplanta a fivela ou o alfinete; o cordão fino substitui a correia; o capuz generaliza-se entre os homens, sem falar das luvas ou do lenço vindos dos países frios. O vestuário masculino é o que se conhece melhor, pois amplamente representado; ele é o que oferece as novidades mais nítidas: o uso da calça comprida em vez do saiote, ou a calça bufante dos cavaleiros orientais. Essa será a regra para o trabalhador dos campos, para o artesão ou, naturalmente, para o guerreiro. Só os clérigos e os homens de poder continuarão a usar a túnica.

Sabemos muito pouco sobre as roupas de baixo da Antiguidade para avaliar se os tempos medievais inovaram ou não. As "roupas menores", como dizem os *fabliaux* e as cartas de remissão, são calcinhas muito curtas e camisas mais longas, de linho ou de cânhamo e, para as primeiras, amarradas na cintura. As mulheres cobriam a parte superior do tronco com um escapulário que sobe até o pescoço e é fechado com agulhas; porém, antes do século XV, nada sabemos sobre o uso de sutiã ou de um espartilho. Temos, evidentemente, mais informações sobre as roupas exteriores: camisa longa com mangas curtas, o *bliaud*; calças bem justas de tecido mais grosso cobrindo o ventre, as coxas e, por vezes, os joelhos, abaixo dos quais eram amarradas; meias largas e curtas até os pés, presas com ligas acima do joelho; sobre o conjunto, uma jaqueta mais ou menos curta para o homem, chamada *jacque*, e para a mulher uma sobrecota ou uma *gonnelle*, uma túnica de lã, sempre longa para a mulher. O vocabulário é muito rico e, certamente, dissimula muitas particularidades regionais, porém, uma vez admitidos os costumes locais, as necessidades profissionais ou as exigências climáticas, é evidente a homogeneidade dessas roupas: não há um traje para o exterior e outro para o interior; usa-se o mesmo de manhã à noite; não há roupa específica para dormir, certamente uma camisa e uma touca; e, na estação fria, coloca-se tudo sobre o corpo.

Falo aqui, naturalmente, apenas do homem comum. Será fácil admitir a importância das distinções de qualidade: a escolha dos tecidos, seda se possível, linho no mínimo; o uso da cor sobre toda ou parte da jaqueta ou das meias, o escarlate ou o verde em detrimento do "azul horizonte" fornecido pela *guède* ou pastel comum; os adornos de pele, coelho, raposa ou raposa cinza, ou do raro arminho; a elegância da silhueta com calças bem coladas ao corpo ou gibão ajustado dos homens da corte do século XIV; a exibição de joias, ouro, pedrarias, montadas em brincos, colares, abotoaduras ou fechos. Estes são, evidentemente, os adornos dos ricos burgueses ou dos nobres senhores, e não são encontrados na casa dos humildes, exceto em três campos que, durante quase todos os séculos medievais, desfrutaram de um interesse que nos surpreende.

Em primeiro, os trajes medievais não têm bolsos, assim como os das mulheres de hoje: Onde guardar o lenço, as luvas, as moedas, as chaves, a faca? Em um cinturão. Esta é a única peça de vestuário que o camponês guardará no baú para só voltar a usá-la por ocasião de uma festa ou de uma visita. Larga faixa de couro, cravejada, ornada de anéis preciosos, nela se pendura a bolsa, o molho de chaves, o cutelo e, se o uso exigir, o bastão de contar ou o cálamo; pois, se "o cinturão dourado não dá boa fama", contribui muito para isso.

O segundo campo é ainda mais surpreendente: os calçados. Desta vez, o fenômeno é inverso: no fim da Idade Média, certamente encontraremos caras extravagâncias, como aquelas "polainas" de pele de gamo cujo bico exageradamente pontudo era levantado por uma correntinha preciosa presa ao tornozelo, ou ainda, no início desses tempos, as suntuosas pantufas decoradas dos príncipes ou dos dignitários da Igreja. Mas, deixando de lado essas exceções que encantariam nossos elegantes, o calçado é dos mais comuns e a arqueologia levantou uma quantidade impressionante de vestígios. Na maioria das vezes, com efeito, trata-se apenas de uma simples sola de couro bruto, ou mesmo de madeira, como um tamanco; ambas se gastam com muita rapidez. Costuram ou fixam por cima um pedaço de tecido, eventualmente de couro mole, preso por lacinhos ou cordões que sobem até o tornozelo, como uma espécie de botina. O rico acrescenta-lhe bordados; mas a extrema precariedade desses calçados explica a troca a cada três meses, e o fato de a profissão de sapateiro ser uma das mais ativas, e também uma das mais prósperas: em 1296, ela conta com 130 oficinas em Paris, e o "ofício" foi praticamente o primeiro a receber seus estatutos, em 1100. Em contrapartida, os tamanqueiros ou os fabricantes de *tatons*, espécie de patins usados dentro de casa, são pouco considerados: apenas os rústicos são seus clientes.

O terceiro campo está ainda tão próximo dos nossos hábitos que merece uma pausa: cabelos e penteados. Em relação ao sexo masculino, cabelo, barba e bigode seguem modas que podemos facilmente observar nas iconografias, como já fizemos para os tempos antigos. Mas se a moda não tem explicação racional, é evidente que as contingências profissionais ou o cuidado em se destacar do outro podem levar a uma prática particular: se o laico usa a barba, o clérigo se barbeará; se este é calvo, o monge ostentará toda sua pilosidade; se usa um elmo aberto, como até meados do século XII, o guerreiro cortará os cabelos bem curtos, mas manterá a barba; se deve usar um elmo fechado, raspará tudo; para se proteger dos respingos de um banho de corantes, o tintureiro cortará a barba; mas para exibir a dignidade que espera de seus negócios, o mercador a usará. Quanto à mulher, a situação é muito mais complexa, algo que ainda repercute em nossas modernas preocupações. Na maioria dos casos, a cabeleira feminina é mais abundante do que a do homem: tranças longas ou presas ao couro cabeludo e, se necessário, vários tipos de coques – chamados *truffeaux* – que permitem prender todo o cabelo, nem que seja só pela comodidade da atividade cotidiana. No mais, a quantidade de pentes de madeira, de osso ou de marfim encontrados nas escavações mostra muito bem o interesse dado aos cabelos: a diversidade das separações entre os dentes do pente, o cuidado com sua decoração e a fineza do trabalho que presidiu à sua confecção testemunham, mesmo em um meio social modesto, a importância desse instrumento de vestuário; nos restos de *habitat,* só os espelhos competem com ele em número e em qualidade. É evidente que o homem pode usá-lo para os cabelos ou a barba, mas nesses objetos vemos principalmente o interesse dado pelas mulheres à sua aparência exterior. Será que poderíamos nos satisfazer com esta constatação de desejo de agradar ou preocupação com a aparência, traços bem conhecidos do caráter atribuído às mulheres? Seria simples demais. O cabelo da mulher é o próprio emblema da sexualidade. Solto, é um apelo erótico, o de Eva, de Madalena, das "moças comuns" na rua. Aceita-se que seja exibido dentro de casa, mas não fora dela; é preciso escondê-lo, pois é como se carregasse o segredo e o sagrado da casa, que não é assunto dos outros: uma touca, um lenço amarrado mantinham-no protegido do olhar concupiscente dos homens e da curiosidade obscena dos estranhos. Não há aí nenhum "sinal religioso", nenhuma marca da "tirania masculina", mas unicamente uma barreira entre o dentro e o fora. Mesmo no início do século XX, dizer de uma mulher que é "uma mulher de cabelos soltos", porque não usa lenço, chapéu ou "véu" é considerá-la mal--falada, ou mesmo com quem não se deve andar. Um abismo separa, portanto, nossos velhos costumes, que ainda são os de certas culturas, do extravagante desfraldar dos cabelos femininos, agitados com frenesi diante de nossos olhos por uma publicidade que nem sequer sabe que ela é "depravada"...

Se a moda comanda a pilosidade do homem, influencia também o que cobre a cabeça. Com efeito, encontramos nisso imposições naturais, as do clima, as precauções de segurança, como, por exemplo, se proteger de um golpe, as marcas de respeito para com um mestre ou para com Deus. Da Antiguidade mais remota até nós, o historiador do "chapéu" não descobre nada além do muito banal: gorro de lã para o frio ou para a noite, forrado em volta ou com abas para as orelhas para a caça ou o trabalho na floresta; chapéu de palha, cônico ou *canotier*, para os calores do verão; solidéu do clérigo ou do judeu em prece; chapéu de feltro com viseira ou com abas longas para o mercador, o escabino ou o oficial. Todos estes casos, em todos esses séculos, mostram usos e comodidades cuja significação pouco importa. Mas observaremos que os extravagantes chapéus, principalmente femininos, dos séculos XIV e XV, que figurantes pagos sempre exibem nos desfiles "medievalescos", têm tanto interesse para a história do homem comum da época, aquele que me interessa, quanto tinham para o mundo de Zola as prodigiosas construções de feltro, de véus e de flores usadas pelas damas da corte ou da alta burguesia de Luís XIV até a *Belle Époque*.

Muito tempo passado, portanto, junto a esse corpo perecível que no fim da vida será coberto só por um fino lençol, quando não for por coisa nenhuma. Mas, como disse no início, o estudo do vestuário, mesmo o mais modesto, ocupa um lugar eminente na economia de uma casa. Dou um exemplo para encerrar: o enxoval de um homem comum, no fim do século XIV, custaria 18 soldos para roupa de baixo, 12 para as calças ou para as bragas, 16 para a capa e seu capuz, 4 para calçados e luvas, e 12 a mais caso use uma capa forrada de peles, no total cerca de 3 libras, o preço de um cavalo de lavoura ou de um hectare de terra, enquanto no mesmo momento o salário diário de um trabalhador sem qualificação atingirá 6 denários, ou seja, 200 vezes menos. Uma pequena fortuna para se vestir corretamente; não muito menos para se alimentar bem. A vida de um casal é cara. E quais são os sentimentos que podemos ali encontrar?

2.3 O homem, a mulher e os outros

A natureza é feita de tal forma que é preciso, salvo surpreendentes exceções, todas externas ao reino animal, a união de dois sexos para perpetuar as espécies. Essa união em nada implica a preeminência de um sobre o outro, não importa o campo: sexual, mental ou físico; deixarei a uns poucos retrógrados o trabalho de discutir esta evidência. Essa união pode ser apenas eventual, por exemplo sob o efeito de uma pulsão puramente animal, ou talvez repetida e duradoura, o que desencadeia efeitos fundadores de uma vida social em comum: casal no nível mais simples, conjunto familiar, tribal, ou, mais ainda, assim que os agrupamentos se multiplicam. É a espécie humana que me preocupa aqui, mas não esqueceremos de que tais laços também existem fora de nossa espécie – e as pessoas da Idade Média sabiam perfeitamente disso, e já tinham observado tais laços, conjugais, e por razões mais fortes, familiares, em muitos animais que viviam perto delas, como ratos, lobos, muitos felinos ou cervídeos. Este "traço de costume" as espantava o suficiente para que, em muitas de suas descrições ou de seus relatos sobre os animais, tenham normalmente "sexualizado" nessa intenção seus heróis: basta evocar o *Roman de Renart* ou o de *Fauvel* ou tantos "isopetes", essas fábulas cujo padrinho era Esopo. Todavia, é do ser humano que trato aqui.

2.3.1 Os dois sexos face a face

O que deveria ser apenas um estudo resumido dos comportamentos do sexo feminino e do sexo masculino é um dos canteiros mais importantes da reflexão humana. Desde que as sociedades deixaram seus traços por escrito, em gestos ou em outras obras, digamos há uns 20 ou 10 mil anos, o problema das relações entre o homem e a mulher anima os espíritos e condiciona as atitudes. Hoje, época em que nos esforçamos – o que é muito bom – para desatar muitos laços que nos tolhem, isso nos preocupa ativamente. Mas o caminho para um ponto de vista equilibrado ainda está entulhado de ideias já prontas, de *a priori*, de não ditos, de reações instintivas, de complexos de superioridade ou de inferioridade furiosamente opostos; e preceitos desdenhosos ocultam lamentações excessivas. Mas, ainda hoje, a opinião geral reconhece, mesmo fingindo deplorá-lo, que há um sexo dominante, o masculino, aquele que semeia o grão, e um outro dominado, o feminino, que carrega e faz vingar o fruto. E ainda, para além desta dimensão sexual, o primeiro é "forte", pois segura as rédeas da sociedade; o segundo é, portanto, "frágil", ou mesmo "imbecil", ou seja, sem apoio, embora sua resistência física e sua longevidade sejam muito superiores às do sexo tão abusivamente qualificado como "forte".

Como era isso nos séculos medievais? Se deixo de lado o que a arqueologia nos revela sobre a superioridade da mulher, sobre a espécie de matriarcado oculto que ela exerceu dentro e às vezes fora da casa, e se fico na superfície, encontro-me, ao que parece, diante de uma inapelável constatação: a Idade Média é "masculina", como dizia Georges Duby. Pelo menos só é assim na medida em que nos apoiamos, como fazia esse historiador, unicamente em nossas fontes escritas. Todas, ou pouco falta, são obra de homens da Igreja, de clérigos que não têm qualquer razão para conhecer o que quer que seja sobre o corpo, a cabeça ou a alma da mulher: ignoram-na soberbamente. E as mulheres não escrevem. Claro que, ali ou acolá, há uma erudita como Hildegarde de Bingen no século XI; algumas amantes, cujas obras nem mesmo sabemos se são realmente delas, como Heloisa ou Marie de France nos séculos XII e XIII; algumas damas da corte, vingativas e chorosas, como Christine de Pizan no século XV; sem contar algumas rainhas ou condessas com punho de ferro que agem mais do que escrevem. Mas é um ínfimo contingente, que não é reforçado nem mesmo pelos argumentos emprestados por um clérigo a uma dama de romance cortês ou de canção em língua de *oc*, ou então a uma matrona de um *fabliau*. Há as respostas de Joana d'Arc aos seus juízes; mas o que a *Pucelle* teria a dizer sobre os homens?

Os julgamentos são, portanto, julgamentos de homens sem mulheres, e eles são os únicos que o mundo cristão ouve, da encíclica romana recheada de direito antigo ao sermão do padre diante de seus fiéis, artesãos ou aldeões. A sentença é cruel: a mulher é a "porta do diabo", a "inimiga" responsável pela queda, o símbolo da impureza cujo testemunho é o sangue maculado que dela escorre incontrolavelmente, a loba cruel devoradora de homens, a porca insaciável e luxuriosa. Deve ser tanto mais odiada quanto mais tenta ser amada. E, ademais, como disse Aristóteles, a mulher não tem espírito; não compreende o que faz: é preciso, pois, castigá-la, batê-la, aconselhava São Jerônimo – "razoavelmente" –, corrige Beaumanoir. Além disso, o que já é profano, é tagarela, caluniadora, caprichosa e perdulária. Portanto permaneçam caladas e obedeçam ao senhor, do qual só veem as qualidades.

Todavia, esgotado seu estoque de misoginia, alguns deles se questionam. Deus certamente desejou essa criatura, extraída do homem. Trata-se de uma retificação a uma criação, no entanto considerada perfeita e acabada no início? Ou então de uma prova à qual submeter o homem, ser favorecido em todos os aspectos? A questão torna-se obscura quando nela se introduz o personagem de Maria, esposa e mãe de Deus. Ela é virgem, evidentemente, e esta virtude permanece, aos olhos dos clérigos, o ideal da vida feminina, apesar do "Crescei e multiplicai" da Escritura. Contraditório, no mínimo. Não há, pois, apenas esse aspecto sexual na veneração que os fiéis dedicaram a Maria desde a alta Idade Média, e que aumentou muito após o século XII. Maria é a Mãe, protetora de uma humanidade no desespero; fala pelos homens junto à divindade, como fizera em Canaã e em outros lugares. Mas, por outro lado, Jesus não falava sempre às mulheres, às duas Maria, a de Magdala e a de Betânia, geralmente confundidas na Idade Média? Foi a elas que primeiro se revelou durante a ressurreição, elas que haviam cuidado de suas feridas, que o haviam assistido diante da cruz, às quais perdoou mais facilmente do que aos homens. E se não houve apóstolas é que o mundo judaico de então, no entanto bem menos misógino do que muitos outros, não o teria compreendido. Erro fatal da Igreja nascente, e do qual São Paulo fez a regra. No mais, a hagiografia medieval que é recitada de aldeia em aldeia fervilha de mártires e de santas cristãs, de mães dignas de exemplo. Então, como poderiam conciliar Eva e Maria?

Mas o que pensa o homem comum nos escapa enormemente; pelo menos no homem, percebemos uma atitude que os antropólogos conseguiram diferenciar bem. Nesses tempos, como em todos talvez, os sentimentos do homem são duplos, mas não contraditórios. O primeiro é o medo da mulher, disfarçado sob o manto do desprezo e da suspeita. Como nada compreende do mecanismo da pulsão sexual na mulher, vê nela apenas a força devoradora do desejo: denuncia então as artimanhas e os simulacros a que ela recorre para satisfazê-lo; e como tem a sensação de não conseguir corresponder-lhe plenamente, desenvolve sem confessá-lo o que um psiquiatra chamaria um "complexo de castração". Por outro lado, na demonstração da autoridade masculina fora da casa reside o sentimento de que dentro dela, ao contrário, triunfa o poder feminino de dimensão sexual e de que era preciso, portanto, limitá-lo a esse espaço. Enclausurar sua esposa, assim como exige o *Ménagier de Paris*, proibir-lhe de se mostrar com todas suas vantagens não é só uma forma de proteger a honra familiar, mas também uma precaução sexual. Assim como o adultério masculino será perdoado porque acontece fora da casa, assim também o da mulher será punido porque ocorre, em geral, no quarto do marido. Quanto à avidez sexual da mulher, não passa de uma tentação urdida pelo demônio, e tanto mais inquietante quanto mais ela se cobre das aparências da beleza, do prazer, e que o homem se sabe totalmente desarmado contra ela. Mais vale, portanto, riscar Adão da memória humana: deplorável e surpreendente início do reino dos homens. Antes do século XV, aliás, não se fala dele!

O segundo campo de percepção ultrapassa os limites da sexualidade. O homem entrega-se às violências físicas, às quais a mulher responde então com violências morais, mais sutis e também mais dolorosas, e das quais se alimentam os fabulistas. Ainda hoje vemos e lamentamos tais violências; na Idade Média são perdoadas ou até mesmo encorajadas sob a pena dos homens do direito: são "legítimas". Contudo, não são formas primárias de um "machismo" obtuso. São a expressão da cólera e da decepção. Pois o homem não teme a mulher; na realidade, não a compreende e perde a paciência. Até Aristóteles já se inquietava com as múltiplas facetas do espírito feminino; os pregadores medievais, principalmente os mais "abertos", como Tomás de Aquino, procuravam "categorizar" as mulheres. Usavam a velha teoria dos humores, a de Hipócrates e de Galeno: as mulheres eram melancólicas, sanguíneas, coléricas ou fleumáticas – assim como os homens. Mas nelas o comportamento psíquico ou as reações mentais dependiam ainda mais estreitamente desses "sinais" que, no mais, acreditavam ler nos astros: mulheres de outono, de primavera, de verão ou de inverno, o que determinava diferentes atitudes para abordá-las. E, neste caso, simples e doutos acreditavam que o estreito vínculo com a natureza – a palavra designava, no mais, todo o ser feminino, sua conduta como seu sexo – explicava (mas não desculpava) os estranhos comportamentos, e observavam, com um espanto temeroso, os vínculos entre as mulheres e os mortos, sua aptidão para reter ou penetrar o incompreensível, seu gosto pelo "ilogismo" ou pelo "insensato", tudo o que não era, portanto, "humano", em todos os sentidos da palavra. Sem chegar a conclusões eruditas, o homem comum apegava-se à aparência: o desejo de parecer, o culto do corpo, o apetite pelas riquezas materiais e, não menos importante, a sutil autoridade exercida sobre as crianças ou os bens.

Ignoramos, infelizmente, o que o segundo sexo pensava do outro, pois era mudo. Mas não nos é muito difícil descobri-lo por meio do requisitório que precede: elas pensavam o contrário, e agiam em conformidade. Os "contrapoderes" femininos são bastante perceptíveis, e já falei deles: em volta da lareira ou no travesseiro, no "parlamento das mulheres" que são as fontes, o lavadouro, o moinho, no cemitério, que os homens temem e do qual se afastam, e nas devoções ou nas peregrinações que lhes são próprias. As mulheres dedicam seu zelo ao culto ou, pelo menos, à veneração um pouco sulfurosa da Madalena, a pecadora arrependida, a "contramarca" da Virgem. O homem confiava na Mãe, na Esposa, na Virgem, consagrada ou não; a mulher encontrava em Maria Madalena uma padroeira consoladora.

2.3.2 As questões do sexo

A Bíblia é formal: homem e mulher, e no singular, farão uma única carne. Que seja esta, como desejaria o bom-senso, ou por algum motivo mais elevado, a razão da queda, esta malfadada conduta estava ligada ao ato da carne. Este apoia-se na monogamia, no primeiro casal e na procriação que dele resultará. Essa não é de forma nenhuma a visão greco-romana, mas majoritariamente a do mundo judaico. E São Paulo, muito além do que se podia ler ou do que será lido nos evangelhos, fez dela a regra para os cristãos. O ideal seria mesmo a virgindade; entretanto, como isso seria ir contra a vontade do Criador, o ato sexual é, pois, inevitável, mas só poderia ser admitido para a procriação esperada por Deus. Símbolo da união entre Deus e sua Igreja, o ato concede ao homem o papel principal: caberá a ele escolher o momento e limitá-lo aos tempos oportunos, e com o objetivo exclusivo de procriar. Espezinhando as tradições ou os hábitos do mundo antigo "pagão", os Padres da Igreja, todos homens sem mulher, foram além do "apóstolo" e fundaram o dogma. Havia, porém, uma dificuldade que foi rapidamente compreendida: a criatura, o homem pelo menos, experimentava um evidente prazer nesse ato, que se tornava então delituoso; sem contar as sólidas práticas poligâmicas herdadas de outras culturas. Desde a época carolíngia, os doutores da fé se contorceram para sair dessa armadilha: no século XI, Burckard de Worms abre a porta à noção de encontros que permaneceriam lícitos se ocorressem quando a mulher não estivesse em estado de conceber, com a condição, é claro, de que o homem o ignorasse; Alberto o Grande, aconselha a prática das purificações antes (!) e depois do coito, o que é uma espécie de absolvição antecipada. Mais lúcido, Tomás de Aquino, em meados do século XIII, recomenda que nesses exercícios só se experimente uma *delectatio moderata*. Só na época de Jean Meung, cem anos mais tarde, o *Roman de la Rose* varrerá todos esses simulacros.

Certamente se observará que, da época de Paulo ao Pré-renascimento, ninguém se preocupou com a mulher; ela é um simples vaso onde será derramado o sêmen. No entanto, este papel passivo não é tão ocultado como se poderia temer. A proteção da mulher, em todos seus estados, virgem, grávida, viúva, é muito real; os códigos "bárbaros", do século V ao IX, bem como o Direito Romano, multiplicam as severas sanções e as condenações contra os maus-tratos sofridos pelas mulheres. E mesmo os doutos sabem, pois já Aristóteles, e depois os discípulos de Galeno, os médicos que leem Al-Rhazi ou Avicena, Constantino o Africano, ou os manuais médicos de Salerno, todos têm, antes do fim do século XII, alguma ideia da vida genital feminina: suas descrições do clitóris, da vagina, dos ovários, dos mênstruos não estão incorretas, ainda que nem sempre percebam suas relações. Enganam-se sobre o significado dos mênstruos, que julgam ser uma expulsão dos humores impuros do corpo feminino; acreditam que a mulher secrete um esperma cuja mistura com o do homem é indispensável para a procriação. Mas observaram bem a força do desejo feminino, sua insaciável renovação, seus momentos mais intensos, que são a própria expressão da luxúria e de um perigo para a alma. É evidente que estes são argumentos de clérigos e que na aldeia não leem nem os penitenciais irlandeses do século X nem o tratado médico de Guy de Chaulaic, do século XIV, mas ouvem o padre e sabem olhar dentro de sua própria casa.

Quanto a nós, o que vemos são principalmente manifestações eróticas bem diferentes das nossas. A nudez, quase total em nossos hábitos atuais, não parece ter desempenhado o papel excitante que lhe damos: a Eva de Saint-Lazare d'Autum está nua, mas justamente porque é Eva. Quase nenhum outro exemplo de afresco ou de escultura ilustra cenas como as de Salomé ou o personagem da luxúria; os pequenos corpos nus que representam as almas dos defuntos são assexuados. Quando podem, em casa, os esposos despem-se separadamente, e já os mostrei nus, banhando-se juntos nas saunas, mas com a cabeça coberta por um chapéu. Por outro lado, os cabelos e as mãos são símbolos sexuais que encantam os poetas de língua de *oc*, ou então a cor da pele ou dos lábios. Sendo assim, os "mil jogos de amor" de Jehan e Blonde, ou de todos os outros, serão principalmente carícias no rosto ou repetidos beijos que, hoje, fariam sorrir mais de um adolescente.

E o próprio ato? A bel-prazer do homem, dizem os clérigos eruditos; à vontade da mulher, dizem os poetas populares. Excetuando-se o *coitus interruptus* – prática contraceptiva inevitável, mas, evidentemente, condenada pela Igreja como um sacrifício ao prazer antes do dever –, o ato deve ser completo, isto é, concebe-se o consentimento da mulher, inclusive o orgasmo, como indispensável a uma total procriação; caso contrário, Deus vigia. Como os *fabliaux* falam muito livremente e de forma muito natural desses encontros amorosos, seria fácil para mim enumerar os fracassos do homem, as decepções da mulher, os erros de um, as astúcias da outra; mas nada diferente do que se passa em todas as épocas. Quanto à posição adotada pelos parceiros, a Igreja só tolera a mais "natural": mulher deitada de costas e o homem deitado sobre ela; pois avalia ser esta a única que permite uma concepção sem excessos de prazer. Não era essa a opinião dos antigos: Ovídio já recomendava uma dezena de posições, inversão dos corpos, cavalgadas, posições laterais, e alguns autores árabes chegavam a descrever vinte e quatro. A literatura medieval de provocação, como a dos Goliardos, mas também a literatura didática como o *Évangile des quenouilles,* ou ainda a música, pelo menos a que nos chegou sob o nome de *Carmina Burana,* são todas fontes que alimentam nossa ciência e devem ter alimentado a dos homens dessa época, já antes do século XII e mais ainda ao se aproximar do século XV, quando se desencadeia uma liberalização dos costumes e das linguagens. Os próprios cronistas, que em geral são pessoas sérias e clérigos letrados, trazem muitas anedotas sobre a vida sexual de seus heróis. Assim, ficamos sabendo que Filipe Augusto perdia suas capacidades diante de sua esposa dinamarquesa, mas que seu neto Carlos d'Anjou podia honrar a sua até cinco vezes por noite, arriscando sua saúde. E existe, nas *Nouvelles* ou nas *Devinettes* dos séculos XIV e XV, um extraordinário painel de termos eróticos ou escatológicos que deixariam vermelhos até mesmo um jornalista de escândalos.

Não deixa de ser curioso sabermos o mesmo tanto sobre as anomalias do comportamento sexual em suas práticas individuais. A sociedade greco-romana considerava ao mesmo tempo naturais, porque ligados ao prazer do corpo, e desculpáveis, porque sem vínculo com a alma, certos contatos ou prazeres físicos incomuns. Foi ao estabelecer um vínculo obrigatório entre o ato sexual e a procriação que o pensamento cristão lançou no imoral, no anormal e no antinatural e, portanto, no pecado e na danação, todas as manifestações físicas fora da norma canônica. Inclusive as relações sexuais entre esposos, quando fora do tempo da fecundação da mulher, serão assimiladas ao adultério. Esse jugo dogmático não tinha qualquer chance de conter as pulsões naturais, até mesmo em um lar cristão convicto e "normal". Para além dos encontros amorosos ilícitos, mas admitidos, ou para além de fornicações casuais e pagas, de que falarei, constatamos uma extrema liberalidade dos costumes. A este respeito, informa-nos a enorme massa de documentos que se indignam, ameaçam, condenam, punem, sem que conheçamos a eficácia desses furores: todos os penitenciais dos séculos X-XII que taxam os erros, ou os panfletos indignados, como o *Liber Gomorranus,* do devoto Pedro Damião por volta de 1050, brandem a excomunhão ou as penitências; mas a eficácia dessas condenações deixa-nos céticos, pois na mesma época a jurisprudência ou as coletâneas jurídicas como o *Decreto* de Graciano permanecem mudas sobre todos esses excessos.

A masturbação é o principal deles: o pecado de Onan é colocado no nível da simonia, pois trata-se, no homem pelo menos, de um desperdício do sêmen fornecido por Deus para a perpetuação de seu povo; portanto, de uma espécie de dilapidação, quase de uma venda dos bens da comunidade, como Simão querendo comprar de Cristo a arte de fazer milagres. É a mulher, no entanto, quem mais atrai a condenação dos penitenciais, e de acordo com a idade, a posição, a condição ou a ocasião, talvez em razão do importante contingente de mulheres sem homem, monjas ou jovens viúvas. O limite entre esse pecado e a homossexualidade não é muito nítido nos textos medievais. Esses comportamentos eram globalmente qualificados como sodomíticos, "contra a natureza" – por conseguinte destinados à execração; mas englobavam muitas práticas: o coito anal entre parceiros, no entanto, de sexos diferentes, os atos de pedofilia entre adulto e criança do mesmo sexo, os contatos entre homem e animal, qualificados de "bestialidade", e claro os comportamentos homossexuais no interior de cada sexo. A Antiguidade havia deixado inúmeros exemplos dessas práticas; só se mostrara rigorosa nos casos de pedofilia, assimilada a uma covarde violência, ou de bestialidade, considerada insultante para os deuses. A Igreja, naturalmente, nada podia fazer a não ser trilhar esse caminho. A bestialidade, as dos pastores isolados na montanha, era pouco denunciada porque pouco visível; mas quando comprovada era punida com a fogueira, o castigo dos hereges. A pedofilia não é muito vista: geralmente, é um assunto de família que só a ela diz respeito; quando descoberta, é punida com as privações de bens ou com os castigos corporais, não mais do que isso. Quanto à homossexualidade, com a qual nosso mundo atual tanto se preocupa, as estruturas sociais medievais a favoreciam com seus agrupamentos de jovens solteiros, de ambos os sexos aliás, vivendo em comum, no castelo, no convento, entre as "sociedades de jovens" da aldeia ou nas "devoções" na cidade. Imagem execrável dos vícios de Sodoma e de Gomorra, esses comportamentos são considerados comprometedores da salvação dos culpados, não a da massa: por isso as punições que castigavam essas atitudes permaneciam pessoais, raramente públicas; talvez vissem nelas manifestações individuais, resultado sublimado de uma amizade estendida ao carnal. Foi nossa época que partiu à caça de todos os casos, confirmados ou possíveis, que pululam em nossas fontes: de Roland e Olivier aos *mignons* dos séculos XV e XVI. Nos tempos medievais, temos a sensação de que este campo é visto com um olhar sereno.

2.3.3 Vivendo sob o mesmo teto

Como escrevia o jurista Loiseau no século XVI, "dormir e comer junto é, ao que parece, casamento". Entretanto, deixemos de lado o casamento e tudo o que representa nos tempos medievais para descrever a vida "à feu et à pot", como diziam os notários do século XIV para compreender a vida do casal sob o mesmo teto.

Para muitos, historiadores ou não, o casal é o único cenário mais visível. É o território do homem; a lei e os costumes o proclamam: ele tem sobre a mulher que vive ao seu lado todos os direitos que provêm da sua *manus*, da sua autoridade conferida com ou sem casamento por São Paulo ou Justiniano, e por todos os regulamentos que vieram depois. Já mencionei que ele podia lhe bater, que ela lhe devia obediência, em um nível superior ao amor pelos filhos e que, no mais, seu papel era lhe dar uma progenitura, ajudá-lo em sua salvação e corresponder às suas exigências sexuais. As virtudes esperadas da mulher serão a castidade, já que perdeu a virgindade, a constância nos cuidados da casa, o silêncio e a fidelidade. Inútil que aprenda a ler, pois cozinhar e costurar já lhe bastarão. Este quadro, que até hoje continuam a nos descrever, é falso e mesmo grotesco. Mencionei também a igualdade dos jogos sexuais, a reciprocidade das violências ou das vexações, o peso idêntico de um e de outro na educação da criança e na reverência que esta lhes deve. Quanto ao papel "doméstico" da mulher, repito que o caráter humilhante e subalterno que lhe dão é uma invenção do século XIX. Acrescentarei que a quase ausência de mulheres nas listas de testemunhas deve-se em grande parte à natureza de textos em que inutilmente a procuraríamos, pois trata-se, no mais das vezes, de assuntos imobiliários em que não têm ação.

Se o homem insiste tanto no controle que pretende exercer sobre sua mulher, em grande parte é porque teme que ela lhe escape. E com toda razão! A diferença de idade entre os esposos, quando o casamento é de estilo comum, reúne no lar uma jovem de dezesseis ou de dezoito anos e um adulto dez ou quinze anos mais velho. A natureza psicológica dos laços matrimoniais não é, portanto, a do nosso tempo, em que predomina uma igualdade de idade dos esposos ou simples cônjuges. Os efeitos são evidentes: tendência do marido a ser tanto um pai quanto um amante, relativa brevidade da duração da união, convicção do homem de que sabe muito mais e, da mulher, de que seus impulsos pessoais estão sendo limitados. É esta situação de desequilíbrio que explica o caráter "pontificante" dos manuais de vida comum, dos conselhos aos casados e do *Ménagier de Paris*. Há outro efeito que poderia ser bem mais grave: mais jovem, quem sabe negligenciada por um marido ocupado fora de casa, a esposa pode sair em busca dos prazeres que lhe faltam, e os pregadores podem enfatizar sua inconstância e seus excessos. O *ménage à trois*, tema recorrente dos *fabliaux* e até dos romances "de cavalaria", é um traço que nunca envelhece; leva ao burlesco, como dizem os poetas, ao drama, como afirmam as cartas de remissão. A Igreja protesta, denuncia a desonra, a fornicação, mas a opinião pública é bastante indulgente ante o adultério, e cria castigos – como conduzir pelas ruas ao som das chacotas dos presentes os dois culpados, nus e amarrados um sobre o outro ao lombo de um asno – que parecem mais destinados a fazer rir da burrice por terem se deixado pegar do que a puni-los pelo erro; e os maridos enganados são sempre personagens ridículos, ou mesmo odiosos.

Um dos efeitos mais deploráveis do "modelo matrimonial" é o deixar sem atividade sexual lícita uma importante parte do contingente de homens que não atingiram a idade normal de se casar, que exige ter um "estado": entre vinte e cinco e trinta anos. A Igreja, guardiã da moral, logo percebeu o perigo. E começa a pregar a castidade ou a continência, embora não acredite muito em sua eficácia; mas é pedir demais aos rapazes. E ainda protesta contra o onanismo mesmo sabendo muito bem que masturbação e felações são comumente praticadas, até entre seus servidores. E o adultério, já repreensível pelo caráter sagrado da união, é um elemento de distúrbio na ordem familiar; é preciso combatê-lo, condená-lo. Mas há pior: o estupro, prática masculina bem antiga que reúne a violência à pessoa e o distúrbio da ordem social. Nesses tempos medievais, como no nosso, muitos desses ataques sexuais não são denunciados pelas vítimas ou pela família; a desonra seria imensa. De forma que não podemos medir bem a extensão do mal. Mas, pela abundante regulamentação que tenta freá-lo, distinguimos muito bem seu território: é, em grande medida, um estupro coletivo, por assalto noturno, atingindo mais as mulheres sem homem ou sem defesa: moças, viúvas, mendigas. Entre os abortos denunciados é significativo o número dos que eliminam os frutos dessas uniões brutais. E a Igreja se enreda em suas contradições: o estupro é condenável, mas o aborto ainda mais. Ela vai contra o direito das pessoas quando é preciso encontrar uma solução. Hoje, consideramos o estupro como um "crime de sangue" quase equiparável ao assassinato: atentado pela violência à integridade física de um ser mais frágil, o que explica a tradicional desculpa do estuprador, o suposto "consentimento" da vítima. Esta atitude não é a da Idade Média: o dolo não é ou não é somente físico; acarreta um atentado à propriedade, pois a mulher é parte essencial do patrimônio familiar gerido pelo pai, pelo marido ou pelo irmão. Sofrimento e desonra? Sim, mas também roubo por efração, dirá o direito civil. O castigo será, portanto, primeiro uma punição corporal, mas sem chegar à castração adotada por outras culturas para evitar a reincidência (o caso de Abelardo permanece uma exceção); mas também o pagamento de uma pesada compensação financeira à família insultada, eventualmente acompanhada de uma sanção de exílio na forma de uma longa peregrinação – uma maneira de arruinar mais de um culpado, se não conseguir se livrar dela.

O adultério ou os desvios sexuais são repreensíveis; o estupro geralmente permanece oculto, portanto impune. E o que fazer? Só há um caminho e, ao que parece, só para os homens: o amor físico vigiado e pago: a prostituição como regulador social, que em vista da manutenção da ordem absorve as pulsões irreprimíveis de uma juventude ou mesmo de uma idade madura insatisfeitas. E, neste caso, processos, inquéritos, relatos, imagens formam uma sólida bagagem documental. Longe de perseguir a utopia insensata de impedir a prostituição, como em todos os séculos fizeram os moralistas ingênuos ou ignorantes, a Igreja medieval viu nela a única concessão admissível à tirania do sexo. É claro que a condena, mas vigia rigorosamente seu funcionamento. Em acordo com os edis municipais aceitará se responsabilizar, nas casas especializadas, de que é geralmente proprietária, pelas "moças comuns" – que procurará, no mais, colocar em uma comunidade piedosa ou ao serviço de um padre quando, mais velhas, já não puderem exercer sua atividade. Em princípio, a renda dos "encontros" vai para o corpo municipal; mas, para evitar a progressiva formação de grupos de "profissionais" homens que empregam as moças para seu lucro, a Igreja não recusará uma doação dos usuários, que assim resgatam parcialmente seu pecado. Na cidade, essas "abadias", "castelos galantes", "casas de diversão" ou "pequenos bordéis" aglomeram-se geralmente em torno das igrejas, nas pontes, em frente aos palácios. Essas moças "comuns" eram, no mais das vezes, camponesas que não encontraram outro trabalho na cidade; mas demonstrou-se que, por exemplo, na Borgonha do século XV, uma alta porcentagem de mulheres estabelecidas exercia de vez em quando seus talentos nesses lugares, e mencionei mais acima o caso das saunas abertas a quem pagasse. Em contrapartida, nada sabemos do que se passava na aldeia: é provável que algumas matronas, promovidas à posição de cafetinas, desempenhassem o papel de fornecedoras. Quanto à prostituição "selvagem", por abordagem ao ar livre, ela parece não menos evidente: o que sabemos dos lugares de feira, das passagens de mercenários ou das procissões dos pseudopenitentes denuncia esses bandos de mulheres sem véu, sem trajes decentes, essas *meretrices* que se oferecem a qualquer um. Quando um santo homem como Robert d'Arbrissel, no começo do século XII, cercava-se delas para salvar-lhes a alma e o corpo, a Igreja estabelecida tinha alguma dificuldade em ver nisso nada além de uma ação piedosa.

2.3.4 As correntes do casamento

A situação da mulher nesses tempos medievais não tem uma opinião muito favorável; e já ficou evidente o meu esforço para lutar contra esse *a priori*. Percebemos, naturalmente, que muitos elementos acabaram evoluindo no decorrer de uma duração tão longa. Por meio de nossas fontes escritas – pois, neste caso, a arqueologia não pode datar de forma séria, e a iconografia é repetitiva –, podemos notar algumas flutuações reais: no fim dos tempos carolíngios, por volta de 900, até cerca de 1030 ou 1050, a presença feminina nos problemas econômicos ou políticos parece eminente; por outro lado, a fase que se estende de 1050 a 1180/1200 revela uma queda, pelo menos moral, dessa posição; a retomada é surpreendente na segunda metade do século XIII e domina durante 150 anos, antes de começar a declinar no início dos "Tempos modernos", nos séculos XV e XVI. Estas variações do poder feminino advêm, evidentemente, de diversas causas: proporção relativa dos sexos, rigor ou relaxamento do controle da Igreja, evolução ou deslocamento dos tipos de atividade na economia de produção, avanço ou recuo do individualismo. Mas as causas mesmas dessas motivações não são muito acessíveis, e escapa-me o recurso às origens extra-humanas. Em contrapartida, a evolução do casamento cristão, efeito ou causa, é um bom terreno de observação.

Embora me pareça evidente que a condição material da mulher medieval não é de forma nenhuma merecedora da hipócrita aflição com que a envolvem, devo reconhecer que sua condição, pelo menos jurídica, como esposa é, incontestavelmente, medíocre e constitui o principal argumento dos defensores da "Idade Média masculina". Assistimos atualmente a um progressivo enfraquecimento do vínculo indissolúvel do casamento monogâmico, quer seja ou não de inspiração religiosa; outros vínculos, mais flexíveis, ou até mais breves, unem os homens e as mulheres, e este não é o lugar para discuti-los. Em todos os séculos medievais, essas concubinagens eram ilícitas, condenáveis, contrárias à moral e à vontade divina, e assimiladas à simples fornicação ou à poligamia.

Reconhecido como célula sustentadora da sociedade medieval, o casamento alimenta hoje uma copiosa literatura histórica, bastante homogênea em suas conclusões e que vou tentar resumir. A virgindade é um ideal reservado a um punhado de indivíduos, voluntários ou não, que são venerados, mas que não tem nada a ver com a vida do dia a dia. Quem não é virgem deve fazer parte de uma "ordem", que Deus coloca logo abaixo da dos virgens: os casados, os *conjugati*. Ao entrar nela, os que ainda eram chamados *puer* ou *puella*, moço ou moça – não importando a idade, como Guillaume le Maréchal aos quarenta anos –, tornam-se *vir* e *uxor*; espalham-se pelo mundo cristão; cumprem uma espécie de dever de estado que é normal sacralizar. E a Igreja não deixou de fazê-lo, para lhe dar as cores de um contrato irrefragável, perpétuo e conforme ao que Adão e Eva viveram antes do pecado original e depois dele. Transformou-o em um sétimo sacramento, mas o último, e que, no mais, são os próprios futuros esposos que se administram reciprocamente, sem que seja necessária a intervenção de um ministro da divindade. Rompê-lo seria uma inaceitável ruptura de fé, uma "heresia". Essa união, contudo, não pode senão chancelar o desejo de Deus, ou seja, a proliferação dos homens; implicava, pois, uma união carnal, sem a qual o casamento não consumado não teria nenhuma razão humana de existir. E como poderia ser fonte de prazeres impuros, era preciso cercá-la de todas as garantias de estabilidade indispensáveis para sua duração. Sendo a primeira, evidentemente, o consentimento sincero dos esposos. Hoje, com exceção de algumas sobrevivências, é evidente que a atração física ou a afinidade mental justificam a vida em comum. Mas nos tempos medievais estava-se muito longe disso. Uma moça, como afirma o direito canônico e depois o *Decreto* de Graciano no século XII, pode ser casada assim que considerada núbil, aos doze ou catorze anos; um moço, um pouco mais tarde. E mesmo que se esperasse pelos dezesseis ou dezoito anos, como acreditar na profundidade ou na sinceridade desse consentimento? Poderiam recusá-lo – porém, quando ocorria, era fonte de escândalo. Mas, sobretudo às moças, impõe-se uma aquiescência de princípio. O que, aliás, não significa que um real sentimento de afeição conjugal não se desenvolverá nessas uniões forçadas.

Se o moço ou a moça só se expressam bem mais tarde, são os membros da família, principalmente os pais, que decidem. E para isso recorrem a um arsenal de motivos bem fáceis de examinar: casar o moço fora do grupo parental e, se possível, encontrando-lhe um partido vantajoso – política de hipergamia destinada a consolidar ou a criar vínculos econômicos ou políticos proveitosos; casar a moça, mesmo com alguém de condição inferior à sua, significa aliviar o mais rápido possível o peso de sua manutenção, uma vez que, aos olhos do pai, ela não é uma força produtiva, mas apenas uma riqueza a ser negociada. Por isso é preciso ressaltar que quando sublinhamos, como fazem os etnólogos, o "mercado" ou mesmo o "tráfico" das moças, é justo considerar que os dos moços são do mesmo tipo. Estas atitudes são, naturalmente, as dos grandes deste mundo, as únicas que conhecemos bem; quero dizer "até demais", pois para o homem comum, isto é, o grosso da população, embora haja a intervenção da parentela ou até do compreensível interesse de uma boa gestão das terras ou das lojas, o princípio de uma relativa igualdade dos níveis sociais, a homogamia, parece ser a regra para garantir a continuidade da gestão familiar.

Eis, portanto, dois jovens destinados um ao outro, ao fim de uma negociação entre os pais, talvez entre as mães, o que provavelmente a tornava mais dura. Se necessário, consultavam os "amigos", ou até o "abade da juventude", espécie de autoridade reconhecida pelos jovens; ou então o pai escolhe entre as moças em cujas portas os moços depositaram, em "maio", flores ou ramos verdes. As *sponsalia* concretizam o acordo; os noivos são apresentados um ao outro e pronunciam publicamente os *verba de futuro*, antes de brindarem batendo um copo contra o outro. Amor à primeira vista? Decepção? Como saber? O tempo passa, talvez vários meses, decerto dedicados ao exame do valor dos engajamentos materiais ou dos eventuais obstáculos de parentesco, de impureza ou de falcatrua. E, em seguida, o principal: as *nuptiae*, que constituem a parte mais importante, misturando tradições romanas, exigências cristãs e práticas germânicas. Convém então dar toda publicidade possível ao contrato estabelecido entre as duas famílias: afluxo de parentes e de amigos, exibição dos presentes, dos enxovais, presença de músicos e de saltimbancos, comidas e festas – o bastante para arruinar por seis meses um mercador de Gênova no século XIV. Na Itália, onde esses abusos são comuns, as comunas tiveram de fixar limites suntuários à cerimônia. A união é celebrada na casa da moça; todos desfilam seus mais belos trajes, como mostra, exemplo célebre, o quadro de Van Eyck de 1435 que retrata os esposos Arnolfini. Os dois futuros esposos usam uma cobertura sobre a cabeça, mas a noiva veste algo colorido, o vermelho sobretudo, nunca o branco. Costume judaico: estende-se um véu branco, o *pallium*, acima deles. Costume romano: o pai da noiva segura a mão da filha para colocá-la na do esposo. Transmite-lhe assim a *manus*, a autoridade sobre a mulher. Costume romano e germânico: os esposos pronunciam os *verba de presenti*, forma do engajamento definitivo que vale como consentimento: são poucas as saídas para uma rebelde que recusa. Os esposos colocam nos dedos, símbolo antigo, o anel testemunho de seu mútuo engajamento, mas não necessariamente no anular esquerdo, que os antigos acreditavam estar ligado diretamente ao coração por uma veia e um nervo. Estão presentes duas ou mais testemunhas, uma pode ser um homem de Igreja, a outra um notário que lê os engajamentos dos pais no campo material. Dirigem-se em cortejo à igreja para receber os votos e a bênção da Igreja; mas este rito "religioso" não é nada comum antes dos séculos XIV e XV, quando o clero acabou por impô-lo. Até então, este último ato acontecia no adro da igreja, *ante valvas ecclesie* ou *in facie*. Como a eventual celebração da missa de ação de graças é dispendiosa, as pessoas limitam-se a uma bênção uma vez que o sacramento é dado pelos esposos.

Como ainda hoje, e se a bolsa o permite, o cortejo se dirige com uma grande manifestação de fausto, e sob uma chuva de grãos, símbolo de fecundidade, ao banquete – no qual não faltam os cardápios principescos; mas é pura representação, pois embora presente a noiva não come: deve aguardar a etapa final que sela de fato a união. Só as mulheres dela participam, os homens permanecem afastados do quarto nupcial a cantar ou a gritar melopeias inconvenientes e até mesmo obscenas. O leito, já abençoado por um padre, acolhe imediatamente os esposos, que são despidos por mulheres consideradas experientes; o homem deve passar pelo rito do "desatar dos alamares" – fitas que são atadas e depois desatadas em torno do sexo, e que significam a liberação de sua virilidade. A gemada com leite quente, chá ou vinho aromático, considerada afrodisíaca, era levada aos esposos, que só então ficam a sós. Mas perdurou por um longo tempo o costume de uma matrona ficar por perto durante toda a noite para anunciar aos presentes, pelo menos se fosse advertida, que a união carnal realmente acontecera. Quanto à retirada do cinto de castidade ou ao direito de *cuissage* – autorização para que o senhor deflore a noiva –, são evidentemente invenções "românticas", eco atenuado do pagamento em denários ao senhor do lugar a título de *formariage* [casamento contraído por um servo fora da senhoria ou com uma pessoa de condição livre].

2.3.5 E suas fechaduras

Descrevo aqui o casamento ideal, o casamento cristão por excelência, estabelecido entre os séculos IX e XII: do senhor ou do homem comum, obedece a regras que, no entanto, serão cada vez menos observadas. Quanto ao enquadramento jurídico, do qual nada disse, ele colore, e às vezes até em tons escuros, os engajamentos físicos e morais dos esposos.

Primeiro, não nos esqueceremos de que a poligamia resiste com tenacidade aos repetidos ataques da Igreja. Essa prática, usada na Antiguidade e também entre os germânicos e os escandinavos, ou no mundo islâmico, não se baseia, como constantemente se repete, em uma sexualidade masculina egoísta e desenfreada que rebaixa a mulher a um objeto de prazer masculino. Em uma conjuntura demográfica castigada por uma forte mortalidade vinda de vários horizontes, a esperança de uma descendência múltipla é o que leva ao seu recurso, e tanto mais quando o homem tem bens e poder cobiçados. A poligamia, pintada com as simples cores do concubinato, perdurou mesmo entre príncipes que, como Carlos Magno, se vangloriavam de ser bons cristãos. Sob uma forma, por assim dizer, oficial, ela durou quase até o fim do século XII, pelo menos na aristocracia. Como no mundo escandinavo estava bem-estabelecido o costume de que cada chefe de guerra podia ter várias *frilla*, várias esposas, o casamento *more danico*, à maneira dinamarquesa, portanto sem aval da Igreja, permitia criar conjuntamente várias descendências. Neste contexto, não há bastardos ou herdeiros ilegítimos, e todos os destinos são possíveis – o exemplo mais ilustre é o de Guilherme o Conquistador. Mas o costume não é só normando ou saxônico: Filipe I, no século XI, e Filipe Augusto, no século XII, nunca conseguiram obter do papa que suas amantes fossem reconhecidas como legítimas; mas os filhos dessas "favoritas", como se dirá mais tarde, não sofreram pelo fato de ser bastardos.

A Igreja teve de derrubar um outro obstáculo: a consanguinidade. Ela exige um casamento exogâmico, isto é, sem vínculo de sangue entre os esposos. Esta posição muito rigorosa não parece resultar de um temor de alteração fisiológica da descendência, como a biologia moderna poderia afirmá-lo. À Igreja já se atribuiu o sombrio propósito de impedir assim, ou de estigmatizar, uniões que conseguiriam reforçar o poder político ou econômico da aristocracia laica, sua rival, doravante obrigada a escolher cônjuges sem vínculos anteriores. Parece mais razoável admitir que ela assumiu, e sinceramente, o tabu, quase próprio à espécie humana, do incesto pai-filho (ou filha) ou irmão-irmã. Desde a alta Idade Média, ela estendeu o espaço desse tabu ao sétimo grau de parentesco, isto é, a todos os descendentes de um mesmo trisavô. O direito civil ou canônico do século XI retomou essas exigências; assim, a forte concentração das linhagens aristocráticas obrigava os guerreiros a buscar esposas praticamente fora dos reinos onde residiam, ou então a enfrentar a excomunhão pessoal, o interdito sobre suas terras e, se necessário, o exílio. Além do mais, o incesto estendeu-se aos padrinhos e madrinhas, aos viúvos ou viúvas que pretendessem se casar novamente. Na prática, esse jugo não podia se manter, e era continuamente transgredido, às vezes pagando seu preço. Em 1215, no IV Concílio de Latrão, o limite passou do sétimo ao quarto grau: primos nascidos de primos-irmãos. Ainda assim era demasiado rigoroso; e foi possível transgredir a regra ou comprando – sem muita dificuldade – uma dispensa, ou fingindo não a conhecer ou contando com um padre ignaro quando não se era membro na alta sociedade. Por outro lado, o incesto constituía, no mais, uma excelente desculpa para o repúdio, por exemplo quando um casal não tinha conseguido procriar ou, entre os homens de guerra, só filhas. Célebre por seu caráter escandaloso e suas dramáticas consequências, a ruptura do casamento entre Luís VII e sua esposa Alienor exigiu quinze anos de reflexão para o rei se aperceber de um parentesco e pedir a anulação. Daí a necessidade de uma investigação anterior à união e, em 1215, a da publicação do *ban*, isto é, do direito ao casamento quando se provara a não consanguinidade.

O inevitável relaxamento da doutrina nos problemas de incesto provocou um movimento idêntico ao do segundo casamento. Era possível conceber que a uma esposa repudiada a pretexto da esterilidade fosse proibida uma nova união, mas não sem antes ter enriquecido a Igreja; além de raro e em princípio proibido, o repúdio testemunhava uma enfermidade pelo menos afirmada e uma mácula. Mas o caso das viúvas era bem diferente. Se para o viúvo era aparentemente fácil se casar de novo, a viúva não estava livre, após a morte do esposo, da *manus* do chefe de família à qual pertencia e que ele estendera sobre ela; como nas relações de vassalagem do mundo guerreiro, não se podia dar duas vezes sua fidelidade a um homem. Mas a estrutura demográfica comportava os riscos de uma grande quantidade de jovens viúvas, às vezes ainda sem filhos. As famílias de origem se resignavam mal com as sugestões da Igreja: o convento; também não podiam fechar os olhos aos riscos da impudicícia; além do mais, tendo recuperado sua *manus* sobre a mulher, a parentela podia novamente almejar algum proveito. Pressionada pela aristocracia, a Igreja foi, portanto, levada a tolerar o novo casamento, se não por ocasião do concílio de 1215, pelo menos uma ou duas gerações mais tarde. É verdade que, na sociedade dos possuidores de bens, as negociações necessárias para o arranjo das condições materiais de uma segunda união eram mais difíceis, bem como no momento da escolha de um pretendente. Em geral, a viúva era conduzida a um novo casamento menos brilhante e hipogâmico; nem todos podiam, como Alienor de Aquitânia, trocar um rei por um outro. Além do mais, nas camadas mais modestas da sociedade implantava-se o sentimento de que essa união, muitas vezes desequilibrada pela idade mais avançada da viúva, era uma espécie de inversão da ordem matrimonial tradicional, ou até uma frustração na ordem social. Sendo necessário, por vezes, pagar muito caro por uma espécie de taxa *formariage* aos jovens do lugar e ao seu chefe, o "abade da juventude", oferecer bebida a todos, organizar danças mais ou menos eróticas. E mesmo isso não bastava para impedir os *charivaris*, cortejos estridentes e ruidosos de rapazes fantasiados, urrando canções obscenas sob as janelas dos recém-casados. Quando esta união coincidia com uma festa de insubordinação – São Valentim, São João, 1º de maio – as mulheres podiam então se misturar a essas "espalhafatosas condutas".

Os historiadores, e particularmente os do direito, dissecaram longamente a natureza dos engajamentos das duas famílias no momento de concluir a união. Como as práticas inspiraram-se nos direitos civil ou canônico, nos costumes germânicos ou antigos, que evoluíram ao longo dos dez ou doze séculos medievais, e variaram de uma região a outra, sem falar da extraordinária confusão dos vocabulários dos escrivães e dos notários, há uma quantidade imensa de estudos minuciosos sobre esses assuntos; e é inútil pretender filtrá-los, ainda que se tenha para isso a ciência, o que não é meu caso. Contento-me, pois, com o mais simples, ou mesmo com o simplismo. O princípio não é nenhum mistério: a solidez da união exige garantias vindas das duas partes. A Igreja, que talvez tivesse se contentado com palavras e gestos, muito cedo acabou se responsabilizando, por volta do século VIII, por esses elementos profanos; mas não me parece que tenha visto neles, como o fizeram a maioria dos historiadores e a totalidade dos etnólogos, as marcas de uma transação mercantil: compra da mulher e garantias de execução do contrato de venda. Dessas práticas, só subsistem alguns vestígios, mas podemos muito bem compreender seu mecanismo. O pai que concede a filha, e transmite sua *manus* ao marido, pretende que a situação material da esposa permaneça materialmente boa: confia então ao esposo bens reais, enxoval completo, joias, terras e, eventualmente, rendas, e cujo valor é gentilmente mostrado e enumerado, para marcar a posição e as necessidades da esposa que, salvo ínfimas exceções, irá residir na casa de seu marido promovido a administrador desse *dos*, desse *dotalicium*. O dote faz parte dos "bens próprios" da esposa e sua dissipação por um marido pródigo pode causar boas brigas, e mesmo conflitos armados entre as linhagens. Se esses bens subsistem, nem que seja uma modesta parte, à morte do esposo, e com razão ainda mais forte em caso de repúdio, são propriedade da mulher que pode levá-los de volta à casa familiar, instaurando-se o costume de que, por essa razão, uma moça dotada não pode pretender a uma parte da herança em sua família de origem. Por sua vez, o esposo e seu pai bloqueiam uma parte de seus próprios bens, que varia entre 30 e 50% do total, qualificada como *dos propter nuptias*, de *donum*, de "arras", o que os etnólogos assimilam ao preço de compra da mulher. Esses bens destinam-se a garantir que, em caso de viuvez, ela receba uma parte certa da herança de seu marido, o que a protegerá de um despojamento por seus filhos. Essa arras não deve, portanto, ser usada durante a união e, se isso acontecer, deve ser "restabelecida" com outros bens; e a isso a Igreja zela cuidadosamente.

Este quadro rudimentar esconde, provavelmente, muitas duplicidades ou querelas. Mas observaremos que se a mulher, uma vez casada, não dispõe da gestão dessas garantias materiais – o que, em direito, leva a considerá-la como uma "eterna menor" –, isso significa esquecer que ela tem um pai, irmãos, parentes que certamente não pretendem, com a espada ou o bastão em punho, se deixar enganar. E, quando se coloca a questão da herança do marido defunto – partilha igual entre os filhos e as filhas não casadas, precípuo para um dos dois, de preferência o primogênito, ou ainda testamento que limita a quase totalidade da herança a uma cabeça –, a mulher não deixa de ter domínio sobre seu "terço", ou seja, sobre sua arras. Não nos faltam exemplos, evidentemente, de viúvas despojadas, e que sua família de origem se recusa a socorrer; esses casos contradizem meu otimismo – mas os considero raros.

E é diante da morte que se restabelecerá uma igualdade, por um momento comprometida, entre os esposos. As sepulturas, as dos "grandes" com seus epitáfios e, mais tarde, com sua estátua jacente, mas também as dos pequenos exumadas pela arqueologia, reúnem os corpos; e os *obits*, as missas encomendadas para o repouso da alma, não distinguem os sexos; as famílias rivalizam no zelo piedoso; e a Igreja, que recolhe os custos, agarra-se muito a esta igualdade.

2.3.6 Os pais

Em uma sociedade fragilizada por tantos perigos incontroláveis, o homem sozinho está perdido. Se escolheu viver como eremita ou recluso, essa escolha é uma recusa da humanidade, e a Igreja, embora não ouse condenar tal coragem de alma, não aprecia muito os espíritos fortes. No Ocidente, pelo menos, a vida em grupo lhe parece mais natural, entre seus servidores como entre os laicos. A "família" é o quadro desejado por Deus para que nela se insiram o ou os casais que são suas células. Mas o termo recobre, na Idade Média, um vasto conjunto de relações concêntricas, cujos membros reconhecem entre si um certo parentesco, seguramente de sangue e para um primeiro círculo, mas também de interesses comuns, de sensibilidade ou de afetividade compartilhadas quanto mais se distanciam do casal que constitui seu núcleo. Esses laços tecem na tela social um entrelaçamento de obrigações ou de serviços, em que a afeição, a amizade e o interesse se dividiam os papéis. Tais laços irão então do parentesco lateral à estrutura de linhagem, e depois à dos "amigos carnais", da domesticidade, da clientela, do clã ou da simples vizinhança. Vemos, portanto, que a natureza da "família" afeta as esferas da vida cotidiana, as preocupações matrimoniais, a gestão dos bens, os serviços de paz ou de guerra, as devoções e o passado comum. A extensão das questões assim concernidas explica, como para o casamento analisado mais acima, a sobrecarga historiográfica de tal assunto, e justifica que, mais uma vez, limite-me a uma exposição simples, simplificada, simplista.

Primeiro, o parentesco de sangue. Já mencionei o papel do pai na escolha dos cônjuges, no olho que mantém na gestão do dote, na promoção do filho, na transmissão do poder sobre os bens linhageiros. Teria também uma participação na escolha dos nomes que as crianças receberão? Atualmente, as pesquisas antroponímicas ou o gosto pela prosopografia senhorial estão muito na moda. Para o estabelecimento de uma filiação busca-se habitualmente a lembrança de um nome "familiar" de geração em geração. De origem materna quando o casamento é hipogâmico para a esposa, que com isso deseja relembrar a dignidade de sua antiga posição? Ou o contrário se o esposo pretende fazer ressoar sua superioridade? Mas, entre os humildes, esta questão não parece muito importante: na maioria das vezes o leque dos nomes é, decerto, muito formalizado pelo uso ou pela moda, mas só se abre para os santos personagens da crença cristã: chama-se Jean, Jacques, Pierre, ou Marie, Jeanne, Catherine, com um *le jeune* ou *la petite* se dois irmãos ou duas irmãs receberam o mesmo nome do pai (ou de uma autoridade?). Quanto à mãe, em princípio sem voz ativa, não é difícil imaginar o peso do seu olhar por trás do pai que gesticula? Do complexo de Édipo à mãe abusiva, quantos exemplos medievais desde os tempos antigos! Quantas situações igualmente difíceis sobre as quais deslizam romanceiros ou cronistas: "Percival mata sua mãe ao abandoná-la; Guibert de Nogent só consegue se livrar da sua ao tornar-se monge; e para visitar sua esposa à noite, sem despertar Branca, sua mãe, o santo Rei Luís tem de usar uma escada secreta". Três casos entre tanto outros.

Em nossa cultura ocidental, os colaterais não têm mais a importância de antes. Mas os irmãos e irmãs desses tempos, principalmente os mais velhos, vigiam e intervêm. Os primeiros, se necessário, com armas em punho, as segundas, com o verbo vingador, caso os parentes faltem e se a honra do grupo estiver ameaçada. Neste caso, são as cartas de remissão que denunciam as vinganças individuais ou em grupo. Já me referi ao papel do tio materno, eventual substituto de um pai ausente. Poderia fornecer centenas de exemplos dessas intervenções "nepóticas", como a ordenação do cavaleiro, a promoção eclesiástica, a associação mercantil, um contrato de segurança, um empréstimo de dinheiro, um legado testamentário. Mesmo enfraquecidos, esses usos ainda são os nossos; por que se deter mais longamente?

Em contrapartida, duas particularidades são mais especificamente medievais. A primeira, sobre a qual já disse algo, diz respeito aos bastardos. Ainda hoje, a despeito da crescente maleabilidade dos usos sociais, nosso direito civil, herdeiro de Napoleão e mesmo de Luís XIV – para não remontar ainda mais no tempo –, mostra-se reservado sobre a igualdade dos direitos à herança segundo a "legitimidade" do nascimento; problema evidentemente menor neste nosso tempo de dissolução do caráter jurídico da união, mas não na Idade Média em que se conjugavam a ideia da criança nascida do pecado e por ele maculada, e a do estranho que podia pretender a uma parte da herança. A situação desses filhos "naturais", provavelmente ainda mais numerosos no campo do que na cidade, foi evoluindo em um sentido cada vez mais favorável. Até o século XI, podiam ser mortos no nascimento ou logo na primeira infância (e eram muitos os pretextos ou as ocasiões), ou abandonados, quando muito confinados a uma domesticidade humilhante. Foram em seguida admitidos no círculo familiar, com um certo desdém: brasões "quebrados", trajes bipartidos, protocolo vexatório, casamentos pouco ambiciosos. Mas chegar a uma função de pleno exercício (um bastardo de Filipe Augusto tornou-se conde) abriu pouco a pouco o acesso a uma vida idêntica à dos filhos legítimos. Será que não podemos nos perguntar, uma vez que no final do século XIV e ao longo do XV, exceto nos tronos, há bastardos chefes de guerra, duques, conselheiros de príncipes, se o choque demográfico da peste não representou então um papel libertador?

A segunda originalidade poderia nos surpreender ainda mais: o destino dos filhos caçulas já não nos aparece como só gerador de rivalidades mais ou menos amigáveis; o adágio do irmão "amigo dado pela natureza" nunca foi realmente levado a sério, pois o irmão era mais um concorrente do que um amigo. Durante muitos séculos medievais, a situação dos caçulas foi depreciada; é normalmente ao mais velho que estava reservada a sucessão do pai. Em uma sociedade essencialmente fundada na propriedade da terra e das armas, não se pode conceber a divisão da *auctoritas*. Este "direito de primogenitura" foi até mesmo codificado por volta de 1050 ou 1100. No entanto, ainda há a possibilidade de, por uma razão qualquer, esta concentração das vantagens recair sobre o caçula: temos alguns exemplos no século XI; mas é fácil imaginar os rancores e os conflitos. Os caçulas, normalmente excluídos, se vêm proibidos de qualquer casamento que a longo prazo criaria novos elementos de dissolução do patrimônio: que partam então em busca de mulher e de fortuna longe do castelo paterno, e observamos que muitos cruzados, sobretudo os que se instalaram na Terra Santa, eram filhos mais novos sem esperança de retorno vantajoso. Só no fim do século XIII foram autorizados a tomar esposa sem ter de deixar as terras patrimoniais, tanto porque já se esboça uma diminuição demográfica quanto pelo enfraquecimento do sistema de posse senhorial do solo. Com isso, o ciúme entre as cunhadas era algo que valia a pena suportar. Certamente estes são problemas aristocráticos, e não temos os meios de medir sua dimensão entre os humildes. Em contrapartida, podemos presumir que a situação das moças não casadas devia ser a mesma no castelo e na choupana. Por descaso, por má sorte, por infortúnio ou por desgraça, as jovens "solteironas" não tinham muita escolha. O convento? Mas a má reputação de muitos mosteiros femininos leva-nos a imaginá-los repletos de moças pouco inclinadas a esse estatuto. A aventura "cortês"? A menos que algum aventureiro desejasse se encarregar de uma delas, antes de abandoná-la, decepcionada e maculada, sendo geralmente esse o resultado do amor "cortês" glorificado pelos poetas, e devotamente repetido pelos historiadores. Restava, portanto, a casa do pai, ou do irmão, para os trabalhos domésticos, as pequenas tarefas, a humilhação e a tecelagem – disse mais acima que, em inglês, *spinster* significa ao mesmo tempo "fiandeira" e "solteirona".

Pelo menos, este estreito grupo parental unido pelo sangue tinha consciência dos vínculos que o ligavam. Os historiadores do direito opõem normalmente duas estruturas jurídicas diferentes desses vínculos familiares, e os sociólogos dois tipos de agrupamentos de parentela. Para os historiadores do direito, e também neste caso serei esquemático, uma dessas estruturas é agnática, isto é, piramidal com interdependência em relação ao avô, o *pater familias*; o Direito Romano a considerava como característica da "família". A outra é cognática, isto é, distribuída em camadas horizontais, cujas interdependências são laterais – costumes no mais das vezes célticos e germânicos. Já os sociólogos distinguem sobretudo um tipo de família largo, correspondente aos povoamentos de caçadores ou de pastores, itinerantes se necessário, e um outro mais estreito, de natureza conjugal, mais ligado à exploração agrária. Vemos, porém, que essas duas imagens não se sobrepõem e que, por milhares de anos, provavelmente existiram deslizamentos entre essas estruturas. Na ausência de um minucioso exame, direi que dois traços se sobressaem: a célula conjugal triunfou sobre toda estrutura estendida; ao invocar o primeiro casal, a Igreja, naturalmente, estimulou isso. Desde a época carolíngia, suas obras dogmáticas a transformaram em regra. Mas uma regra que levou tempo para se impor, pois até o fim da Idade Média o recurso à parentela estendida continuou resistindo a essa pressão, com certeza muito mais na aristocracia, mas também em outros lugares. Qualquer transação imobiliária sobre o patrimônio exige, até o século XIII, a aprovação dos membros da parentela, a *laudatio parentum*; e, se esta não existe, a disposição contrária, a "desistência linhageira", isto é, a retomada do bem em nome da família, se colocará contra uma transação que amputaria a base principal da estabilidade familiar.

2.3.7 E a "parentela"

Para além desse vasto primeiro círculo começam os da *familia*, da *amicitia*, cuja pressão não tem a força do primeiro, mas cujo papel de casca protetora engloba todos os "serviços" prestados, mais ou menos sem contrapartida como, por exemplo, serviços de proteção, de dinheiro, de guerra, de recomendação, serviços de compartilhamento de um destino comum: o *sors* da linhagem estendida. São, portanto, *consortes*, membros mais ou menos iguais, *pares*, do conjunto familiar, aqueles de uma "casa" – *casa, consorteria, consortia, casate, alberghi, paraiges* nos países de línguas latinas. Na Itália, estes tipos de reagrupamento formam o próprio tecido urbano, ou seja, blocos de casas, bairros fechados, protegidos por torres, correntes, sentinelas mercenários, com suas igrejas, túmulos, estandartes, e onde, ao serviço de uma linhagem ilustre, todos os participantes do grupo, ou pelo menos 20% dentre eles, ostentam apenas o nome do senhor. Existem assim os Doria em Gênova, e em torno deles os *degli Doria*, "os dos Doria": criados, agentes de publicidade, "gorilas" (*sicarii*), mas também, afinal de contas, os "amigos" de um nível mais adulador que são favoritos, conselheiros, contabilistas, uma espécie de clientela como a que cercava o patrício romano. E por que não do castelão da França ou da Inglaterra?

E um pouco mais adiante, os vizinhos, que se limitam a encontrar sob o olmo da aldeia ou sob as arcadas urbanas, às vezes em uma procissão ou em uma confraria piedosa; por razões mais fortes nas instâncias de um "ofício" na cidade ou de um "tribunal" no campo. Trocam-se então conselhos e reconforto, ou mesmo notícias e calúnias. É uma proteção contra o isolamento, que é sinal de recusa da ordem social e considerado como a tentação demoníaca do orgulho ou do pecado de inveja. A esse respeito, os adultos são os mais suspeitos de fechar a porta aos outros; pois os jovens reúnem-se facilmente em bandos, os *brigati* nas cidades italianas, com um chefe local, um "abade", como dizem. São aprendizes, mensageiros, pajens ou escudeiros, empregados domésticos eventuais se são moços, camareiras ou criadas se são moças. Esse grupo é pequeno; depois dos dezoito ou vinte anos, toda moça está casada ou perdida. São esses bandos que animam as festas da aldeia ou do bairro, as "caroles" em que se dança entre vizinhos; nelas se encontram todos os músicos das alvoradas e das serenatas sob o terraço de uma bela moça, mas também os estupradores e os ladrões, como uma excrescência venenosa e criminosa da parentela.

2.4 A esfera do esforço

Eis, portanto, reunidos em um conjunto de várias faces, um casal, sua descendência e, se necessário, seus colaterais ou mesmo seus servidores. É a "casa", o "feu", o reino da mulher, onde se abrigam, comem, dormem e trabalham. Quantos são em torno de uma lareira? Isso certamente depende da estrutura familiar, da posição social e também dos meios de existência, e os números "médios" já citados, de 3,8 a 5,2, e ainda mais altos na cidade do que no campo, não significam nada, sem mencionar a evolução demográfica ao longo de vários séculos. É mais interessante saber, quando um levantamento fiscal ou alimentar assim permite, a composição interna do grupo, o *feu réel*, porque é ele que determina a estrutura material da célula familiar. Apresento dois exemplos urbanos, com diferenças mínimas, para explicar e justificar essa diversidade: Reims em 1422 e Florença em 1427. Temos 37% de casais com filhos que ainda não se casaram, o básico e o "normal", aos quais podem ser acrescentados 11% sem filhos, o que representa quase a metade; e muito mais se adicionarmos 8% de viúvas que ainda cuidam dos filhos. Ao lado deles, porém, há 28% de lares múltiplos, que incluem ascendentes, colaterais, *frèreches** e pessoal doméstico, o que anula qualquer "média" razoável. O resto, não

---

* *Frèrèche*: grupo constituído por irmãos e irmãs, que pode surgir de um desejo comum de dividir as despesas de exploração da propriedade familiar ou de evitar a sua divisão com a morte do pai, p. ex. Muito comuns nos séculos XIV e XV, subsistiram até o fim do Antigo Regime [N.T.].

negligenciável, são solteiros, ou pelo menos pessoas isoladas: viúvas abandonadas ou que desfrutam de uma herança, solteironas ou solteirões. Portanto, dos sete indivíduos, quatro vivem "normalmente", dois estão em um grupo, o último é um dejeto.

2.4.1 A casa

Simples gruta, ou até cavidade subterrânea, ou então palácio, castelo ou "ostal" dos poderosos e dos ricos, a casa é a célula de vida, um oásis de segurança, um espaço de sociabilidade e um lugar de memória e de piedade. Centrada no privado, portanto inacessível ao Outro, também é a expressão da caridade – a caridade assim como concebida nesses séculos, isto é, a esmola de um pão ou de uma tigela de sopa oferecidos ali mesmo à porta, pois o mendigo que pede talvez seja Jesus, ou o diabo, mas como saber? Esta hospitalidade hoje tão facilmente esquecida em nossas regiões é um dos caminhos da salvação.

A iconografia da casa é abundante, mas repetitiva e simplista; os textos descrevem mal e, as plantas não existem antes de 1400, ou mesmo mais tarde. Neste caso a arqueologia triunfa, e mais ainda no campo do que na cidade. As escavações de aldeias abandonadas, de aldeias que se transformaram, ou aquelas "urgentes" provocadas pelas obras públicas ou privadas, multiplicaram os dados sobre as casas, os "hotéis", as redes viárias, as instalações domésticas, e mesmo sobre o parcelar, que aqui não está em questão. Centenas de sítios já foram escavados desde 1950 ou 1960 até hoje, da Escócia à Sicília, da Andaluzia à Dinamarca, *habitats* ocupados dos tempos germânicos até o Renascimento, ou por muito menos tempo. Em solo francês, sítios como Charavines nos Alpes, Rougiers na Provence, Villiers-le-Sec na Île-de-France, Rigny-Ussé no Vale do Loire, Mondeville na Normandia, para citar apenas cinco exemplos importantes, já forneceram mais dados do que um calhamaço de mapas; em Caen, em Tours, em Arles, em Douai, e mesmo em Paris, camadas profundas do *habitat* medieval urbano foram trazidas à tona. E a constituição das casas agora nos é acessível.

A evolução geral da construção, com todas suas nuanças geográficas, é bastante clara. No mundo germano-céltico, a casa rural é de tipo "mercado", um retângulo comprido de 60 por 20 metros, por exemplo, apoiado em pilares, podendo abrigar uns cinquenta indivíduos e o gado; cabanas acolherão as atividades artesanais, silos fechados protegem as provisões, mas ficam ao lado da casa principal. O fogo é mantido do lado de fora, distante, por medo de incêndio ou para servir a vários grupos. O material utilizado é local: madeira, argila seca, taipa de madeira e lama, adobe de base granulada. Mais ao sul, onde a arte de construir já era bem antiga, usa-se a pedra, qualquer uma, e a construção tem muito mais rigor, mesmo quando não devemos confundir – como geralmente acontece – as *villae* com vários corpos de construção, habitadas pela família de um grande proprietário, rodeada de escravos ou de colonos, com os *habitats* exteriores destes últimos ou dos camponeses que permaneceram livres. Quanto ao *habitat* urbano, é rudimentar no norte, e perpetua no sul o velho modelo. Esse esquema alterou-se quando desapareceram os dois pilares representados pela vida de clã e pela preponderância pastoril. Os especialistas se opõem violentamente, apresentando exemplos indiscutíveis, sobre o momento da passagem de um sistema ao outro. Ao escolher uma larga fatia de tempo, dos séculos VII ao XI, temos alguma chance de acertar. O novo tipo de *habitat* é, com efeito, muito diferente, que sua causa seja a dissolução do grupo familiar estendido ou as mudanças dos objetivos econômicos, por exemplo, a expansão da cultura cerealífera ou do artesanato urbano. A evolução caminha para a casa individual, de tamanho reduzido, 20 por 6 ou 10 metros, e para uma única lareira. O gado sai e entra o fogo. Este movimento, evidente no campo, traduz-se na cidade por uma acentuada diferença entre o *ostal* senhorial ou burguês, que domina todo um bairro, e o *habitat* artesão onde se enraízam vários núcleos familiares. O apogeu dessa evolução situa-se no fim do século XIII, e logo mais vou abordá-lo para observar o resultado. Passado esse tempo, parece que a oposição acabará aumentando: no campo, as "casas em blocos" são acompanhadas de casas comuns, porém as mais modestas podem ser simples choupanas. Há o mesmo fenômeno na cidade: casas suntuosas em frente de alojamentos onde as pessoas se empilham. E, propositalmente, deixarei de lado desenvolvimentos, causas ou efeitos desta "fratura social".

Correndo o risco de uma simplificação de que tenho plena consciência, apresento um resumo do que sabemos. No campo, em meados da época medieval, a casa é composta de uma única peça, duas depois do século XIII, com uma superfície de uns quinze metros quadrados; a divisão é horizontal, sem piso superior, ou então com celeiro para provisões ao qual se chega por uma escada interior. Sobre duas traves e sem fundações profundas – o que dificulta a escavação e as identificações –, são erguidas paredes de tábuas, de blocos de turfa, de taipa, de adobe, de tijolos ou de pedras secas, segundo as possibilidades do lugar; o chão é de terra batida e o telhado de palha de trigo ou de centeio, de ripas, de ardósia ou de telhas redondas, de acordo com o material disponível no local; a lareira é instalada ao longo de uma das paredes e acesa sobre uma grande "soleira" de pedras amontoadas, com uma coifa na casa dos ricos e, nas outras, um simples buraco no telhado; há uma única porta feita com tábuas de madeira grossa, fixada nas dobradiças e guarnecidas com trincos, e mais tarde com fechaduras, para dissuadir o ladrão ou o intruso, mas que não deteria o mercenário que quisesse pilhá-la. Nenhuma ou poucas janelas por causa da fragilidade da construção e, se necessário, fechadas com portinholas que poderiam ser erguidas. Tudo nessa disposição tão rudimentar é concebido para manter o mais próximo possível o que forma o núcleo familiar, ou seja, o fogo, que expulsa o medo e concentra o espírito de comunidade; a mulher, que reina na "casa" como uma riqueza ou um perigo a ser bem protegido; e, por fim, as provisões de víveres, de vinho e de ferramentas que garantem a sobrevivência. Já a presença de um celeiro, de um forno de pão ou de um aprisco nas proximidades distinguirá a casa do rico.

Muito curiosamente, essas casas não parecem inertes ou construídas para durar o tempo "de que não se tem memória"; pelo contrário, a cada restauração ou reconstrução deslocam-se para não muito longe, mas a arqueologia pode mostrar que, geralmente, o alicerce é modificado no mesmo lugar. Talvez por causa da leveza dos materiais? Ou de uma evolução demográfica, ou mesmo econômica? Em Wharram Percy, uma aldeia do Yorkshire particularmente bem-escavada, foram observados, para uma mesma casa, nove estágios sucessivos de implantação ao longo de três séculos.

Mas se o rico é um guerreiro, o *habitat* muda: torna-se hierarquizado, com distribuição vertical. Temos muitos dados sobre os "castelos", e mesmo – além das escavações, que muitas vezes encontram dificuldade para distinguir as épocas em uma mesma construção – descrições completas, célebres e talvez de pura imaginação, como a do Castelo de Ardres no Boulonnais, no século XII. Sobre um torrão de pedras e de barro recolhido durante as corveias, muito mais para testemunhar a superioridade do senhor do que para garantir uma função guerreira, ergue-se uma grande torre, quadrada e depois redonda, de madeira e depois de pedra, isolada ou rodeada de construções ao longo dos séculos. Além da evolução da arquitetura militar que não é meu tema, a distribuição interna é quase sempre a mesma. Embaixo, no porão quando necessário, os víveres, um reservatório de água ou, se possível, até um poço, os cavalos misturados aos domésticos, e também as cozinhas. No primeiro andar, ao qual se acedia por uma poterna vertical, eventualmente fortificada, a sala, a *aula*, lugar de reunião dos "amigos", dos parentes necessitados, dos "homens"; ali se joga e se come, pois o senhor deve desperdiçar para demonstrar sua força e sua riqueza; ali se reúnem e se buscam pretendentes convenientes para um ofício, para um feudo ou para um casamento. No segundo andar, o privado, com a lareira, o dormitório, de onde os rapazes podem sair a seu bel-prazer, e sobretudo o quarto do senhor, o núcleo da linhagem, onde se esconde o tesouro. Mais acima, as moças, uma riqueza que deve ser bem protegida, rodeadas de suas criadas tagarelas e que não devem ser vistas na sala onde dormem os "homens"; e também o "refúgio", o quarto onde o senhor e seus parentes ouvem poemas, cantos épicos... ou receitas de cozinha. E, bem no alto, a capela, o mais próximo possível de Deus. Não há dúvidas de que quanto mais ampla a construção se torna, mais diversa é sua organização. Os corredores internos substituirão as passagens ladeadas de cortinas; as escadas em caracol a escadaria; o "jardim" com caramanchão e platibandas à italiana substituirá as liças de ervas que separavam os sucessivos muros.

Na cidade, se os "hotéis" evocam as casas "nobres" do campo, já as casas comuns apresentam características bem diferentes das choupanas. Desta vez, a iconografia triunfou sobre a escavação. Esta última não pode ser senão pontual em meio urbano onde a atividade permanece constante, ao passo que possuímos para os últimos séculos medievais uma abundância de imagens sobre Siena, Paris, Gênova, Rouen e tantas outras. Em primeiro lugar, neste caso, a divisão parcelar urbana determina estreitas faixas paralelas com uma dezena de metros de lado. A casa será, portanto, longitudinal: um corpo de construção na parte da frente, um espaço ou um pátio que são acessíveis pela parte de trás. Embora muitas vezes as paredes sejam de taipa sustentadas por vigas de madeira na horizontal e na vertical para manter a fachada, sempre que possível prefere-se a pedra; o telhado é de telhas ou de ardósias. Em razão da densidade da construção, o incêndio é de fato o flagelo das cidades medievais: no século XIII, por quatro vezes Rouen queimou por completo. Para deter o fogo do madeiramento a solução é dispor o eixo do telhado perpendicularmente à frente da rua, com o frontão virado para esta última, o que não passa de uma modesta proteção contra o fogo. Por outro lado, como a superfície no térreo é pequena, a construção é feita em andares, às vezes em saliências uns sobre os outros para ganhar espaço; daí a imagem romântica e exagerada das casas "medievalescas" barrigudas, e uma tocando a outra na parte mais alta. No nível da rua, abrindo-se ao lado da porta de entrada, há uma única peça, com uma abertura fechada por portinholas de madeira. Se for a casa de um artesão, ali é sua oficina. Trabalha nesse espaço à vista dos transeuntes ou dos clientes e, se deve vender, como as portinholas são construídas com ripas horizontais, abaixa uma para ser usada como balcão e levanta a outra para servir de alpendre. Ao fundo, às vezes um local que dá acesso ao pátio, mas, de todo modo, uma escada que conduz ao andar ou aos andares, até dois ou três. Se a superfície é modesta, o conjunto dos assoalhos de madeira pode ser sustentado por vigas que se apoiam sobre pilares; quando se pronuncia uma sentença de justiça que compreende a "derrubada", esses suportes são serrados, provocando uma espécie de implosão de toda a casa. Como este desastre causa um enorme incômodo à vizinhança, é provável que seja substituído por uma multa exorbitante. Ao contrário da choupana, a casa da cidade tem um porão e um celeiro aos quais se acede pelo interior: estes subsolos são abobadados e, quando necessário, servem de abrigo. Já disse que os lugares de alívio geralmente dão para o exterior; a lareira principal fica no primeiro andar, ou há outras menores nos outros, com chaminés paralelas e condutos separados, o que multiplica o risco de incêndio. Dessa forma, em uma única construção, podem se sobrepor vários "feux"; várias lareiras, ou seja, vários "lares" que coabitam: o proprietário da casa no primeiro andar, os parentes pobres, os domésticos e os locatários de pouca renda nos outros. Enquanto no campo o entorno imediato da casa só comporta uma "calçada" onde deixar uma carroça, e uma horta que já é um pedaço de parcelar cultivado, na cidade, ao contrário, o pátio atrás da casa desempenha um papel muito personalizado: ali são erguidas barracas, depositadas as coisas velhas, plantadas cenouras, funchos, ervas aromáticas ou odoríferas e, se possível, árvores frutíferas; mas também são deixados restos de objetos, as cinzas, o lixo doméstico ou até o conteúdo dos urinóis, enquanto não foi organizada a coleta pública – não antes do fim do século XIV –, a menos que a proximidade das fossas da cidade não resolva esse problema.

2.4.2 E o que há em seu interior

Ficou clara a importância que dou ao butim das escavações. Foi-me útil a arqueologia da aldeia abandonada ou do bairro urbano demolido. Mas, bruscamente, ela me faz falta, pois no interior dessas habitações praticamente tudo é de madeira; apenas algumas ferramentas de ferro resistiram, ou algumas moedas de outros metais; a cerâmica é abundante, mas só os especialistas podem datar os potes, as bacias ou as tigelas, quase todas iguais, ao longo de mil anos, aos olhos do leigo. Os ladrilhos coloridos do chão ou mesmo das paredes nas casas dos ricos interessam o historiador da arte ou da técnica, mas estão longe de fazer parte da casa da gente comum. Os têxteis, os couros, as madeiras desapareceram, salvo nos casos – bem raros, aliás – das sondagens subaquáticas. Mas o que podemos ver?

"Ver" é a palavra correta, pois, na choupana ou na cidade, as pessoas pouco veem a menos que vivam em uma região de muito sol onde, no mais, dele se escondem. A porta tem apenas uma abertura ou uma gateira; as janelas, quando existem, são fendas para aeração, ou são fechadas com portinholas, quando muito com telas oleadas. Com exceção das igrejas ou de alguns castelos, o vidro, espesso e colorido como um vitral, só começará a ser usado no século XIV. Usam, portanto, velas de banha ou de cera, muito mais raramente lamparinas a óleo. Esta luz doméstica é festiva, quase religiosa, e é a única justificativa, em suma, para as vigas pintadas e os afrescos murais, que são os ornamentos interiores que os ricos se proporcionam. As tapeçarias que no fim da Idade Média tornaram célebres os ateliês da Itália, de Arras, de Flandres ou de Angers tiveram um papel muito mais isotérmico, pois funcionam como uma almofada de ar entre o quarto e a parede gelada.

Sendo a casa a célula procriadora, o leito é, portanto, o rei do mobiliário. É dele que temos o maior número de representações pintadas, para todos os meios sociais e quase todas as épocas; e os inventários pós-falecimentos dedicam-se a ele mais do que a qualquer outro bem. É um "marcador" social, principalmente quando acompanhado de tapeçarias, de cortinas móveis, às vezes de dossel; mas sua disposição é sempre a mesma: uma armação de madeira, um *châlit*, com pés e uma cabeceira mais elevada; um entrecruzamento de cintas de corda ou de cânhamo; um enxergão ou *chutrin* recheado de folhas de ervilhas, de palha, de cascas de cereais; lençóis de linho ou de cânhamo, rugosos e regularmente desamarrotados com uma vara; uma "colcha" de lã, ou um edredom recheado com penas, assim como os travesseiros e as almofadas. Nos países germânicos, onde se temia o apodrecimento ou os vermes, prefe-riam-lhe, como ainda hoje, a pele de animal com ou sem pelo. Sob o leito ou ao seu lado, a "caminha" reservada ao recém-nascido; e, bem perto, o urinol, às vezes de cerâmica fina. O leito é largo, com até dois metros e meio, de forma que nele podiam dormir facilmente pais e filhos ou vários adultos. As pessoas, normalmente, dormem encostadas em almofadas apoiadas na cabeceira, menos os doentes e as parturientes que o fazem totalmente alongadas. A cabeceira fica contra a parede, costume de todo ser humano desde a pré-história e ainda hoje: evitar, como nas cavernas dos antigos tempos, ser surpreendido por trás por um ataque noturno de um carnívoro ou de um inimigo.

Nada se compara ao leito no mobiliário, a não ser, talvez, o baú. Ainda temos alguns exemplares dos séculos XIV e XV, mas os dos ricos, evidentemente: são de carvalho, de nogueira, de pinheiro, trancados com fechaduras potentes, muitas vezes trabalhados, ou mesmo marchetados. Ali se coloca tudo: prata, roupas bordadas, cinturões, armas, tudo o que é preciso para escrever e contar, às vezes cebolas e presunto. No pódio da riqueza, ele vem logo depois do leito. De todo modo, bem antes do que o restante: mesas sobre cavaletes até o século XIV, cadeiras de madeira (ou, raramente, de palha), bancos, escadinhas, tamboretes dobráveis, prateleiras na parede à guisa desses armários que o Renascimento preferiu. Como em um inventário à maneira de Prévert, os ditos e os *fabliaux* enumeram, mas não na ordem que os coloco, os "utensílios do camponês": grelha, ganchos, espetos ou cremalheiras, potes de terracota, que interferem no sabor, ou de metal estanhado, que dão cheiro, tigelas, cuias, grandes taças, frigideiras e terrinas para a "sopa" e o mingau, peneiras, conchas, colheres para a panela ou para a tigela, vassoura e pás; depois, mais acima, fusos de fiar, pesos e mesmo rodas de fiar; finalmente, espelhos, pentes e joias.

Tudo o que os testamentos, relatórios de escavação ou poemas "burgueses" enumeram conscienciosamente, ajuda a mulher e, sobretudo ela, em seu trabalho privado, uma vez que os "utensílios" do homem permanecem do lado de fora, prontos para o trabalho nos campos ou na oficina. No entanto, o nível do equipamento não é apenas grosseiramente sexuado: marca também as diferenças sociais. No início do século XI, em Charavines, são erguidas, lado a lado, duas casas que talvez se diferenciassem pela decoração interna, que desapareceu. Em contrapartida, em uma delas foram encontrados jogos de mesa, alguns instrumentos de música e restos de armas, já na outra apenas vestígios dos teares para as fibras ou para o metal. Cavaleiros de um lado e camponeses do outro? Ou "cavaleiros-camponeses do ano 1000"? Esta discussão me conduziria para longe do meu campo e para um estudo da sociedade que não é o meu propósito. Vemos, contudo, que a casa carrega o traço de indivíduos que, neste caso, estão separados pela condição econômica e social; mas todos, cada um segundo sua condição, trabalham. É hora de nos determos nesse ponto.

2.4.3 O homem é feito para o trabalho

Não apenas este aforismo é inexato, mas ainda é absolutamente contrário às lições da história. Todas as civilizações pré-cristãs, a da Antiguidade clássica e, provavelmente, também as dos povos ditos "bárbaros", estão baseadas no lazer, no *otium*. Os esforços necessários, evidentemente necessários, para a sobrevivência da espécie são fornecidos pelos escravos; mesmo as atividades que poderíamos julgar produtivas – a caça ou a guerra para os bens materiais, a prece ou o discurso para as satisfações espirituais – têm um aspecto essencialmente lúdico. É uma atitude digna de ser conhecida e louvada; é "nobre" no sentido original dessa palavra. Seu oposto será, portanto, *ignobilis*, inclusive a atividade de trocas entre os homens, contrária ao *otium*, o *negotium*, o comércio. Mas deixemos de lado os jogos de palavras. Há atitudes filosóficas em que a busca do prazer na ociosidade é a mola da vida social, e o hedonismo teve seus bardos; mas o progressivo recuo da escravidão, a ideia de que o trabalho pode em si mesmo conter uma recompensa, porque exige um esforço sofrido, mas salutar, abrem pouco a pouco a ideia do trabalho como via de resgate espiritual. É claro que a maldição bíblica no momento da queda indica, evidentemente, que trabalhar é uma punição, e Jesus dirá mais tarde a Marta, que se impacienta nos fornos, que é Maria, contemplativa e ociosa, quem escolheu a "melhor parte". Ele mesmo, no entanto, se diz filho de carpinteiro e recruta os apóstolos entre os artesões.

A ociosidade permanecerá, portanto, "santa", uma vez que apenas ela permite se consagrar a Deus; e a preguiça, pecado de resignação e de inércia, insulto aos humanos, não será confundida com a ociosidade, virtude que nos aproxima daquilo que no Oriente será chamado de *nirvana*. Mais uma fase nos primeiros séculos cristãos: o trabalho esgota; dedicar-se a ele com obstinação, como fazem os monges, significa quebrar o corpo e sufocar todo impulso malsão – *ora et labora*, "reza e trabalha", repetem as regras monásticas. Desde então o trabalho desliza da punição, mesmo voluntária, à santificação. Pois o trabalho oferece a liberdade: talvez, é verdade, os escravos sintam certa dificuldade em se persuadir disso; mas não lhes pedem que ouçam os pensadores. Portanto, desde os tempos carolíngios, o trabalho vai sendo considerado próprio da condição humana santificada; e até mesmo Deus trabalhou para construir o mundo. No século XIII, Jacques de Vitry dirá em pregação: "Quem não trabalha não come".

Não nos faltam fontes de todos os tipos para cercar esse trabalho: estatutos de ofícios, textos de organização, relatos e poemas, e também a iconografia, como a dos calendários, e a arqueologia para tudo o que se refere às ferramentas. Ao longo dos mil anos da Idade Média, é evidente a importância das nuanças cronológicas ou técnicas. Tentemos, no entanto, perceber algumas constantes. Mas antes um detalhe de vocabulário: a palavra "trabalho" não existe nos tempos medievais. O termo *tripalium*, de onde provém, é um tripé utilizado principalmente para escorar a garupa de um cavalo enquanto é ferrado. Que em seguida tenha sido utilizado para designar um instrumento de tortura esclarece brutalmente o aspecto doloroso e negativo do trabalho. Tanto os textos como as pessoas dizem então *labor, actio* ou *opus*, que significam "labuta", "ação" ou "obra"; e cada um desses termos implica indiscutivelmente um esforço. Decerto seu objetivo é produzir um objeto ou transmitir uma mensagem: um lavrador, um tecelão, um mercador, mas também um clérigo ou um guerreiro "trabalham", cada um segundo seu estado e suas ferramentas. Mas parece particularmente inútil, e como muitos pesquisadores de hoje se deixam levar por esta ideia, caracterizar com uma teoria ou com um sistema a natureza das relações de trabalho. Quer invoquem devotamente Adam Smith, Ricardo, Malthus, Marx ou Weber, os historiadores montam e desmontam mecanismos aos quais falta cruelmente a dimensão psicológica, aquela que me é importante neste momento. Pois esse trabalho é dominado por regras tácitas que falseiam qualquer descrição sociológica e que justificam, creio eu, a opção "naturalista" na qual me apoio, como certamente já devem ter observado. Vejo três dessas regras e, quando derem lugar às outras, poderemos dizer que a Idade Média "acabou", e que entramos nos Tempos "modernos".

A primeira é o oposto mesmo de nossas concepções econômicas. A noção de concorrência não existe: a Igreja vigia para que assim seja, pois só poderia ser a fonte de rivalidades, de inveja e de pecado. Quer sejam produtos alimentares ou destinados ao artesanato, os produtos da terra, do solo ou do gado, são os mesmos para todos, e o esforço que sua oferta exige ao comprador deve ser, portanto, igual para cada um. Não há "publicidade" que enganaria e denunciaria um espírito de lucro; não há *dumping* sobre os preços, o que causaria prejuízo ao trabalho do seu próximo. E se, na cidade, as barracas dos açougueiros ou as oficinas de tecelagem ocupam uma mesma rua (aliás, bem menos do que se repete), não é para justapor – portanto, sem razão –, os mesmos produtos e ao mesmo preço, mas porque a aprendizagem do ofício se faz "na prática" entre parentes ou companheiros de mesma origem. Renunciemos, no entanto, à ideia de uma espécie de idade de ouro: um se tornará rico com seu negócio quando o outro se arruinará; recepção, apresentação, habilidade farão a diferença, e não o espírito mais forte de lucro em um e uma abnegação quase filantrópica no outro. Ainda assim, se o ganho é uma preocupação de todos, como em todas as épocas, uma estrita regulamentação municipal tem o poder de punir qualquer contraventor: um lençol verificado no mercado por um agente público e considerado curto demais, longo demais ou leve demais em relação às regras fixadas será destruído publicamente, e o artesão desonesto ou desajeitado será multado; nesses tempos de penúria, até mesmo o pão demasiado pequeno ou escuro será jogado na água. Aos olhos dos economistas que começam a pulular no século XVI, este jugo regulamentar só podia ser visto como um estrangulamento da livre-empresa e, no longo prazo, do lucro como mola da economia. O que vem depois nos diz respeito.

A segunda regra não se afasta muito da primeira. O objetivo do trabalho é o "proveito comum", a "boa mercadoria". Espírito de caridade cristã sem dúvida, mas, ou mais ainda, preocupação com a ordem pública, sem a qual não se poderia alcançar ou manter esse objetivo. Após algumas vagas boas vontades carolíngias, são as cidades que tomam em mãos essa vigilância do trabalho no noroeste da Europa ou na Itália: vigilância das medidas, verificação dos preços sob as vistas de guardas armados, para evitar as violências; os príncipes se envolvem, mas não antes de 1250. Nesse momento, é verdade, afluem para cidade muitos rurais sem qualificação, que se misturam aos trabalhadores urbanos desempregados; os "frades menores", franciscanos, não tiveram muitas dificuldades para atiçar as revoltas – mas não é meu objetivo falar dos "pânicos", das sublevações, das greves reprimidas pela força. Estamos então nos séculos XIV e XV, e o mundo do trabalho organizado começa a sofrer.

Por fim, a terceira regra nos aproxima de nosso tempo; permite, no mais, retornar ao campo. O trabalho é fruto de um esforço e acarreta um resultado, mas nem sempre ambos têm a mesma proveniência: o guerreiro ganha a glória, mas ao preço de seu sangue; o clérigo será estimado por sua influência, mas terá de estudar por muito tempo; o artesão e o mercador poderão enriquecer, mas sujeitam-se aos riscos do acaso e da conjuntura. E o camponês? Sua salvação está assegurada se seguir as regras da piedade, do trabalho rotineiro e duro, mas pacífico e sem outro perigo que os caprichos da natureza. No mais, seus ganhos podem às vezes tirá-lo da mediocridade, mas não são jamais, ou quase nunca, ameaçados. Por isso, se têm o necessário, por que se animar de um espírito de empresa? Um pioneiro que procura se fixar em terra nova? Um ávido que quer arrancar dos monges alguns pedaços de um bosque que julga de bom retorno? É uma minoria, e até mesmo esses esforços só se concebem em um longo tempo. Aqui o espírito de iniciativa produtiva está desgastado, e a rotina do costume freia o progresso. Razão pela qual, após ter saudado o esforço agrário, entre os séculos X e XIII, o historiador se deixa monopolizar pela história da cidade; ali, pelo menos, o trabalho tem proeminência!

2.4.4 Mas que trabalho?

Os moralistas ou os filósofos dos séculos XII e XIII, mais ou menos convencidos de descrever em linhas gerais os "espelhos do mundo", conseguiram distinguir o objetivo do trabalho em função da "ordem", do relevo social e da eficiência. Mas não tentaram caracterizar sua ergonomia. Mas ela ilumina, definitivamente e mais do que qualquer outra consideração de sistema, a forma e o rendimento do esforço: trabalha-se gratuitamente, ou contra um salário, ou contra um depósito, ou ainda nada se faz esperando que o fruto caia da árvore.

Cada um desses grupos merece uma pausa. Para o primeiro, é a ideia da escravidão que logo vem ao espírito: gado humano recolhido nos campos de batalha ou no decorrer de razias selvagens, ele servirá a tudo. A história tradicional fecha pudicamente – ou covardemente, como se queira – os olhos à ignomínia da "civilização" greco-romana, à hipocrisia bizantina, ao cinismo muçulmano e à covardia da Igreja cristã do Ocidente que condena o comércio da carne humana, mas lhe recusa o acesso ao seu ministério, ao passo que fora ali, no entanto, que ela dera seus primeiros passos. Os ilustres carolíngios multiplicaram para além do Elba as incursões ignóbeis entre os eslavos, os "escravos" que darão seu nome aos rebanhos enviados até o Islã ou aos cristãos do Oriente; para apaziguar as consciências às vezes alertadas, pincelam com um batismo de ocasião essas hordas submissas cujo cuidado de conduzi-las logo era confiado aos judeus. Não nos demoremos, contudo, neste primeiro grupo, pois se reduziu a partir dos séculos VIII e IX devido à interrupção das grandes razias; aliás, muitos desses sub-homens obtiveram um pedaço de terra, outros um emprego doméstico fixo. Mas, sobretudo, a escravidão não é "rentável": velhos, mulheres grávidas, crianças de pouca idade são cargas inúteis; e há muito tempo renunciara-se à condenação à morte do escravo indócil ou doente. É preciso, pois, procurar em outra parte.

Não iremos invocar a esse respeito, como se faz constantemente, a servidão, "herdeira" da escravidão. É uma facilidade intelectual que se apoia nas coerções de natureza jurídica, e talvez mais ainda moral, que pesam sobre uma parte do campesinato. Há aí um campo fechado, repleto de ideias mortas, e interrogar-me sobre a proveniência desses homens alienados, "ligados" (é o sentido de *servi*) parece realmente distante de meu propósito. E, de resto, estou convencido, a despeito de afirmações que datam de Marx e de Bloch, que este estado nunca foi geral e que, aliás, rapidamente se degradou; acrescentarei que a natureza do trabalho do servo é idêntica à do camponês livre, com algumas obrigações pessoais semelhantes, mas que não estão no meu campo de visão. Deixemos, pois, aos juristas o cuidado de coligar essas apreciações formais: com o forcado na mão ou as ossadas misturadas no cemitério, esses trabalhadores, livres ou não, são idênticos.

Mas será na família que encontraremos trabalhadores não pagos. No grupo, principalmente camponês, artesanal se necessário, esposa, filhos, irmãos não são pagos senão pelo benefício global do grupo; cada um opera para o interesse coletivo, e apenas de acordo com sua idade e suas forças. Este último traço introduz, é verdade, uma espécie de divisão do trabalho, mas não é de origem e provém apenas da vontade de um pai ou do prestígio de um primogênito. Do mesmo modo, a recusa em ajudar o grupo dos parentes ou dos amigos em uma tarefa julgada indigna ou fastidiosa, como guardar porcos ou espalhar esterco, provocará quando muito os efeitos de uma bronca ou a "privação de sobremesa". Mas este é o tipo de trabalho camponês: não há outro horário que a luz do dia; outro descanso que o esgotamento na colheita ou na prensagem; outro lucro que os frutos de um trabalho bem-feito. E se um vizinho vier oferecer ajuda, esse trabalho voluntário não é senão um ato caridoso; a comunidade entrega a Deus a tarefa de agradecer o autor. É esta abertura à gratuidade que justifica, afinal, a fórmula que serve para tudo: na Idade Média, qualquer um faz qualquer trabalho.

No ponto de junção entre este primeiro tipo de trabalho e o seguinte encontraremos um terceiro que pouco a pouco está desaparecendo de nossas práticas: trabalhar sem remuneração estabelecida, ou dificilmente calculável, mas em troca de vantagens ligadas à atividade: presentes, responsabilidades que proporcionam um ganho aleatório, pequenos benefícios obtidos do esforço fornecido, às vezes mais pessoal, menos desinteressado. O leque é bem amplo: nele encontraremos o "ministerial", isto é, o agente dominial ou o contabilista, mas também o capelão e o guarda-costas, e, do aprendiz de vendedor ao cavaleiro da aldeia, todos aqueles que, sem horário e sem salário, vivem do que recebem de seu "ofício": uma parte das taxas cobradas, as esmolas ou oblações dos fiéis, o produto de uma eventual rapina ou de um pequeno roubo. É com certeza nesse pessoal "de serviço" que se recrutam os "amigos", os obrigados, todos aqueles que formam essa *familia*, essa *casa* de que falei mais acima, ligados – e, sobretudo, na cidade – a um mestre que lhes prodigaliza amizade e confiança.

Eis então o grupo que nos parece mais familiar: aqueles cuja labuta é paga. São tantas as suas facetas que mesmo uma rápida visão teria como resultado um quadro da economia medieval. Limitemo-nos, portanto, às características mais marcantes. Esses trabalhadores são pagos pelo que fazem em benefício daqueles que os empregam. No campo, serão os "jornaleiros", limitados às tarefas que não exigem nada além do seu vigor físico: braceiros, tarefeiros ou meeiros. Esta parcela de camponeses livres, mas pobres, não foi criada, mas encorajada por certas ordens religiosas como a dos cistercienses, pouco desejosas de abrir suas terras aos camponeses rendeiros, julgados demasiado exigentes ou demasiado indóceis. Mas estes últimos encontram-se em uma situação que não percebemos bem: ou exploram suas terras próprias, e isso os coloca entre os trabalhadores gratuitos de que acabo de falar; ou são terras alugadas, mas seus esforços, uma vez separado o necessário, terão como beneficiário um senhor, pois pelo "aluguel" de seu bem pagam *redevances* em espécie ou em dinheiro. Não citarei todas as páginas necessárias sobre censos, sobrecensos, *agrière* [taxa senhorial em espécie ou dinheiro cobrada sobre a colheita], *complant* [aluguel de uma terra para a exclusiva plantação de vinhas], meação ou *mezzadria*, arrendamento e tantos outros; e não pretendo também evocar os "serviços" de trabalho, aliás cada vez menos pesados ao longo dos séculos, que se adicionam ao aluguel: as corveias de lavoura, de vindima, de transporte em carroças ou de proteção. Todo este painel da literatura histórica atual fervilha de tantas variedades, regionais ou cronológicas, que eu não poderia abarcar e que abandono aos deleites da monografia local. Devem esses trabalhadores ser considerados como "assalariados"? Sim, pois se pagam também são pagos; mas por uma via que nos surpreenderia: são protegidos, são julgados, abrem-lhes espaços "comuns", espaços para seus cultivos de alimentos, para os grãos, o gado ou a madeira – tudo de que hoje, mas desde o século XIV, o Estado se apropriou.

Passando para a cidade, a coisa torna-se mais simples: se o aprendiz é pago em espécie para aprender, e se o salário do mestre de ofício não é fruto senão dos seus ganhos, os outros, em contrapartida, criados ou companheiros de uma oficina, mensageiros ou "rufiões" que procuram um emprego, são pagos ou desejam sê-lo. E, novamente, o leque dos detalhes: por tarefa ou por dia, com contrato ou com acordo verbal, em geral, mas nem sempre, inscritos em um "ofício" ou em um bairro ou em uma confraria. Estão submetidos aos horários anunciados pelo campanário da cidade, e são facilmente punidos se o trabalho estiver malfeito, ou trabalham à noite, "no negro", no quarto (são chamados "os *chambrelans*"), para fazer horas suplementares em detrimento dos outros: são os "amarelos" – a cor da vela que ilumina seu trabalho ilegal. Quando, apesar do "benefício comum", param o trabalho, brigam ou destroem o material de seus rivais, o resultado será a trama da história cotidiana da cidade: temores, "emoções", greve ou *"takehans"*, revoltas contra tudo – os preços, os salários, o desemprego, o poder que trapaceia, os ricos que "metem a mão", os camponeses imigrados que competem –, todo um "mundo do trabalho" cuja misérias não nos é difícil sondar.

E ainda há a parcela daqueles que não fazem nada, e nela não devemos incluir as duas primeiras "ordens" do esquema divino. É verdade que poderiam ser considerados ociosos; mas sua tarefa consiste em se consagrar aos outros, não em produzir bens. O clérigo prega e ensina para salvar ou guiar as almas; o guerreiro certamente combate pela glória e pelo butim, mas o brilho de sua mesa e de seus altos feitos honra os humildes mais do que os exaspera. Quanto aos monges, aos eremitas, aos reclusos, seu ócio é santo, pois os coloca em contato com o Espírito; cabendo aos fiéis se persuadirem de que é para o seu bem. No mais, ao lado desses santos homens e dessas santas mulheres, para os quais o tempo não se conta nem se paga, há os velhos para os quais o tempo, neste caso, não se conta nem se paga mais; sabem os parentescos, dão conselhos, arbitram ou julgam, sob o olmo da aldeia ou das arcadas da cidade. Na outra extremidade desse mundo variegado, encontraremos os "miseráveis" que nem sempre o são, os mendigos, os ladrões, os esfoladores, "chefões" ou simples bandidos dos bosques, dos quais de tempos em tempos um ou dois são enforcados para tranquilizar o bom povo. Afinal de contas, estes também trabalham, e completamente à custa dos outros.

Mas a este esboço ainda falta um painel, não menos importante, e que aos nossos olhos é essencial: Onde estão as mulheres? "Um homem em cada dois", como diz o humorista? Estão principalmente em casa, onde desempenham uma atividade e fornecem esforços, mesmo físicos, que valem ou ultrapassam os dos homens lá fora: o fogo e a alimentação, o forno e o moinho, a água do poço e a ajuda na colheita. Realizam tudo o que é considerado trabalho de mulher: fiar e costurar, trançar e tecer, depois de terem tosquiado e penteado. Mas essas tarefas repetitivas de que os homens nada entendem acabarão incutindo em seu espírito, e até nos nossos, a ideia de que, trancada em sua casa, a mulher "não trabalha". Este tipo de ficção voa em pedaços a partir do século XIII, e talvez até bem antes, quando se começa a ver mais claramente. Se no campo é bastante difícil separar os papéis dos dois sexos, por exemplo na gestão de um bem (Quem faz as contas? Quem recebe ou paga os censos?), pelo menos é evidente que a mulher, ao enviuvar, toma o lugar do esposo defunto, ao passo que o marido viúvo logo se casa novamente, e não apenas por apetência sexual. Mas na cidade, como atestará a feminização de tantos patrônimos de ofício, o lugar das mulheres se amplia no decorrer dos últimos séculos medievais. Elas reinam no trabalho do couro, do feltro e dos tecidos. É verdade que o tear exige mais força do que podem oferecer, assim como aparelhar as velas ou misturar a cerveja; mas são elas que escolhem, que contam, que vendem. A iconografia nos mostra mulheres mantendo lojas de armarinho e sapatarias, mas também açougues ou mercearias. Os estatutos dos ofícios as incluem entre os mestres de oficina, as operárias e as criadas. Será a paridade, assim como a exigem nossas contemporâneas e como a conheceram suas antepassadas? Provavelmente não, e por todas as razões que damos agora: o trabalho feminino, fora de casa, é fracionado pelos incômodos da gestação, limitado pela rudeza das ferramentas, marginalizado por um machismo medroso sobre o qual já disse algumas palavras. Sabemos muito pouco sobre as desigualdades de salários, prováveis mas ocultadas pelos textos teóricos. E não há "corporação" feminina, só um vago direito de vigilância nos "ofícios" dos homens. Em casa a mulher é realmente a dona; fora dela, sem ser criada nem auxiliar, permanece sob o controle masculino.

2.4.5 E as ferramentas?

Os historiadores que observam as categorias mais eminentes do mundo do trabalho não têm muita dificuldade para descrever suas ferramentas. O escritor passou pelas escolas, depois pela universidade; ensinaram-lhe a segurar a pena, a construir um sermão ou a sustentar uma *disputatio*. Memória, talento, psicologia são inatos ou alimentados pelos jogos do espírito. O homem de guerra foi treinado a montar e a conduzir um cavalo, a manejar as armas pesadas e perigosas, a se esquivar e a espreitar. Não precisa de escola ou de ciência, bastam coragem, olhar arguto e resistência física. Todos os outros, no entanto, tiveram de aprender.

Aprender primeiro a sustentar um esforço mais físico do que nervoso; na realidade, é grande nossa ignorância sobre os exercícios esportivos e o preparo muscular necessários para manter a resistência exigida pelas tarefas cuja carga nos é atualmente poupada e aliviada pela máquina. Mencionei mais acima que esses homens e essas mulheres nunca se sentem "cansados", ou pelo menos disso não se lamentam. No entanto, quantos exemplos, ao menos literários, de esforços excepcionais: peregrinos a pé ou soldados em campanha andando por dez horas seguidas, cavaleiros em sela durante vinte léguas, extratores de pedra arrastando blocos de uma tonelada, sitiados aguentando dois meses e contentando-se com água impura! E ninguém se maravilha de o Imperador Barba Roxa se banhar, com mais de oitenta anos, em um rio gelado (é verdade que acabou morrendo!), de Filipe, Duque de Borgonha, fora de si, perambular na floresta por três dias sem comer, de Roland desferir sobre o elmo de um infiel um tal golpe de espada que parte seu inimigo ao meio e de serem necessários vários homens para arrancar do chão Durandal que ali se havia plantado, ou de este ou aquele derrubar um touro com um soco, saltar precipícios, desenraizar um carvalho, ou mesmo – e é uma mulher! – desmantelar uma muralha. Ao lado dessas experiências fantásticas, em que a imaginação certamente tem sua parte, os esportes que conhecemos hoje, jogos com bola ou de destreza, exercícios de equitação ou danças rítmicas, não parecem treinamentos, mas meros divertimentos.

Terão, portanto, de aprender pela imitação, pela observação e, como já disse, estas são exercitadas desde a infância. E como um eco da primeira infância o velho artesão que acolhe os noviços no ofício será chamado de "mãe". Pois, ao exemplo oferecido, adicionam-se receitas, técnicas, ditados que balizam os primeiros passos do trabalhador, naturalmente, mas também do jovem camponês. É então – como acreditam os historiadores da técnica – que se agitam os fantasmas de Varron, de Végèce, de Columelle, de Vitrúvio, todos esses "gênios" cujas lições são doutamente comentadas pelos clérigos (que nem sempre leram suas obras), mas cujos nomes os homens no trabalho nunca ouviram falar. Claro que os dez séculos medievais conheceram progressos do equipamento em todos os setores, mas considero que foi o fruto de uma observação prática e não de um ensino; pouco importa, portanto, que encontremos a origem desses progressos na Grécia, no Irã, na China, nos eslavos ou nos celtas.

Em um primeiro momento as características das ferramentas se manterão estáveis, para tristeza do arqueólogo que contava com elas para as datações: a foice, o mangual, a enxada, a roca, a balança e o forcado adaptam-se às mãos e aos gestos do homem como a ferradura ao casco do cavalo. Enquanto for o homem a usar a ferramenta, por que mudá-la? Como datá-la, então? Muitas "invenções" medievais são apenas o resultado de uma boa observação das realidades constantes: esmagar a uva na cuba ou bater continuamente o ferro depois de incandescê-lo é o movimento alternativo das coxas e dos braços, que é a alma da verruma e da árvore de cames; atrelar o cavalo à altura dos ombros ou equipar a sela com um arção e estribos é o remédio evidente diante de um animal estrangulado pelo garrote, ou diante do guerreiro derrubado da montaria no momento de atacar. Quanto à famosa charrua de relha e aiveca, triunfo da agricultura medieval, é a resposta natural dada a um solo rico e denso, que primeiro precisava ser rasgado, penetrado pela relha e depois jogado para o lado para não tombar no "sulco". Os "antigos" não teriam visto ou sabido disso? Talvez, mas por quê? Deixemos de lado mais esta disputa de padres.

Que não me entendam mal. Como poderia negar os progressos da qualidade, da eficácia e do volume do trabalho quando todos eles se acumularam entre os séculos XI e XIV? Seria um simples absurdo, e estou convencido de que o "salto adiante" econômico, e consequentemente social, que veio tanto da charrua como do moinho de bater, do tear de pedal como dos ventiladores de mina, dos barcos de costado trincado como da ferradura do cavalo; mas quero apenas relacionar essas "novidades" à mão e à experiência pessoais do camponês e do artesão, e também do clérigo e do guerreiro, embora não invoque tanto estes últimos. Para isso, tenho um bom guia: a própria Igreja. O progresso não lhe parece um ideal, teme a busca do lucro que compromete a salvação; condena as iniciativas sem suporte escriturário; desconfia do individualismo de um audacioso que rompe o espírito de coletividade. Posição bem difícil de manter no momento em que o mundo cristão é impelido pelo avanço do dinheiro, pela multiplicação das trocas e pelo aumento das necessidades. No século XII, a Igreja encarrega os cistercienses de oferecer um modelo rural de economia racional e, em princípio, desinteressada. No século XIII, permite que os irmãos pregadores multipliquem na cidade os códigos de boa conduta econômica. No século XIV, chega sua vez de ser levada pela corrente.

Uma última observação para afinar nossa visão. Todos meus propósitos tendem a não apartar excessivamente nosso tempo dos séculos medievais. Devo, no entanto, fornecer uma correção, digamos "focal". Todos esses trabalhos ou tipos de trabalho que mencionei por alto não estão em um plano idêntico aos nossos: quero dizer que a repartição dos espaços de atividade desses séculos não está no mesmo nível. Uma repartição dos tipos de trabalhos nesses tempos, e principalmente na cidade (mas, hoje, a maioria de nós não está "na cidade") é uma ocasião de surpresas: por meio de muitas de nossas fontes, por exemplo poemas ou "ditos" do século XIII, como os "dits de Paris", descobriríamos que as atividades que envolvem a alimentação representam até metade dos ofícios reconhecidos, e que as diretamente relacionadas às matérias-primas, metais ou têxteis, representam um pequeno terço; restam apenas 10 ou 15% de espaço para as atividades intelectuais e uma franja ínfima para os "serviços", o que nós chamamos de "setor terciário". Devo então observar que essas proporções são absolutamente diferentes hoje, quase o inverso? Esta constatação é uma banalidade? Certamente, mas não negligenciemos estes esclarecimentos.

Chegou a hora de deixar o homem e a mulher adultos, os parentes e os vizinhos, os ativos e os que não o são; mas também a casa e a oficina, o tempo que veem passar e a mesa onde comem. Pouco a pouco a vida neles se apaga. Eis o tempo em que a morte se aproxima.

2.5 Fim de vida

O homem não esperou Santo Agostinho para saber que deverá morrer, mas que não sabe a hora. A morte é o principal personagem da aventura humana. E já seduz os espíritos bem antes que o Ocidente se diga cristão; é senhora das relações de família; pesa na economia; comanda toda meditação. A crença no além, no mundo ocidental e fora dele, faz dela a base do medo e o limiar da esperança, o fim do corpo e de suas misérias, o início do tempo em que as almas serão pesadas. Como não se pode evitar sua sentença, é preciso "domesticá-la", torná-la acessível, admiti-la como um início, afinal, desejável, limitar, portanto, a força dos entraves vulgares que nos prendem a este mundo. É um esforço difícil. A sociedade greco-romana, a única dos tempos antigos que conhecemos um pouco mais sobre este assunto, não foi muito bem-sucedida a esse respeito: exila os mortos longe da cidade, em necrópoles isoladas ou espalhadas ao longo das estradas. O retorno dos vivos ao meio dos mortos, ou o contrário, marca com certeza uma ruptura mental de primeira ordem. Invocar, para lhe responder, o aumento dos massacres ou as horríveis epidemias certamente não é o bastante. O que acabou triunfando foi a progressiva pregnância da ideia de imortalidade da alma: a morte é um início, um rito de passagem que se há de preparar com fé, quase com alegria, para libertar a alma, ir ao encontro desses modelos que são os ancestrais, aceder à verdadeira luz. O que não exclui nem o temor da dor nem o drama da separação; esses medos não deixarão de crescer mesmo quando, depois do século XII, a vida neste mundo se tornará, ao menos para muitos, mais suave e mais amável. Quando os excessos humanos ou os furores da natureza atingirem uma dimensão extrema, logo após meados do século XIV, a morte tornar-se-á novamente medonha e repugnante, um dos três cavaleiros do Apocalipse, e isso por um longo tempo.

Imprevisível, por certo, mas quase todos os homens veem sua margem se aproximar.

2.5.1 Os velhos

Toda sociedade, como dizem, "tem os velhos que merece", ou que ela se oferece. E, ao longo de mil anos, os tempos medievais viram se suceder, a esse respeito, muitas "sociedades de velhos". Não temos a capacidade de apreciar a participação dos homens e das mulheres de uma "idade avançada" de então; primeiro e evidentemente por falta de fontes escritas, mas também porque a própria noção de idade varia em sua acepção e em seus efeitos. Não é o que vemos ainda hoje? "Não aparentar a idade que tem" ou "morrer antes da hora" é uma questão de costume calendário ou, no pior dos casos, de vigor coronário, mas "pensar como um velho", "parecer velho" na boca de alguém mais jovem é menos amável e não diz mais respeito à "idade", mas ao comportamento. São apenas banalidades, mas revelam um julgamento: a velhice ou é respeitável ou é ridícula; reside muito mais na atitude do que nas artérias. Durante a época medieval, esta segunda maneira de ver é mais rara ou, pelo menos, deixou menos traços na expressão literária. A primeira é dominante e merece uma pausa.

Se a esperança de vida, como dizem os demógrafos que se limitam a contar (90 anos + 10 = 100 divididos por dois, portanto uma "esperança" de 50 anos!), variou de acordo com o nível de vida de cada século, podemos estimar que nos tempos medievais nunca ultrapassou sessenta ou sessenta e cinco anos; falei sobre isso mais acima. Para além, se é apenas um sobrevivente – mas não um inútil: possuímos raros vestígios de efetivos militares; e neles encontramos, para o início do século XIV, mais de 10% de homens de guerra sexagenários.

É um erro, já denunciado com o apoio de vários exemplos, acreditar que no mundo medieval a morte é geralmente precoce. É sensato, naturalmente, contrapor tipos de atividade, gêneros de vida e também os sexos, mas a linha de chegada está bem além do que a historiografia tradicional ensina. Todos esses "velhos" formam, portanto, uma "faixa etária" que, em seu conjunto, é temida e respeitada. Nem sempre, é claro, como testemunham muitos *fabliaux*: Quem não conhece o *manto dividido*, essa metade de um manto jogada sobre os ombros de um velho pai e avô enclausurado sob a cumeeira? Mas esses velhos são, pela oralidade, as testemunhas do que já passou, por isso pedem-lhes uma arbitragem. Informam então ao inquiridor a idade aproximada que acreditam ter: setenta, oitenta, muito raramente mais, o que reforça a verossimilhança. Depositários da lembrança, pelo menos familiar, eventualmente política, são o elo indispensável entre este e o outro mundo; pedem-lhes para narrar, à beira da lareira, as lembranças guardadas. Em uma sociedade em que pouco ou nada se escreve, são os servidores do tempo.

A partir da alta Idade Média eles são mais protegidos, como nas tarifas de reparação, por serem testemunhas privilegiadas do que avós. Disse mais acima que nesses séculos não se vê esses "velhos" se interporem entre gerações, como fazem hoje. Nas biografias mais ou menos romanceadas dos homens ilustres, a figura do avô é bastante passiva, sem outra ação que servir de exemplo a seguir ou de recriminação muda. Contudo, nos tempos terminais da Idade Média modificou-se a maneira de olhar a "idade avançada". Ela deixou de desfrutar da reverência universal. O que hoje seria chamado de um avanço de "jovenismo" – que atualmente nos afeta – valorizou tudo o que é jovem e novo: depois de 1350 ou 1400, todos os heróis da literatura são jovens e belos, como as "estrelas" do jogo político ou os capitães de guerra. Joana d'Arc, reis, delfins, duques, guerreiros incensados pela juventude e seguidos pela multidão, todos têm menos de trinta anos. Eis o que alimentou a ideia de um rejuvenescimento geral de todo o pessoal administrativo da época, o que é um erro, pois prelados, magistrados, dignitários da corte são sempre pessoas de certa idade; mas a moda, mesmo a do vestuário, do penteado, da fala, procura glorificar a juventude da aparência ou do comportamento. E, como hoje, em nossa sede de parecer "jovem", certamente se percebe um receio da morte bem mais forte que é exacerbado pelos flagelos do tempo: não depositam uma confiança absoluta – ainda não – nos cremes e na cirurgia do rosto, mas creem na fonte da juventude.

Mas o homem velho sente a aproximação do fim. Mesmo que seu organismo não lhe tenha dado uma advertência implacável, ele consulta os adivinhos, sonda a necromancia, ou até a astrologia, se for rico como Luís XI. Interpreta os sonhos; se souber ler, impregna-se de pensamentos consoladores tirados das boas leituras como as vidas de santos ou de heróis. No mundo literário, é a idade das *artes moriendi*, dos "manuais da morte"; e os pregadores, liderados pelos dominicanos, multiplicam as garantias: o homem não é nada, a graça é tudo. Nas paredes das igrejas do século XV, a dança macabra mistura todos os mortos; e não é reconfortante saber que todos serão arrastados para o juízo final? Ademais, não é a morte o início de uma "quarta idade", aquela que se abre para a eternidade? Os platônicos, e depois Agostinho, já disseram: não é mais do que uma "passagem".

Uma "passagem"? Mas como assusta, e o cristão, resignado ou não, vive uma "religião do medo". O medo de ter pecado demais e ter então arruinado suas chances de salvação. Pois a ideia de recomeçar a viver logo em seguida, que assegura a serenidade do budista, foi rejeitada pelo dogma cristão a partir dos concílios do século V. Tudo já está decidido e é inútil lutar contra a morte: sua vitória é certa. Mesmo os pensadores que desejam que o homem combata o inevitável, como Avicena no Irã e até, por um tempo, Bacon no Ocidente, só dispõem de armas insignificantes, uma miserável farmacopeia de plantas e de unguentos. Cercado por toda a *família*, pelo menos nos primeiros séculos medievais, o moribundo encontrar-se-á, no entanto, sozinho quando o fim se tornar "hediondo".

Como nada é pior do que a "má morte", aquela que não se soube prever ou organizar a tempo, será preciso tomar todas as precauções necessárias caso se queira fazer parte do pequeno, do pequeníssimo grupo dos eleitos. Primeiro, limpar sua alma, tanto mais suja quanto mais alto o lugar ocupado na sociedade dos homens. Confissões loquazes, às vezes públicas, para resgatar crimes ou pequenas vilanias. Nesse momento, o moribundo está diante do juiz: nada ocultará e não poupará ninguém; espezinhará os interesses ou mesmo a honra dos seus. Triste perspectiva para os que o cercam, assim desmascarados e humilhados. Ainda mais porque só os ministros de Deus podem abrir as portas do céu, e esse serviço deve ser pago; mediante a garantia de ser recebido monge *in extremis vitae* antes de morrer, ou de ter a permissão de repousar *ad sanctos* entre os religiosos ou no próprio santuário, pode-se esperar no além o suporte das preces religiosas – principalmente as dos monges, consideradas mais eficazes do que as dos cônegos, pretensamente mais ocupados. Mas, para ganhá-las, é preciso dar um bosque, uma vinha, o uso de uma área de caça; e os homens de Deus estão bastante a par dos interesses da Igreja para se precipitarem até a casa do moribundo, cuja agonia se aproxima. A alma estará tanto mais assegurada de um descanso eterno quanto mais *obits*, missas de aniversário da morte, forem organizados. Como até neste caso a vanidade se agarra à lembrança que o moribundo espera, essas "rendas de morte" representam um peso e um preço esmagadores para os que ficam – o suficiente para arruinar uma família, mas maravilhar o mundo: por volta de 1450, o *captal* de Buch, capitão distinto, mas de alma muito sombria, encomendou então duas vezes mais missas do que cem anos mais tarde prescreverá o muito piedoso rei de Espanha Filipe II. Ao menos esses exageros funerários deram origem a um tipo de documentos muito interessantes: obituários ou necrológios cuja atualização é cuidadosamente mantida nos conventos na forma de calendários das missas de aniversário, ou "rolos dos mortos", que circulam de mosteiro em mosteiro, para que os nomes dos defuntos sejam acrescentados. Ao historiador fornecem uma exuberante fonte de dados familiares.

A família, geralmente consternada pelas insensatas doações de um moribundo atormentado pelo medo, pode tentar exercer um direito de "recuo" em nome da linhagem despojada. Algo difícil, ante uma Igreja virtuosamente moldada na ideia da salvação da alma; um pouco mais fácil se o moribundo deixou um testamento. Não posso me deter na história do testamento, que com pesadas considerações jurídicas acabaria dando uma coloração estranha ao meu relato. Direi apenas que a prática testamentária, solidamente enraizada no sul da Europa desde os tempos romanos e da alta Idade Média, estendeu-se pouco a pouco para mais ao norte, particularmente no século XII, e depois para além, quando os costumes de divisão da herança, mais ou menos mantidos sob controle pelos processos linhageiros em relação aos caçulas ou às filhas já dotadas, cederam sob a pressão demográfica e a evolução familiar. O testamento apareceu então como o único caminho que permite satisfazer as vontades e, por vezes, os caprichos, do moribundo. Com ele, o notariado conseguiu, é evidente, uma parte bastante notável de sua utilidade.

Mas o testamento já fora redigido, as doações piedosas prometidas, a Extrema-unção administrada, a vigília de penitência iniciada. Tudo está pronto, até o medo. Eis a morte.

2.5.2 A "passagem"

Esse é o momento em que apenas alguns detalhes distinguirão o rico e o poderoso dos homens aos quais me dediquei até aqui; mas todos estão nus quando ultrapassam o limiar. A morte, em todos os séculos como em todos os lugares, é uma aventura individual. O momento em que o espírito abandona o corpo, e que a arte medieval expressa de maneira tão vigorosa por uma pequena forma nua que sai da boca do defunto, pode, certamente, desencadear os choros da família – por vezes, só das mulheres. Ainda que esse mundo conviva constantemente com ela, a morte parece provocar surpresa e dor, tragicamente acompanhadas dos gemidos do moribundo. E é isso que obscurece a ideia da morte que a Igreja se esforça para passar. Para ela, o ideal é o morto em seu leito, tranquilamente cercado por seus familiares emocionados, e pronunciando algumas palavras bem-escolhidas. E a iconografia se apoderará dessa imagem, praticamente até nossos dias. A realidade é, evidentemente, outra: em vez de uma morte edificante e serena, tal como narrada por seus biógrafos que, no entanto, se dizem "testemunhas oculares", o santo Rei Luís, sofrendo de disenteria em Túnis, muito provavelmente deve ter se contorcido de dores intestinais acompanhadas de vômitos e de diarreias.

Rude ou tranquila, a morte está, no entanto, cercada de todo um ambiente costumeiro. É uma passagem, uma mutação, um rito institucional da vida social, mesmo que o moribundo não esteja mais em condições de participar dele lucidamente: a família e até a aldeia estão ali, na ou ao lado da casa mortuária, em uma espécie de ostentação teatral; um ministro de Deus salmodia invocações à boa morte, ao perdão dos pecados, à salvação eterna, ao Cristo sofredor, com o intuito de ajudar o moribundo, caso este ainda consiga ouvi-lo. O objetivo de todos esses ritos de acompanhamento é, na verdade, unir e consolidar a comunidade dos vivos, muito mais do que acompanhar para além da vida aquele que a deixa.

Eis uma "boa morte", bem como deve ser. Infelizmente há outras. Deixemos de lado os casos dos recém-nascidos que não receberam o batismo: já falei deles mais acima. No limbo onde descansam, mediante as preces que lhes são recitadas nas capelas ou nos santuários de "remissão", aguardam um juízo final que não poderá condená-los. As crianças abortadas pouco antes do nascimento, ou as consideradas mortas ao raiar do dia, podem ter sido previamente batizadas ou só ungidas, e como é possível que um leigo administre esse pseudossacramento, até mesmo um criminoso, evita-se assim o mal eterno.

Quanto aos condenados, a maioria já confessou e se arrependeu de seus erros e a Igreja os deixa partir para o cadafalso, com a consciência em princípio em paz. Mas duas outras "más mortes" bem poderiam congestionar os acessos do inferno. Primeiro, aqueles que uma morte brutal ou inesperada privou de todas as precauções de que acabo de falar: o guerreiro morto no combate ou o homem assassinado. O primeiro certamente escapará, porque antes da batalha, muitas vezes abençoada pelos padres, confessou e recebeu a hóstia, ou então trucidou alguns infiéis, o que lhe vale o perdão. Caso contrário, ainda há a esperança de um bom remorso diante de testemunhas, ou simplesmente de um enterro piedoso, para amenizar o juízo. O homem abatido em um trecho de um bosque e sem o recurso a uma última prece encontra-se, evidentemente, mais ameaçado: seu julgamento, portanto, será feito a partir de "sua ficha", a família, os vizinhos, o confessor; na pior das hipóteses aguardará algum tempo no purgatório para suavizar um pouco a cólera do Criador. Afinal, é uma suposta vítima inocente e seu enterro será feito em terra santa.

Mas há um limiar que a Igreja se recusa a ultrapassar: o suicídio. Esse fenômeno de sociedade – há alguns séculos "desesperados" – sempre se chocou contra a base do dogma cristão: ninguém tem o direito de tirar o dom da vida que Deus deu às suas criaturas. Outras culturas ou outras crenças se desobrigam dele com muito mais facilidade: por desafio ao mundo ou por desgosto, a Antiguidade, e não só a greco-romana, fez largo uso desse recurso. A religião judaica encontrou-lhe algumas explicações como, por exemplo, o sacrifício piedoso, de que o Islã tem fornecido, em nossos tempos, incessantes e sangrentos exemplos. Mas a fé cristã fundou tanto seu sucesso na esperança de um além radiante a ser ganho por seus esforços feitos neste mundo que o fato de se livrar deles de uma vez por todas é julgado inconcebível e criminoso. Por isso tais condutas muitas vezes nos parecem dissimuladas; aliás, não observamos ao longo desses mil anos nenhum suicídio em todo o leque dos homens e das mulheres ilustres cujo fim podemos conhecer. Então, só os pobres o cometiam porque teriam, com efeito, muitos motivos para se desesperar? O suicídio é sempre uma conduta de fracasso; e também é sempre um desgosto de si mesmo, mais do que um ataque ao Criador. Esta "pirueta", como já se disse cruelmente, é mais um gesto de escárnio endereçado aos sobreviventes do que uma saudação à morte. Por mais que se possa tentar uma abordagem acrônica, quatro quintos dos suicidas são homens – e, nos tempos medievais, três em cada cinco por enforcamento, e um em cada quatro por afogamento. Como vemos ainda hoje, a família geralmente se recusa a reconhecer esta última vontade, e fala de doença ou de acidente. A Igreja talvez se enganasse quanto a isso; mas quando o ato era patente, o culpado era julgado criminoso e seu corpo arrastado pelo chão e publicamente enforcado.

Mesmo reduzido a esse breve esquema, o suicídio é algo evidente. Mas quantos guerreiros não avançaram para o centro de uma ação com o único propósito de ali perecer, mas com glória e honra? Quantos reclusos, eremitas e, talvez, também prisioneiros não se deixaram morrer de fome em suas celas? Quantos cátaros não aceitaram a *endura*, essa morte voluntária por inanição? Todo esse campo obscuro que Platão admitia, mas que revoltava Aristóteles, essa *desesperatio* não era assimilada à simples loucura por toda essa brava gente a quem se prometera a felicidade, mas para muito mais tarde?

2.5.3 Depois da morte

O cortejo fúnebre só se formará depois de o corpo ter sido lavado; não há embalsamento, a não ser bem rudimentar, que a arqueologia rapidamente revelou. Alguns mártires, reais ou supostos, alguns grandes príncipes foram talvez untados ou mesmo preenchidos, depois da retirada das vísceras, com bálsamos, óleos e produtos narcóticos e, se necessário, amarrados com faixas bem apertadas; mas o Ocidente não utilizou ou não descobriu as práticas do Egito: com exceção de alguns corpos ressecados e em estado miserável, nada restou, e o processo verbal feito em 1793 durante a abertura dos túmulos reais em Saint-Denis é pavoroso. O corpo é enterrado envolvido em uma mortalha; o rico às vezes com um belo traje, o pobre apenas com um lençol; mas quase nunca nu. Como o caixão de madeira, evidentemente perecível, para desgosto dos arqueólogos, não serve para nada, o corpo será então depositado sobre o solo, diretamente na terra, ou dentro de uma cuba de pedra, às vezes protegida por algumas telhas destinadas muito mais a proteger os restos humanos dos carnívoros do que dos profanadores. As sepulturas são um dos campos preferidos dos escavadores, pois nelas encontram as práticas, os momentos e o círculo familiar do morto. Não poderia falar muito sobre eles, limito-me então a alguns pontos de referência. A cremação, já discutida antes do triunfo cristão, praticamente desapareceu – salvo para os condenados à fogueira, cujas cinzas são espalhadas. O morto é, portanto, inumado. Até o século VIII ou o IX, seus restos vão acompanhados de objetos, oferendas funerárias, armamento se necessário, pequenos móveis da vida privada, adornos e moedas; mas esses usos, indiscutivelmente pagãos, desapareceram com as reformas gregorianas, digamos por volta do fim do século IX. Diante do Juiz, o morto deve estar nu em seu lençol, em seu sarcófago, em seu relicário, caso se trate dos fragmentos de um santo personagem. Mas, como diz o moralista, "o mundo é mais feito de mortos do que de vivos": O que fazer então quando falta espaço? Reutilizar a sepultura misturando os corpos, o pesadelo do arqueólogo? Abrir fossas comuns onde reunir as ossadas, para escândalo do que resta da família do defunto? E quando há uma epidemia, como no caso da peste do século XIV? Queimar os mortos a pretexto de medida sanitária enquanto a Igreja finge que não vê? O desejo das pessoas bem-nascidas, que esperam ser enterradas ao lado ou no meio dos monges, é naturalmente o de não serem esquecidas: suas lápides ainda são visíveis, a menos que lhes tenham erguido um túmulo onde figuram como belas estátuas jacentes; e é indiscutível a beleza dessa arquitetura funerária observada em Saint-Denis, em Fontevraud ou em Champmol. Os mais modestos se contentarão com um epitáfio, e até mesmo com seu nome desenhado em um ladrilho, atrás de um pilar anônimo, como Pascal em Saint-Étienne-du--Mont em Paris, ou como Bernini em Santa-Maria-Maggiore em Roma.

Mesmo para um defunto modesto, o cortejo fúnebre deve ter um aspecto solene, pois estão conduzindo um homem até Deus. Se for um rei, a cerimônia apresenta uma dimensão política. Pelo menos a partir do século X, a Igreja tentou instituir um *ordo*, um *usus* para todos os casos: carpideiras à moda antiga e sequências de cânticos e bênçãos; pouca coisa sabemos, no entanto, sobre a própria ordenação do rito eclesial. Ao chegar ao lugar do enterro, o corpo é depositado na terra; é então que na presença dos parentes e dos homens da Igreja enumeram-se as últimas doações do defunto, com o risco – comprovado, no mais, por nossas fontes – de uma explosão de fúria dos herdeiros que se sentem espoliados. Com exceção do *ad sanctos*, o lugar de inumação é o *atrium*, o adro, espaço público, mas sagrado, núcleo intocável da comunidade dos sobreviventes. Esses adros desempenharam nos tempos medievais um papel que nos é difícil imaginar. É, com efeito, um espaço (que pode ter mais de um hectare!) de asilo e de paz. Ninguém, nem mesmo o senhor do lugar, tem a permissão de entrar a cavalo ou armado; nenhum fugitivo ou banido poderá ser capturado nesse espaço; é nele que se reúne a assembleia dos aldeões, ou das pessoas do bairro para tomar decisões consideradas de interesse comum como a data das vindimas ou a necessidade de pegar em armas; ali se encontrarão os jovens casados, as mulheres nas *relevailles*, mas também, sem que isso constitua uma blasfêmia, ocorrerá a Feira de Porcos ou a Festa da Colheita. A Igreja geralmente torce o nariz, mas o cemitério faz parte de sua *dos*, de seus bens pessoais, e é dessa forma que passará melhor sua mensagem. A governança dos mortos, cuja função lhe pertence, vai reagrupar todos aqueles que vivem da morte dos outros: carpideiras, coveiros, pedreiros, guardas ou acompanhantes dos ritos funerários; sem falar, é claro, de todo o corpo eclesial ligado ao culto dos defuntos.

Pois os defuntos precisam de um culto. Primeiro, porque estão doravante em contato com o mundo dos ancestrais e porque podem, portanto, interceder pelos sobreviventes apreensivos. É preciso começar um "trabalho de luto", como se diz hoje, um período em que é muito mais necessário aclimatar o morto do que apaziguar os vivos. Deve-se, pois, honrar a memória do ou dos defuntos, o que será feito nesses *libri memorialies* das linhagens nobres, tão preciosos para o historiador das famílias; zelar pelo bom andamento dos *obits*, de que falei mais acima; se a posição for suficientemente elevada para tal, elaborar genealogias senhoriais ou mesmo reais, onde cada ancestral encontrará seu lugar, exato ou sonhado, e que tanto encantam os pesquisadores. Como são consideradas as mais próximas do Aqui, são as mulheres que se encarregam dessas marcas de deferência e de lembrança. Devem aliviar a alma dos defuntos, mas sobretudo fortalecer a unidade familiar. Até o morto mais humilde terá direito às danças, às festas, às preces do "dia dos mortos", depois de "todos os santos" terem sido rogados e venerados; e dessa forma esses mortos estão bem presentes entre os seus. Pode-se, naturalmente – mas é assunto de ricos, e algo posterior ao século XIV –, pagar algum capelão para assegurar um serviço em uma "capela" familiar consagrada à lembrança de uma linhagem ou, no mais, de uma corporação. Essas capelas foram pouco a pouco se instalando entre os arcobotantes das igrejas góticas, separadas da nave central por grades que protegem de toda impureza o cenotáfio dos ancestrais, alguns túmulos e tornam inacessíveis aos turistas as obras de arte encomendadas pelos membros da família.

Reconfortado pela lembrança ou rapidamente esquecido, o morto mergulha no além; onde o encontraremos mais adiante. E para os que ficam, pode ser considerado realmente morto? A Igreja é formal: a separação da alma e do corpo é absoluta; apenas o juízo final poderá reuni-los. Existe aí um problema de consciência que nos surpreende por não ter semeado uma inquietação no espírito ou até na própria alma das pessoas humildes. Serão elas verdadeiramente "julgadas" com base em uma única tentativa? Um tudo ou nada?

A reencarnação não seria então concebível, mesmo na forma de um animal? Mencionei mais acima qual havia sido a posição da Igreja cristã: não há saída de socorro. Foi somente por volta do fim do século XII que se conscientizou do terrível dilema em que colocara seus fiéis: tudo ou nada. Endossará, portanto – mas com que lentidão! –, a ideia salvadora de uma terceira via: a do purgatório. Os fiéis têm o espírito mais simples: a morte talvez não seja completa, ou pelo menos não imediata. Guardam pedaços de unhas, um pouco de sangue; não seria este um modo de prolongar um pouco da vida? Ademais, a barba não continua a crescer no rosto do morto? Enraíza-se assim a ideia de que, mesmo indiscutível, a morte não é completa. Os "mensageiros das almas", os médiuns dotados de uma sobre-excitação espiritual, poderão, portanto, evocar os defuntos, principalmente para incitá-los à penitência e avivar os arrependimentos. É claro que a Igreja condena essas evocações que qualifica de necromancia, quase feitiçaria, e que persegue como tais.

Embora a evocação dos mortos não suscite reais adeptos, o homem comum, por sua vez, contenta-se com um contato físico com o além por meio dos objetos que tenham pertencido ao vivo, e mais ainda dos seus restos, as *reliquia*, de um santo personagem, de um bispo ou de um abade locais, e de Jesus naturalmente. A reverência, a própria veneração dedicada às relíquias é, certamente, um fenômeno de espiritualidade; mas, por seus efeitos materiais nos lugares de devoção, lucros e vias de acesso, excede em grande medida o simples respeito pelos mortos – esta questão vale ser retomada. Se não existem restos apresentados como "autênticos" de um santo ou mesmo de um glorioso personagem cujo auxílio se espera, haverá ao menos a satisfação de tocar seu caixão ou seu túmulo. Depois do século XIV, a dramatização da morte abriu o caminho às exibições aterradoras de jacentes nus, representados em decomposição sobre a laje funerária.

Se não se pode tocar, pode-se ao menos ver – ou, de todo modo, imaginar. A interpretação dos sonhos e mesmo a aparição dos defuntos ocupam um importante lugar na literatura moralizante. E elas beneficiam principalmente as crianças; ouvem, veem os avós, relatam o que eles dizem: são os *miracula*, visões piedosas que devem provocar uma atitude de temor e de devoção; ou os *mirabilia*, historietas surpreendentes ou premonições dignas quando menos de curiosidade no círculo da criança. Entre os escandinavos, este vínculo entre a morte e a criança é até uma mola essencial das sagas.

O caso dos fantasmas é algo diferente. Sua aparição remete, evidentemente, ao sobrenatural; mas corresponde, no espírito de quem os vê ou crê ver, à sensação de que esse só pode ser um caso familiar a ser regrado entre si: na maioria das vezes, diz respeito a um morto "anormal", enterrado sem rito e sem preces, ou mesmo de um suicida ou de um não batizado. O fantasma se manifesta à noite, fora da casa, a apenas alguns, àqueles que já tiveram alguma relação com os defuntos. Mas a consciência desse fato tem mais a ver com o remorso do que com um verdadeiro temor do além.

E assim transcorrem as idades da vida. Do nascimento à morte, o homem sofreu em grande parte as coerções de seu próprio corpo, do trabalho e de seu meio. E agora descansa, se possível em paz. Qual paz? Simplesmente se esqueceu de todo o resto do mundo vivente, no meio do qual se movimentava. Esse mundo pode fazê-lo sentir cruelmente sua força hostil.

3
A natureza

A chuva e o tempo bom, a queda das folhas e o brotar da erva, o adestramento do cavalo e a chegada das andorinhas: motivos para fazer com que os homens falem entre si já no tempo em que dividem a mesma caverna. De fato, o que importam a existência de Deus, o mais recente aparelho eletrônico ou o campeonato de futebol, se o verão "não deu as caras", a palha é rara e a vaca está doente? O homem se movimenta ou se apressa, como se queira, mas o mundo o mantém na corda bamba: tudo se tornará angustiante, paralisante, se o grão não crescer ou se o cavalo morrer. Creio que deixei claro: a natureza comanda o homem. Ele pode poluir a atmosfera, destruir a cobertura vegetal, massacrar as espécies animais, e mesmo assim é incapaz de desviar os ciclones, de impedir o reaquecimento do planeta e de acabar com os cupins. Como vê, como sofre essa dominação do ambiente?

3.1 O tempo que faz

Quando um verão é demasiado quente ou um inverno demasiado rigoroso, nossos contemporâneos, impermeáveis aos dados científicos, afirmam que "nunca viram algo assim" e ainda acrescentam "até onde nossa memória alcança"; considerando-se o nível dessa memória, o complemento é desinteressante. Incapazes de medir os ritmos dos fenômenos naturais, são regularmente mantidos no pânico por informações pontuais e precipitadas. Há quase dois séculos se observam canículas ou tufões, elevação das águas do mar e recuo das geleiras, aumento das temperaturas e avanço ou recuo das essências vegetais; e os acadêmicos, que têm os meios de medir, sabem e revelam. Mas sua voz é abafada pelos clamores aflitos dos ignorantes, muitos dos quais ocupam os centros de difusão das notícias. Talvez menos sensíveis ao imediato, os homens dos séculos medievais não se sobressaltavam a cada capricho do tempo. Mas será que os viam, e o que sabemos sobre isso?

3.1.1 As luzes do paleoambiente

Os levantamentos regulares dos níveis de temperatura e de umidade em nossas regiões, ou uma observação científica da cobertura vegetal, são efetuados desde cerca de 1850. Mas por muito tempo o interesse que lhes é dado limitou-se ao estudo da evolução geográfica, em uma perspectiva anistórica. É evidente que alguns pesquisadores até tentaram associar esses fenômenos à vida humana, por exemplo algumas epidemias, ou mesmo alguns comportamentos psíquicos dos homens, sem contar, é claro, os efeitos da seca, das erupções ou dos sismos sobre a vida cotidiana. Mas a exploração desses dados para um estudo do entorno natural só começou a se expandir na segunda metade do século XX; sem dúvida quando uma curiosidade ou, talvez, uma inquietude se desenvolveram fora dos laboratórios acadêmicos, por exemplo quanto à preservação de nosso espaço natural de vida.

O estudo da ecologia ou, caso se queira, do meio ambiente foi além, portanto, do contexto dos tempos contemporâneos para se debruçar sobre o que ocorrera nos tempos proto-históricos, medievais ou "modernos", isto é, quando não havia dados numéricos confiáveis. Determinar a natureza e a extensão do mundo vegetal, o volume e as especificidades da fauna ou as variações climáticas permite evidenciar o lugar desses componentes na alimentação, no *habitat*, no trabalho – tudo o que constitui a "cultura material", como por muito tempo se disse, mas que hoje não se aceita qualificar dessa forma, e nem se sabe muito bem por quê. E não se exclui que a partir de tudo isso também se investigue a origem de muitas das reações mentais. Os dez a doze séculos medievais oferecem assim uma "longa duração" suficiente para que se possa revelar, para além de um fenômeno pontual mencionado em um texto, algumas tendências que cadenciam a vida humana.

Não faz parte de minhas intenções examinar aqui técnicas, seus progressos e seus limites; limito-me então a sublinhar suas contribuições ao nosso conhecimento da vida humana. Foram os movimentos das águas, visíveis ao primeiro olhar, que despertaram há cem anos a curiosidade dos turistas e o interesse dos acadêmicos: sedimentos marinhos deixados pela maré, margens lacustres, terraços fluviais cuja vegetação, restos de animais aquáticos, estratos pedológicos atestam as variações de nível ao longo de vários séculos. E ainda mais espetaculares, a frente das geleiras, cujos sucessivos depósitos das morainas laterais conservam testemunhos datáveis de vegetação esmagada ou de destruição do *habitat*. Em seguida foi a cobertura herbácea ou arborescente que renovou – mas não faz nem cinquenta anos – nossa bagagem documental: a dendrologia, isto é, o exame dos anéis sucessivos e anuais dos troços de árvore (na Europa, p. ex., as resinosas nos levam até os séculos XI ou XII), revela as fases de secas ou de umidades. A palinologia é mais ambiciosa: a sobreposição contínua das camadas de pólen, inclusive de herbáceas, em solos esponjosos permite uma ventilação entre as espécies vegetais circundantes, naturais ou cultivadas, e, para certas sondagens, desde o neolítico. A carpologia, estudo dos grãos e sementes, neste caso nos depósitos de detritos e nos silos dos *habitats*, ou a antracologia, estudo dos restos de lenhas queimadas nas lareiras domésticas, tudo isso nos aproxima ainda mais do homem, do que colheu, consumiu ou utilizou em sua vida cotidiana.

São excitantes possibilidades de pesquisa para meu tema, mas não exageremos; a prudência se impõe. Os pólens não se conservam em toda parte; a natureza dos solos, o ambiente vegetal e a dominância dos ventos falseiam o exame. Os anéis das árvores variam segundo as espécies, a orientação e a cobertura próxima. A datação de uma viga graças ao seu teor de carbono 14, que dá o momento em que a árvore foi derrubada, oculta os efeitos de um reemprego posterior e limita as conclusões cronológicas. E mesmo os galhos, as conchas, as sementes ou os ossos de animais são apenas dados brutos que não oferecem noção de volume, de proveniência ou de efeitos. Ali onde esses levantamentos são sistemáticos, nos Estados Unidos e na Europa Ocidental, esses dados preciosos são cuidadosamente acumulados. Mas os especialistas dessas ciências não ignoram que não se poderia generalizar aquilo que pensamos ver em 1/8 dos 10% imersos de nosso planeta. Tenhamos, pois, paciência.

O reforço dos testemunhos escritos sobre tais fenômenos não é inútil, e não nos faltam os sinais deixados pelos homens desses tempos. Reuniu-se recentemente tudo o que parecia utilizável: alusões inseridas nos anais, crônicas, biografias, livros-caixa ou ainda relatórios de colheitas ou de transumância, datas das vindimas e do *banvin*, isto é, a autorização de ir às vinhas, e até deliberações dos escabinos sobre as disposições a tomar diante de uma calamidade.

Para um período de quatro séculos, de 1000 a 1425, foram reunidas 3.500 anotações sobre o clima, 600 das quais são realmente meteorológicas. Infelizmente, nem esse total nem os levantamentos geográficos possibilitam algo mais do que um esboço grosseiro da evolução climática, e isso só no Extremo Ocidente. Do século III ao V, reaquecimento e seca, muito mais no sul do que no norte, aliás, e que é possível considerar entre as possíveis causas do "enfraquecimento" da ordem romana. Em seguida, arrefecimento e umidade, desta vez muito mais no norte do que no sul: foi a chamada "cheia merovíngia", assim como à peste ocorrida na mesma época deu-se o nome de "justiniana". Após 900 ou 1000, a fase "perfeita" – pelo menos para o grão e para o homem –, a do progresso econômico do Ocidente, que continua até por volta de 1200. Antes de 1140 em alguns lugares, não antes de 1260 em outros, uma reviravolta: chuvas e calores com flutuações durante meio século que percebemos melhor, pois há um aumento dos testemunhos. Por fim, mas não no "momento medieval", um retorno ao estado anterior, que por isso, e talvez unicamente por isso, mereceria no século XVI o adjetivo de "belo" com o qual foi designado por seus admiradores. Ainda seria necessário reconhecer, e independente dos locais, as causas dessas amplas flutuações: tentamos fazê-lo e quase o conseguimos; mas esses dados em que se misturam massas oceânicas em movimento, circulação acelerada das correntes estratosféricas, ou sua origem solar, excedem tanto minha competência quanto os limites de meu campo.

3.1.2 *O que viram e sentiram?*

Quando os cavaleiros-camponeses de Charavinnes no Dauphiné deixam seu *habitat* depois de apenas vinte anos de ocupação, os ocupantes de Bourbourg em Flandres avançam seus diques no mar e semeiam a terra, os "pontífices" de Avignon arriscam-se a atravessar o Ródano, os homens das lagunas do Languedoc fogem da margem para instalar suas casas mais no alto, ou quando os pastores dos Alpes constroem suas cabanas em lugares mais altos do que faziam seus antepassados, é porque, sem nos dizer, obedecem às ordens da natureza: as águas do lago sobem, o mar recua, a vazão do rio diminui, os mosquitos triunfam, a floresta fica menos densa e revela pastagens mais no alto das montanhas. Poderíamos dar outros cem exemplos que mostrariam que com seus atos os grupos humanos reagem aos caprichos naturais; mas eles não escrevem. Cabe então aos doutos nos dizê-lo, ou seja, primeiro os monges, em seguida os pregadores, os homens da cidade mercante ou os familiares dos poderosos; de forma que é preciso tomar com prudência seus dizeres. São ordinariamente levados ao exagero, usam termos gerais e não se preocupam com constituir "séries". Qualquer fenômeno é visto como catástrofe, porque muitas vezes, como nos *exempla*, trata-se de usar este "acidente" para tocar a alma do pecador.

É natural que sejam os fenômenos excepcionais os mais bem-observados, por causa de sua própria raridade – meteoritos, cometas, eclipses –, mas raramente o homem sofre seus efeitos; também raras e inesperadas são as preocupantes invasões de gafanhotos, de besouros da batata, do míldio, pois acabam destruindo as culturas. Quanto aos fenômenos de origem puramente ctoniana – sismos, erupções, deslizamentos de terra –, sua imprevisibilidade e seus prejuízos os colocam no nível dos atos isolados e breves: é possível datar as camadas de lava expelidas pelo Etna, e os aldeões as espreitam; quanto ao desabamento do Monte Granier ao sul de Chambéry, em 1248, os saboianos ficaram muito mais abalados do que os helvécios quando do soterramento de Grindelwald pelas avalanches de neve ocorrido cinquenta anos antes. Na prática cotidiana, e conforme o interesse dado pelos homens, as manifestações de origem meteorológicas se agrupam em três conjuntos, admitindo-se que, por sua própria frequência, esses episódios monopolizam muito menos o espírito dos contemporâneos do que nossos "boletins de alerta" da meteorologia.

O primeiro campo é o da temperatura porque engloba a maturidade da uva, a lactação das vacas ou a aptidão ao trabalho no campo. O vocabulário é então estereotipado: os invernos são "rigorosos", o congelamento das águas "constante" ou, ao contrário, o verão é tórrido e sufocante. Das 3.500 menções de que falei mais acima, 1.560 tratam desse aspecto térmico; mas, como sua proporção em relação às fontes consultadas é praticamente estável entre os séculos XI e XIV, ao passo que o balanço climático, que mencionei pouco antes, varia durante essa fatia de tempo, podemos temer que as apreciações dos cronistas tenham se cristalizado ao longo do tempo. O segundo campo de atenção, aliás próximo do anterior, diz respeito à pluviosidade, aguaceiro, granizo, temporais, cujas consequências são muito semelhantes: quase um milhar de anotações que englobam vendavais que podem também destruir os solos. Mas, neste caso, o aumento do número das ocorrências nos séculos XIV e XV é muito mais conforme à evolução de conjunto do clima nessa época: Froissart descreve as carroças atoladas, e os cavaleiros escorregando sob a chuva em Crécy; mas Guillaume le Breton não viu nada de parecido, cento e cinquenta anos antes, em Bouvines – na mesma região e na mesma estação, no entanto. São as inundações, muito mais raramente as agitações do mar, os *zeegang* de Flandres, que chocam o espírito pela violência incontrolável, pela duração e pelos prejuízos deixados por onde passam nas casas, nas culturas, no gado. Ainda hoje, esses cataclismos são mais temidos do que um incêndio florestal ou uma tempestade. Mais de 500 em quatro séculos na Europa Ocidental, e em proporção crescente, sem dúvida por causa de um aumento da pluviosidade. Quanto às outras observações de origem climática, como a mediocridade das colheitas, a má qualidade do feno ou das uvas, a dispersão dos enxames de abelhas ou os ataques dos roedores, são evidentemente apenas os efeitos de causas anteriores.

Todos esses fenômenos cadenciam a vida, o trabalho e a saúde, mas sua frequência ou sua extensão não são provavelmente superiores às de hoje. Contudo, ao passo que ao suportá-los tentamos explicá-los, os homens dos tempos medievais parecem resignados a padecê-los sem procurar sua causa. À leitura de nossas fontes escritas, surpreendemo-nos com a espécie de indiferença geral que caracteriza esses homens, permeada de breves pânicos e quase idêntica à dos animais domésticos que os cercam. Para que serve se inquietar diariamente ou tentar prevê-los uma vez que não são fenômenos "naturais" que poderiam ser estudados ou contidos? O caráter imprevisto e inevitável desses "acidentes" depende do impenetrável, portanto da divindade. Deus deu ao homem, diz a Escritura, poder sobre a natureza: se uma "desordem" se instaura, há ruptura do contrato entre a criatura e Deus; e só a primeira pode ser culpada e sofrer o castigo. Tentar fornecer uma explicação humana é, pois, um desafio a Deus, uma recusa da Aliança que Ele concluiu com sua criatura. Até na alta Idade Média, no Oriente é verdade, veremos eruditos condenados por terem buscado as "causas". Apenas o demônio pode ter encorajado uma busca desses sinais da emancipação da natureza, como já fizera lúcifer diante do Senhor. É preciso ver neles não mais do que manifestações premonitórias do juízo final.

Esta é pelo menos a tese teológica: Deus pune assim os maus, e o único objetivo de muitas dessas observações meteorológicas é provar o poder divino. Tanto pior quanto aos "danos colaterais", como dizem hoje os estrategistas desastrados. No entanto, esta atitude não satisfaz os espíritos ocidentais. E antes mesmo do fim do século XIII, primeiro na Inglaterra e depois em Paris, o espírito racionalista e tomista, em contato com a cultura antiga e confrontado ao pensamento "árabe", mistura-se à atração pela experimentação. Encontram em Platão uma certa abordagem do tempo geológico, em

Aristóteles a do encadeamento das causas mecânicas, em Sêneca e em Plínio uma curiosidade aguda em relação aos fenômenos astronômicos e suas causalidades. Mas a base dessa busca é o estudo do próprio corpo humano. Dado que este microcosmo, segundo a medicina de Hipócrates e de Galeno, está submetido aos quatro elementos – o fogo, a água, a terra e o ar –, às suas relações e aos seus efeitos, procuram e encontram o vínculo entre a vida humana e o tempo que faz. A sucessão das quatro estações baseia-se nos quatro elementos, e resulta nos comportamentos fisiológicos, alimentares e mesmo psíquicos. Mas as estações não são apenas ritmos solares; sofrem as conjunções astrais, e o estudo dos "acidentes naturais" é a sua sequência lógica. Aqui não é o lugar para que me demore, a este respeito, nas interpretações feitas pelos filósofos antigos – interpretações que, no mais, são divergentes, mas que serão retomadas pela experimentação e pela ciência "árabes" (na verdade, persas e berberes). Depois de um longo período em que triunfara a doutrina de uma onipotência cega da divindade, isto é, a partir do início do século XIII, os médicos, os *physici*, reacenderam a chama no mundo cristão. Ainda que não percebessem alguns mecanismos como os da crosta terrestre, das pressões atmosféricas ou dos movimentos oceânicos, muitos fenômenos climáticos foram esclarecidos: Jean Buridan explicou o princípio dos eclipses, Brunetto Latini a formação das nuvens, Alberto o Grande a qualidade do ar segundo o relevo e a umidade, Robert Grossetête os vínculos entre a temperatura e os ciclos vegetais – um francês, um italiano, um alemão e um inglês: é o embrião de uma ciência "europeia".

Mas nem todos vão ouvir os eruditos em Oxford, Paris, Montpellier ou Salerno. O bom povo vê menos longe, e a pregação dominicana o mantém, com prudência, no nível do temor a Deus: são os demônios que animam os tornados; um cometa anuncia a aproximação de um milagre, ou as areias vermelhas do siroco prenunciam um banho de sangue; e se um raio atinge a igreja foi porque satanás o desviou do castelo. Mesmo sem explicar a natureza – o que seria ridicularizar Deus –, os homens da época pelo menos, e por obrigação, reagiram às suas agressões e caprichos. O empoleiramento das aldeias ou a consolidação dos *terpen* frisões não têm apenas motivos "sociais": são o solo e a água que comandam. A secagem dos lagos e das lagunas salgadas não traz só hectares e, portanto, dinheiro: afasta também a malária, portanto limita a contaminação do ar. Não é só o menor custo a motivação para a escolha de um vau em vez de uma ponte: evita o perigo de uma cheia furiosa e provável. O objetivo de organizar nos campos estridentes concertos não é encantar os ouvidos rústicos, mas desencadear um granizo que ameaçava, ou impedir o ataque de uma nuvem de gafanhotos. Ademais, algumas categorias da população são mais atentas do que outras como, por exemplo, os mercadores aos quais os mensageiros relatam a ocorrência de sismos e tufões, cujos sinais anunciadores eram bem conhecidos dos homens do Oriente. Quanto aos marinheiros, confrontados ao elemento diabólico que é o mar, sabem perfeitamente distinguir em um naufrágio a parte do erro de navegação e a dos caprichos da tempestade.

Assim vivem os homens e as mulheres desses tempos. Estão na mão de Deus, que permanece senhor para tentá-los e depois puni-los. Mas não estão aqui só para uma simples passagem? O que importa então se chove mais do que se temia ou se esperava? Decerto haveria um pedaço de paraíso na terra, onde o tempo é sempre seco, sempre belo, sempre quente, onde a água jorra, o fogo queima e onde para o deleite dos olhos e a alegria da alma o chão está florido. O problema é que está bem longe e é muçulmano.

3.2 O fogo e a água

Ninguém pode viver por muito tempo sem água, e para um prisioneiro é um duro castigo ter de racioná-la ao extremo. O homem depende quase o mesmo tanto do fogo, embora, se necessário, possa deixá-lo de lado. Estas observações são banais; mas certamente explicam a pouca reflexão sobre estes dois "elementos", como dizia Hipócrates.

3.2.1 *O fogo, símbolo da vida e da morte*

Ter sabido dominar o fogo natural e adaptá-lo às suas necessidades é a principal, talvez a única, superioridade do homem sobre o resto do mundo animal. O fogo é sobretudo a própria manifestação do poder supremo, a imagem do Onipotente: Ele está no alto do Sinai para ditar sua lei ou na sarça ardente de Moisés; arma o braço de Zeus, envolve o carro de Elias, acompanha Maomé em seu êxtase no rochedo. Por ter desejado se apoderar dele, lúcifer é até mesmo lançado nas chamas; e Prometeu expia longamente a loucura de ter desejado se tornar seu mestre. O camponês do Ocidente, que ignora tudo isso, talvez também não saiba, como afirmavam tanto os pensadores hindus quanto os filósofos gregos, que o fogo é igualmente o símbolo do amor: Eros inflama os corpos e os corações com as flechas forjadas por Hefaístos, o esposo traído de Afrodite. E esta mitologia tem seu correspondente em Roma, onde Vesta, deusa da Virgindade, também é a guardiã do fogo. No mais, nosso racionalismo moderno se surpreende que não tenham considerado anormal confiar o fogo, símbolo do ato sexual, à responsável pela continência!

Este bricabraque pagão não inquietou o mundo cristão, e creio que a Virgem Maria nunca foi representada no meio das chamas. Em contrapartida, o fogo está bastante presente no subconsciente dos homens da Idade Média. Para estes, de fato, ele é o símbolo do juízo final e do castigo definitivo. Esse inferno onde foi lançado o arcanjo rebelde está representado nos tímpanos das igrejas, nas miniaturas dos livros de salmos e nos afrescos das paredes. E nessas representações, os danados são empurrados, com ou sem forcado, para dentro de caldeirões ferventes por demônios monstruosos, emblemas do mal. E, como os paroquianos de Cucugnan, os fiéis, aterrorizados, reconhecem nos suplícios e nas chamas seus parentes e amigos. O fogo não é mais o símbolo do amor, mas o da vingança de Deus. Expulsos do mundo dos bem-aventurados, esses danados serão então dizimados pelo fogo que os criou. Os que tiverem insultado a divindade terão a fogueira como castigo. Mas os outros voltarão a ser na terra a cinza de que foram feitos. Nenhum dos desvios dogmáticos dos tempos medievais, nenhuma das três religiões que se dividem as margens do Mediterrâneo, judeus, cristãos e muçulmanos, admitiu a incineração dos corpos no fim da vida aqui nesta terra. A função purificadora do fogo, tanto mais enaltecida quanto se caminha para o leste, só se justifica para punir. A cremação dos mortos, oriental ou pagã, desapareceu do Ocidente – pelo menos até pouco tempo atrás.

Símbolo de vida e de amor, mas também de dor e de morte, o fogo tem, portanto, duas faces. Mata e ressuscita a um só tempo, como a fênix, o pássaro de fogo da lenda oriental. Essa ambiguidade não é decerto percebida nesses termos complexos pelas pessoas comuns. Têm, contudo, consciência dessas duas faces. O fogo é sobretudo uma ameaça, a do incêndio desencadeado pelo raio, pela lava ou pela malignidade dos pequenos "gênios do fogo", duendes ou gnomos, "fogos-fátuos" ou "poucets". Mas a madeira não é nesses tempos apenas a floresta e tudo o que dela esperam o coletor ou o pastor; é também o material de base de toda construção, até mesmo do *habitat* do senhor antes da predominância do uso da pedra. É por isso que geralmente os mercenários não hesitam em queimar as choupanas depois de tê-las esvaziados; e que a cidade será totalmente consumida se o fogo pegar em uma oficina, em um celeiro ou em uma lareira não vigiada. Assim como na cidade antiga, há na cidade medieval sentinelas e equipes de patrulha, mas é comum não haver nem cisternas nem fossos de onde se possa retirar a água, por isso o desastre é inevitável. Foi esse medo do fogo que levou a incluir os incêndios voluntários, de um moinho ou de um estábulo, entre os "crimes de sangue", castigados com a morte.

Mas, temível e temido, o fogo também é uma benesse. Primeiro, e isso é evidente, porque aquece na lareira, cozinha no caldeirão, ilumina os recantos da sala comum. No castelo ou no mosteiro, é cuidadosamente mantido em um local reservado às crianças ou aos doentes, à purgação ou às massagens. Na choupana, as brasas serão conservadas pelo maior tempo possível. É o fogo que avivará o forno do oleiro, a forja do ferreiro, a oficina do ourives; e os curiosos, sobretudo os homens, assistem temerosos e maravilhados ao trabalho daquele que no meio das fagulhas domina o fogo e domestica a terra e o metal.

Os homens dominam na forja, mas nas casas são as mulheres que dominam o fogo. O fogo é mulher porque representa a intimidade do lar, é purificador e criador, inconstante e também ardente. Quando se abandona o costume do fogo ao ar livre e comum a muitos, quando ele entra na casa – e a arqueologia situa essa importante etapa entre 900 e 1000 –, é nesse momento, como já mencionei, que a autoridade da mulher surge incontestada sobre a célula familiar. O grupo familiar, conjugal ou mais amplo, será designado, como "feu", como ainda hoje se usa, *foyer* [lareira, no sentido de lar]. O fogo, centro de cada grupo humano, reúne os homens para comer, as mulheres para fiar, as crianças para dormir e os mais velhos para alimentar a trama dos relatos e dos poemas. Tirado de uma brasa de incêndio ou criado pela fagulha jorrada de um sílex ou pela tenaz fricção de gravetos, o fogo torna-se símbolo da vida; mas poderia ser símbolo da morte.

3.2.2 A água salvadora e benfazeja

Se o fogo está cercado de medo e de respeito, já a água é a companheira amável e familiar do homem. É a fonte de sua vida; não pode viver sem ela, e ali mesmo onde solos e climas a fazem rara, talvez sobretudo ali, é a base de sua atividade. Salvadora, mata a sede do andarilho, do peregrino ou do comerciante; sagrada, acolhe o recém-nascido, o futuro cavaleiro, ou batiza o cristão; purificante e fresca, é oferecida aos hóspedes para suas abluções ou como presente; festiva, anima as fontes das entradas reais; fascinante, embeleza com seus espelhos os jardins dos ricos; curativa, alivia banhistas e sofredores; trabalhadora, gira a roda do moinho, irriga o campo ou recebe a tintura. Além disso, bebem-na; mas, curiosamente, não é sua função primordial. A partir da Antiguidade, seu ciclo de vida foi bem-compreendido: o oceano proporciona as nuvens cuja chuva encherá os poços e alimentará os cursos de água que então a devolverão ao oceano. Aristóteles explicou-o, Hesíodo cantou-o, e as divindades presidem à fecundidade dos rios, enquanto Taranis, na Gália, protege e exalta a água que jorra do solo. Evidentemente, chove mais ou chove menos quando é preciso, e há terríveis inundações. Infelizmente! É o preço da vida, no campo, onde o poço é um lugar de convivialidade, e na cidade, com suas fontes e fossos, a água é o "significante" e a senhora do planejamento urbano e da segurança.

A captação da água, sobretudo quando a natureza não é demasiado generosa, oferece muitas possibilidades. A dos rios ou talvez, mais facilmente, a dos riachos sustenta uma importante atividade. No campo, onde cabe às mulheres a tarefa de buscar água, essa atividade podia se tornar uma obrigação esmagadora quando todos os dias era necessário retornar do rio com baldes pendurados em uma vara. Eram o poço e a fonte mais próxima que eliminavam tal sacrifício; por isso que muitas vezes se propôs que se veja nos agrupamentos do *habitat* coletivo muito mais a preocupação de se reunir em torno da água do que se proteger ou buscar bons solos. O poço ou o lavadouro, caso sejam próximos, tornaram-se assim o "parlamento das mulheres", como a forja é o dos homens. A documentação é escassa sobre este aspecto, no entanto essencial da vida cotidiana: restos de processos ocasionados por uma apropriação individual prejudicial à comunidade, algumas escavações em cisternas públicas ou particulares. E as técnicas de perfuração ou de captação, a profundidade, a consolidação e a vazão permanecem desconhecidas. O que a iconografia nos mostra são simples cavaletes ou suportes com uma corda deslizante e, mais tarde, com polia, baldes de pinho, uma cuba de reserva para beber ou se lavar. Essa água retirada do solo é geralmente salobra, a que cai do céu é melhor, se for possível obtê-la. Caso contrário, é preciso verificar regularmente a condição do poço e filtrar a água corrente. Todo um exército de poceiros e de construtores de fontes vigiam os dispositivos para retirar a água, as calhas, as canalizações e os elementos de junção. É um ofício difícil, cansativo, muito controlado e, às vezes, hereditário. É muito estranho, afinal, que saibamos muito mais sobre as redes de adução da Antiguidade – talvez porque se tratasse de obra pública e, no mais, essencialmente urbana. Sem me alongar neste tópico, uma vez que não existem senão detalhes em *trompe l'oeil*, a localização das fontes ou dos poços na cidade é, geralmente, uma herança antiga, mais ou menos adaptada ao novo rosto da cidade medieval. Foi amplamente estudado esse aparato das cidades italianas ou, com mais frequência, mediterrâneas; e destacou-se o papel talvez mais místico do que econômico da água na cidade, que encarna o poder da região ou de seu senhor.

O uso da água doméstica não poupa nenhuma esfera do mundo dos homens, mas em quase todas é o papel purificador que prevalece. Quando imprópria para beber, a água servirá para carregar para os fossos da cidade, ou no campo para os escoadouros, os dejetos humanos e animais, os materiais purulentos e os curativos dos hospitais – por isso muitas vezes construídos nas pontes ou nas margens dos rios –, e as águas "usadas" das latrinas e das cozinhas esvaziadas nas ruas ou nos terrenos. O fosso urbano extrapola seu papel de defesa durante a guerra: torna-se uma muralha de salubridade e um banheiro público. O que justifica a preocupação dos edis antigos e, depois, medievais, com a coleta das águas e com seu conteúdo abjeto. Vários sistemas de esgotos construídos com pedra dos tempos romanos foram recuperados pelos corpos municipais depois do século XIII, muitos deles não passavam de córregos naturais captados e canalizados. Por isso a limpeza regular dessas cloacas ou a abertura de "respiros" para vigiar a vazão aparecem como um "trabalho" importante nas contas de quase todas as cidades do Ocidente medieval no fim da Idade Média. A poluição pelas águas sujas foi, no mais, rapidamente denunciada como uma importante causa de propagação epidêmica, mesmo quando não desempenhavam nisso nenhum papel, como na época da peste do século XIV. Razão pela qual normalmente se associa aos poços infectados ou ao esgoto obstruído a ação perniciosa dos hereges, dos marginais ou dos judeus. O resultado foi a noção das "águas privadas": aquela que se tem no domicílio, no pátio ou na casa, às vezes na "capela". Também purificada e não diabolizada é a água utilizada pelo boticário para prescrever banhos nas cubas previamente abençoadas, guarnecidas de bálsamos e aquecidas pelos hipocaustos à moda antiga. "Banhar-se nas águas" não foi apenas uma tradição greco-romana; foi também praticada na Idade Média, e mencionei mais acima o lugar das "saunas" na vida, pelo menos urbana, desses séculos. Ainda é difícil medir o "consumo" de água nos banhos públicos: falam de uma sauna para 2 mil habitantes, mas são dados por demais incertos. A Igreja, bastante exigente neste campo, endossava tais práticas, sem que se possa com segurança distinguir nisso uma preocupação de higiene pública: talvez visse nessas práticas uma espécie de purificação corporal semelhante ao batismo para a alma; talvez também precisasse desacreditar o banho ritual judaico celebrado ao pé das sinagogas, muito próximas das saunas.

Bebem na fonte, pescam no rio ou no lago, conduzem a água até o viveiro de peixes que precede a roda do moinho, captam a água para lavar as peles ou pisar o linho, misturam à farinha, usam para cozinhar os alimentos, bebem, retiram do solo ou dos cursos de água. Mas, ao acompanhar seu curso, observam que ela se acaba em uma imensidão hostil e desconhecida: o mar.

3.2.3 *O mar, horrível e tentador*

O homem é um mamífero terrestre que não pode viver na água; quando muito pode, e mal, flutuar. Esse elemento líquido lhe é, portanto, física e naturalmente hostil, perigoso e repulsivo. A proximidade do mar o angustia; sua própria imensidão lhe dá a impressão de estar sitiado pela água. No entanto, nem os geógrafos gregos, árabes ou indianos, nem os viajantes e os aventureiros que o atravessaram ou estudaram conseguiram medir sua real extensão. Os teólogos, os filósofos e os fiéis estão convencidos de que a terra dos homens está completamente cercada pelo mar. E só séculos mais tarde saberão que, na realidade, a água recobre três quartos do planeta. Mas há dezenas de milênios veem nele as fronteiras do medo, o mundo do mal. Tudo no mar é incerto, enganador e imprevisível – em uma palavra, trágico. Mas como evitar seu contato ou mesmo sua visão quando em uma Europa profundamente penetrada por ele não há um único homem que viva a mais de 350km da costa, ou seja, a alguns dias de marcha, e para a maioria deles muito menos? Por outro lado, também não há um marinheiro que esteja a mais de seis horas à vela de uma margem ou de uma ilha. É mérito ou loucura de Colombo ter-se lançado ao largo, sem nenhuma referência e durante mais de um mês. É verdade que estava completamente enganado, como todos os geógrafos de então, sobre as reais distâncias que separam a Europa da Ásia; o que explica que, depois de encontrar a América, continuou até morrer convencido de ter alcançado seu objetivo.

As correntes, os caprichos e os perigos do mar eram então muito malconhecidos. Quando necessário se arriscar nele, será margeando a costa e recolhendo as velas à noite. A velocidade e o lucro são ideias dos que permanecem em terra; no mar, o importante é a segurança. Mas o naufrágio é geralmente irremediável, a tempestade imprevisível e o furacão aterrador. Para resistir às "fortunas do mar", isto é, aos riscos da navegação, só poderão contar com a clemência divina, sobretudo com a Virgem, invocar São Pedro e sua barca milagrosa. E se isso não bastar, um homem será lançado ao mar, vítima expiatória, em um sacrifício quase mágico. Todas as civilizações que tiveram de lidar com essas forças não mensuráveis imputaram ao mar sua reputação maléfica e infernal: fenícios, gregos, celtas das ilhas ou do oceano, principalmente escandinavos, esses vikings que os apavorados monges carolíngios tomavam por demônios infernais. Os progressos das técnicas de construção ou de localização no mar limitaram, evidentemente, os riscos do marinheiro: os barcos de costados trincados das regiões nórdicas desde o século XI, ou até antes, evitam a entrada da água; o bojo e a "ponte" dos *hoques* ou *kogge* que navegam por esses mares também impedem que os porões se encham de água, e permitem enfrentar os profundos movimentos ondulatórios oceânicos. No Mediterrâneo, foi a diversificação do velame, à moda oriental, que permitiu a economia de uma parte da tripulação dos remadores. Por volta do século VIII, o Islã disseminou o emprego da bússola chinesa e, depois, do sextante indiano e, no século XIV, o uso das cartas de localização para os pontos de ancoragem, enseadas e portos: os "portulanos". É verdade que esses progressos, salutares para os mercadores, também o foram para os piratas, que se tornaram mais numerosos e agressivos. Mas o navio naufragado ou afundado permanece o testemunho da cólera divina e, na praia, os destroços pertencem a todos; apenas as gaivotas, reencarnação dos marinheiros mortos no mar, velarão por essas relíquias.

E, no entanto, a imensidão líquida fascina e encanta os homens. Assim como os esportes náuticos e as competições oceânicas estão atualmente na moda, assim também as pessoas desses séculos cercam o mar de todo um peso maravilhoso ou onírico. A margem é a linha de contato com o desconhecido, com o imaginário; o oceano, ou mesmo o modesto mar costeiro, é o mundo da aventura, o mundo do silêncio dos homens e do movimento perpétuo das coisas. É no mar que se encontram os mundos paradisíacos das ilhas maravilhosas, cantadas pelo folclore céltico, escandinavo e também pelo antigo: o Mito de Atlântida, de Thulé ou da Groenlândia. É no mar que ao enfrentar seus perigos se pode ganhar o purgatório, na impossibilidade do paraíso: eis o que sustenta a alma.

Mas as populações se aglomeram à beira-mar, tanto mais densas quanto mais o interior é árido, rochoso ou deteriorado pelos pântanos. E todos esses marinheiros não estão ali para respirar a esperança do espaço ou da salvação; nem todos são aventureiros, nem mesmo mercadores em busca de produtos raros. São simplesmente "trabalhadores do mar", que vivem da coleta das algas e do fuço, da pesca costeira ou da cabotagem de curta distância. Essas populações enfrentam dificuldades técnicas, e nem todas foram eliminadas por nossos progressos modernos: a colocação e a retirada das redes, bem como sua manutenção; a constituição de grupos de flotilhas quando se aventuram um pouco além da costa; a incerteza do ganho com a venda se a pescaria não é boa e se não tem outro recurso na terra. Por essa razão o povo da gente do mar forma um grupo social muito fechado: a entreajuda, a solidariedade, o compartilhamento das dores e das alegrias é selado por um sólido desprezo pelos da terra. O pescador é o único que conhece as variações das marés e os momentos de passagem dos cardumes ao largo. A manutenção dos quebra-mares, dos hangares para a calafetagem, das caldeiras para o sal, e das cabanas, onde vivem em grandes grupos familiares, formam um campo que nenhum camponês vizinho penetra. No mais, esses grupos de homens em constante perigo por vezes se enfrentam em rixas violentas na hora de vender, na taverna ou durante a procissão até os calvários onde os afogados são honrados.

O mar engole avidamente os homens, mas alimenta-os com generosidade. É possível avaliar o lugar dos peixes e dos "frutos do mar" na alimentação percorrendo a lista das espécies entregues, principalmente aos mosteiros, únicos consumidores cujos arquivos desta natureza, anteriores ao século XIV, foram conservados: centenas de milhares de arenques pescados durante sua passagem anual, sobretudo no outono, pelo Estreito de Calais ou ao largo da costa bretã. Como já se disse em relação ao porco, o arenque salvou da fome toda a Cristandade; e bem rara é a sorte de encontrar uma baleia encalhada em uma praia, e que vai alimentar toda uma aldeia durante o inverno. O conhecimento adquirido sobre as rotas seguidas pelos peixes, as zonas de sua reprodução, as condições de captura e os engenhos adaptados às diversas espécies é, geralmente, um assunto de família. Mas enquanto nos rios ou nos viveiros dispostos a montante do moinho o pescador seleciona as espécies e vigia a alevinagem, o do mar é um predador sem complexo que recolhe tudo o que pode ser comido. Bem que tentaram – e ainda se tenta – domesticar o golfinho para pescar por nós, tanto esse cetáceo parece se interessar pela nossa espécie, mas os resultados não são conclusivos.

Um último elemento relativo ao mar, e não menos importante: o sal. Indispensável à conservação dos víveres, ou seja, à vida humana, pode certamente ser extraído das minas, mas são as salinas costeiras que fornecem a principal parte. Na prática, essas salinas são possessões senhoriais alugadas aos ribeirinhos e propiciam rendas sobre sua produção. Eram então objeto de um intenso comércio por via aquática ou por caravanas de animais, a partir das diferentes regiões costeiras que eram ricas produtoras como, por exemplo, a costa do Atlântico ou do Tirreu. Para o historiador desses tempos, o que faz sua originalidade não é o método de acumulação, pois este mudou muito pouco desde então, apesar da industrialização dos procedimentos. É o lugar dado à mulher: elas não passam seu tempo a remendar as redes, a depositar ex-votos ou a vigiar com igual resignação e angústia o retorno do marinheiro; elas limpam as salinas, mantêm as caldeiras de secar, carregam as sacas de sal, todos trabalhos fisicamente muito duros. Raramente essa atividade é individual; mas consome uma grande parte do tempo, e contribui para isolar essas mulheres de marinheiros, como isolados também estavam seus homens no mar.

3.3 Os produtos da terra

Os historiadores medievalistas cujo campo de estudo é a cidade dedicam, evidentemente, um interesse primordial à transformação e à troca das matérias-primas; debruçam-se sobre a feira, o mercado, a moeda; são apaixonados pelos estudos comerciais, financeiros; falam de dinheiro, de crédito, de embarcações; ocupam-se dos mercadores e dos burgueses, e buscam as estruturas de trocas como esfera da economia medieval. Ao lê-los, saber se a partir do século XIII a economia medieval é ou não "capitalista" é um objeto de reflexão primordial e, se necessário, de querelas eruditas. Mas não falam da terra e do que ela carrega, como se essas não fossem as principais preocupações, ou mesmo as únicas, de oito ou nove em cada dez homens desses tempos; e uma vez que são justamente esses homens que tento perceber, deixo o mundo das cidades e dedico-me ao essencial.

3.3.1 *Dominar o solo*

O mundo medieval do Ocidente é um mundo de agricultores. Por causa de sua constituição pedológica e geológica, a Europa Ocidental é uma terra de camponeses: não há ou são poucos os pastores nômades; a própria criação de gado não passa de um elemento a mais, com certeza importante, mas que se tornou sedentária. As transumâncias, os "deslocamentos" pelas montanhas ou pelos planaltos secos, são parte integrante desta criação. Pastores têm seus usos e suas próprias mentalidades; mas seus rebanhos e o que produzem pertencem à aldeia, não à estepe ou ao deserto. E é do grão, dos laticínios e da carne que vivem essencialmente toda essa gente. Mas, para isso, é preciso primeiro ser dono da terra.

Não há um homem do campo que não seja, ainda hoje, capaz de dar uma opinião experiente sobre a terra que ele trabalha. Sobre um solo, dirá que está "frio" ou "quente", "macio" ou "duro", "profundo" ou "leve"; saberá que aqui o trigo crescerá bem, mas o centeio melhor em outra parte; observará se a água penetra ou só escorre. Para isso não precisa possuir conhecimentos geológicos, nem mesmo pedológicos: o solo será preto, amarelo, seco, rico, mas não saberá se a rocha local é calcária, argilosa, granulosa ou de outra forma. Ou melhor, o julgamento que dará sobre seu ambiente será fundamentado muito mais na observação do relevo, da orientação e do escoamento do que nas aptidões químicas, hidrológicas ou mineralógicas da terra; o conhecimento será experimental e sua ciência empírica. Assim é, pelo menos, a situação do camponês medieval. Hoje, com o triunfo da agricultura científica e da agronomia acadêmica – para o melhor ou para o pior, e não é esta a questão –, essas considerações simples são muitas vezes abandonadas, pois são julgadas simplistas. Às vezes, no entanto, a experiência dos "antigos" prevalece, aqui e acolá, sobre a opinião dos engenheiros.

Aos séculos medievais não faltaram lições práticas. Amantes de botânica e, por causa dos solos geralmente ingratos, obrigados a observar o mais ínfimo sinal positivo de fertilidade, os agrônomos da antiguidade greco-romana multiplicaram as observações e os conselhos. Ademais, é surpreendente constatar que as perdas documentárias a partir dessa época – calamitosas em quase todos os campos – foram bem pequenas na agricultura. Sem contar que os "árabes", que também conheceram a ingratidão de seu ambiente, preservaram e mesmo enriqueceram uma grande parte dessas observações: Hesíodo, Catão o Antigo, Plínio, Varron, Columelle são conhecidos, pelo menos nos mosteiros, mas até além deles, uma vez que de suas obras foram feitos pequenos poemas didáticos que, se necessário, eram recitados no castelo – os *chatonnets*, como são chamados no norte da França, por causa, no mais, de um outro Catão. E, antes do entusiasmo dos séculos XIV e XV, tempos de Jean de Brie e de Pietro dei Crescenzi, as pessoas se debruçaram sobre essas receitas e esses conselhos. E isso desde muito tempo, pois no século IX o eco dos tratados antigos ressoa no famoso capitulário *De villis*, vasta compilação carolíngia que desperta a admiração dos especialistas dessa época. Mais tarde, é no arquipélago britânico, na vizinha Normandia e nas distantes Catalunha e Andaluzia que se acumulam no fim do século XII e, depois, no XIII as obras práticas: a *Housebonderie* (*Husbandry*), a *Fleta* ou outras. Podemos argumentar, naturalmente, que todos esses "tratados" têm um caráter idealizado ou, de todo modo, não podiam servir senão aos domínios dos senhores, mais bem equipados e vigiados. Mas não deixam de ser o sinal de um interesse constante pelo trabalho da terra.

Nem todos os grupos camponeses estão reunidos nas terras mais ricas. Os solos medíocres estão por toda parte, deixados como estão, como ainda hoje se vê em tantos exemplos fora da Europa; eles suportarão uma vegetação pobre e selvagem, uma erva rasa e espigas curtas. Mesmo habilmente trabalhadas, essas terras permanecerão "inúteis" ou "desertas". É preciso corrigi-las. Neste setor capital da agricultura, os homens dessa época cumpriram uma tarefa cujos efeitos são sensíveis ainda hoje, quando as práticas empíricas foram substituídas pelos adubos químicos. Empíricas, porque as virtudes do potássio, do fosfato, do nitrato e deste ou daquele mineral são, evidentemente, ignoradas em suas características químicas. Apenas algumas palavras latinas, mas manipuladas pelos clérigos que nada entendiam desses assuntos, aparecem no meio de nosso deplorável deserto documental: *stercora* são os estercos dos animais, e *marlae* uma mistura de cal e de argila; o resto vem de usos eventuais, como os deslocamentos de rebanhos sobre as terras "inúteis". A arqueologia, graças a tantas observações nos depósitos de detritos ou nos próprios campos, talvez um dia traga uma maior clareza.

Meu projeto não é esboçar aqui um quadro da agricultura medieval. Limito-me, portanto, a um sobrevoo cujo interesse será o de levantar uma lista de procedimentos e de obrigações que a necessária preparação do solo impunha a todos, jovens e velhos, homens e mulheres, e até crianças. Desse modo, a distribuição dos restos alimentares ou dos excrementos humanos, a dos dejetos animais e das palhas sujas onde dormiam e a limpeza das fossas de esterco são normalmente reservadas às mulheres. Munidas de forcados, pás e cubas despejarão tudo sobre os solos nas proximidades do *habitat*, uma vez que o volume obtido não compensa seu transporte para longe, mas na média de uma distribuição completa por quinzena. Talvez descartassem os restos de ossos, as conchas ou as cinzas das lareiras, pois logo foram identificados como prejudiciais aos cereais. Em contrapartida, estes últimos serão beneficiados pelos dejetos dos ovinos, muito nítricos, e que penetram na terra com o pisotear dos animais. Neste caso, as crianças serão incumbidas de deslocar os parques, as cercas provisórias, à medida que os rebanhos se movimentam – estas práticas ainda existem em nossas terras altas. O caso da colombina, o excremento dos pombos, é especial: este adubo é considerado o melhor, e por isso reservado aos solos exigentes; mas, como o volume é baixo, é preciso coletá-lo do chão do pombal onde os pássaros se abrigam. Como a construção desses edifícios, de pedra, é cara, exige limpeza e vigilância, só um senhor pode mantê-los e, portanto, seu produto será utilizado na horta ou no jardim do proprietário. Quanto ao algaço ou às algas, sua localização à beira-mar limita evidentemente o seu uso: são recolhidos com o forcado, e esse duro trabalho é reservado aos homens. O restolho que cresce sobre os solos deixados em pousio, os tremoços, artemísias e os restos de leguminosas verdes, será igualmente revirado e enterrado no local à espera das próximas semeaduras. Todos estes trabalhos de enriquecimento dos solos são feitos antes das semeaduras, portanto no outono, com exceção da vinha, que só será tratada no fim do inverno.

Os tratados de agronomia são muito ricos em detalhes sobre as condições desta estercada dos solos: profundidade, momentos oportunos, ritmo do trabalho; mas os redatores parecem dar mais atenção às noções de calor ou de frio, e quase nenhuma à busca de um equilíbrio entre os elementos fertilizantes no próprio nível do solo. Raros serão, portanto, os procedimentos, sempre baseados em uma observação local, destinados a retificar a qualidade do húmus ou do limo superficial: nesta parte se espalhará a areia, naquela a argila ou a marga, retiradas da vertente das colinas próximas; mais adiante, a argila amassada restabelecerá o equilíbrio de um húmus demasiado seco, ou então a turfa extraída de um pântano vizinho trará carbono a um solo deficiente. São todos trabalhos de grande escala e, geralmente, feitos na forma de corveias, e que deixam no solo ou no flanco dos vales alguns buracos e sulcos ainda visíveis; para evitar os excessos, estes trabalhos só serão realizados a cada oito ou dez anos. Este ritmo cadencia a vida do campo.

3.3.2 *Fazer a terra render*

Embora discutam com ardor, e até com agressividade, sobre o nível produtivo da agricultura medieval, sobre suas etapas e suas variantes regionais, os historiadores da economia concordam que houve um progresso, se não de rendimento dos trigos pelo menos de volume, ao longo dos dez séculos medievais.

Em relação à França, por exemplo, os mais otimistas não hesitam em fornecer, ao menos para a produtividade, estimativas que colocam o trigo de 1300 ou de 1500 no mesmo nível do de 1789 ou até de 1900. Por outro lado, ainda divergem sobre as causas desse "boom". Mais homens e terras aráveis sem dúvida, mas a qualidade do solo, corrigido como acabo de dizer, não desempenhou um papel primordial nesse progresso? São inúmeros os pesquisadores que estimam que as "maneiras", e até as ferramentas, tiveram a mesma importância. A questão não é inútil, uma vez que se abre sobre as faculdades de adaptação do trabalhador medieval aos novos procedimentos e às novas técnicas.

Atribuiu-se por muito tempo uma importância capital à ferramenta do trabalhador em terra cerealífera; levantou-se até uma lista impressionante das "invenções" medievais já citadas mais acima: ferradura para o cavalo ou para qualquer animal de tração; procedimentos de atrelagem com uso da coleira de ombro ou por jugo frontal segundo as espécies; emprego de um instrumento de lavoura como a charrua de relha e aiveca lateral que permite atacar mais profundamente os solos pesados, até então proibidos para as simples relhas de arado. Hoje, estamos menos confiantes quanto à eficácia desses "aperfeiçoamentos". Primeiro, porque não vemos por quais canais, principalmente intelectuais, teria sido introduzido na Europa Ocidental um espírito inventivo de que estariam desprovidos os "antigos", cuja imaginação, no entanto, é habitualmente reconhecida. Em seguida, porque muitas dessas supostas "invenções" são atestadas sob algumas formas, por vezes rudimentares é verdade, na Ásia ou no mundo mediterrâneo grego e árabe. Por fim, porque é quase indiscutível que essas novidades se espalharam de forma muito desigual: o uso da pá, da enxada, do escardilho e do forcado continuou até o século XVI e talvez até mais adiante, inclusive em grandes superfícies; e essa "jardinagem", embora cansativa, é tão eficaz quanto nos campos da Ásia...

É por isso que, normalmente, tende-se a dar prioridade aos "modos" aplicados aos trabalhos, e cuja diversificação provém das observações empíricas dos camponeses. À medida que aumenta a extensão dos solos cultivados e a demanda por víveres, os homens dessa época tiveram de adaptar suas práticas dentro de um objetivo de produtividade. Tiveram, portanto, de admitir a necessidade de um ciclo de cultivo que deixasse repousar a terra, cujos elementos férteis podiam ser esgotados por semeaduras demasiado frequentes. Com ciclos de pousio a cada dois ou três anos, às vezes mais, o solo não semeado era oferecido à passagem fertilizante do gado. A isso acrescentaram o princípio de semeaduras curtas, pelo menos se o solo a elas se prestasse e tivesse sido corretamente corrigido. Mas a disposição do solo lavrado em parcelas concentradas ou, ao contrário, em longas faixas não parece provir do emprego de um instrumento particular, como proposto por Marc Bloch, e bem pouco da natureza dos solos e do clima. Hoje, vemos neste fato muito mais a marca de um trabalho que aqui é em grande medida familiar com divisão em partes iguais, ali mais individualista e sem exigências coletivas: aqui campos abertos com longas parcelas, ali lotes fechados, e até com cercas vivas. Seriam, pois, a tradição local e a estrutura do grupo familiar que comandariam a paisagem agrária. Assim como certas práticas, *a priori* insólitas, estão certamente ligadas às considerações que nada têm de técnicas, mas são simplesmente sociais: ceifar os cereais quando já estão muito altos é deixar caules mais longos, decerto necessários para as camas do gado e os telhados, mas também para a respiga feita pelos mais pobres durante alguns dias, e depois para a rebrota das leguminosas que nelas se agarram; a menos que se espere o restolho que alimentará o gado. "Drenar" o solo ao dispor longos canteiros com escoadouros, com "linhas" laterais e relativamente próximas, trará um sistema de lavra "em pranchas" alongadas, portanto um esforço físico muito maior de pressão sobre as rabiças; o que trará a necessidade de reduzir o número de meias-voltas, do "vai e vem" dos animais atrelados pelo campo. A manobra, se forem dois animais lado a lado ou mesmo um atrás do outro, exigirá dois homens por junta: um jovem "ajudante" na maioria das vezes, uma mulher se necessário, guiará e regulará o passo dos animais, com cantos ritmados que não têm nenhuma relação com o lirismo campestre. Se o solo estiver seco, se o arado funcionar bem e girar sem dificuldade no fim da linha, ou ainda se a família for reduzida, o campo será mantido sem escoadouros e se necessário cercado, mas com uma cerca viva de arbustos hidrófobos.

Creio que já devem ter observado o quanto me dedico a priorizar o ser humano e seus esforços pessoais nessas práticas regulares e constantes impostas pelo império do grão, o entorno de quase todos. Duas últimas observações que nos levam até as crenças e ao subconsciente. Como em muitas culturas antigas, do Egito ao México, o trabalho da terra se reveste de uma dimensão teogônica: o lavrador deve trabalhar de frente para o sol, emblema da vida; a orientação dada à parcela deve se esforçar para deixar isso evidente. No Ocidente medieval cristão, não há, no entanto, vestígios de uma exigência sagrada desse tipo – talvez, aliás, porque as condições geográficas a tornariam impossível. Tentou-se, contudo, principalmente na Inglaterra, buscar algumas orientações coerentes das parcelas em função de uma relação entre o sol e as culturas. Se este caminho parece dos mais aleatórios, há um outro mais seguro. E foram os etnólogos que lembraram aos historiadores – ainda que a mitologia antiga já lhes tivesse sugerido – que a Terra, portadora dos frutos da vida, é mulher; é o homem que a penetra e a fecunda com a relha e as sementes; é, portanto, natural, deixando de lado qualquer aspecto técnico, que seja o homem que trabalhe, mesmo de compleição frágil, e que seja a mulher que, mesmo se não é única a colher, reúna os feixes e os leve ao celeiro.

3.3.3 A erva e a vinha

Floresta, garrigue e maquis ocupam nesses tempos mais solo do que hoje, sem dúvida; menos do que se repete, no entanto. É a flora herbácea, permeada de terras aradas pelo homem, que certamente triunfa; a paisagem é a de uma savana arborizada, com ervas mais ou menos densas, segundo a altitude, a latitude, a umidade ou a secura. Não discutamos sobre a oposição entre uma paisagem "mediterrânea" e outra "oceânica": a comparação deve ser entre uma estepe asiática e uma floresta virgem africana; na Europa Ocidental não há senão nuanças. Mas enquanto o grão dos campos arados, as plantas têxteis, linho ou cânhamo, os taludes e as margens dos rios, absorvem o essencial do trabalho campesino, a erva, ao contrário, parece menosprezada. Ou melhor, é usada, mas sem que se procure obter dela mais do que a natureza lhe destinou. O "prado" permanece, geralmente, em estado bruto: tanchagem, artemísia, trevo, grama de ponta, aroeiras, estevas, gramíneas selvagens de todos os tipos, e os vegetais mais baixos como alecrim, tomilho, cardos, saladas de todos os tipos. A tal ponto que a língua comum qualifica como "ervas" tudo o que é recolhido sem ter sido realmente cultivado: legumes e frutas selvagens, ervilhas, lentilhas, favas e outras féculas, tudo o que irá compor a "sopa" de que falei mais acima.

Essa "erva" é "inútil" por excelência, portanto zona de pasto, quer um senhor pretenda ou não cobrar uma taxa sobre seu uso. Ali se cortará com a foice com o que forrar as camas dos animais, acender o fogo, engrossar o esterco, e se coletará plantas medicinais cujas virtudes são indiscutíveis: o repolho para os males do fígado, a cebola para o reumatismo, o agrião para as picadas de insetos, a salsinha para as divagações do sonho, a fava para a lepra, a lentilha afrodisíaca, e paro por aqui! Tudo isso é trabalho de mulheres, às vezes até de crianças; o homem só intervirá se decidirem coletar em grandes superfícies, como na montanha, com a finalidade de preparar o *alp* para os transumantes, ou então se para lá conduzirem os rebanhos para complementar o que conseguiram encontrar no bosque – estamos falando então da zona mediterrânea, onde o maquis é impenetrável e a garrigue demasiado pobre. Não que não exista nenhuma "pradaria", nenhum "prado para ceifar", que ofereceria feno para os animais; mas sua manutenção é dispendiosa, pois é preciso zelar pela qualidade da erva, de forma que esses "prados" pertencem aos mais ricos; quanto à foice, ela é propriedade do ceifador. Cercam-se as parcelas; lavra-se de tempos em tempos; convertem alguns espaços em hortas ou em pomar para as árvores que a floresta sufocaria: frutos vermelhos, arbustos de frutos tenros como o pessegueiro ou o abricoteiro. Mas o "jardim" permanecerá uma paisagem senhorial, um lugar de "recreação", de descanso, de encontros no próprio recinto do castelo ou no pátio de uma casa burguesa. Como então se surpreender que nossa agitação e nosso estresse desejem o "verde" da natureza?

A vinha é um caso à parte. Cultivar "seu" cercado, beber "seu" vinho são emblemas, como ainda hoje, da dignidade social. A minúcia do trabalho vitícola, a "arte" mesma que lhe reconhecem, os cuidados especiais que a planta exige, tudo isso faz com que o vinhateiro despreze o homem da charrua ou o pastor – dois homens a quem se proíbe a entrada no "cercado". Na cidade, quando um homem tem um pedaço de terra dentro ou fora das muralhas, este pedaço de terra é uma vinha. Muito antes de o rito cristão lhe dar a dignidade de uma espécie eucarística, o vinho é o símbolo da alegria, da convivialidade e também da saúde. Acompanha as danças sagradas, os repastos festivos e as libações piedosas; marca a acolhida do viajante ou do hóspede, as *relevailles* da mãe, a assinatura de um contrato. Não ignoram, naturalmente, que o consumo excessivo possa trazer efeitos desastrosos; o bêbado está presente nos *fabliaux*, são muitos os personagens importantes que o apreciavam além da conta, como Filipe Augusto, de quem já falei, que era um especialista, ou Carlos o Temerário, levado pela guerra antes de perecer de uma cirrose avançada. É verdade que o consumo já citado, quase dois litros diários, devia ser compensado pelo baixo teor alcoólico. Quanto ao repúdio do vinho nas terras do islã, porque ele alienava o corpo e a alma dos fiéis, esta é uma questão praticamente ignorada pelas crônicas cristãs redigidas no Oriente.

Uma tenaz tradição credita aos romanos o fato de ter introduzido a vinha na Gália. A antracologia mostrou que nessas regiões a planta já era conhecida bem antes de Cesar, mas, provavelmente, sem uma exploração racional. Os agrônomos latinos descreveram muito bem as condições do solo, exposição e temperatura que lhe eram mais favoráveis e onde de fato prosperava particularmente bem. Mas a Idade Média conheceu e cultivou a vinha em toda parte, da Escócia à Sicília, e até na Escandinávia. Sustenta-se "com certa seriedade" que esta ubiquidade provém do consumo de uma taça de vinho pelo pároco no momento do sacramento eucarístico, quando, ainda por cima, a comunhão das duas espécies já havia desaparecido entre os laicos. É mais sensato admitir que a extensão do vinhedo para além de suas melhores terras deve-se à oferta da água não filtrada de má qualidade que se oferecia a qualquer um e que se reservava para a cozinha, mesmo ali onde a cerveja, a cidra ou o vinho de pera podiam concorrer com o vinho, como mencionei mais acima. Este último é elevado à categoria de um sinal de dominação e de prestígio, primeiro entre os mais ricos e depois em toda parte. Foi só muito lentamente que o cuidado dedicado à triagem das cepas e a evolução do paladar provocaram um recuo dessa viticultura extrema; mas só nos séculos XIV e XV houve o avanço dos vinhos "fortes", tintos em sua maioria.

Quanto ao trabalho do vinhateiro, ele mobiliza o homem, e mesmo sua família, durante todo o ano, ainda que a noção atual de aldeia vitícola não esteja assegurada. Entre uma vindima e outra, é preciso "calçar" o pé das cepas, adubá-las, podá-las e fazer a mergulhia; preparar as estacas para as parras; revolver a terra e retirar as ervas daninhas, desfolhar e limpar. E quando chega o tempo da vindima, no momento em que a natureza escolheu, proclama-se o "ban" que mobiliza toda a mão de obra da aldeia. A vinha do senhor é a primeira, mas só depois de ele ter escoado o resto de sua colheita anterior. Pois o vinho não se guarda; conhecemos muito mal os procedimentos de vinificação, mas é possível considerá-los inferiores aos nossos. Há um esforço para escoar rapidamente a bebida, mesmo a *mère-goutte*, ou seja, o primeiro mosto obtido antes do fim da pisa, ou ainda o *verjus*, vinho de primeira pressão, mas ácido e reservados às salmouras. A colocação em barris e o envio aos mercados, se a produção não for totalmente consumida no local, explicam que a vinha tenha sido geralmente plantada perto da água, mar ou rio, para facilitar o transporte em tonéis cuja solidez não era considerada suficiente para resistir aos solavancos das estradas de terra.

O trabalho exigido pela planta necessita, portanto, de um ambiente humano e material de alto nível: espaldeiras se for plantada na vertical, estacas em todos os casos, barris e tonéis, muretas de terraço nas encostas, árvores frutíferas onde agarrar as gavinhas se for em "consorciação", cercas sólidas contra os roedores, vigias atentos contra os cães sem donos ou os ladrões. Tudo isso custa caro, infla os preços, alimenta a fiscalidade senhorial, e na economia medieval e na vida cotidiana confere à vinha e ao vinho uma posição igual à do grão.

3.4 A árvore e a floresta

O homem dos primeiros tempos seria arborícola, como seus irmãos "inferiores", os macacos? Ou limitou-se a se servir da árvore para se alimentar ou se esconder? Eis algo que não tem nenhuma importância para as "pessoas da Idade Média", para quem essas origens desapareciam na mão de Deus. No entanto, os alguns milhares de anos da "história" não conseguiram apagar a marca das outras centenas de milhões: a árvore permanece a inevitável companheira do homem; ali onde falta não há mais vida "normal", e mesmo o pastor nômade vai de oásis em oásis para encontrar água, é claro, mas também árvores.

3.4.1 A floresta, opressora e sagrada

Quer se ofereça como floresta de resinosas, como bosque de carvalhos ou como maquis espinhosos, a floresta é a barreira que limita o horizonte dos grupos humanos. Até das muralhas da cidade é vista ao longe, cercando os homens; e antes de qualquer outro avanço, a senhoria na Idade Média é primeiramente uma clareira. A floresta bem próxima pesa na mentalidade dos vivos; é a terra indomável da natureza regenerada a cada primavera, onde vivem certas árvores cujo tempo de existência excede largamente o dos humanos. É a parte sagrada da criação, aquela que não se pode abordar sem um temor religioso, pois nela tudo é estranho e impenetrável: os odores, os ruídos e os animais que vivem ou suspeitamos ali viverem. Ao longo das incertas veredas, os espinhos se agarram no viajante; os troncos caídos se opõem à sua marcha; poças ocultas o ameaçam: são as armadilhas do diabo. Pois certamente este último é o senhor das trevas, ele e todos seus dedicados servidores, elfos, gênios malfeitores, *trolls* ou *kobolds* dos países germânicos, com seu Rei Erlköning, Arlequim; ou, mais ao sul, as fadas, os dragões, as tarascas e todos os faunos, os silvanos ou os anões verdes servidores de Pã. Todos estão associados para enfeitiçar e enganar os humanos crédulos e medrosos. Ali se pode permanecer por vários dias no terror, como fez um imperador alemão do século XI, sem nunca encontrar a saída; ali são assassinados os príncipes e os senhores odiados, ali se escondem os bandidos, ali deparam-se com fenômenos estranhos – rochas fendidas, restos de megálitos, cirandas das fadas. A Bíblia envia Absalão para ali perecer, e a Igreja cristã, negligenciando as fontes sagradas, no entanto mais encantadoras, teima em abater as árvores veneradas pelos celtas, e para lá envia Michel, Hubert, Georges ou Marcel para vencerem o espírito do mal.

Ainda assim, a floresta é como o mar: apavora, mas atrai. Primeiro, como veremos, porque é uma das bases da vida material do homem. Mas também porque encarna a eternidade e a renovação: o visco dos druidas gauleses anuncia o Ano-novo; o louro coroa as glórias desta terra; o mirto e tantas outras espécies selvagens curam muitos males; o pinheiro, sempre verde, evoca o nascimento do Deus Menino. Capelas ou altares são erguidos às margens da floresta ou de um bosque, e os eremitas ali escolhem seu "deserto". Além disso, os tempos góticos iluminam pouco a pouco as relações entre o homem e as árvores: São Bernardo garante que na floresta se aprende muito mais do que nos livros, e São Francisco vai até lá pregar ao lobo e aos pássaros. Sem dúvida, no fim da Idade Média, um novo véu de temor se abaterá sobre esses covis de malfeitores; mas entretempos, em quatro séculos (do XI ao XIV), a floresta já terá sido penetrada, dominada e regulada.

Habituados às paisagens descampadas das zonas mediterrâneas, os greco-romanos, César, Tácito, Estrabão, foram bem-sucedidos ao propagar a ideia de uma cobertura florestal quase contínua que avançava cada vez mais para o norte ou para o leste: é a "Gália cabeluda" dos *Comentários* de César, a "Germânia negra" de Tácito. Um evidente erro de apreciação, pois os testemunhos arqueológicos de *habitat* muito antigos nessas regiões mostram muito mais uma paisagem de savana densa, mas em grande parte arborizada; no sul, o maquis e a garrigue são, no mais, os prováveis restos de uma vegetação outrora – isto é nos tempos neolíticos – muito mais extensa. Sem me lançar em um estudo botânico que excederia minhas competências, direi que não há nenhuma prova séria de uma modificação das essências arbóreas que seria causada pela mão do homem. Na Europa Ocidental, as curvas palinológicas revelam a manutenção de diversas espécies de carvalho, um recuo progressivo da faia, uma expansão da bétula entre os séculos XIV e XVII, um crescimento das coníferas nos tempos modernos, um vai e vem da castanheira do norte ao sul e o inverso atualmente. Persiste a competição entre os agrupamentos arbustivos das faias e das coníferas perante os carvalhos e as castanheiras. Mas nem a feroz legislação medieval interditando a derrubada dos carvalhos nem o desenvolvimento dos madeiramentos de castanheira na cidade tiveram qualquer papel nesses amplos movimentos naturais. São as variações climáticas que parecem ter comandado as evoluções que se estendem por vários séculos.

Esta observação deve ser ponderada: se os pólens arbóreos não traduzem nenhuma ação sensível do homem, já seus irmãos cerealíferos ou gramíneos registram mais nitidamente sua passagem, pois estão ligados à agricultura ou à criação. O camponês medieval usou o subarbusto de acordo com suas necessidades: medíocre sob as coníferas, que bombeiam em larga medida o azoto do solo e o isolam sob um tapete de agulhas estéreis; de qualidade mediana ao pé das faias, mas alimenta os fetos e as urzes que serão procurados para as camas dos animais; excelente sob os carvalhos e as castanheiras, onde poderão crescer os cogumelos, os tubérculos e legumes de todo tipo. É o homem que saberá explorar ou desenvolver essas riquezas. Quanto à oliveira, se muitas vezes seu entorno é bastante pobre, seu papel de reservatório de óleo basta para lhe garantir a simpatia e o favor dos homens.

Uma outra ponderação, evidente. O recuo dos bosques durante e a partir do tempo medieval é inegável; inúmeros testemunhos escritos ou atentas observações pedológicas denunciam facilmente as superfícies antes arborizadas. Mas, também neste caso, o exagero desnatura os fatos. A imagem constantemente reproduzida do "monge desbravador" é um erro grosseiro: primeiro, porque aqueles a quem se atribui gratuitamente este papel, os cistercienses encabeçando a lista, por uma regra imperiosa estão, ao contrário, isolados no meio das florestas, e se especializaram muito mais em uma hábil gestão de seu patrimônio florestal do que em sua destruição; em seguida, porque a totalidade dos monges que trabalhavam no bosque jamais teria sido suficiente para modificar sua extensão. Não foram os monges, mas sim os camponeses que trabalharam – é verdade que muitas vezes a pedido e nos bosques dos conventos. No total, e incluindo as zonas de cobertura vegetal descontínua, montanhas e regiões meridionais, certamente estaremos perto da verdade ao estimar este recuo em 10% da superfície das florestas da Europa Ocidental. Nada comparável às terríveis destruições iniciadas na e fora da Europa desde 1900 ou 1950, e que hoje atingem uma extensão verdadeiramente demente; nossos descendentes pagarão o preço em um século ou dois.

Em relação aos "desmatamentos" – cuja palavra, é preciso lembrar, visa na realidade mais a mata do que o carvalho –, limito-me a enumerar seus exemplos. Observaremos em primeiro lugar que a diversidade do vocabulário empregado nos contratos de derrubada de um cantão florestal testemunha etapas e objetivos bem caracterizados: *rumpere* e *ruptura* querem dizer "penetrar"; *sartare, exsartare, exarare* significam "desenterrar", "arrancar", como "artigue" no sul da França; *adalere, exardade* querem apenas dizer "deixar em estado de fornecer o que comer", ou "queimar". Este último verbo atrai a atenção para a forma de desmatamento provavelmente mais utilizada: a queimada que atingirá primeiro a área dos arbustos e subarbustos e a dispersão das cinzas, que são quimicamente básicas e permitem o enriquecimento do húmus. Temos a impressão de que o machado, a machadinha ou a serra são depois menos utilizados do que o podão, para os galhos, ou a enxada, para os solos. Este tipo de trabalho precede a derrubada dos troncos, mas ao longo de vários anos, antes de as raízes serem arrancadas por bois puxando correntes – únicos animais bastante regulares e fortes para fazê-lo. E ainda assim só o arado será usado nos solos limpos, onde as radicelas ainda frearão por um bom tempo a charrua. As terras então conquistadas à floresta, os *gagnages*, são tanto melhores para o cultivo de cereais porque as queimadas e a aeração dos húmus aumentaram o teor de azoto, de fosfatos e de potássios. O homem dessa época não conhecia essas palavras, mas via bem o efeito delas. Por isso os senhores do solo zelavam cuidadosa e mesmo duramente pela preservação das terras novas, fonte de alimentos e de impostos, regulamentando seu uso, cercando-as e vigiando-as.

Por perceberem o papel dessas terras, poderosos ou gente simples chegaram à noção de gestão racional da floresta: vigiar sua vida, garantir sua reprodução, organizar sua exploração – três evidências, três deveres que vêm bem antes do lucro fácil que hoje domina os poderes públicos ou privados, cegados pela "rentabilidade" imediata. Sob este aspecto, se os cistercienses desempenharam um papel-chave, também as autoridades laicas colaboraram ao criar todas uma equipe de agentes florestais, os *verdiers* e os *gruyers*, como se dizia no norte da França (de *vert* de *grün*): as cartas costumeiras fixaram as condições de acesso dos homens e dos animais à floresta, proibindo o emprego de ferramentas prejudiciais, ou ainda proscrevendo a derrubada clandestina de certas espécies como as árvores frutíferas e o carvalho. Na França, por volta de 1280 ou 1300, o rei tomou a iniciativa de criar alguns "mestres das águas e florestas", depois, no século XIV, de regulamentar os ritmos de derrubada, de fornecimento, marcando as árvores escolhidas, vigiando a retirada dos troncos, geralmente por flutuação. Foi sobretudo da Itália que vieram as mais minuciosas prescrições: no tratado de Pietro dei Crescenzi, encontramos a respeito da reserva florestal, da duração, segundo as espécies, do intervalo de tempo entre dois cortes em um mesmo bosque (de três a doze anos) e do ritmo das reservas das árvores em crescimento, um estado de conhecimentos nesses tempos que será retomado pelas grandes ordenações dos séculos XVI ou XVIII. No fim da época medieval, a floresta não é mais selvagem (*wild* et *wald* em alemão), nem apartada do mundo dos homens (*foris*, "fora de", em latim). Tê-la assim domesticado é uma das obras essenciais desses tempos.

3.4.2 A floresta, necessária e nutritiva

Em primeiro lugar a madeira: sendo o ferro, ainda que se pretenda, demasiado raro para sustentar outra coisa que um artesanato modesto, podemos dizer que a Idade Média é a "idade da madeira". Seu emprego faz dela a matéria-prima essencial desses séculos. É a madeira para construção a primeira que se vai procurar na floresta, *ad aedificandum*, afirmam os direitos de uso: troncos para os madeiramentos em carvalho ou em castanheira, e de acordo com Suger, foi grande sua dificuldade para encontrá-los em seus bosques para cobrir Saint-Denis; vigas de sustentação, as das torres fortificadas antes do uso da pedra; pranchas de tábuas para o piso e as cofragens; pilares para sustentar as paliçadas e, na cidade, as madeiras mais leves para o enxaimel. As madeiras duras – castanheira, nogueira, carvalho e oliveira – servirão para os móveis, raros, mas maciços, para os chassis de portas e janelas e para quase todas as ferramentas e utensílios cotidianos, agrícolas e vitícolas: potes, tigelas, tonéis e até instrumentos de lavoura submetidos a um duro uso. É preciso também se proteger dos ladrões, dos carnívoros e dos roedores, talvez mais ainda dos vizinhos indiscretos, e de todos aqueles que não respeitam os costumes: os malfeitores, os *forfaiteurs* (*male factum, foris factum*). A Idade Média continuou erguendo paliçadas de madeira morta para proteger seus direitos: cercas de arbustos como os olmos vivos ou de enramadas de *mort bois*, salgueiros, bétulas, carpinos. Por isso deixarão um pedaço de floresta em *défens*, em *devèze*, e nos pontos sensíveis serão erguidos pequenos fortes, os *plessis* (uma velha palavra gaulesa: *ploïcum*), cuja lembrança a toponímia manteve.

Ad comburendum, para queimar, pois o fogo vem apenas da queima da madeira. Mais um campo de severa regulamentação: não se pode à sua conveniência, em qualquer lugar ou a qualquer momento, cortar madeira para cozinhar ou se aquecer; natureza, volume, procedimentos, momentos e multas são, naturalmente, fixados, e os agentes do senhor patrulham a todo momento. A antracologia mostrou que a tradição dos troncos inteiros de carvalho queimando nas lareiras senhoriais para assar um javali é, mais uma vez, uma ideia falsa, ou melhor, reservada a uma festa raríssima. Na lareira do castelo ou na lareira da choupana, a realidade são galhos e feixes das árvores não frutíferas, as braçadas de fetos, de giestas, de tojos, de urzes, ou então as "madeiras brancas", resinosas, choupos, que sujam os morilhos e a chaminé, ou ainda as árvores de madeira boa derrubadas pela ação da natureza e retiradas das clareiras. Quanto ao carvão preparado por alguns artesãos em cabanas na floresta, cada quilo consome mais de dez quilos de madeira verde, o que torna excepcional seu emprego: nas forjas se necessário, ou na cidade, onde reduz os riscos de incêndio. Por fim, as cascas colhidas ou arrancadas serão usadas pelo curtidor para os banhos de tintura.

Em um mundo onde o grão parece dominar, mas onde o cultivo de hortas é bastante raro, as pessoas são tentadas a buscar outra proveniência de alimentos. Mas as "ervas e legumes", sobre os quais já disse algo, estão em todas as mesas. Se um perigo obriga a fugir para a floresta, o grupo de aldeões pode "aguentar" por vários meses sem perecer; no século XIV, os Tuchins do Languedoc, aqueles da *tosca,* da *touche* – diríamos do *maquis* –, resistiram anos, fora de qualquer controle público ou militar. Pois a floresta contém tudo o que é necessário para viver; hoje se aceita melhor a ideia de que nesses tempos a base principal da vida era dominada por uma economia de coleta e de pequena criação, e isso desde os tempos neolíticos. O homem encontra na mata, além das bagas vermelhas, as avelãs, as amêndoas, as nozes, as azeitonas, das quais extrairão os óleos indispensáveis, mas também cogumelos, castanhas, nêsperas, bolotas e todos os tipos de abóboras; colherá aspargos, alhos-porros, beterrabas, repolhos, ruibarbos, alcachofras, cenouras, pastinacas e rábanos. E são bem conhecidas as intermináveis discussões de "especialistas" sobre a importância dos tubérculos ancestrais da batata, ou sobre a data da entrada na Europa Ocidental dos espinafres e dos salsifis. Se acrescentarem cerejas, maçãs, marmelos, figos e peras, a cesta estará completa; sobrará um lugarzinho para o alho, a cebola, a hortelã e o orégano, ou então com o que preparar chás de tília para a insônia, sabugueiro para a depuração, mirtilo para os banhos de olhos, coentro para encorajar os encontros amorosos. Uma última dádiva da floresta de igual importância: a luz e o açúcar, a cera e o mel, obra das abelhas, o que garante a esses insetos uma respeitosa reputação, já que aceitam de bom grado que o homem ou outro animal glutão lhes roubem o fruto de seu trabalho. Se quase sempre a "criação" em colmeia é feita fora da mata, é nesta que serão encontrados os enxames selvagens, uma "caça" tão gratificante que foi preciso legiferar para impedir os gananciosos de serrar as árvores cujos enxames eram impossíveis de alcançar.

Não é apenas o homem que vive da floresta. As bagas e as ervas não interessam aos carnívoros que a povoam, e muito pouco aos roedores; mas o bosque pode ser reservado, *ad pascendum*, para o pasto. Temos uma certa dificuldade para imaginar equídeos ou bovinos pastando livres ou vigiados na floresta, principalmente por causa das evidentes dificuldades de circulação; mas, quando limpo, o subarbusto pode alimentar os rebanhos – pelo menos aqueles que não destroem os brotos jovens, como fazem as cabras e os carneiros, por isso se tenta impedir o seu acesso às matas de corte. Em contrapartida, o porco é solto na floresta em setembro, quando da coleta das bolotas; onde se necessário vive o ano inteiro, de forma que, pelo menos até o século X, uma superfície florestal é medida em "porcos" – isto é, pela "superfície necessária para alimentar um porco durante um ano", geralmente estimada em quase um hectare. Este tipo de pastoreio livre nem sempre foi apreciado pelo campesinato, pois os animais se machucam, são atacados pelos carnívoros e são difíceis de reunir para a ordenha ou o acasalamento. As porcas são amiúde cobertas pelos javalis, o que acaba modificando o comportamento e, sobretudo, a aparência exterior de sua prole. Estima-se, portanto, que essa faceta do papel do bosque pouco a pouco desapareceu em benefício da pastagem nas terras em pousio quando, depois do século XIII, tornou-se comum a rotação de culturas, ou da estabulação mais ou menos permanente, e da qual voltarei a falar.

3.4.3 E a gente da floresta?

Se, ainda hoje, a floresta é um reservatório de madeira, que aliás desperdiçamos de forma irresponsável, bem como um terreno de trilhas, um lugar de descanso, uma fonte de ar puro para a cidade, nela encontramos apenas equipes de lenhadores, guardas florestais e caçadores; não há mais cavalos, bois ou porcos, e eventualmente alguns coletores de lírio do vale, de cepas ou de castanhas. Mas na Idade Média, e principalmente nos últimos tempos, a floresta fervilha de gente. Primeiro, todos aqueles que acabamos de citar: pastores, coletores de bagas, arrancadores de raízes, desmatadores em grupo ou lenhadores isolados; mas igualmente, como um segundo estrato, os que trabalham ou recolhem a madeira, os coletores de frutos selvagens, de cascas ou de cinzas, e também os carvoeiros, instalados de forma permanente, que por vezes, antes de transportarem, certamente no século XI, sua forja para a aldeia, têm a companhia dos *férons,* dos *fèvres,* dos *ferrario,* em qualquer lugar onde possam coletar um pouco de minério à flor do chão. No entanto, todos esses homens vivem à parte, afastados da aldeia, onde logo se tornam suspeitos de ser ladrões, caçadores clandestinos, marginais, de todo modo cúmplices de todos os feiticeiros e demônios que acreditam encontrar ao lado deles. Sem contar os fugitivos, os banidos, os malfeitores que estão certos de que não virão procurá-los na mata. Em tempos de guerra, ali se reúnem os soldados, os mercenários, e a presença deles no século XV está tão estreitamente ligada à floresta que o bom povo, constatando tanto a interrupção dos desmatamentos quanto a importância da floresta na guerra, diz e faz dizer: "Na França, os bosques vieram com os ingleses" – os ingleses, os "godins" como dizem, sem que o historiador possa a partir dessa palavra decidir entre os *gawaldi,* a gente da floresta, *wald,* e os *God Dam,* blasfêmia supostamente proferida pelos inimigos do rei.

E, para terminar, dois grupos, desta vez de maior interesse: os eremitas que dispensam as consolações e os remédios aos aflitos da alma e do corpo; os cavaleiros em aventura, com proezas fantásticas avolumadas pela sombria glória de ter vencido a floresta: Lancelot e os homens de Artur, vingadores mascarados, ou Percival, Galaad e os outros, obstinados buscadores do Graal, a taça sagrada que recolheu o sangue de Cristo na cruz.

Para a comodidade de meu relato, suprimi todas as tonalidades que os escribas em seu vocabulário, ou a natureza em suas disposições, deixaram, no entanto, bem marcadas. Mas elas não são negligenciáveis: se o *saltus,* termo quase jurídico, e a *foresta* são realmente as zonas que estão "fora" – fora do *ager* cultivado, fora do direito comum –, eles não confundirão a *mescla* ou o mato de vegetação espinhosa, e quase estéril, com a *silva* dos carvalhos e faias, menos ainda com o campo arenoso e a duna quase nua. O homem bem que tentou, às vezes quase conseguiu, circunscrevê-las, domá-las. Há muito tempo os animais o fizeram: Onde estão eles?

4

E os animais?

A partir dos bilhões de anos que se seguiram à concreção de nosso planeta em uma esfera sólida, concreção de restos arrancados da estrela, ou outra origem – o que pouco importa aqui –, sucedeu-se uma prodigiosa galeria de seres vivos entre os quais, ao que parece, o homem é o último, pelo menos até aqui. Interesso-me, naturalmente, por aqueles que ainda nos cercam, nesta ínfima película de tempo a que chamamos "história". Deixarei, portanto, aos paleontólogos e às crianças o cuidado de evocar as espécies desaparecidas, inconcebíveis e, com frequência, ridiculamente aterradoras, e em nossos dias ilustradas por inúmeros simulacros pueris.

Voltemos à realidade do fim do Holoceno, posterior à última glaciação observada, alguns 30 mil anos atrás. A maioria dos seres animados desses poucos milênios ainda é vista em torno de nós, ou melhor, no meio dos quais estamos imersos. "Imersos", pois, para um *homo sapiens sapiens* (que designação grotesca!), encontraremos mais de cem outras espécies de mamíferos terrestres, milhares de pássaros, milhões de insetos, bilhões de peixes. E mais, não conviveu nem com a metade desses cem mamíferos, os únicos que realmente conheceu, e com uma dezena, se tanto, sobre os quais pôde exercer seus talentos. Proporção derrisória, mas que é sempre bom relembrar: o homem está imerso no mundo animal, mas está convencido de dominá-lo, porque Deus lhe teria confiado essa tarefa. Quanto aos animais em questão, exceto um cão ou um cavalo, eles nunca se deram conta de nada. Mas deixemos esta constatação debilitante que não incomodava as pessoas da Idade Média, e vejamos qual era a atitude dela.

4.1 O homem perante o animal

No Éden, homens e animais vivem na concórdia e no respeito; todos se saciam na fonte da vida, e o amor de Deus toca todas suas criaturas. No entanto, é uma delas que precipita a tentação e a queda. Assim se introduz o germe de um "distanciamento", como diriam os psicólogos, entre o mundo dos homens e o dos animais. Que este papel negativo seja atribuído à serpente, desde as primeiras redações confiáveis da Bíblia, ou que muitos autores medievais a tenham substituído pelo lobo, foi com certeza o medo, o medo do animal perigoso, que primeiro se ergueu entre o homem e o mundo animal.

4.1.1 O medo e a repugnância

Ainda que Aristóteles falasse da comunidade de todos os seres vivos, o mundo cristão não vê nela senão uma ficção. São Paulo já dissera: os animais são criaturas de Deus, mas não têm alma; quando muito o instinto e o senso necessários para estar ao serviço do homem. E o próprio São Francisco fala com o lobo de Gubbio como a um irmão, irmão inferior, no entanto, a quem é preciso ensinar, uma vez que Deus deu ao homem todo poder sobre sua criação. É certo que a literatura medieval não negou seu lugar aos animais "humanizados", mas quando descritos mostram uma complacência um pouco insípida, como pelo cavalo de batalha de Bayard que bate o casco quando seu mestre aparece, ou emprestam-lhes uma desagradável malignidade, como à raposa Renard ou ao cavalo Fauvel. Decerto que, sob a aparência de um disfarce animal, são sátiras da sociedade dos homens; mas na verdade o relato oculta o desprezo pelos animais. Esse estado de espírito ainda é tão claramente o de toda humanidade que nem é necessário relembrar o arsenal de injúrias animais que os homens usam uns contra os outros, ou os qualificativos tradicionais, mas geralmente irrefletidos, com os quais vestimos os animais: o ganso é estúpido, o galo pretensioso, o porco sujo, o bode lúbrico, o javali brutal, o lobo cruel, o gato traiçoeiro, e fico por aqui para chegar à síntese dos insultos: o asno, este forte, indispensável e laborioso amigo do homem e que julgamos teimoso, preguiçoso, guloso, feio, barulhento, estúpido, e sobre o dorso do qual são exibidos os amantes nus surpreendidos em seu pecado, esquecendo que ele também havia transportado o Menino para o Egito, e Cristo para Jerusalém.

O desprezo é um remédio contra o medo. Mas o homem tem medo, sem querer reconhecer que sua própria fraqueza é a causa natural desse medo. Tem medo de ser atacado pelo mais forte. Por isso, desde os tempos pré-históricos, e porque é o único, de fato, a saber dominá-lo, serve-se do fogo para iluminar a escuridão repleta de perigos, e para afastar os carnívoros que enxergam no escuro; quando desarmado, dorme com a cabeça contra a parede, como já lembrei, para evitar um ataque pelas costas. Esse medo está longe de ser sem motivo. Primeiro, porque muitos animais causam indiretamente graves ofensas ao homem: o lobo ataca os rebanhos, o javali estripa os cavalos, o gafanhoto destrói os campos, o rato devora seus estoques. Mas o perigo também o atinge diretamente: as picadas dos insetos podem ser cruéis, o urso e o javali feridos são perigosos para o caçador, os répteis silenciosos e rápidos mordem o camponês desatento, o rato cinza e, ainda pior, o rato preto propagam doenças mortais. E até os animais "domésticos" também não são inofensivos: o cão amedrontado morde, o cavalo irritado dá terríveis coices. Quanto ao gato, que a Igreja, ainda no fim do século XI e, depois, a opinião pública assimilam ao sabá, à magia e ao diabo, ele arranha, rouba, desencadeia crises de alergia, e sua lubricidade o torna odioso aos homens, mas muito menos às mulheres, como testemunha nossa moderna publicidade. Mas de todos, nesses séculos medievais – e por que não nos outros –, é o lobo que concentra o terror e o ódio: corajoso, astuto, perspicaz, inapreensível, o "tigre do Ocidente" é o único mamífero que, faminto, ataca diretamente o homem: o viajante perdido, o pastor sem defesa, o soldado ferido, a criança e o velho. Seus malfeitos, aumentados pelo medo, propagam-se de aldeia em aldeia, mesmo quando o animal só invada a cidade, como em Paris no início do século XV, se a fome o atazanar. Os lobos ocupam a memória infantil, inundam a literatura e alimentam os relatos de terror. Na França, pelo menos, o extermínio do animal, encorajado por toda uma legislação prevendo batidas e prêmios, só terminou no século XVIII. Ainda hoje, quando constitui um perigo apenas para os carneiros malvigiados, seu retorno, embora rigorosamente enquadrado, provoca nos aldeões um furor e um temor renovados.

É evidente que todos esses animais causam medo, mas em geral não despertam repulsa, porque em graus diversos pertencem ao mundo antrópico: têm sangue, pelos ou plumas; são vistos durante o dia e quase todos dormem à noite; copulam e defecam como os humanos. Mas os seres viscosos, pegajosos, frios e moles, como os peixes e os répteis, e os outros, inapreensíveis, escuros, invertebrados, muitas vezes malcheirosos, como as aranhas, as formigas, as baratas e todos os insetos do mosquito à pulga, são repugnantes e fonte de doenças. Antes de os progressos científicos terem revelado o papel dos micróbios e dos bacilos no desencadeamento das pandemias, foi às picadas desses animais que, ao longo dos séculos, foram atribuídas as vastas hecatombes humanas: disenteria, cólera, malária e, naturalmente, a peste.

4.1.2 O respeito e a afeição

São muitas as culturas, talvez menos convencidas da superioridade do homem que a sociedade judaico-cristã, para as quais o animal (ou certos animais) é seu igual ou mesmo seu deus. Aos nossos olhos, algumas são exóticas, como as da América pré-colombiana ou da China antiga; ou então fechadas sobre si mesmas, como a do Egito faraônico onde os deuses estão encarnados nos animais. As crenças indianas ou iranianas, mais próximas de nós e, talvez, com certa influência sobre nós, não recuam diante de uma reencarnação em um corpo animal ou da sacralização de determinados animais: a águia e o falcão persas, a vaca indiana. E certamente foi por esse canal que chegou até nós o culto do touro, emblema de virilidade; de Creta à seita de Mitra, até hoje o touro anima as festividades rituais, sangrentas e brutais das arenas ibéricas, bascas ou languedocianas. Ninguém duvida que os exaltados *aficionados* das touradas não têm consciência de que imitam assim os adeptos de um culto oriental: a deusa Hathor, o Rei Minos, a ninfa Io ou o deus Mitra são nomes que provavelmente não lhes dizem nada. No mais, o cristianismo, pelo menos em seus primeiros séculos, não rompeu brutalmente com essas práticas zoomorfas: revestiu três dos quatro evangelistas com gloriosos símbolos animais – a águia, o leão e, mais uma vez, o touro. E embora a veneração em relação ao animal tenha pouco a pouco desaparecido, a hagiografia conservou sua lembrança: Deus pode tomar os traços do cervo real, da pomba ou do cordeiro como símbolo de paz ou de clemência. A Igreja não admitirá, ainda em pleno século XIII e a contragosto, o culto de São Guinefort, o lebréu que salvou uma criança das mordidas de uma serpente, emblema, evidentemente, do demônio?

Só muito lentamente a contribuição céltica ou germânica se diluirá na herança greco-romana e oriental. Como tantos povos em busca de virtudes que não têm, principalmente de coragem, de fidelidade e de força, alguns grupos humanos se deram totens com figuras de animais, geralmente ligados à necessidade da caça: o lobo, o urso, o javali e a águia. Esta é a origem de muitos antropônimos ou simples prenomes de nosso mundo atual: achamos engraçado

Bison futé [Bisão arguto], mas não Bernardo que, no entanto, significa apenas "Urso corajoso". Por muito tempo se afirmou que a recusa em comer carne de cão ou de gato vinha da afeição dada a esses animais ou que, inversamente, comer carne de cavalo ou beber-lhe o sangue visava passar ao guerreiro as virtudes "heroicas" atribuídas ao animal, e que por isso a Igreja havia interditado essas práticas "bárbaras". Infelizmente, a arqueologia encontrou ossos de cavalo que trazem traços de corte de açougue; e quanto à carne de cão ou a do lobo, considerada nauseabunda e indigesta, é provável que tais problemas não tenham desencorajado os consumidores asiáticos que as apreciam.

No mais, o interesse dos homens por esse mundo animal não atinge necessariamente o nível da veneração. Esta, muitas vezes, vem da admiração: a flexibilidade dos felinos, a graça dos pássaros, a elegância do cisne ou o olhar do cão emocionaram os homens e os artistas que traduzem o subconsciente de seus semelhantes: baixos-relevos egípcios ou persas, joias germânicas, miniaturas medievais; com esse grande hiato de indiferença, pelo menos relativa, em que se situam a cultura e a herança greco-romanas. Naturalmente, quanto menos o animal é conhecido, mais lhe prestam virtudes. O elefante, raro na Europa, é *hors concours*, pois é forte e dócil, fiel e casto, tímido e generoso, cheio de sabedoria e de ciência; o camelo, o "barco do deserto", é sóbrio, de uma extraordinária resistência e cheio de afeição; o leão é majestoso, cheio de coragem e de magnanimidade. Mas, como ninguém nunca o viu, o ideal é o unicórnio, símbolo da castidade mariana e da pureza do mundo. Com certeza podemos supor que os doutos sabiam que o elefante é caprichoso, o camelo, como dizem, tem um caráter odioso, o leão é muito covarde, e o próprio unicórnio é desavergonhado.

Por fim, o que o homem busca no animal é muito mais o símbolo; pouco importa que a isso seja encorajado por contingências sociais, ou mesmo econômicas. O asno que o Senhor escolheu como montaria é o símbolo da humildade sagrada; a pomba com o ramo de oliveira é o sinal do apaziguamento da cólera divina, como o peixe, cujo nome grego (*ichtus*), como já mencionei, é o do Cristo pescador de almas; a abelha que dá o mel como Maria dá o leite é o símbolo da família; o próprio porco, cujo sacrifício na véspera de Natal abre os festejos de todos, aparece como um "significante" quase místico. Quanto ao urso das montanhas e das florestas ocidentais, companheiro guloso do eremita, bonachão e, afinal, pouco perigoso, encontram-lhe virtudes que fazem dele, durante muito tempo e bem antes do leão, o rei dos animais.

Na realidade, de todos esses mamíferos que o homem alimenta, protege e utiliza, duas espécies, e apenas duas, estabeleceram com ele laços reais de afeição: o cavalo e o cão. Pois o gato, que hoje invade nossas vidas, continua a levar a sua com independência, alguns dizem com egoísmo, tão seguro está dos favores trazidos pela graça, pela beleza, pela calma quase terapêutica que emana de suas atitudes e até de seu contato apaziguador e sereno. Desde o século XVII, e principalmente no século XIX, o gato tornou-se o exigente reconforto do homem, sobretudo da mulher, mas nunca esteve a serviço de um ou da outra.

Não é esse, evidentemente, o caso do cavalo, esta "nobre conquista", como diz a sabedoria popular, uma conquista bem recente – cerca de cinco ou dez mil anos – e ainda incompleta, pois não faltam cavalos selvagens pelo mundo. O que o homem desejou, buscou e encontrou nesse animal elegante e fiel, mas nervoso e frágil, foi um companheiro de divertimento e de trabalho, uma montaria que encurtasse as distâncias, uma força inteligente e sensível. A captura e o adestramento desse animal caprichoso são difíceis, e voltarei ao assunto. Pelo menos o resultado é inegável: o cavalo adestrado reconhece seu dono e a ele se apega; às vezes ultrapassa seus desejos na caça, seu ardor e sua coragem na guerra, e a literatura medieval é copiosa nos relatos sobre esse companheiro a quem se dá um nome de homem; no resto, esses tempos nos deixaram mais tratados de hipiatria do que manuais de educação para as crianças.

E, finalmente, o cão em suas cento e cinquenta raças, o mais antigo e o mais confiável companheiro de nossa espécie. Há mais de 30 mil anos nos acompanha, segue nossos passos ou corre à frente, tornou-se praticamente incapaz de viver sem nós, sendo o único animal que chegou a tal dependência. Segundo as épocas, esperou-se dele a proteção da casa, a ajuda na caça, a presença junto dos rebanhos e dos humanos sozinhos ou aflitos. Os tempos antigos lhe foram pouco favoráveis; a Idade Média o protegeu; nosso século tomou-se de amores por ele. Pois o animal é o próprio símbolo da obediência, da afeição e da devoção; e a morte de seu dono às vezes provoca a sua. Para além do desprezo, herança dos antigos, cujo traço nosso vocabulário registra, o cão vigia como um recurso garantido. Dado que, por meio do seu caso, excepcional é verdade, as espécies animais, os mamíferos pelo menos, os únicos com quais a Idade Média se relacionou, foram percebidas como exemplos a seguir, um mundo de criaturas onde talvez Deus tenha depositado uma parte de sua bondade – e o cão é sua imagem: não é trapaceiro, infiel, covarde, inconstante, egoísta ou inutilmente cruel.

Será que podemos perceber como eram recebidos esses sentimentos ambíguos que experimentamos em relação ao mundo animal? O estudo do comportamento dos animais ainda está fora do alcance de nossos eruditos; e estava muito mais nos séculos medievais, é evidente. A única certeza dos homens da Idade Média, e ainda é a nossa, é que todos os animais que se aperceberam da nossa espécie – o que exclui o mundo das águas e o dos insetos – têm medo, e fogem daquele que possui o fogo e a ferramenta. Os medievais viam nisso a cólera divina, que se estende da serpente punida pela Falta a todos os outros animais; hoje talvez admitamos que o homem é o mais brutal dos predadores, o mais egoísta, o mais cruel, quase "bestial", como diríamos com uma certa audácia. Mesmo as espécies mais bem-organizadas para se defender do homem, como a do lobo na Idade Média, são ardilosas, estendem armadilhas ao seu agressor e se entreajudam na caça que ele lhes faz; mas inevitavelmente acabam sucumbindo. Como perceber o ódio nos olhos do cervídeo executado, do urso ferido ou do touro golpeado por bandarilhas? Por outro lado, será que podemos perceber alguns sinais de interesse, de curiosidade, ou até de afeição, nos animais que vivem fora de nosso rígido controle? Mas os parasitas que nos atormentam, os pássaros que vêm pousar em nossos terraços são somente atraídos pela preocupação de se alimentar, de nosso sangue ou de nossos víveres. Diz-se normalmente, sem dúvida por zoofilia, que um bovino não será insensível à presença do boiadeiro, ou que uma cabra não se deixa ordenhar por qualquer um, mas esses já são animais submetidos. Afirma-se também, talvez mais cientificamente, que o cheiro do homem – dizem que ácido como o da urina – ou seu suor muito salgado despertam a cobiça ou o interesse de certas espécies. Mas existe alguma afeição nisso? Deixaremos de lado o caso dos macacos, com os quais a Idade Média ocidental raramente manteve contato, mas que, como bons irmãos de origem, se não nos "amam" parecem bem próximos, acessíveis e, no mais, curiosos a nosso respeito. Decerto ficaremos bem surpresos, ainda mais porque não vemos o elo que poderia nos ligar a eles, com o fato de os mamíferos marinhos darem a impressão de apreciar nossa companhia, de até mesmo buscá-la, como as focas ou as otárias que se exibiam em nossas praias até os últimos séculos, e talvez ainda hoje, ou como as baleias de todos os tamanhos, que não chegaremos a dizer que encalhavam em nossa costa só para serem despedaçadas e comidas pelos aldeões agradecidos. O campeão da categoria, amplamente descrito, pintado e cantado desde a Antiguidade, é, como todos sabem, o golfinho, cujas brincadeiras aquáticas continuam encantando as crianças, e que parece se divertir ao nosso lado. Quem sabe nos ajudasse na pesca, algo que ainda não se tentou. Essa nova "conquista" do homem permanece, portanto, à espera.

Mas todas as observações que precedem têm um caráter universal, sobretudo no tempo. Melhor será então nos voltarmos para os séculos medievais para neles buscar o que se sabe e o que se faz.

4.2 Conhecer e compreender

Mergulhado no mundo animal terrestre e mesmo aéreo, o homem medieval não podia se contentar só com o contato do animal. Temê-lo ou admirá-lo são atitudes passivas. Ainda que fosse só para circunscrever sua ação e tentar dominá-lo, era necessário estudá-lo e perceber suas fraquezas.

4.2.1 O que são os animais?

A Igreja repete: uma vez que o animal não tem alma, que não passa de um reflexo do poder de Deus, seu estudo não é útil nem desejável para a salvação. Afeiçoar-se a ele está nos limites da idolatria. O que dizer de um eventual contato sexual entre grupos de homens cujo tipo de vida os isola, como os pastores na montanha: quando surpreendido, o culpado de "bestialidade" irá para a fogueira por ter insultado o Criador em sua obra. A escolástica do século XIII ainda acrescenta o risco de totemização, de assimilação, pelo menos intelectual, entre o homem, único objeto digno de estudo, e o animal, que normalmente lhe está submetido. E mesmo os raros pensadores zoólogos acabam tendo um ponto de vista antropológico, quer seja Isidoro de Sevilha no século VII, Hildergarde de Bingen no século XI ou Brunetto Latini no século XIII. Seus argumentos sobre o mundo animal seguem o mesmo esquema: existem animais que "servem", outros que "ameaçam"; suas possíveis virtudes só têm interesse se os colocam na dependência, na submissão ao homem. Só no século XIV essa visão mudará e haverá um interesse, ao menos do olhar, pelo mundo animal, sem que se altere, no entanto, a posição de autossatisfação e de desprezo de nossa espécie em relação às outras – uma vanidade ainda tão sólida em nossos contemporâneos. Essa leve inflexão do julgamento deveu-se, certamente, ao desenvolvimento de um sentido do real cujo terreno de expansão é mais abrangente: a curiosidade se aplica à aparência, aos movimentos e até aos hábitos. É a época em que príncipes pedem zoológicos para distrair seus hóspedes, em que artistas da pena e do cinzel afinam as formas animais: o Rei René se distrai a desenhar coelhos; talvez o próprio Gaston Phoebus, Conde de Foix, tenha ilustrado seus manuais de caça. Mas há um longo caminho até Buffon.

Mas esses desejos são de clérigos, de doutos e de poderosos. E o que pensa o homem comum? A maioria esmagadora daqueles que estão em contato cotidiano, físico, natural com o mundo dos animais? De fato, ao ler os relatos hagiográficos, no entanto obras de eruditos, ou os romances e os *fabliaux*, eles sabem tanto ou até mais do que os detentores da verdade. Pois seus conhecimentos são diretos, suas observações visuais: observaram, registraram, por vezes cuidaram das doenças ou das mudanças de humor do cavalo; adaptaram as espécies de cães aos serviços que deles esperavam; compreenderam como encorajar o trabalho do boi de acordo com o grão consumido ou o solo trabalhado; sistematizaram a vida do carneiro, os deslocamentos, a tosquia e as parições das ovelhas; utilizaram ao máximo as múltiplas aptidões do porco. No círculo dos animais "domésticos", apenas do gato não souberam ou não quiseram saber dos seus caprichos. É claro que não foram muito além do nível de observação exterior; mas o uso feito dos animais para "macaquear" os humanos revela que percebiam alguns elementos da realidade animal. O *Roman de Renart*, ou outros que vieram depois de 1175, os *ysopets*, pequenas fábulas populares da mesma época, não são apenas histórias de homens, pois neles transparecem os costumes dos animais. No mais, os conhecimentos nesse nível não eram inacessíveis: é evidente que o *Physiologus*, da Antiguidade tardia, e suas compilações feitas até o século XIII estão em latim, portanto com pouca audiência entre os humildes; mas no fim do século XII e ao logo de todo o século XIII enciclopedistas como Barthélemy l'Anglais, Pierre e Vincent de Beauvais ou Hugues de Saint-Victor, embora manejando a língua erudita, alimentaram um gênero literário capaz de alcançar os "pequenos": bestiários, muitas vezes ilustrados, que as pessoas podiam ver ou ouvir a explicação dada pelo padre da aldeia.

Essa abordagem "popular" do mundo animal não tem, evidentemente, nada de científico. Primeiro, em razão do peso antropológico de que acabo de falar e que limita a reflexão. Em seguida, porque a tela dos símbolos oculta a compreensão: Como conseguir explicar o crescimento de dez cornos em um cervo quando se teima em ver neles apenas os mandamentos de Deus? Daí a manutenção de uma forte proporção de ideias falsas, muitas das quais ainda persistem: o salmão é o macho da truta porque além de se parecer com ela sobe os rios para desovar a montante; o cão não suporta o gato porque são os emblemas do homem e da mulher em constante rivalidade; o urso é bonachão e frequentável porque normalmente come mel, símbolo do leite mariano; a abelha é o emblema apropriado da família porque trabalha para toda a colmeia assim que o sol se levanta. E ainda poderíamos acrescentar as estranhas descrições feitas pelos viajantes que partiram para terras exóticas, como Marco Polo e tantos outros mercadores, ou as dos franciscanos, evangelizadores itinerantes: Não dizem ter visto naquelas terras animais extraordinários, deformações daqueles que deixaram para trás? E seus relatos alimentam a imaginação: a cobra, portanto, as outras serpentes, tornam-se dragão; o rinoceronte cornudo é o unicórnio macho; a foca fêmea é a sereia tentadora; o felino ocelado, leopardo ou pantera, é a alma reencarnada de um pecador que carrega os sinais de seus antigos erros. E o feiticeiro vestido com peles de animais que corre pela mata à noite é o lobo devorador dos homens, o "lobisomem", o *wehrwolf* germânico.

Esta ambivalência do animal explica as estranhas práticas que nos fazem sorrir como, por exemplo, os processos contra os animais durante os séculos medievais: prisão pública, acusação e defesa do culpado, castigo que geralmente é o enforcamento – assim para o porco que feriu uma criança, o texugo malcheiroso que destruiu uma vinha, do lobo devorador, já morto, mas mesmo assim enforcado, ou dos insetos como os besouros. Esses simulacros, sérios o bastante para que o jurista Beaumanoir regulamente seu uso, iluminam muito a zona indecisa que separa o homem, que está à direita de Deus, e o animal, que é a criatura desobediente. Seria um erro rir, pois nosso equilíbrio nervoso depende estreitamente dos perigos que o põem em risco. Mais do que as presas do lobo ou do cão, são os sinistros uivos noturnos de um ou os intermináveis latidos do outro que criam o estado de tensão, estresse como se diz hoje, nocivo à nossa atividade de ser excepcional.

4.2.2 *Penetrar nesse mundo*

Os perigos se abrandam quando os tornamos familiares. Desde que começou a viver em grupo, o homem tentou estender sua autoridade às outras espécies, isto é, obrigá-las a servi-lo, e mesmo de se afeiçoarem a ele, "domesticá-las". Mas esta última etapa implica um contato recíproco, quase afetivo, caso se queira considerá-lo na plenitude de seu sentido: nesse nível superior, o homem nunca domesticou verdadeiramente o cão, talvez o cavalo, de que falei mais acima. No decorrer de dezenas de milhares de anos, nenhuma espécie se submeteu conscientemente ao seu controle, nem mesmo o gato, como já disse. Quanto às duas primeiras dessas espécies, ainda podemos encontrar cães errantes que voltaram a ser selvagens e cavalos em liberdade; nenhum outro ramo animal foi "conquistado". Decerto, os bovinos, os carneiros e outros são comandados, vigiados, ordenhados e tosquiados; e em setembro os porcos são conduzidos para se alimentar das bolotas. Mas se é possível admitir que o atrativo da alimentação ou o sentimento de segurança possam bastar para torná-los dóceis, o mesmo não se dirá dos aroucos, dos bisões ou dos javalis que são seus irmãos selvagens. Quanto às pombas, às abelhas ou aos bichos-da-seda, é praticamente uma piada considerá-los "adestrados" ou mesmo "criados", o mesmo vale para os castores, os cisnes ou os falcões tão apreciados pelos medievais.

É difícil saber se os homens desses tempos consideraram plausível aumentar seu controle sobre o mundo animal ao seu alcance. Ao menos parece que estavam atentos aos possíveis aperfeiçoamentos da captura e do adestramento. A reprodução das espécies é, evidentemente, um aspecto essencial da criação de animais; um campo onde poderiam exercer um controle humano. Na aldeia, a cobrição dos equídeos e dos bovinos é vigiada e até regulamentada sob o controle de um sargento do senhor: o touro, o garanhão, o varrão são chamados "banais" desde o século XIII, pois seus serviços têm um caráter quase público, a composição e o estado dos rebanhos não podem ser deixados ao acaso; o exemplo das porcas cobertas na floresta pelos javalis parece ter sido objeto de precauções, provavelmente inúteis. Ao contrário, a castração do excedente dos machos era uma necessidade, mas pouco sabemos sobre ela; só a do cavalo nos oferece uma abordagem mais ou menos correta, pois esta pérola do equipamento militar exigia toda a atenção da aristocracia montada: à razão de um garanhão para cada sete éguas que irão parir uma vez por ano, restará um número importante de machos para a cavalaria guerreira. Tanto a iconografia como os relatos de caça ou de combate mostram algumas montarias indiscutivelmente "inteiras", é o que pelo menos se pode constatar até quase o fim do século XIII. Nesse momento, a castração do macho tornou-se mais comum: no mais, a prática era velha, para não dizer antiga. Mas não temos prova de um uso sistemático antes de 1300; e nem sabemos muito bem se a expressão *cheval hongre* [cavalo húngaro], com a qual se designa o animal mutilado, tem uma origem e uma relação real com os húngaros, afinal um povo de cavaleiros.

Se muito pouco sabemos sobre as outras espécies, em contrapartida a busca de melhoria por cruzamentos de raça ou por importação de reprodutores exóticos ocupa um bom lugar nos tratados veterinários. Sabemos, por exemplo, que a diversificação das raças de cavalos provém em grande parte dos contatos com a Espanha "árabe" desde o século XII, ou com o Oriente Médio no momento das cruzadas: aos cavalos de origem europeia estabelecidos no Ocidente no início da Idade Média, animais pesados e possantes, se adicionarão os *genets* (do nome dos berberes zenata), rápidos e leves, muito aptos à corrida, à sela, e suportando bem as variações climáticas. Além disso, a arqueozoologia, em pleno desenvolvimento, mostrou essas variações de peso ou de altura. Os próprios bovinos, normalmente menos estudados, são afetados pela preocupação de aumentar seus serviços: os cistercienses, como sempre mais interessados no progresso de sua própria riqueza do que em considerações gerais, encorajaram, por exemplo, a introdução de vacas leiteiras normandas na região da Aquitânia, aproveitando-se das "visitas" de rebanhos previstas pela ordem; e o próprio São Bernardo, nos dizem, enviou um irmão para buscar búfalos da Maremme italiana para seus rebanhos da região da Champagne. Conhecemos bem mais o caso dos carneiros *merinos* de pelo longo (mais uma palavra magrebina, sem dúvida, mas hesitamos entre várias outras) por causa da importância do comércio da lã e de seu trabalho. Introduzidas na Espanha em meados do século XIV, essas lãs competiram até na Inglaterra com as de Sheffield ou do Yorkshire. E, mais uma vez, o estudo dos esqueletos de animais mostra claramente uma evolução em que o homem tem sua participação. Restaria esclarecer um canto isolado do mundo "doméstico": a capoeira e suas aves. A incerteza é completa: Seria a mesma, ou uma outra ao longo de dez séculos? Submetida ao querer do homem ou apenas reagindo às restrições do ambiente? Silêncio, ou melhor, nada além das mesmas palavras de sempre: galinhas (*gélines*), ovos, patos, galos, capões, gansos; nem um osso, nem uma iconografia correta.

Se há animais – a maioria – aos quais se pede apenas que sirvam os homens sem realmente o querer, há também aqueles que são adestrados, dos quais se espera uma participação mais pessoal em seu serviço. E se estamos bem-informados a esse respeito é porque os manuais cinegéticos, veterinários, hipiátricos, ou as enciclopédias à maneira de Barthélemy l'Anglais, fervilham de receitas e de exemplos. Há um importante aspecto que justifica que, depois do século XIV, os livros de contabilidade monásticos ou senhoriais se juntem às obras da teoria: "adestrar" é muito caro; é preciso pessoal especializado, tempo e espaço. Mesmo os pombos exigem edificações, coletas, limpeza: são vários milhares alojados nos pombais do senhor, que são, no mais, a marca de sua posição; para atraí-los usam-se truques ou iscas. Talvez sejam mais fáceis a reunião dos enxames de abelhas, a edificação e, sobretudo, a vigia das colmeias, longe dos predadores, bem como de todos os eflúvios que incomodam o inseto; para isso é preciso um intendente, um *apicularius*, cuja tarefa prioriza mais a coleta e o trabalho da cera do que os do mel. Adestrar um furão para a caça ou um falcão (do qual voltarei a falar) também é trabalho de um técnico: somente a iscas de carnes conseguem atrair esses animais; mas é preciso saber soltá-los, mantê-los, devolvê-los à gaiola ou ao punho.

A vigilância mais rigorosa é, evidentemente, exercida sobre o cavalo e o cão. O primeiro, já rebelde às rédeas e à sela, é perigoso no adestramento, que exige uma grande paciência e muitas precauções. Os haras – conhecidos desde o século X – estão localizados na floresta para facilitar a captura com o laço e depois as primeiras saídas. Algumas famílias senhoriais, como a dos Rohan na Bretanha, fizeram desses estábulos selvagens a sua especialidade; na França, eram encontrados nas florestas da Île-de-France e às margens do Loire ou do Roussillon. A esses estábulos ligava-se todo um grupo de palafreneiros (*poledarii* na baixa latinidade) antes de o animal, considerado bastante dócil, ser exercitado para o combate ou para o transporte por um escudeiro ou um criado de certa idade, um "senescal" (*senex schalk*, criado mais velho). Foi o vocabulário romanceado, muito mais do que as qualidades do animal, que produziu as variedades de montaria: o *palafroi*, o *paraveredus* do correio romano, o *Pferd* germânico, leva as mensagens, é um animal de sela, a hacaneia (*hacquenée*, do nome de Hackney, aldeia inglesa), é uma égua de trote, de viagem, mais reservada às mulheres; o *bidet*, cavalo "de bolso", é um corredor comum; o "sommier" tira seu nome daquilo que carrega; o *destrier*, cavalo de guerra, continua dividindo os historiadores sobre a origem de seu nome; quanto ao *roncin*, à *rosse*, pode ser de qualquer tipo. E depois de 1100 ou 1150, foi preciso enfrentar o problema da ferradura, trabalho do *maréchal* no castelo ou na aldeia: uso praticamente ignorado pelos antigos, vindo talvez da Ásia, generalizou-se muito lentamente, e cujo evidente interesse para a resistência do casco foi sem dúvida negligenciado por muito tempo.

O caso do cão, há milênios ligado ao homem, era certamente mais simples, dado que o animal já assimilara a noção de docilidade em relação ao humano. Mas ainda era preciso confiar aos mestres adestradores, responsáveis pelas matilhas, o cuidado de um adestramento apropriado a cada espécie canina e a cada necessidade almejada: o mastim para atacar o javali ou o lobo, o dogue para o rebanho ou a fazenda, o lebréu para o cervo "encurralado", o braco para a caça de aproximação, o espanhol ou o cão d'água como cães de toca.

É raro nesse adestramento se valorizar os esforços do adestrador para despertar no animal uma espécie de cumplicidade com o homem. No entanto, muitos desses animais "domésticos", ou que quase o são, saboreiam manifestações de natureza lúdica em que se valoriza o animal ao se satisfazer seus apetites ou suas tendências mais ou menos conscientes: o cavalo adora competir em velocidade ou em salto com outros; o asno fica sempre satisfeito quando seus arreios têm pompons, o boi ao ver seu jugo enfeitado com flores, a vaca ao carregar um sinete, ou o cão ao "ficar bonito". Esse apelo ao fundo da consciência íntima do animal não pode ser, por comodidade, qualificado de "instinto", pois o gosto pelo "belo" não é um instinto.

4.3 Utilizar e destruir

Torna-se muito visível ao ler estas linhas que, na minha abordagem do mundo animal, o homem, quer seja um "antigo", um "medieval" ou um "moderno", pensa principalmente em si próprio. Sua vontade de poder e os meios que tem de exercê-lo abrem-lhe um duplo caminho: em um meio natural que ele "antropizou", modelou para seu uso, como e até que ponto explora o animal? E como também o suprime quando não é mais útil ou quando o teme?

4.3.1 Os serviços do animal

É razoável admitir que os primeiros homens que o conseguiram viram principalmente no universo animal com o que se alimentar. Carnívoro – Mas desde quando? –, o ser humano precisa de proteínas animais para seu equilíbrio físico ou mental: toda e qualquer carne de mamíferos, de aves ou de peixes. E citei mais acima a importância de cada uma delas na alimentação medieval. A criação de gado pode ter outros objetivos, mas o fornecimento de alimentos é a principal finalidade da pesca e da capoeira. E não é um exagero dizer que sem o porco, o arenque ou a galinha o mundo cristão teria perecido. Mas também ressaltei que a despeito de crenças que só surgiram nos séculos XVIII e XIX, e que ainda resistem, uma certa indiferença atravessa todo este campo da alimentação: ainda não temos certeza sobre o que eram os queijos ou as espécies de peixe consumidos; devemos convir, com base nas escavações, que os vestígios de ossos encontrados nos detritos alimentares não variam muito do castelo à choupana; que as variações das refeições dependem do paladar, impenetráveis, ou de contingências econômicas aleatórias. Tanto a noção de pratos regionais como a de uma hierarquia social nos pratos são imaginárias: quando muito uma questão de volume. Além do mais, todos os cristãos são iguais quando chegam os "dias magros" ou a Quaresma. É evidente que o lugar desta última no calendário corresponde aos celeiros vazios; mas é respeitada, mesmo ali onde os estoques ainda são abundantes. Respeitada até pelos próprios assaltantes e pelos mercenários: na Quaresma, não matam o gado; contentam-se com frangos e ovos. Esta observância ritual é uma base da salvação: Deus criou as "espécies magras" no mesmo dia em que as outras; não se poderia zombar de sua obra.

Só o peixe tem um papel exclusivamente alimentar; exige, no entanto, costa marinha e, depois, o salgamento ou a defumação. Mas os derivados que deles tiramos hoje parecem então ignorados: não estamos muitos certos de que as práticas antigas, como a fabricação de cola à base de gordura de peixe para untar as ânforas, tenham sobrevivido ao enfraquecimento do comércio mediterrâneo. Em contrapartida, a exploração das aves ou dos pássaros capturados pode eventualmente ir além da carne e dos ovos: as penas e a penugem têm um uso doméstico que ainda existe, são usadas para rechear travesseiros, colchões e mantas, ou para fornecer ao escriba e ao miniaturista a pena de escrever ou o pincel no lugar do cálamo usado durante toda a alta Idade Média, e até o século XIV. Não negligenciaremos estes aspectos das transformações técnicas, no entanto tão medíocres à primeira vista. A pena, sobretudo de ganso, influenciou muito a grafia ao tornar o traço mais leve e as ligaduras mais finas, mesmo, e talvez especialmente, sobre o papel, quando no século XIII esse suporte começou a suplantar o pergaminho.

E também os mamíferos puderam fornecer elementos úteis à casa ou ao artesanato, como os pelos de texugo ou as cerdas de porco. Mas são as peles e os pelos que, evidentemente, se destacam. Desta vez, conhecemos bem sua procura e seu emprego durante o tempo medieval. A imagem simbólica, vagamente germânica, é a de um homem vestido de couro, de ferro e de pele; certamente uma imagem romântica, mas não desprovida de alguma realidade. Deixemos o ferro de lado, uma vez que as peles foram um elemento importante do vestuário e da decoração: o esquilo, a zibelina, o coelho para os adornos e os chapéus, ao passo que o urso, a rena e o lobo guarneciam como "peles vestidas" as capas ou as mantas. Os preços alcançados por essas peles e pelas "formas" que lhes foram dadas, principalmente nos locais de comércio da Europa Central, competem nos livros de contas com os dos tecidos raros e das joias. Em todos esses séculos a moda ajudou a criar uma "aristocracia da pele" que distinguirá o rico e o "homem da corte" do homem comum com seu casaco de couro e do camponês com sua lã grossa.

Esse couro, no entanto, desempenha um papel ao mesmo tempo modesto e imenso: luvas, cinturões, chapéus, sapatos, casacos, calças, mas também selas, arreios, estojos, odres, bolsas. Duras ou curtidas, todas as peles se equivalem: bovinos, carneiros, cabras, asnos e mesmo cavalos, sem contar as peles da caça e da veação, como as dos cervídeos, javalis, texugos, lontras, castores, lobos e raposas, ou mesmo as exóticas vindas da África ou da Ásia, como as de camelos e de leopardos para os amantes da originalidade. Curtidores e surradores têm suas oficinas à beira da água para a limpeza das peles, mas também perto das "belas casas" onde será escoada a produção de alta qualidade, os couros mais claros e mais leves. A elite de um ofício que, no entanto, continua malreputado, malcheiroso e insalubre é composta pelos pergaminheiros, pois a demanda por peles destinadas a escrever não para de aumentar. Até já foi dito que o carneiro, cuja carne não é muito apreciada, foi criado sobretudo por seu couro; mas, naturalmente, também por sua lã.

Os tempos medievais ignoram as texturas elásticas, e mais ainda o plástico; mesmo o algodão só aparecerá via Mediterrâneo, e não antes do fim do século XIII; a juta é desconhecida; o linho, raro; o cânhamo, bem rude; a seda, cara. Por isso é a lã a base do têxtil medieval. Mas não há espaço aqui para uma exposição sobre o trabalho dos pelos de carneiro e, por uma razão ainda mais forte, sobre sua organização artesanal, que é, realmente, o único "ofício" organizado e regulamentado verticalmente, do pastor tosquiador àquele que, no mercado, providencia um selo de qualidade para o tecido (*scelleur*). Menos ainda para examinar o destino dos tufos de pelos dependendo se vinham do *churro* ibérico ou do *sheep* dos Costwolds, ou se foram tirados das patas ou do dorso do animal: não faço aqui uma história da economia têxtil. Mas, uma vez que se trata apenas das relações entre o homem e o animal, é preciso lembrar que a lã ocupa na vida medieval um lugar idêntico ao da madeira; a Idade Média não é, pois, apenas a "idade" do couro e do ferro, mas também a da madeira e da lã. Esta é onipresente na vida cotidiana: ao longo do dia, é vestida e recosida; a mulher a fia sem parar, até quando amamenta; veda as tábuas da choupana, agasalha os que dormem e, na casa dos ricos, está suspensa nas paredes na forma de tapeçarias isolantes.

Desses animais, quer tenham sido capturados, adestrados ou criados, o homem retira a carne, a pele, a gordura e o esterco. Aparentemente mais modestos, mas afinal essenciais, há aqueles de que retira o fruto do trabalho; refiro-me, evidentemente, às abelhas. Como mencionei mais acima, apesar das colmeias, dos regulamentos ou da estima que lhes dedica, o homem não "cria" as abelhas, e sim as explora. A importância dada ao inseto já é visível nas tarifas de composição pecuniária da alta Idade Média pelo custo exorbitante da multa devida por quem rouba ou destrói um enxame: uma soma igual àquela que castiga o desvio ou o roubo de um touro, ou seja, alguns milhares de denários. No século XI, os engajamentos, ao menos verbais, a que se dobram os perturbadores da paz de Deus incluem a obrigação de poupar as colmeias em seus atos violentos. E os proprietários consideram como um direito senhorial a cobrança de uma taxa sobre o que for retirado delas. Por muito tempo se pensou, e ainda se pensa, que das colmeias o homem esperava basicamente o mel, que permanece o produto açucarado mais abundante e mais procurado: nem a cana-de-açúcar, que se tentou e se conseguiu aclimatar nas margens do Mediterrâneo (Espanha, Sicília, Itália), e ainda assim muito tardiamente e até modestamente depois do século XI, nem a beterraba e outros tubérculos adoçantes mais ou menos desconhecidos, nem algumas caríssimas especiarias trazidas pelo comércio do Oriente, como a canela ou a baunilha, não podiam suprir completamente a parte de glucídios necessários ao homem. O mel, coletado em condições técnicas que não variaram muito desde essa época, podia ocupar esse lugar: era consumido líquido, ou solidificado em pães, misturado ao vinho para fornecer bebidas "divinas", mas das mais insípidas – o hidromel, ou ainda o hipocraz acaso se adicionasse alguma erva aromatizante –, ou ainda em geleia finamente filtrada, a "geleia real", à qual atribuíam virtudes medicinais ou afrodisíacas; era tão apreciado pelo mundo da corte que no século XV foi necessário restringir sua venda. Tendemos, portanto, a minimizar o que, afinal de contas, era o produto mais essencial e precioso do trabalho do inseto: a cera. Um enxame de dez mil abelhas podia produzir um quilo de cera em um ano, e dez vezes mais de mel. Mas a cera, esse "plástico" da Idade Média, tinha um emprego capital que explica a extensão de seu comércio: ela expulsa a escuridão sem a fumaça da tocha de resina, sem o tremular da madeira inflamada, sem a fraca luminosidade da lamparina a óleo. Nos círios para o culto, em bastões ou luminárias, nas velas do dia a dia, a cera afasta as sombras carregadas de medos e de perigos que a noite esconde. Acompanha o homem em suas angústias noturnas, bem como nas alegrias das festas e das procissões. Tem seu lugar assegurado nas tabuletas de anotação e nos selos que validarão um ato escrito.

Toda essa parte da exploração do mundo animal não era óbvia, e não se sabe se, nos primeiros tempos da história humana, pensou-se de imediato em usar o cão para guardar o rebanho, o cavalo para montá-lo e o carneiro para tosquiá-lo. Pois todos esses animais têm várias outras características: o cão também agarra a caça, o cavalo puxa uma carga e a ovelha dá o leite. Os serviços prestados pelo próprio esforço do animal serão, portanto, variados. É banal relembrá-lo, pois continuam sendo os de hoje – com as reservas que a máquina conseguiu introduzir, naturalmente. Primeiro puxar e carregar, o que faz parte da esfera "doméstica" do entorno animal: cavalo, mula, boi e asno são então os motores da circulação dos homens e das coisas, bem como da tração das cargas ou dos instrumentos agrários. Cada um deles, de acordo com sua aptidão e com um pouco de experiência, será orientado para melhor atender as necessidades: a mula, de passo seguro, irá aos terrenos difíceis; o asno, de passo lento, às vinhas ou ao mercado; o boi, sem rival, aos campos arados ou aos terrenos desmatados; o cavalo é para todo e qualquer serviço. Levar-se-á em conta sua estrutura física, por exemplo a da pata ou dos rins do cavalo, para desatolar a charrua em terreno lamacento; ou a rapidez e a audácia para levar uma mensagem e para combater. Já para desenraizar uma árvore ou puxar uma carroça escolherão o boi. O asno se a situação exigir resistência para suportar a albarda; ou a mula para suportar a sela. E o uso do equipamento dar-se-á em função da ossatura ou até do caráter do animal, falei sobre isso mais acima. Outros serão treinados para a caça, como veremos, e este é papel do cão. E, como sempre, a ele caberá o principal: vigiar, espreitar, cheirar, fugir ou, mais difícil, fazer girar a atrelagem no início do sulco traçado pelo arado, ou guiar o porco na limpeza do pátio. Por fim, e para todos, fornecer dejetos com os quais fertilizar os campos: excremento de boi ou de cavalo, colombina ou outro.

São esses os serviços esperados. E são, para a maioria dos animais mencionados, a recompensa pela proteção e pelo alimento dado pelo homem. Mas este último tem consciência de que esses serviços não têm um peso igual: sua apreciação se traduz, pelo menos nos primeiros séculos medievais, por uma espécie de hierarquia das multas incorridas por aquele que tivesse prejudicado um animal. E esta escala de valores traduz um comportamento que hoje em dia é diferente: uma égua prenhe custará 1.600 denários, um garanhão um pouco menos, um cavalo capado a metade; o touro é "cotado" em 2.000 denários, mas a vaca leiteira apenas em 500, e o carneiro em 100; o porco chega a 500 denários, mas o gato não é reembolsado. Decerto, não passam de textos regulamentares, que as contingências e os costumes alteram; mas não é uma indicação que iluminaria um pouco o último aspecto a apresentar?

4.3.2 Matar é próprio do homem

Este título foi feito para provocar, mas vamos justificá-lo. A pele e a carne só podem vir de um animal morto, mas morto pela violência para que ambas não sejam arruinadas pela doença ou pelo tempo. E não é preciso também destruir o que ameaça ou apenas incomoda: os insetos, os roedores, os carnívoros, dos quais é preciso preservar o homem, seus animais "domésticos" e suas propriedades? É claro que se pode esperar que a natureza cuide disso e ajudá-la, se necessário. No universo, tudo é equilibrado: se um elemento cresce, um outro logo o destrói; e as espécies animais não escapam a esse equilíbrio. Os medievais observaram bem essa luta diária: a mosca come o pulgão, a aranha a mata e, por sua vez, será engolida pelo pequeno roedor que acabará sendo mastigado por um pato que será atacado por uma rapina. Esta "lei" da força levava o homem a se divertir nos combates entre animais, fonte de espetáculos lúdicos ou de apostas vantajosas: não renunciamos aos combates de renas na montanha nem aos dos galos na aldeia, e até de cães e de gatos. É por aí que o mal se insinua: matar um animal para comê-lo pode, com efeito, ser uma necessidade, como é para todo ser vivo; mas essa necessidade e o consequente ato não são, em princípio, marcados por nenhum regozijo, a não ser o de satisfazer uma necessidade natural. Assim fazem os animais. Mas assistir a uma rinha de galos ou a uma repugnante tourada comporta um fundo de crueldade, ou mesmo de sadismo, que é difícil, até entre os fanáticos, cobrir com o véu da "tradição" (Qual, aliás?), do "esporte" (Bastante mortal!) ou do hipócrita pretexto de que o animal pode se "defender" (o que não passa de uma ignóbil piada). Por muito tempo a Igreja foi hesitante: não matar seu próximo é uma injunção divina ou uma precaução evidente; e uma outra criatura de Deus? Ao dar continuidade aos usos antigos, a Igreja sem dúvida permaneceu silenciosa sobre a caça ou a captura dos animais selvagens; quando muito, nos relatos hagiográficos opôs o caçador, como São Humberto, à sua vítima, em quem talvez se encarne Jesus que o converterá. No entanto, na época carolíngia levantam-se algumas vozes como a de Jonas d'Orléans para criticar o prazer da caça, fonte de orgulho ou de regozijo quase sexual. Mas a tradicional assimilação da força ou da missão real e senhorial no imaginário da caça limita, evidentemente, seu efeito. Além disso, veem na caça um elemento do equilíbrio aristocrático que a Igreja apoia, e do conforto camponês cuja marcha para salvação é preciso sustentar. Ademais, os animais, principalmente os ameaçadores "animais selvagens", decerto possuídos por satanás, não devem ser salvos: os bispos caçam, e nas bibliotecas dos conventos, no século XIV, há manuais sobre a arte de caçar com cães. E, afinal, se ao longo de todos esses séculos são tantos os homens que se matam inutilmente que os padres já têm tanto a fazer tentando deter esses rios de sangue, que importância pode ter o sangue de um lobo! Essa atitude não variou muito: se o animal é considerado como um ser inferior, destinado ao sacrifício pela mão do homem, não haveria mal em suprimi-lo, mesmo que ele não possa se defender. Chegarão até mesmo a se regozijar com isso, o que um animal nunca faz, pelo menos até onde sabemos. É verdade que espíritos meditativos como Alberto o Grande, no início do século XIII, mas também os recônditos do pensamento medieval, têm essa profunda consciência: matar pelo prazer não tem "nobreza"; a prova é que o leão, o rei dos animais, o "Nobre" do *Roman de Renart*, poupa suas vítimas – sinal de uma magnanimidade que o coloca acima dos outros.

É certo que a destruição de uma espécie animal não provoca forçosamente ódio e violência. Os surtos de malária, como os que levaram o Imperador Otton III, o Rei Filipe Augusto e o poeta Dante, são ataques sorrateiros que é lícito expor e combater: será preciso drenar o pântano, mas também fumigar o anófele. Contra o piolho, a pele será lavada com uma decocção composta de ervas; e aos navios será imposta uma quarentena ao largo, para que os vermes morram. Já os gafanhotos são mais perigosos, pois quando uma nuvem deles se abate sobre uma plantação ou uma região inteira (são milhões em voo e até escurecem o sol) é um desastre absolutamente total, e comê-los não passará de um ínfimo consolo; é preciso afugentá-los pelo estrondo de uma música ritmada – pobre vizinho! Na realidade, a última investida maciça de gafanhotos na Europa Ocidental foi observada em 873. A partir dessa época não atacaram mais, talvez porque as condições climáticas ou bióticas levaram o inseto mais para o sul, para as zonas subtropicais onde ainda castiga, a despeito de nossas defesas modernas; mas dizem que tendem a voltar para o norte!

O resto refere-se à caça. As paixões que essas práticas despertam, mesmo hoje, justificam que a mencione no âmbito dos séculos medievais. Deixemos logo de lado as necessárias caçadas provocadas por uma recrudescência dos prejuízos causados, por exemplo, pelos javalis ou pelos lobos aos rebanhos ou às plantações. Elas mobilizam, como hoje, a intervenção pública, um importante agrupamento de caçadores, de cães, de cavalos, o estabelecimento de um plano de caça e de uma técnica de extermínio, tanto mais delicada porque, com exceção do urso que vive isolado, os outros vivem em enormes bandos. Em princípio tal tarefa, assimilada ao interesse comum, não desperta alegria ou ódio, pois é uma simples limpeza em zona inculta. O homem vem em primeiro lugar; pouco importam os animais. Sendo assim, os lobos, os linces, os ursos, os arouques e os bisões da Europa foram em grande parte eliminados entre os séculos XII e o XVIII; mas as raposas, os roedores e os cervídeos ainda resistem.

A caça individual ou em pequenos grupos é algo bem diferente. Hoje, nossos caçadores contemporâneos não esperam de sua atividade nem complemento alimentar, nem atrativo do risco, nem obra "ecológica". Invocam muitas vezes, mas equivocadamente (na França pelo menos), uma "tradição" ou uma "conquista revolucionária", referindo-se à abolição do monopólio senhorial que datava de 1533, mas esquecendo-se de que na Idade Média nada disso existia; ou falam então, e mais justamente, da convivialidade lúdica da caça; e omitem, sinceramente ou de propósito, o gosto de matar que habita, infelizmente e já o disse várias vezes, o espírito do homem. Nos séculos medievais, a situação é bem diferente; ainda que apresentem esse apetite pela violência gratuita. A caça é então um pilar da sociedade e, como ocupa o primeiro lugar, está extremamente presente na literatura da época, nos milagres, nos romances, nos poemas, nas crônicas, nos manuais e também nos processos. A iconografia e a arqueologia também darão sua contribuição, e sabemos praticamente mais sobre a caça do que sobre o comércio. Verdadeira paixão da aristocracia, mas também do homem comum, o exercício tem motivos que podemos considerar como invariáveis ao longo dos mil anos. Primeiro, a procura por alimentos, que sem dúvida foi sua origem, não aparece como uma causa principal. As escavações provaram que os restos ósseos de animais selvagens, veação ou pássaros, não atingem 8% do total da carne consumida, e não mais no castelo do que na choupana. São aves, cervídeos, roedores, na maioria onívoros; os carnívoros são considerados inadequados para a alimentação. Por muito tempo também se apresentou a caça como um exercício esportivo de preparação à guerra: cavalgar em terreno difícil, caçar um javali com um cutelo ou um urso com uma lança, com efeito, aparece como uma prova de resistência, de coragem e de destreza. Mas apenas a aristocracia guerreira estaria envolvida, e isso não tem nada a ver com o cerco a um bando de lobos realizado pela cavalaria pesada. Portanto, hoje se pensa que melhor é valorizar o "divertimento", o "prazer" que autorizará até mesmo a presença das mulheres: fugir assim e coletivamente do tédio dos salões do castelo, do desconforto da choupana, sentir o cheiro dos animais e da floresta, libertar-se das obrigações e dos trabalhos cotidianos, frequentar, mas em grupos, o desconhecido ou o imprevisto – tudo o que ainda hoje confere à caça seu papel de passatempo lúdico.

E tem mais: não estariam assim justificados nem o equipamento de guerra de nossos caçadores modernos nem a fúria dos aldeões de outrora a arrastar pelo chão os despojos das presas. Revela-se, ao contrário, uma dimensão de violência satisfeita, de dominação realizada sobre a natureza selvagem, sobre o animal; é uma marca de superioridade, o que distingue o chefe – o chefe de família, de clã ou de Estado. Todos os reis caçam ou devem caçar; aqueles que se recusam, como Carlos V ou Luís XI, na França, não são bem-vistos. A dominação e, para além dela, o rito cerimonial da virilidade passam pela caça. E quando esse prazer psicológico for reservado, em princípio, aos que o pagam – os ricos e os nobres pela graça de Luís XI em 1468, depois de Francisco I em 1533 –, o camponês conservará com obstinação a alegria de caçar.

As técnicas de caça desses tempos só nos interessam na medida em que se diferenciam profundamente das nossas, em que o uso da arma de fogo eliminou a necessidade da perseguição e do risco. Os textos medievais conhecem dois tipos de caça, entre os quais se reclassificam os homens, os animais e os equipamentos. Primeiro aquela "ao grande animal", carnívoros javalis, ursos e grandes cervídeos; é uma ação de equipes, de senhores e de armas brancas. Depois a do "pequeno animal", coelhos, pássaros, pequenos carnívoros ou cabritos; e a caça do camponês que usa astúcia e iscas. O animal é atraído, a menos que não viva em grupo, para o bosque arenoso ou para as matas, onde o aguardam redes, coleiras, armadilhas pegajosas, eventualmente um pequeno arco cujo tiro não vai além de 20 metros. Ou então, o que é mais nobre, se caçava o cervídeo, o javali ou o lobo "à force", *à courre*, caça feita a cavalo, com matilha de cães, facas, espadas: era cansativa e aleatória, mas tida em alta estima. Existe um terceiro tipo de caça, hoje totalmente encerrado, mas que na época era considerado o mais distinto e o mais "nobre": a caça de altanaria, da qual até as mulheres participam. Uma prática certamente vinda do Oriente, onde as pequenas rapinas – falcões, gaviões, gerifaltes e abutres – são treinados para descobrir e conservar a presa no chão até a chegada dos cães ou dos homens. Os manuais de caça, como os redigidos em meados do século XIII pelo próprio Imperador Frederico II ou, cem anos depois, por Gaston Phoebus, Conde de Foix, dão muita importância às técnicas: demasiado caras, pois as aves de rapina são raras e de alto preço; muito difíceis, pois o adestramento só pode ser feito por verdadeiros especialistas, que com a prática adquirem renome e poder; muito dóceis também, pois esse tipo de ave é levado à caça pelas próprias damas; muito repousantes, por fim, pois é o animal que obedece à voz, ao gesto e também ao embuste que é preciso preparar para que não estraçalhe sua vítima.

A caça é, portanto, um elemento essencial da vida medieval, e totalmente fora de qualquer questão de temporada. A noção, para nós familiar, de abertura da caça só aparecerá após a redução das superfícies, dunas, bosques ou maquis, que lhe ofereciam o espaço: no início do século XIV na França e na Espanha por ordenamento real, mas por decisões municipais na Itália; muito mais tarde nos países germânicos, onde era mais forte a dimensão ritual da caça. Foi no mesmo momento que os proprietários de florestas, o rei, a Igreja e os senhores, já inquietos com a diminuição dos bosques por causa dos grãos ou com o aumento dos privilégios consuetudinários de acesso, concedidos ou vendidos aos aldeões, começaram a fechar o espaço florestal para preservar seus ganhos com a caça ou, no mais, com a derrubada das árvores. *Saltus* aberto a todos, *res nullius* que não pertence a ninguém, *foresta* fora de qualquer direito, o bosque torna-se então um *défens*, um lugar fechado; mas nos é difícil perceber seu efeito sobre a fauna.

Não podemos deixar o campo da morte animal sem citar, mesmo por um curto instante, a pesca. Curto instante, com efeito, pois na realidade nada ou pouco sabemos a esse respeito. Disse mais acima o quanto o mar pertence mais ao mundo do mercador do que ao dos pescadores – um grupo humano original, mas fechado aos outros e aos historiadores: quando muito algumas alusões aos barcos frísios na alta Idade Média e às vendas de arenques, defumados ou salgados, acertadas em terra. De fato, priorizam a pesca em água-doce – lagos, rios, represas a montante de um moinho e preferem as carpas, os lúcios ou os gobiões aos outros. A iconografia é bastante rica, representando as redes, os cestos ou, muito mais raramente, algumas varas fixas ou móveis. Mas a documentação é principalmente abundante no campo processual: querelas intermináveis sobre os locais de pesca, a natureza dos equipamentos, o montante da taxação senhorial. Como as comunidades monásticas não consomem carne, são em grande parte os monges, comedores de peixes e distribuidores de esmolas, que reinam sobre os direitos de pesca no viveiro, no moinho ou no riacho. Por essa razão, seus arquivos registram uma enorme quantidade de querelas de abadia com abadia, mas também com as comunidades campesinas suspeitas, com alguma razão, de prejudicar a alevinagem, de explorar excessivamente o tanque, de lançar redes com malhas finas demais. Na França, essa foi uma das preocupações de São Luís: uma ordenação de 1259 fixou as regras de pesca, datas, equipamentos, mas com que sucesso? O vazio documental é um sinal de vacuidade existencial, ou quem sabe esse tipo de atividade não secretaria somente tradições e querelas orais? O peixe não desempenha qualquer papel na literatura medieval, e as pessoas parecem indiferentes às espécies aquáticas ou aos seus costumes. Estamos errados?

4.3.3 Um balanço contrastado

No desfecho deste longo desenvolvimento sobre o mundo animal que rodeia o do homem, é possível estabelecer um balanço de seus contatos? Balanço este que, evidentemente, só pode se apoiar nas observações feitas pelo próprio homem, seja a respeito do que percebeu como um efeito da atividade animal sobre ele próprio, seja principalmente a respeito do que constatou como resultado de sua atividade perante o animal. Este último campo só oferece, infelizmente, testemunhos passivos; além do mais, o homem da Idade Média tem um julgamento ocultado por sua crença na plena vontade e no essencial conhecimento que a divindade tem de sua criação. O que significa dizer que precisamos usar mais a dedução do que a razão.

O contato permanente com o mundo que o homem explora pelo que ele lhe dá ou pelo que ele lhe toma em matéria ou em serviço contribuiu para modelar ou, pelo menos, para reforçar na sociedade humana duas características bem fortes na Idade Média. Primeiro, a superioridade afirmada do sexo masculino. Porque é quem caça, pesca, lavra a terra, adestra e defende, o macho em contato com o animal encontrou um elemento de dominação; considerada – provavelmente de forma errada – mais medrosa e mais frágil, a mulher se coloca sob seu controle, a ponto de parecer, aqui ou ali, uma criatura inferior e, portanto, um "animal". A Igreja se cala. Pois, no serviço de Deus, ela própria não exclui a mulher, considerada desde a queda, acessível às tentações do animal? Nos casos extremos dos crimes de bestialidade, só o homem é perseguido; talvez a mulher também se entregue a esse crime, mas a coisa é tão monstruosa e surpreendente, que só poderia ser, precisamente, um gesto animal, do qual não se deve falar. Não seria útil, ainda hoje quando tanto se caminhou, observar o comportamento dos próprios animais quanto aos dois sexos – os "animais de companhia", naturalmente, o cão, o gato, o cavalo ou então a cadela, a gata ou a égua? Pensemos neste problema, embora não esteja em meu horizonte. Ainda assim, se a contribuição dos textos será bem leve, a iconografia mereceria a esse respeito mais atenção do que lhe é dada: O olhar ou o lugar do animal ao lado do dono ou da dona não dariam algum indício que o pintor ou miniaturista teria percebido? Será que viu e quis mostrar alguma coisa?

O outro efeito diz respeito, desta vez, à sociedade humana como um todo, principalmente em sua estrutura hierárquica. O controle dos animais dará indícios da posição ocupada pelo indivíduo. O cavaleiro domina fisicamente o pedestre, não apenas na guerra, mas também nas vias do comércio ou de peregrinação. O homem que caça em bando com batedores e lanceiros é normalmente o senhor, pelo menos da floresta, pois a abundância ou a natureza da caça não está diretamente em questão. O proprietário de um dispendioso pombal disporá sozinho, em relação aos outros camponeses, do fino adubo que irá permitir abastecer sua mesa com frutos e legumes de qualidade, que os outros não conseguirão obter de um solo ingrato. E a fortuna, naturalmente, é contada em falcões, em cavalos, ou em parelhas de arado atreladas. Quanto à dominação econômica de quem explora o mundo animal, é inútil voltar a falar do lugar que ele oferece na vida cotidiana.

A outra face do espelho é mais terna: O homem marcou o mundo animal com sua autoridade? Sim, com certeza, muito mais na longa duração do que durante o breve milênio medieval. Algumas espécies desapareceram, vítimas dos caçadores ou do recuo das zonas onde se abrigavam. Mas podemos reivindicar que se trata, em realidade, mais de um ataque ao equilíbrio zoológico do mundo. Às vezes, a ação do homem poderia até ser considerada como positiva: a drenagem dos pântanos ou o recuo dos bosques desferiram rudes golpes aos mosquitos sugadores de sangue; melhores práticas de lavoura arejaram profundamente o solo, diminuíram, portanto, o número de minhocas ou de larvas de besouro; o controle dos enxames privou os ursos de seu alimento preferido; a reunião nos chiqueiros dos porcos que viviam nos bosques rompeu os laços fisiológicos com a espécie selvagem dos javalis. Mas a essas ações correspondem, normalmente, algumas compensações naturais, e nem sempre benéficas: a luta contra as aves de rapina favoreceu os roedores; o recuo do urso e do lobo, o javali; o da garça, o avanço dos insetos de rio; a guerra feita aos répteis abriu os celeiros aos ratos. No conjunto, a ganância e a pilhagem que se seguiu desorganizou a repartição das reservas alimentares dos animais e modificou assim o ecossistema. Entre tantos casos, um dos mais estudados, e talvez o mais importante, diz respeito ao carneiro. As observações baseadas na documentação escrita ou na arqueologia são incontestáveis: a especulação da lã desencadeou, a partir de 1250 na Inglaterra e um pouco mais tarde no continente, um aumento irresistível dos rebanhos. Os "lordes" e os conventos renunciaram à cultura dos grãos e se dedicaram à criação do carneiro, "cujo pé muda areia em ouro", como diziam então; ergueram cercas em torno dos canteiros abandonados que entregaram apenas à erva, o "campo inglês". A esse momento das *enclosures*, como são chamadas nesse país, corresponde, no século XIV na meseta ibérica, a conversão em estepe das vastas propriedades dos "grandes" e das ordens militares reunidos na Mesta, uma associação de lucros pastoris ilimitados. Nos dois casos, foram destruídos os sistemas de valorização coletiva dos solos e os usos costumeiros que formavam a base econômica e o cimento do grupo aldeão. Na Espanha, este foi o início de uma ruína que ainda experimentam; na Inglaterra, os camponeses, dissociados e arruinados, afluíram para a cidade, mão de obra barata e para qualquer serviço que servirá principalmente para a criação das jovens empresas industriais do arquipélago: não há outra explicação para a superioridade econômica e mercantil da Inglaterra nos séculos XVIII e XIX sobre o resto da Europa.

    Restaria buscar se, para além desses brutais ataques desferidos pelo homem aos hábitos dos animais, ele conseguiu modificar a fisiologia deles: fiz alusão aos cruzamentos de raças bovinas, à introdução de espécies equinas exóticas, a uma notável variação da aparência exterior do porco. Mas, neste sentido, não temos nenhuma certeza científica de ter havido uma espécie de política de aperfeiçoamento das raças ou de seu comportamento. Em contrapartida, a arqueozoologia traz novos problemas, ainda em aberto. Por exemplo, os vários testemunhos ósseos que vêm sendo apresentados pelas inúmeras escavações atestam que as alturas de cernelha do cavalo, do boi ou mesmo do carneiro sofreram surpreendentes variações: compráveis aos nossos no fim da Antiguidade, diminuíram bruscamente entre os séculos III e X, e só depois parecem – e nitidamente – aumentar: Questão de ambiente biótico geral? Tipos de alimentação ou de utilização? Introdução de novas espécies? Vemos bem a importância, mas também as contradições desses dados; os pesquisadores ainda não chegaram a uma conclusão.

Resumamos, e em um tom que, evidentemente, será pessimista. Desde que nos deixou alguns vestígios de sua atividade, há 15 ou 20 mil anos, e principalmente durante o milênio medieval, o homem não conseguiu domesticar, nem mesmo subjugar, nenhuma espécie animal a mais do que seus ancestrais do Neolítico; e já disseram em tom de galhofa que foi o gato que domesticou o homem. É indiscutível que o ser humano penetrou, utilizou e às vezes alterou ou modificou essa fauna. Mas qual? Apenas aquela que frequentava seus lugares de vida, e nenhuma outra: peixes, melhor nem comentar; dos insetos que o ignoram ou vivem dele só guardaremos a abelha, e entre os pássaros só o gavião. Sobra um punhado de mamíferos, uma dezena que ele explora, cem outros que lhe escapam, e muitos dos quais, às vezes bem próximos, riem de suas pretensões, como o rato que reina sob seus pés.

Ante o mundo vegetal, cuja poderosa indiferença continua a dominá-lo, ante o mundo animal, que o ignora, o homem é um ser desmunido, marginal na realidade; no mais, já no início não ressaltei suas fraquezas? Os doutores da lei, os sustentadores da fé bem diziam que Deus o tornara senhor da criação. Quem sabe seja preciso entender isso no sentido figurado: lamentavelmente frágil perante os outros seres vivos, talvez o homem os domine pela alma e o espírito. Talvez? É o que veremos.

Parte II

O homem em si próprio

Até aqui, tentei abordar os corpos e os gestos desses homens e dessas mulheres, a vida cotidiana, a atitude diante de uma natureza que a domina ou que dela escarnece. Procurei os aspectos puramente materiais, alguns dirão até materialistas. Sei, tanto quanto qualquer outro, o quão esta abordagem é enviesada: minhas fontes de conhecimento estão profundamente marcadas por sua origem "aristocrática", mesmo aquelas que provêm da arqueologia; muitas vezes, portanto, e bem mais do que teria desejado, tive de estender ao "homem comum" o que se sabe sobre os "grandes homens", monges, nobres, burgueses e mercadores de quem não queria falar para evitar as perigosas dificuldades da história "social e econômica". No modesto "território protegido" onde me mantive, sei também que tive de levar em consideração nossa visão de homens do século XXI: nossa concepção do tempo que passa, o lugar abandonado à máquina que nos aliena, ou até nossas necessidades vitais não são, não são mais, aquelas de um camponês do século XIII; se o ser humano ainda é o mesmo, sua atitude mental mudou a partir desses tempos distantes, e muitas vezes precisei apelar ao impenetrável para abordar um rito ou um gesto "irracional".

Eis que, decididamente, cheguei à margem de um vasto campo, também mal-iluminado, o das "superestruturas" mentais, como teria dito o velho Marx. Não me sinto à vontade nesse campo, e só avançarei com prudência: primeiro, porque ainda continuo mais convencido do papel da ferradura do cavalo na marcha da humanidade do que do papel da *Suma* de Tomás de Aquino; em seguida, porque, competente ou não, encontro-me confrontado ao enigma que havia esboçado, ou melhor, do qual me esquivara, ao iniciar meu primeiro propósito. O homem não é, certamente, o mais belo êxito da criação: a chegada da primeira flor convencerá o cético, eu espero; mas ele pensa, prevê e, decerto, se expressa muito melhor do que qualquer outro animal. Em nosso tempo de contestações morais, este problema da "superioridade" humana divide os pensadores, e chega até mesmo a opor os partidários. Para os "criacionistas", como se diz no outro lado do Atlântico, nenhuma discussão pode matizar a ideia de uma vontade única, de um "propósito inteligente" do Ser Supremo: visão quase indiscutida na Idade Média, e São Paulo, estandarte inflado pelo Verbo divino, implantou-a entre os cristãos. Para os "evolucionistas", o homem é, ao contrário, o resultado de sucessivas modificações, ou "aperfeiçoamentos", se preferirmos, desde a medusa até o ilustre Darwin, augusto pai dessa visão profunda que ninguém na Idade Média havia concebido, é claro. Mas eis que os etnólogos e os paleontólogos abalaram essas teorias: só muito recentemente o homem se separou – talvez em consequência de acasos felizes – do tronco dos hominídeos, e os "grandes macacos", chimpanzés, bonobos, orangotangos e outros conservam quase intactas nossas características fisiológicas: não são nossos ancestrais, mas nossos irmãos.

Não tenho qualquer competência para fazer ouvir minha voz nesse concerto. E o que disse até aqui deixa ao leitor a escolha entre o dedo de Deus nas paredes da Capela Sistina e o DNA de um gorila do Gabão. Mas tentemos avançar para essa outra face da humanidade sem nos deixarmos desencorajar pela espessa penumbra dos *a priori*, dos clichês, dos não ditos que os dogmas e os usos, a lei e o costume lançaram às almas e aos cérebros desses tempos.

1

O homem e o outro

"O homem é um animal social", afirmava Sêneca, bem pouco preocupado com a aplicação pessoal que fazia desse postulado. E todos os amigos do homem acrescentam: entreajuda, pensamentos comuns, polidez, amizades e agrupamentos, tudo na vida cotidiana e em todo mundo testemunha, ao que parece, a força dos sentimentos de grupo, ou até de sentimentos "gregários" e dóceis. "Ao que parece" somente, pois são tantas as regiões do globo, e até mais aquelas a que chamamos "desenvolvidas", como a nossa, onde as pessoas não cumprimentam quem passa nem lhe "seguram a porta", onde o incidente na rua só atrai uma breve curiosidade, onde nada se sabe sobre o vizinho ao lado, onde a calúnia se associa ao servilismo, sem citar mais do que o necessário a estranha aliança do "como todo mundo" com um feroz individualismo, de que a televisão ou o telefone portátil são hoje as duas maiores avenidas! Ademais, defender assim seu "território" não é próprio só do homem, forma primeira do instinto de sobrevivência; bastará observar o comportamento de dois cães que bruscamente se encontram: agressividade espontânea, e então aproximação desconfiada e reconhecimento do sexo. Duas etapas prévias que fingimos ou nos habituamos a deixar para trás. Mas o esquema é o mesmo: vamos então buscá-lo no tempo de que falo.

1.1 Viver em grupo

O vocabulário de nosso século é copioso em palavras "coletivas": seitas, partidos, sociedades, sindicatos, clubes e tantas outras. É quase tão rico para descrever o isolamento, a marginalidade, o abandono e a solidão. A situação linguística é bem diferente na Idade Média: o homem sozinho é um homem perdido; não há palavras para designá-lo, ou então elas mudaram de sentido. O grego *monos* ("sozinho") originou "monge", mas que vive com os outros; o latim *solus* aparece apenas como um qualificativo de uso genérico; o "eremita" do "deserto" (*eremos* em grego) ou o recluso voluntário em sua cela na cidade não passam de piedosos exemplos de despossessão de si mesmo na prece. Há apenas *homo* para tirar do nada o indivíduo isolado e, sem adjetivo, essa palavra nada quer dizer. É evidente que a solteirona, o exilado, o leproso e o moribundo estão sozinhos, mas porque estão ou serão excluídos do grupo social. Não escolheram viver sem apoio; e esse apoio, moral ou não, esse consolo no infortúnio só os terão no devido tempo, pois Deus vigia se os homens os oferecem. No mundo laico, os que escolheram a via estreita do isolamento voluntário não passam de um punhado de orgulhosos desgostosos com um presente detestável, adeptos do desprezo do século (*contemptus mundi*). O caminho trilhado deveria normalmente conduzi-los ao suicídio ou, pelo menos, à ignomínia; são "desesperados". Quanto são? A Igreja se recusa a contá-los e até mesmo a falar deles: não fazem mais parte do rebanho do Senhor; entregaram sua alma a satanás; não têm mais nada de humano. Mas e os outros? Todos os que vivem em grupo? Ainda temos de saber por que e como?

1.1.1 *Por que se reunir?*

Há muitas razões para se viver junto, até mesmo longe do "feu" de que falei mais acima. Esses motivos não são "naturais"; foram adquiridos ao longo de todos os séculos acumulados, os da Idade Média como o nosso. Vou enumerar os mais seguros desses tempos, mas antes é necessária uma regulagem, digamos "focal". O mundo medieval é dominado em todas as suas atitudes por um estado de espírito do qual só conhecemos alguns fragmentos. Em primeiro lugar, uma viva consciência da duração, do inevitável acúmulo dos séculos, de uma marcha linear e implacável para o "fim dos tempos", para o juízo final. Talvez aí encontremos as raízes do vivo interesse dado então às obras de "história". Esta espera escatológica interdita uma ruptura do destino: usam a parábola e até a representação da Roda da Fortuna que, em um perpétuo movimento, precipita o poderoso na abjeção antes de reconduzi-lo às honrarias. Mas esta "revolução" é precisamente o símbolo da inutilidade de o homem esperar se libertar do seu destino. Um segundo traço: são pessoas modestas que não sonham nem em combater o propósito divino, nem em renegar o passado, nem em se envaidecer com uma glória. No século XII, Bernardo de Chartres dirá: "Não passamos de anões empoleirados nos ombros de gigantes; assim vemos mais longe e melhor do que eles; mas nada seríamos se não nos colocassem lá no alto". Esta homenagem aos "antigos" é algo bem diferente de nossa pueril autossatisfação. Estes dois véus com que o altruísmo se cobre são mais espessos do que hoje; mas deixam aparecer os motivos que levaram os medievais a se aproximar uns dos outros ante a natureza ou o acaso.

Nenhum desses motivos é excepcional: desses séculos ao nosso, variam apenas suas cores ou sua intensidade. Os primeiros pertencem ao campo do coração e do espírito: a entreajuda, o impulso de caridade e a generosidade conduzem o homem aos braços de um outro. Vemos nisso um gesto "gratuito", simples testemunho de nossa ideia do bem. Receio que esse devotamento tenha tido na Idade Média um aspecto mais coercitivo: renunciar-lhe seria, com efeito, alterar gravemente o espírito da salvação e a benevolência do Criador; depois de 1250 ou 1270, quatro dos sete "pecados capitais" com que os pregadores vivem ameaçando o fiel temeroso – a inveja, a preguiça, a avareza e o orgulho – são barreiras intransponíveis à caridade, e "dar esmola", com maior frequência aos monges do que a um pobre ou a um vizinho, parece-me muito mais uma garantia do que um dom do coração e, afinal, no espírito desses tempos. Estaremos mais próximos de nós ao mostrar as formas de coesão implicadas nas atenções devidas ao outro. As palavras medievais têm muitos sentidos precisos: polidez, civilidade e urbanidade são construídas na e para a cidade: a *polis* grega, a *civitas* e a *urbs* romanas; quanto à cortesia, que lembra muito mais o campo, a *curtis* de onde vem é somente a dos grandes e dos ricos. O homem comum do campo não praticava então essas virtudes? O camponês, indiferente à cidade, não conhecia senão a rusticidade, o paganismo, a vilania, palavras ligadas à terra? Sim, se acreditarmos nos retratos que deles foram feitos pela gente de pena e de espada; não, se nos dermos ao trabalho de pesquisar nos relatos dos doutos os movimentos em benefício dos outros, ainda que se limitem a uma insaciável curiosidade pelo que o vizinho, o peregrino ou até o judeu de passagem narram ou inventam.

Os contatos estabelecidos pelo devotamento comum às vias da salvação, por uma fé que todos compartilham, por crenças ou mitos que o padre nem precisava comentar no púlpito; essa unidade dos fiéis ia muito além dos valores propriamente cristãos: resultava (ou provinha? podemos discutir) em (ou de) um espírito de conservadorismo, podemos até dizer de imobilismo, que neste caso não tem correspondente na atualidade. Pois o "bem comum" deve prevalecer sobre o interesse privado, pois a fé não se discute, pois a ordem do mundo está de acordo com a vontade de Deus, qualquer mudança perturbará esse equilíbrio: *malae sunt novae consuetudines*, qualquer novidade é símbolo do mal; qualquer ruptura com o costume, qualquer escolha de pensamento (*heresis* grega) são inspiradas por satanás. *Quieta non movere*, não tocar no que está estabelecido, já dizia Cícero. Ante esse tímido consenso, explica-se melhor que os efeitos de uma evolução técnica ou econômica, as audácias de um pensamento libertado ou as brutais medidas de um príncipe "esclarecido" tenham sido sistematicamente condenados, mesmo se finalmente triunfaram. Depois de 1220 ou 1270 são removidos pedaços inteiros da couraça das "certezas" comuns; mas na mesma época Frederico II é excomungado, Tomás de Aquino é desautorizado, São Francisco escapa por pouco da fogueira; quanto aos "hereges" confessos ou às feiticeiras identificadas, o destino deles já estava selado. É claro que, no século XIV, a *via moderna* se abre ainda mais; e logo aqueles que se agarram aos velhos usos serão "góticos", "bárbaros", como afirmam os petulantes italianos do Pré-renascimento.

Não precisarei de tanto zelo persuasivo para passar ao campo material, pois é um campo em que a vida em grupo é uma evidência e uma necessidade. Mesmo sem elaborar, assim como fiz até aqui, um quadro da economia, chega a ser uma banalidade relembrar o quanto os trabalhos da terra, a organização das trocas, as etapas do artesanato e até as atividades da guerra ou de pensamento só podem ser concebidos em equipe, em família, entre vizinhos, entre pessoas do mesmo nível na sociedade. O compartilhamento da ferramenta, a entreajuda diante da natureza ou do mundo animal, o acordo entre os homens para a proteção de um rebanho ou para a vigilância na cidade são imperiosas necessidades. É claro que um abismo se abriria diante de mim se começasse a distinguir as nuanças: a lavoura implica mais cuidados comuns do que o cercado de vinha; a lã nem sempre exige esforços idênticos em suas diversas etapas de trabalho; e o mesmo tanto poderia dizer do comércio, da escola ou da hipiatria. Revelar-se-iam então todos os efeitos da hierarquia do trabalho, até aos níveis de poder. Como não é esse o meu objetivo: limito-me a repetir que todos esses homens e todas essas mulheres estão ligados tanto pelo trabalho como pela fé. Além do mais, toda e qualquer terra tem relação com o homem; nenhuma terra é *res nulla*, nem *res nullius*. Todo solo é devoluto, nem que seja ao fisco; tem uma destinação, nem que seja a de pasto selvagem. Os historiadores preocupam-se cada vez mais com problemas do *habitat*, na cidade ou no campo, e voltarei a esse assunto. Mas todos concordam que a apropriação do solo, as divisões ou as reorganizações do parcelar ou do edificado resultam das ações de um grupo; este pode ser familiar ou clânico, espontâneo ou dirigido; em todos os casos essa implantação gera uma residência comum, a dos *manants* (do latim *manere*: permanecer), e nem as formas pastoris não escapam a isso.

Todos os elementos de que acabo de falar são manifestações ativas, mais ou menos voluntárias, do agrupamento. Sua outra face é passiva, ou até negativa; mas talvez se introduza sob os gestos positivos: é o medo. Essa gente tem medo e se reúne para conjurá-lo. Qualquer cultura e mesmo qualquer civilização são uma luta contra o medo: proteger-se do perigo de onde quer que venha, da fome, da dor; temer a noite "horrenda", refúgio da traição ou da violência. Esses sentimentos vêm da pré-história; mas o mundo animal também os conhece. O aspecto em que a espécie humana se destaca das outras é que para ela o medo toma uma dimensão metafísica; ele é mais do que um temor iminente ou uma descarga de adrenalina: é uma angústia da alma, e os tempos medievais o experimentaram amplamente. O medo da morte não é apenas a apreensão pelo fim; para o homem, é também o da salvação comprometida. As impurezas do sexo, do sangue, do dinheiro não são apenas erros deploráveis que poderiam ser corrigidos, são uma injúria irremissível à obra do Criador; a noite não é apenas um espaço perigoso de atravessar, é o momento em que Deus e as forças ctonianas se manifestam e lutam. Em uma atmosfera opressiva onde pairam tanto a benevolência quanto a cólera do Ser Supremo, não faltam, no entanto, atitudes de defesa: não há "espíritos fortes", certamente, e bem poucos são os céticos; mas há muitas caretas para ocultar o terror sob o manto da ironia, da proeza provocante, do riso ou dos choros exagerados. É essa mistura dos medos e das alegrias irrefletidas, essas reações "parecidas com as de uma criança", como dizia Huizinga, que dão aos tempos medievais seu "frescor" e seu "natural". Ao longo de mil anos, as nuanças marcaram, evidentemente, o transcorrer dos séculos à mercê da clemência dos tempos, dos acasos fisiológicos, do clima religioso ou político; neste aspecto a iconografia é rainha, ela opõe as faces medrosas com olhos esbugalhados da era românica ao sorriso de Reims, antes de redescobrir as caretas de terror ou de morte do século XV.

1.1.2 Como se reunir?

Eis um grupo de homens em busca de um pedaço de terra onde se fixar por um longo tempo: eles vêm de uma terra ingrata ou de uma cidade demasiado povoada, ou então abandonam o nomadismo, ou ainda desejam estender o espaço controlado. É o que ocorre na Europa, no Neolítico, ou no decorrer dos tempos "antigos", em plena Idade Média ou ainda em nossos dias. A imagem é sempre a mesma e os primeiros gestos sempre idênticos. Retiram da terra escolhida o mato que é então queimado, removem as pedras grosseiras e expulsam os roedores e, sobretudo, os répteis. Ao fazê-lo, o colono de hoje acredita apenas na utilidade do seu trabalho, nem sabe que marcou seu poder sobre as forças da natureza que ali dominavam, apagou os eventuais traços de uma ocupação estrangeira e anterior, e venceu as forças do mal, cujo símbolo é a serpente. O espírito, o "gênio" do lugar, é assim apaziguado e conquistado. Falta apenas render-lhe a devida homenagem: entre os celtas ou os germânicos ergue-se uma "grande pedra", nas regiões greco-romanas traça-se um fosso com taludes, entre os cristãos instala-se uma cruz, e hoje uma antena de rádio.

A menos que se trate de um propósito arbitrário de um poderoso como, por exemplo, criar uma "reserva" para vencidos ou prisioneiros (os romanos eram mestres nisso), a escolha do lugar do *habitat* responde a motivos muito simples: uma terra que se mostrou boa e saudável, como as *curtes* dos domínios galo-romanos abandonados; um local onde encontrar um eventual refúgio, tal como em todas as "aldeias empoleiradas" das regiões do Sul; um cruzamento de itinerários frequentados e úteis, como nos confluentes fluviais; um microclima favorável, como nas vertentes meridionais dos Alpes ou atrás das dunas oceânicas. A aparência inicial das aglomerações camponesas é muito marcada por essa escolha inaugural. O *castro* provençal ou italiano, o *castelnau* gascão, o *puech* da Auvergne e os *terpen* frísios estão concentrados no alto; os *burgos* da Charente, os *rupts* lorenos e os *villers* da Picardia são grandes aglomerados na planície; as "ruas longas" e as "cidades novas", em "espinha de peixe" ou em plano ortogonal, trazem a marca de um agrupamento conquistador ou de uma criação autoritária. Todos conservam a marca de uma reunião dos homens, espontânea ou não, que é uma articulação capital na história de nossos campos. À palavra italiana *incastellamento*, que insiste excessivamente no local e no papel do castelo, do *castellum*, no movimento, prefiro "encelulamento", muito pouco eufônico é verdade, mas que apresenta a vantagem de insistir na criação de órgãos centrais de agrupamento em um todo. Em um "todo" que, no mais, pode se dispersar em povoados, mas que permanece incluído em um conjunto de terras, de direitos ou obrigações comuns. Por isso penso que se trata então, mas só então, de uma "aldeia" no sentido pleno, quer esteja agrupada, distendida ou "esparramada". Este problema muito preocupa, com razão, mas não necessariamente com serenidade, os historiadores medievalistas; trata-se de buscar o peso dos diversos motivos para o fenômeno: Vontade de um senhor, efeitos de novas estruturas clânicas e mesmo conjugais, interesses de momento em uma conjuntura demográfica ou econômica em movimento? Também importam as sucessivas fases dessa morfogênese, o espaço de tempo no qual inserir essa *congragatio hominum*, esse agrupamento dos homens que se manteve até o fim do século XIX. Quanto a mim, creio que houve um movimento bastante brutal nas décadas que enquadram o ilustre "ano 1000", cuja primeira contribuição seria, digamos, entre 925-1075. Outros pensam de forma diferente, mas é assunto de clérigos.

Não falei, nesta ocasião, das cidades, apesar de objeto de admiração de nossos contemporâneos desde Augustin Thierry e, sobretudo, sob o império do fulminante êxodo rural de nossa época, em primeiro porque mantenho que as cidades são secundárias nos tempos que percorro, embora admita que cada vez menos, e que a história dos priores de Florença ou de outros lugares só ocasionalmente é das "pessoas da Idade Média": somos vítimas de nossas fontes, eis o que acontece! Em seguida, porque penso que, no campo abordado aqui, a "cidade" não nasceu nem cresceu por outras vias que as seguidas pela aldeia; mesmo nas zonas mediterrâneas, conhecidas por sua densidade urbana e pela importância do poder citadino, o fenômeno é o mesmo: Atenas é apenas uma acrópole defensiva, como Roma com o Palatino de Rômulo; Marseille não passa de um bom porto, Lyon de um admirável confluente; e, mais tarde ou mais ao norte, Veneza é apenas um arquipélago de sobrevivência, Madri ou Aigues-Mortes criações artificiais; e mesmo Paris não é senão uma bacia de confluências. A explosão ulterior teve muitas causas, mas elas estão fora do meu alcance e, no mais, são da mesma natureza das que se referem às aldeias.

Retomemos, pois, o caminho dos fundadores ou dos novos ocupantes. O local, escolhido e marcado com um sinal de apropriação, só tomará vida depois de várias etapas, aquelas sobre as quais os historiadores divergem. Para mim, sua ordem decorre da simples lógica e pode se dar em pouco tempo; mas são muitos os contraexemplos. Primeiro cercar: não só para se defender, mas talvez para afirmar ainda mais seu direito sobre o que será construído ou sobre quem dele dependerá: lugares de trocas a defender, terras próximas a isolar. Serão erguidas muralhas com torres de vigilância e portas protegidas, muralhas de toras, de pedras quebradas de forma grosseira, de enormes pedras talhadas, ou seja, com os materiais e as técnicas do lugar. Será esse o caso, evidentemente, dos *habitats* elevados à condição de "cidade"; mas, no campo, quer no sul da Europa quer no centro eslavo, são muito os exemplos de muralhas "ciclópicas", de portas "românicas", de torres "feudais", cujos restos atiçam o fervor dos turistas! Na falta de muralhas, a aldeia será cercada por paliçadas, um *tour de ville*, um *Etter* germânico, balizadas com cruzes e revitalizadas pela reconquista católica do século XIX. Mas o fosso continua sendo essencial, ou sucessivos fossos no caso de um posterior crescimento. Quando a aldeia é "esparramada", ou quando a cidade desenvolveu o que está "fora" do lugar fortificado, os *faubourgs* (do latim *foris*, fora), desenha-se ou marca-se na terra, com estacas ou cruzes, a extensão da zona sobre a qual se estenderão a justiça e o direito, isto é, o "ban", dos lugares construídos. O vocabulário é rico: dir-se-á nas línguas românicas *pourpris* (do latim *porprendere*, "ocupar"), *plessis* ou *plouy* (de uma provável palavra céltica *ploicum* que queria dizer "cercado"), *pourchainte* (onde ainda se pode perseguir e pegar um culpado), ou simplesmente *banlieue*, a zona de uma ou várias léguas de raio para além das muralhas (*quintaine, septaine* etc.) onde era exercido o direito local. Tudo isso implica, evidentemente, assim como a divisão das parcelas, casas e terras, um domínio dos procedimentos de agrimensura, de que voltarei a falar; não nos faltam tratados antigos, ou suas cópias, sobre o controle das ferramentas necessárias para esses trabalhos; no mais, a arqueologia e a iconografia são nesse sentido apoios seguros.

Após a muralha, o nome. O que nos parece uma evidência cotidiana não é tão claro nos tempos medievais. A proveniência de um topônimo ou uma posterior substituição revela alguns elementos capitais, em especial sobre as motivações dos fundadores. Às vezes se contentavam com uma referência oportuna: "ali onde há" uma ponte, um vau, uma colina (*briva, rito, dunum* no mundo céltico), ou só com uma vaga indicação topográfica: Já não se sustentou que, mais a leste, Istambul não era a deformação da antiga Constantinopla, mas apenas a contração da frase grega *eis ten polim*, para a cidade? E o tanto de Longeville, Pierrepont, Chaumont e muitas outras que há na França! No nível dos agrupamentos mais fortes, sobretudo na cidade, a opção será pelo nome do povo ou da tribo que centraliza a aglomeração; se necessário, os romanos ainda adicionarão a denominação usada pela unidade militar ali instalada. Na França são muitas as cidades que guardam essa lembrança: Limoges, Arras, Metz e cem outras, das quais Paris é o primeiro exemplo. A pesquisa é até mais fecunda quando se trata do nome de um senhor local, talvez fundador, de todo modo senhor do grupo que vive sob sua proteção: há muitos lugares da Gália onde o -*iacum*, que indica apropriação, se une como sufixo a um nome de homem em todos os -*y*, -*ac*, -*ieu* etc. Além desses, os séculos medievais também viram a eclosão, nas denominações de origem ou nos rebatismos, dos topônimos colocados sob a proteção de um santo personagem (até o século VIII, dizem de preferência Dom, de *dominus*, e só mais tarde dirão santo, de *sanctus*). Se precisasse entrar em uma abordagem mais atenta, deveria demorar-me neste caminho de acesso por vezes enganador, e me afastaria do meu objetivo; limitemo-nos a destacar que todos esses nomes, geográficos, antroponímicos, coletivos, são um dos mais poderosos vínculos que ligam os homens ao seu *habitat*.

Além de sagrado, esse vínculo constitui a terceira etapa do estabelecimento do quadro de vida. Ou no cercado inicial onde se assenta o grupo fundador ou em uma criação imposta pelo contato com o impenetrável, é preciso um elemento espiritual no centro do grupo humano; nem que ele seja um simples entreposto, um *portus* mercantil, por exemplo. Esse recinto é o lugar onde se expressa o divino: ele só pode ser o cemitério, o *atrium*, no qual reinam o asilo e a paz, e de que já falei ao destacar que desse modo são os mortos que fixam os vivos. Mas o recinto sagrado abriga as imagens dos deuses (ou do imperador) e, mais tarde, a do Deus único: o *naos* greco-latino e o *nemeto* dos celtas tornam-se o *sacrarium* cristão onde são conservadas as relíquias e onde será erguido o santuário principal do grupo de fiéis; para lá afluem as vias de peregrinação, e de lá se dispersam as procissões ou as vias-sacras. São protegidos por um santo padroeiro; ele deu seu nome como "vocábulo" ao centro paroquial, mas não necessariamente a todo o *habitat*. Pode ser Cristo, a Virgem, um apóstolo, um mártir, um propagador da fé ou qualquer outro personagem, e até um pagão transformado em santo venerável pela multidão persuadida. Disso geralmente decorre um curioso efeito, mas que me levaria longe demais: a audiência do santo padroeiro ultrapassa as muralhas e, pelo seu vocábulo, conquista as aldeias ou os bairros urbanos próximos, às vezes simples fragmentos dispersos de um conjunto maior de homens; criam-se assim redes, bases de ligações não mais sagradas, mas econômicas. Este fenômeno dito "de centralidade" é sempre tardio, às vezes artificial, mas hoje interessa muitos medievalistas apaixonados pelos "sistemas".

Ao chegar a este ponto, poderia empreender uma história evolutiva do *habitat*, nem que fosse para derrubar a ideia da "imutável serenidade dos campos", da "aldeia eterna" ou do "primado da cidade", bobagens doutamente repetidas, enquanto a insanidade delas explode diante de nossos próprios olhos. Porém, mais uma vez, seria cair na tentação de uma exposição socioeconômica fora do meu propósito. Limito-me, pois, a algumas observações que me parecem suficientes para iluminar meu caminho. Em primeiro lugar, esses homens não ficam parados: a arqueologia não só prova que, ao longo dos cinco primeiros séculos medievais, digamos até os tempos carolíngios inclusive, as áreas habitadas, as necrópoles, os itinerários não são utilizados por mais de cem a duzentos anos nos mesmos locais, mas, quando por volta de 1200 ou 1250 os fragmentos de listas de homens podem ser comparados de geração em geração, tanto na cidade quanto no campo, revela-se, como dizia Marc Bloch, um verdadeiro "movimento browniano": censitários ou artesãos não "resistem" mais de dois ou três lustros, depois partem para outros lugares. Este fenômeno ocorre muito cedo nas regiões com documentação abundante e precoce: Catalunha, Itália, "Países Baixos", Bacia de Londres. Quanto à osmose entre cidade e campo, ela parece muito mais forte do que se imagina: nos séculos XII e XIII, as cidades crescem pelo afluxo de um excedente camponês não qualificado e depois, nos séculos XIV e XV, esvaziam-se pelo esforço de controle sobre o campo já equipado e fornecedor de alimentos. Os aldeões se refugiam nas *sauvetés* [lugares destinados ao refúgio e ao asilo] em caso de crise política, mas abrem *bastides* e "cidades novas" diante de uma expansão demográfica ou produtiva. As cidades se expandem para além de suas antigas muralhas e fixam a população em torno de novos pontos religiosos ou comerciais. No interior das muralhas, a especialização das atividades ou do conteúdo humano acompanha o destino local, e encanta os historiadores da sociedade urbana ou da pregação na cidade: a *"cité"* do bispo contra o "burgo" dos mercadores, os "ofícios" contra os "homens de alta posição", o "homem comum" contra os "burgueses" e, em cascata se puxarmos o fio, os problemas de direitos e de cartas, de riqueza e de poderio, de moeda e de trocas, de monopolização e de "capitalismo", e, por que não? de realeza e de "Estado moderno". Acabei saindo do meu caminho, paro então por aqui.

1.1.3 Onde se reunir?

Aldeões ou citadinos formam, portanto, um tecido denso, com trama mais ou menos apertada. Disse mais acima que é bem difícil oferecer números globais e esboçar uma curva evolutiva da população. É relativamente mais fácil quando se olha de perto os fios do tecido. Temos muitas listas dos rendeiros, dos contribuintes ou dos tributáveis, às vezes nominativas, providas de dados econômicos ou profissionais; mas é preciso ficar no nível das estimativas e das médias: os motivos do levantamento, a competência do escriba, a constante ausência das crianças e mais ainda das mulheres, a jurisdição territorial do inquérito ou o valor do "feu" adotado pelo contabilista são outras tantas armadilhas. E, naturalmente, o quadro cronológico tardio, em geral não antes do século XIII, aumenta a dificuldade de alinhar exemplos a ser comparados. Tudo isso me conduz a alguns simplismos. Em zona de aldeias agrupadas, houve a tentativa de algumas contagens como, por exemplo, na França nas regiões da Picardia, Normandia, Flandres, Auvergne, Savoie, Provence; a arqueologia forneceu elementos de estruturas habitadas. Números de 50 a 200 almas para superfícies de dois a quatro hectares oferecem densidades plausíveis, levando-se em conta espaços que permaneceram "rurais". Em contrapartida, os números urbanos surpreendem. De um lado, a extensão da construção e das hortas ou *courtils* adjacentes é irrisória, pelo menos em relação à nossa atual visão; mas as mais vastas dessas cidades, e em terreno plano, como Paris, Milão ou Colônia, não ultrapassam de 500 a 600 hectares. Em razão do empilhamento de casas com andares e sem espaços vazios, a população é proporcionalmente enorme: por volta de 1300, um mínimo de 4 a 6 mil habitantes para as cidades "médias", de 15 a 30 mil na maioria das cidades dominantes, cerca de 50 mil na Europa Ocidental, com grandes metrópoles entre 50 e 100 mil almas: Londres, Milão, Colônia, Toulouse, Gand, Florença, talvez Barcelona e Veneza, e um monstro com mais de 200 mil: Paris. Em resumo, de 600 a 2 mil indivíduos por hectare. Nas condições de higiene, segurança, circulação e alimentação que são as desse tempo, custamos a acreditar em uma vida cotidiana tolerável na cidade. Antes mesmo de Villon ou Rutebeuf, os contos, os *fabliaux* e até a iconografia multiplicam os exemplos dos "gritos e contratempos" de Paris. Nesse tumulto e nessa pressa, onde se encontrar quando não se é um monge em seu claustro, uma *demoiselle* em seu pomar, um cavaleiro em um salão do castelo ou um escabino de manto em sua sala?

Na rua, em primeiro lugar, porque as casas, subdivididas, como disse mais acima, em modestos alojamentos, estreitos e pouco arejados, não passam de abrigos para a noite, mesmo em regiões frias. Os especialistas de história urbana se extasiam nas praças da senhoria italiana ladeadas de palácios municipais, no adro das catedrais e das prefeituras municipais na França e em outros lugares, nos campanários com seu balcão de onde os escabinos pronunciavam suas arengas e nas encruzilhadas onde os franciscanos empoleirados ao pé de uma cruz ou de um pilar reuniam as comadres. O que resta desse cenário urbano, palácios, prefeituras municipais, fontes e torres "nobres", ainda desperta a admiração confiante dos turistas e faz sonhar os apaixonados por uma Idade Média dourada. Por que não vão para onde vivia o povo simples, o *popolo minuto* o "homem comum", os *armen Leute*, os "pobres", os *simplices*, todos os outros afinal? Encontrariam ali ruas estreitas com seis a dez metros de largura, no máximo, com uma valeta central recolhendo as águas pluviais e os resíduos domésticos, e raramente pavimentadas na Europa Setentrional. Quem não conhece a anedota do Rei Filipe Augusto incomodado pelo mau cheiro das ruelas na *Cité* de Paris? Das janelas de sacada caem resíduos e águas sujas até o meio dessas ruelas; sob os alpendres, só a parte mais elevada da valeta não é atingida e é deixada para as damas, se houver alguma. Quanto ao lixo, os cães se encarregam e até os porcos soltos, caso se acredite em um homem sério como o Abade Suger; será preciso esperar o século XIV para que lixeiros recolham esses dejetos. Barricas, pilhas de madeira, invasões dos vizinhos, carroças puxadas por burros ou então por homens, alguns cavaleiros, correntes estendidas à noite para uma inútil proteção, lamparinas tremulando à noite em algum nicho de fachada, poluição, mau cheiro, e tudo isso recoberto por uma camada de regulamentos inúteis, que supostamente garantiriam o descanso e o conforto do citadino. Decerto este quadro "romântico" é exagerado, concordo. Primeiro, porque o urbanismo à moda antiga persiste aqui e acolá, ou renasce pouco a pouco; depois, porque este retrato vale principalmente para os bairros onde vivem os "mecânicos", aqueles da atividade artesanal intensa, criados e mestres dos ofícios "ignóbeis", açougueiros, surradores, sapateiros, curtidores, gente do metal e da madeira – os nomes de muitas de nossas ruas guardaram essa lembrança. Mas, a despeito de sua arrogância, a gente das cidades não pode rejeitar a ideia de que no dia a dia vive-se melhor na aldeia.

Encontrar-se na rua para conversar é, pois, algo bem arriscado. Mais vale procurar um espaço livre. E isso foi algo que os antigos certamente compreenderam: suas vastas "termas" eram locais de esportes tanto quanto de banhos, lugares de trocas de ideias ou de dinheiro. Quando pretendiam urbanizar uma região conquistada considerada muito rural, portanto de difícil controle, os romanos, na Gália, na Espanha ou na Bretanha, começavam implantando um campo militar, depois um lugar de espetáculo e, por fim, as termas para atrair a multidão submetida. A arqueologia já revelou muitas dessas "agrocidades";

várias delas não prosperaram, mas outras, certamente mais bem localizadas, ou lugares de cultos antigos, prosperaram como "colônias", ou mesmo como "cidades". Se os poderes medievais nada tentaram de parecido, deixaram desenvolver, e às vezes até criaram, zonas *non aedificandi*, como dizem nossos edis. Quanto à fonte, como muitas vezes sua origem está ligada a um príncipe ou a um escabino, é símbolo do poder urbano, ou mesmo real; é junto do seu tanque que o "parlamento das mulheres" se encontra, como na nascente da aldeia. O mercado, por vezes gigantesco na Itália e nos Países Baixos, é um outro importante lugar de trocas de todos os tipos onde, sob o olhar de sargentos juramentados, encontram-se disponíveis os padrões de medidas, calibradas para o líquido e para os grãos, para tudo o que será medido, pesado e, naturalmente, taxado; há ali bancos para os fregueses e tavernas, que são lugares de contratações e centros de violências. Alguns marcos e estrados para o pregoeiro público, para o franciscano em transes revolucionários ou para o dominicano pregar a concórdia e condenar o comércio – *inhonesta mercimonia*, diz Tomás de Aquino. Se a cidade se elevou à categoria de uma feira internacional como na Champagne, na Lombardia, no Brabant, na Inglaterra ou nas proximidades do Reno, o mercado torna-se seu coração, ainda que se compre e se venda também fora das muralhas. Na aldeia, o quadro será mais modesto; as pessoas se contentarão com um espaço muitas vezes ainda cheios de verde, o *green* inglês, o *couderc* aquitano, o "baile" normando, primeiramente local de reunião do rebanho comum e, em seguida, do conjunto dos aldeões, que o preferiram à igreja paroquial ou ao *atrium* próximo. Ali se ergue uma cruz e, ao seu pé ou bem perto, o *perron*, o banco de pedra onde o senhor da região dará suas sentenças.

Essas cidades agressivas e hirsutas e essas aldeias lentas e rudimentares não navegam em um oceano sem limites. Todas estão solidamente contidas em uma malha de vínculos comunitários que dão sentido aos encontros ou às aspirações comuns. O primeiro desses vínculos é a paróquia. A intenção não é abordar aqui a história da célula paroquial, e ainda menos o estudo de sua função religiosa, mas apenas lembrar que na França, como na maioria dos países cristãos, a jurisdição territorial da paróquia tornou-se a da célula principal da vida em grupo, tanto na cidade quanto na aldeia; e que a tão justamente chamada "comuna" é, para os homens que praticam um culto como para os outros, o quadro ainda atual de sua vida. Os juristas se agitam e protestam, principalmente quanto ao tecido urbano que foi e ainda é transformado; mas tudo isso é uma questão menor. Desde que saiu das *cités* que o acolheram por séculos, o cristianismo tornou-se rural, bem no início nas margens do mar latino, não antes dos séculos VII e VIII mais ao norte, e ainda mais tarde na direção das regiões bálticas ou eslavas, e retornarei a isso. Mas são os fiéis, e só estes últimos contam, que quando requisitados se reconhecem como homens de uma paróquia e não de uma senhoria, aldeia ou bairro. Quando, em 1215, o IV Concílio de Latrão ordenou que cada fiel se declarasse pertencente a apenas uma única paróquia, isso não foi uma novidade, só um meio de evitar que as rendas obtidas pelo padre com a administração dos sacramentos e as "oblações" não ficassem na bolsa do fiel sob o pretexto de que ele "não pertencia àquela paróquia". As taxas cobradas dos fiéis, os dízimos, servem para manter aquele que tem a incumbência, o cuidado, a *cura* das almas ou, quando necessário, de seu substituto, o *vicarius*; também o dízimo, todo ou em partes, é vendido, dado e comprado, e desempenha nesses tempos um papel essencial na autoridade da Igreja. Todo este conjunto de direitos e de bens é coisa comum, é a "obra" cujo bom funcionamento está a cargo de todos os fiéis; são eles que vigiam sua contabilidade, designam homens sérios para formar o conselho – aqui ou acolá chamado "fábrica" – encarregado do controle: são os tesoureiros, as pessoas "do registro" (*matricularii*), e como a paróquia também é todo o território habitado pela gente da aldeia ou do bairro, os locais de encontro, de refúgio ou de contatos serão o próprio edifício eclesial ou o *atrium* vizinho. É nesse espaço que a afetividade é coletiva, inclusive nas ocasiões em que a estrutura do *habitat* poderia levar à dispersão dos esforços em comum.

Quando não se encontram na igreja, os mais piedosos – talvez na origem também os mais deserdados dos homens – podem esperar dos outros um gesto de fraternidade, de caridade, de assistência. Mas não poderiam se contentar com uma esmola individual, ocasional ou mesmo furtiva. Desde sempre, agrupamentos piedosos reuniram homens de bom coração; formaram "confrarias", "caridades" – e, como às vezes era necessário juntar dinheiro para os pobres, também "guildas" (*Gold* ou *Geld*, o dinheiro). Esses agrupamentos, profanos e espontâneos, começaram a se multiplicar a partir do século VIII, período em que, sobretudo na cidade, somos bem-informados sobre muitos deles. A Igreja se mexeu, porque se atribuía o monopólio da caridade, porque tinha "seus" pobres, algumas vezes inscritos nos registros cuja atualização era acompanhada de perto; e porque, além do mais, via nisso o surgimento de associações que beiravam a seita. A legislação carolíngia condenou, portanto, aquilo que o próprio Arcebispo Hincmar chamava de "desordens". Precaução inútil, pois as confrarias se camuflaram em simples obras piedosas em favor dos leprosos e dos hospitais. A partir do século XII muitas delas, transformadas em agrupamentos de trabalhadores de um mesmo ofício, serviram de espaço ao mundo operário da cidade; outras, tornadas fraternidades penitenciais, passaram ao controle das ordens mendicantes, principalmente franciscanas, e se reorganizaram em sessões de cantos, de preces e de música. No século XIV, havia 75 em Florença, 95 em Avignon, ou seja, uma para cada 300 ou 500 habitantes. Algumas delas, que caíram em desvios quase insurrecionais sob a pressão das calamidades da época, entregaram-se a partir do século XV às procissões místicas e exuberantes, como as dos bandos de "flagelantes" que amotinavam as cidades do Reno e do Ródano.

Esses fenômenos continuavam sendo essencialmente urbanos. No campo, a autoridade da Igreja seguia mais rigorosa e tais desvios eram rapidamente encaminhados para as sanções religiosas, que igualavam o penitente ao herege e o desviante ao feiticeiro, com a fogueira como horizonte. Em contrapartida, e neste caso muito mais no campo, os devotos podiam esperar encontrar a salvação em uma peregrinação. Prevalece a dimensão espiritual. Não que nessa ocasião não tenha havido excessos deploráveis como, por exemplo, no século XI, quando dos distúrbios consecutivos ao estabelecimento da paz de Deus ou, no século XII, os desmandos de bandos armados como os *paziers* do Berry, ou os *encapuchonnés* do Velay que usavam capuzes ou, mais tarde, os *laudesi* italianos que se diziam discípulos de São Francisco; muitas vezes esses movimentos desordenados trajavam as vestes do peregrino. Mas são exceções diante do personagem do peregrino "normal". Os *peregrini* são "estrangeiros que andam": estão sozinhos ou em grupo, obedecem a um voto de expiação, por vezes até condenados pela justiça a essa errância. Têm um estatuto jurídico reconhecido: vestuário, insígnias, permissão de passar, salvo-conduto religioso ou laico. O objetivo deles é se aproximar de uma relíquia santa para vê-la e tocá-la, obtendo assim uma "caução" no além. A despeito deste indiscutível pano de fundo religioso, a opinião pública, alertada pela Igreja estabelecida, não lhes é favorável. Primeiro, porque caminhar assim, por vezes sem objetivo claro, não é conforme à noção de ordem desejada por Deus: além de uma péssima lembrança, Roma guardou também uma grande desconfiança em relação aos irlandeses e aos saxões itinerantes dos primeiros séculos cristãos, a todos esses padres sem vínculos, esses *Wanderprädiger*, que caminham pelas estradas pregando de acordo com sua conveniência; a reforma "gregoriana" colocará tudo na boa ordem. Em seguida, é preciso incitar o fiel a desconfiar desses viajantes insólitos: Quem os envia? Deus ou satanás?

É claro que ao acompanhar esses errantes, distancio-me dos quadros de agrupamento, que neste caso são profanos. Dois deles são essenciais e, no mais, amplamente conhecidos e estudados: o "ofício" e a senhoria. São até mesmo as mais incontestáveis células econômicas ou sociais desses tempos, de forma que, pelo tanto que já se falou a respeito, poderia me limitar a algumas palavras. Primeiramente, os "ofícios". Camponeses emigrados para a cidade ou habitantes locais, alguns homens se associam para exercer um trabalho do "setor secundário", como diriam nossos economistas, isto é, de transformação das matérias. Estão ligados por vínculos de família ou de proveniência; talvez também pertençam a uma mesma confraria; trabalham com as mãos, e no interior de uma oficina apropriada; são "operários", *knechten*, *operaio*, e assalariados por um "patrão". A vizinhança em uma mesma rua ou em um mesmo bairro reservados à mesma atividade, o "companheirismo", a divisão do pão no trabalho, a estreita sujeição dos estatutos e regulamentos que dominam a contratação, os salários, os horários e a venda, todos esses problemas formam um cimento que une esses "mecânicos". Não falarei de todo o resto: as rivalidades entre os mestres e na oficina, a luta com as autoridades municipais, as oposições entre trabalhadores das cidades e os rivais dos campos, a hostilidade entre mestres e criados, o caso dos trabalhadores não inscritos no "ofício", os "receios", "comoções" ou greves na cidade, o sobe e desce dos salários ou dos preços, e depois o desemprego, a errância e a exclusão. E cubramos tudo isso com aquilo que é meu assunto: todos, quer se trate da lição da Igreja ou de uma visão prudente da economia, estão convencidos de que o objetivo indiscutível de seu esforço é o "bem comum" e a "boa mercadoria", e que toda concorrência só pode ser uma fonte de violência e uma negação do querer divino.

Hoje, um indivíduo questionado sobre o que a Idade Média do dia a dia evoca em sua memória responderá: "os senhores", e terá razão. Provocado um pouco mais, acrescentará: "a feudalidade", e desta vez estará errado. Nada direi, com efeito, sobre a feudalidade, e muito menos sobre as excrescências exógenas – nobreza, cavalaria, vassalagem e outras – que lhe acrescentam. Seja o que for que se pense da realidade, da importância e das mutações dessas noções, elas não passam de epifenômenos no terreno que percorro. Deixo-as de lado dizendo que os ricos e os poderosos que caçam ou guerreiam juntos, e também juntos se entediam nos salões desconfortáveis dos castelos, conhecem assim um tipo de aproximação, mas profundamente marcado por um estigma social: é a "vida do castelo"; a vida de um homem em cada vinte. E não há também nenhum interesse em saber se foi lhe confiada uma *ténure** "feudal": e neste caso é um homem em cada trinta. Quanto aos sentimentos de um "vassalo", estes dependem também do perfil comum. Em contrapartida, a senhoria é "incontornável", como se diz hoje em dia: constitui o próprio quadro da vida cotidiana, moldada ou não de acordo com a paróquia; é urbana tanto quanto rural; e nos últimos séculos medievais a "senhoria" é, na Europa Meridional, a própria cidade. Desta vez, o problema não pode ser evitado: a sociedade medieval é realmente uma "sociedade senhorial". É um abuso de linguagem, infelizmente avalizado desde Marx por ilustres historiadores como Marc Bloch, falar de "sociedade feudal"; creio ter feito justiça a essa inútil exaltação de um fenômeno finalmente marginal, minoritário, superficial e que devemos à proveniência de nossas documentações, quase todas aristocráticas.

Dito isto, a questão, assim como para os "ofícios" citados acima, não poderia ser exposta aqui em sua plenitude. Portanto, deixarei propositalmente de lado alguns aspectos básicos, mas que não me parecem pertencer ao meu quadro "humano". Como, por exemplo, a origem pré- ou pós-carolíngia da "senhoria", sua natureza privada ou pública, as dimensões territoriais ou hierárquicas dessas células de comando e, sobretudo, sua evolução entre o ano 1000 e o século XIV, quando tendem a mergulhar nos quadros políticos reais. Da mesma forma, não vou desenvolver nem a especificidade dos poderes senhoriais da Igreja, principalmente conventual, nem a figura urbana do poder senhorial, nem o papel dos agentes da senhoria, inclusive do padre, junto aos submetidos, nem a drenagem econômica sobre o trabalho deles. Não detalharei o "ban", isto é, o poder de julgar, de perseguir, de taxar os homens no lugar de um Estado por tanto tempo enfraquecido. Mas, em contrapartida, vou me deter no papel da senhoria, eventualmente do próprio senhor, no agrupamento e no espírito de reunião dos homens, que é o meu assunto. O que aparece, primeiramente, é a coerção, fonte, no mais, de coesão entre os "sujeitos"; é ela que, por vezes qualificada de "terrorismo" senhorial, confere tão má uma reputação à Idade Média, acompanhada de uma massa de lendas absurdas de origem "romântica" em que os senhores pisoteiam a cavalo seus próprios grãos, violentam as mulheres, lançam os homens nas masmorras, quando não os degolam, e deixam morrer os mendigos. Já está na hora de relembrar que o montante das taxas a pagar ao sargento é muito inferior ao exigido hoje pelo

---

* *Ténure*: modo de concessão de uma terra, em virtude do qual uma pessoa só possui, a título precário, sua propriedade [N.T.].

fisco; que a justiça praticada ao pé do castelo é muito mais rápida e clemente do que nossos intermináveis e duvidosos processos; que a segurança garantida por uma tropa de sargentos armados ou de guerreiros profissionais alojados no castelo não é menos eficaz do que a que inúmeros ou, ao contrário, insuficientes batalhões de policiais tentam manter; e que a pseudo-"anarquia feudal" é um mito, pois talvez nunca os homens tenham sido mais controlados do que então. Coerções militares? Não há, pois o homem pobre é considerado inapto ao combate; são substituídas por uma taxa ou por alguns dias de terraplenagem. Exigências "banais" pelo uso de um moinho ou de um lagar senhorial? Essas comodidades, também propícias aos encontros, são bem inferiores às nossas "taxas de habitação". E poderia continuar com a drenagem do produto do trabalho, com as taxas mercantis nos pedágios ou "no valor agregado", e mesmo com as limitações dos direitos da pessoa. No mais, as revoltas camponesas, e mesmo as das cidades, não têm como objeto, pelo menos antes do século XIV, a derrubada do "sistema senhorial"; são seus desvios ou a miséria que as provocam.

Ficar na fila no moinho, se juntar para limpar o fosso do castelo ou para trabalhar por alguns dias na colheita na terra do senhor, eis algo que faz com que as pessoas se reúnam; mas o cimento essencial da senhoria reside nos "costumes", nas "franquias" obtidas do senhor. Houve por vezes a necessidade de pagar para que cedesse ou compartilhasse um direito; mas isso não o repugnava, pois seu próprio interesse estava em jogo: fixar os trabalhadores, assentar sua autoridade por meio de algumas concessões menores, transformar em "uso" comum o que não se podia explorar sozinho de forma proveitosa – um bosque, um lago ou uma área de caça e de pesca. A maioria dessas "renúncias" resulta de um entendimento cujas etapas não conhecemos bem: o senhor será flexível quando não estão em jogo seus direitos de justiça e de guerra; mas é preciso pagar para que conceda direitos de acesso às terras desocupadas, "inúteis", matas, terrenos incultos e até matas de corte, que assim se tornam "comunais". No fim dessas mútuas concessões, poderão realizar uma ata escrita. Muitas delas foram conservadas, na Espanha no século X, no norte da França nos XI e XII, na Alemanha e na Itália no XIII. Terras produtivas para um campesinato cujo volume cresce; dinheiro para os senhores cujo equipamento militar ou as despesas de prestígio aumentam: essas "cartas", esses "tribunais", esses "relatórios de direitos", esses *fueros* materializam as "conquistas" campesinas.

Não sucumbamos à ideia de uma "idade de ouro", ainda que pudéssemos percebê-la entre 1180 e 1240 no conjunto da Cristandade. Há maus senhores para os quais as discórdias mútuas obscurecem o próprio sentido de seu interesse, ou que são animados por um "espírito de classe" cujo eco se repercute na literatura. Os piores são os homens da Igreja, particularmente os cistercienses, adeptos da "exploração direta", e que não se interessam pelos camponeses vizinhos. Quanto aos próprios aldeões, não passaria de uma visão irênica crer que todos estão interessados e satisfeitos pelos privilégios concedidos: podemos até mesmo avançar que uma fratura social, cada vez mais larga, será criada entre aqueles que podem pagar uma taxa retroativa de todas as vantagens arrancadas e os outros que permaneceram "à mercê". Nas cidades, tantas vezes brandidas como exemplos, essa fratura interna é ainda mais nítida, pois aqueles que conduziram a luta de emancipação já são privilegiados: mestres dos ofícios, aristocratas urbanos, mercadores ou armadores que defenderão as vantagens obtidas. Louvam e escrutam os textos emitidos pela autoridade local; podem chegar, como no fim do século XI e século XII nos Países Baixos e na Itália, até a autoadministração, à constituição de milícias armadas, acompanhadas de um juramento de "comuna", isto é, de entreajuda espontânea; mas as diferentes condições sociais e a delimitação cronológica particular interditam a admissão daquilo que a vulgata historiográfica ainda repete: a primazia do movimento urbano sobre o das aldeias. Pouco importam, no mais, os argumentos em cada sentido: eis os homens reunidos, e isso é o essencial.

1.1.4 Rir e se divertir

Toda cultura possui um amplo leque de jogos; os mais simples deles, como arremessar um objeto ou empregar sua força, estão presentes em todas as épocas e em todas as regiões. Quanto ao riso, do qual se afirma com seriedade que é "próprio do homem", sem ir além da autossatisfação e faz parte de todos os séculos, embora alguns deles não pareçam consenti-lo! Ainda que existam jogos individuais e se possa rir sozinho, essas duas manifestações do corpo e da alma parecem muito mais de natureza coletiva.

Definir o riso poderia ser considerado uma busca ociosa. Ele é, no entanto, a expressão visível de uma disposição natural a se alegrar, como as lágrimas a se afligir. Essa alegria ou essa tristeza poderiam não se traduzir por movimentos musculares ou glandulares visíveis pelo outro; ou se limitar ao esboço de um leve ricto ou a uma maior umidade nos olhos. Mas os séculos medievais não têm este decoro: as manifestações caracteriais são brutais e intensas. Justapõem, como disse, a boa vontade e a crueldade, a fúria e a caridade, o riso e as lágrimas; e estas últimas são inesgotáveis, ruidosas e desordenadas. O sorriso ou a tristeza contida são atitudes artificiais, comandadas e, além do mais, reservadas aos usos "corteses", onde reina a hipocrisia; por isso, quase sempre é um assunto de poeta ou de romancista, quase nunca de pintor ou de cronista. Mas quando deixamos o espaço limitado dos sentimentos de "classe", o que vemos são só explosões impetuosas e ruidosas ou torrentes de gritos e de lágrimas; os gestos ou as caretas são excessivos, membros retorcidos, bocas escancaradas, movimentos exagerados. A literatura comum, "ditos", romances ou *fabliaux*, e por vezes alguma escultura isolada fornecerão mil exemplos do riso: um espetáculo inesperado e cômico, como um tombo ridículo, uma gafe calamitosa, uma chacota feita a um rico, uma palavra espirituosa dita por um jovem seminarista; e, naturalmente, o inesgotável repertório dos gracejos ou dos trocadilhos, sexuais no homem, escatológicos na mulher. O riso explode na taverna, na rua ou no mercado. A Igreja torce o nariz; percebe facilmente, por trás dessa alegria, as tentações da maledicência e da inveja, a fonte de uma desordem. E se coloca seriamente a insolúvel questão: "Será que Jesus riu?"

É no desregramento festivo que a alegria se exterioriza e, sobretudo, a alegria coletiva. Os séculos medievais apreciaram muito as festas, e elas ainda hoje despertam o interesse dos municípios em busca de pequenos ganhos, na ausência de autenticidade histórica. São inúmeras as ocasiões. Por vezes estão ligadas às circunstâncias, como as "entradas" dos príncipes na cidade ou, mais modestamente, as *relevailles* na aldeia. Outras vezes, são rituais ao longo do ano, de origem pagã ainda que pinceladas de cristianismo: o Natal evidentemente, a *typhaine* (a Epifania) celebrando os reis magos, a *Chandeleur*, que é a Festa das *Relevailles* de Maria, a Páscoa, ou melhor, a "Pascoa Florida" (i. é, os ramos que celebram a entrada de Cristo em Jerusalém), e ainda o Pentecostes, as rogações, a Ascensão, o São João, e paro por aqui. Todas, ou quase, são de origem profana, com conotação sexual ou ctoniana. Todas se acompanham de ritos alimentares: o porco, a *galette*, o crepe, o cordeiro..., ou então de interesse rústico: queimar as ervas daninhas, expulsar os insetos, reunir os animais. Essa dimensão pagã foi bem-compreendida, captada e assimilada pela Igreja que, depois de ter lutado entre os séculos V e IX contra esses *simulacra* vindos do Oriente ou do Extremo Ocidente, acabou admitindo que as invocações à Lua ou a água-benta espalhada sobre os campos secos podiam ser recuperadas para a maior glória de Deus. Em contrapartida, fracassou diante das festas de subversão, contrárias por essência à ordem: a "Festa dos Loucos", em

1º de janeiro, quando tudo sai dos trilhos, lembrança do dia da efetivação dos magistrados romanos; o carnaval da terça-feira gorda, protesto satânico contra a Quaresma de privações que se anuncia (sem dúvida oriundo de *carnem levare*: retirar a carne); o charivari dos jovens, do qual já disse algo, e que expõe a hipocrisia matrimonial.

Todas essas festas nos surpreendem pela variedade, pela abundância e pelo colorido. Para compreendê-las melhor, é preciso lembrar que nesses séculos o trabalho ainda se assemelha a uma obrigação, e que o *otium*, o lazer, é um ideal que se tenta alcançar. Já se chegou a calcular que, afastadas todas as nuanças de lugares e de tempos, e tanto na cidade quanto na aldeia, um bom terço dos dias é de "folga", causa ou efeito da alegria popular. As procissões que então se formam, encabeçadas por cruzes e estandartes, não se limitam, naturalmente, a risos e gritos: todos cantam em coro. Eis um campo do qual quase nada sabemos. Encontramos pinturas ou esculturas de vielas de duas cordas, trompas, flautas e tambores; às vezes, mas dentro da casa, um saltério de trinta cordas, ancestral de nosso piano. Desde que Gui d'Arezzo as criou em meados do século XI, também encontramos manuscritos "com pautas musicais", cuja função é colocar as notas em uma gama em vez dos neumas (de *pneuma*, o sopro), simples sinais de subida ou descida do som. Mas esses rudimentos de solfejo são só para as peças litúrgicas, sem modulação notável, de "coro pleno", como dizem; de forma que nada sabemos das melodias populares, canções "de tela" para as damas, canções para beber ou para dançar. Pois a dança acompanha a festa. E dela também não faltam as representações figuradas em que vemos citadinos e camponeses formando rodas para os dois sexos, batendo em ritmo os tamancos, trocando as posições dos braços ou do corpo. E embora a dança pareça mais rara nos meios sociais mais abastados da cidade, é neles, no entanto, que surgirá, mas não antes do século XV, a dança a dois, a *carole*, em que os corpos se tocam: horror e depravação que leva as pessoas da Igreja a cobrir o rosto; porque se em certos dias de festa os cônegos também dançam diante do altar de sua igreja, fazem-no segurando-se pelo dedo, da forma mais casta do mundo.

A festa, portanto, a bebedeira, a taverna, as rixas e a desordem inútil. Será que não poderiam orientar este apetite lúdico para qualquer forma mais moral, ou em todo caso mais pacífica? Os salões do castelo conheceram, a partir do século X, a passagem de cantores, de saltimbancos ou de músicos errantes que vêm imitar diante da maravilhada juventude guerreira as proezas amorosas ou violentas dos heróis, *canzone* de Itália e da região de língua de *oc*, "gestas" da

França e da região de língua de *oil*. Mas isso é coisa de privilegiados, ainda que a literatura francesa ali inclua, e desde o século XI, seus textos mais antigos conservados em língua vulgar. O "homem comum" certamente não tem acesso a eles; por isso lhes serão oferecidos, talvez ressurgência antiga, espetáculos já "encenados". Na falta de combate de gladiadores ou de bestas, que eram muito apreciados em Roma, mas de que não se têm traços sérios na Idade Média, havia uma multidão em torno dos campos cercados onde se enfrentavam os campeões dos "duelos judiciários", ou então ao pé do pelourinho onde se chicoteava um miserável, e o que haveria de mais digno do que se distrair com um enforcamento e, mais ainda, com uma decapitação? E ainda hoje não há países que se dizem "cristãos" fervorosos e onde as pessoas se amontoam para ver a morte de um condenado supostamente culpado? Desviemos o olhar e o direcionemos para o renascimento do teatro popular. Na Itália e no norte da França foi onde ressurgiu essa festa coletiva do espetáculo "com personagens", que encantava os antigos. Sua origem poderia estar, no século XII, nas caretas dos bandos errantes de *"jongleurs"* (*joculator*, aquele que se diverte), de *trouvères* (*trobador*, aquele que encontra e imagina), que se exibem nas praças da cidade interpretando *farces* e *sotties* compostas por eles mesmos; a menos que, em equipes mais "profissionais", não ergam tablados e não montem cenários onde apresentam obras "de ofício" (*ministerium*, de onde a enganadora tradução de "mistério"). Depois do século XV, esses espetáculos são controlados pelos poderes municipais, para evitar os excessos de espectadores entusiasmados, e pela Igreja que neles vê um campo de ação mais seguro do que os sermões incontroláveis dos frades menores, franciscanos. O espetáculo é gratuito, desloca-se pela cidade, dura vários dias, muda de tema de acordo com os atores, que são substituídos no decorrer da turnê. Zombam da autoridade, mas também valorizam as virtudes morais da sociedade. Esse teatro é para todos, ainda que não haja mulheres nos tablados, nem mesmo para interpretar o papel da Virgem; mas não vejamos nisso nem "machismo" nem desprezo: simplesmente não é decente expor mulher, irmã ou filha aos olhos do público. Em contrapartida, o sucesso é tal que conservamos "súplicas" dirigidas às autoridades para obter uma licença para ir ao espetáculo.

Desfilar aos gritos, dançar em grupo, bater as mãos no teatro para marcar sua alegria são atitudes coletivas, conviviais, mas desprovidas de uma implicação pessoal; todos estão mergulhados na massa anônima. Este não é o caso do jogo, mesmo do jogo em equipe. Ele requer, com efeito, um investimento completo, pois o jogo tem um objetivo: ganhar glória ou dinheiro – o que desencadeia, caso se perca, a vergonha, a cólera e alimenta a necessidade de trapaça. Esses sentimentos se assemelham, evidentemente, ao orgulho, à inveja, à cólera e até à recusa da intervenção divina. Desde os tempos carolíngios, a Igreja condena o jogo como uma imoralidade e um desvio da noção do lazer, que só a Deus deve ser consagrado. Conhecemos muito bem hoje o que era o jogo medieval, pelo menos na França, em meados e no fim da Idade Média. Na maioria das vezes é praticado por equipes rivais e, neste caso, são geralmente jogos com uma bolinha como o *jeu de paume* ou com uma bola como a *soule*. O *jeu de paume* é principalmente urbano, por vezes é praticado em um espaço coberto e sem deslocamento marcado: usa-se uma raquete para bater a *éteuf*, ancestral de nossas bolas de tênis, que é enviada ao adversário acima de uma rede ou contra uma parede, normalmente de madeira. A *soule* é mais "popular" e reúne grandes grupos de jogadores; é em geral um assunto de família, de clã ou, na cidade, de bairros. Enquanto a bolinha do *jeu de paume* é feita de lã ou de palha envolvida por uma casca, a da *soule* é uma bola dura, e até de madeira, em que se bate com o pé, com a mão ou com um bastão – hesitamos, portanto, sobre sua descendência: Futebol, rúgbi, baseball ou críquete?

Jogos deste tipo exigem espaço, espectadores e árbitros, o que não é o caso do jogo de dados, um simples jogo de azar, o que lhe confere o primeiro lugar quando o assunto é trapaça, contestação e violência. Universal e constante, remonta quase aos tempos neolíticos. E como compromete somas de dinheiro por vezes consideráveis entre os grandes do mundo, é condenado mais do qualquer outro pela Igreja. O mesmo não se dá com as cartas, que só foram introduzidas no fim do século XV: diziam que vinham da Índia, e Rabelais conhecia suas trinta e cinco regras. Embora o acaso subsista, nem que seja só na atribuição das cartas aos jogadores, uma parte da tática conferia-lhes um lustre que os dados não tinham. Mas, bolas, dados ou cartas, todos se curvavam ante o "rei dos jogos" e o "jogo dos reis": o xadrez. São dois jogadores, mas de boa cepa, e apoiados por dedicados amadores dispostos a tudo. Pois o jogo é como um espelho da vida aqui na terra, com o simbolismo de suas peças, sua tática quase guerreira, feita de audácia e de prudência, exigindo memória e olhar rápido, praticamente acessível só aos homens mais velhos e experientes. Desde o século VIII é conhecido no Ocidente, vindo sem dúvida da Índia pela Escandinávia ou pela Espanha. É um combate; logo não se trapaceia no xadrez. Mas quando se perde, a cólera pode explodir em violência: Roberto, filho do Conquistador e derrotado por seu pai, não lhe destruiu, como dizem, um tabuleiro na cabeça?

Não é apenas a *soule*, os dados ou o xadrez, mas também o tiro com arco, o boliche, o jogo das pedrinhas, a amarelinha, o gamão e muitos outros. Fazem rir ou chorar, de acordo com o resultado da partida e o senso de humor. Mas, como as festas, a dança e o teatro, eles despertavam paixões que podiam aproximar ou opor os homens, melhor seria preveni-los e contê-los.

1.2 Precauções e desvios

Para que uma sociedade tenha alguma coesão, para que possa, por exemplo, resistir aos violentos golpes do destino desferidos por uma outra forma social ou mesmo pela natureza, não basta que os homens estejam reunidos, de boa ou má vontade, nos espaços de vida, em uma paróquia, em uma senhoria, em um "ofício" ou simplesmente em "fronteiras". São necessários outros vínculos, por vezes de origem étnica ou linguística, outras por concepções morais ou religiosas. Se essa base identitária vier a se quebrar, e antes que outra a substitua, uma crise de consciência de si abala os espíritos e desencadeia tanto desorganizações materiais quanto morais. Essas crises sempre estiveram presentes, desde a existência de uma história da humanidade; no caso da Europa, por exemplo, quando do contato entre as culturas mediterrâneas e germano-célticas, dos séculos III ao VIII, ou ainda no momento da brusca abertura da Europa aos mundos exteriores, da América aos impérios coloniais, nos séculos XV a XVIII. Tudo leva a pensar que há cinquenta anos estamos vivendo na aurora de uma desorganização semelhante: o fundo de nossas estruturas de comunicação se desagrega; a herança das unidades políticas ou "nacionais" se dissolve; os fundamentos éticos estão enfraquecidos. Mas estes fenômenos são lentos. Como no caso do reaquecimento climático, é uma grande ingenuidade se acreditar capaz de contê-los ou apressá-los; sem dúvida serão necessários um ou dois séculos para que se extraia algo de novo.

Não é inútil, portanto, se questionar sobre a solidez do cimento que mantém a sociedade medieval, particularmente entre os dois limites que acabo de citar: os séculos VII e XV. Hoje, pelo menos na Europa, o que confere especificidade a um grupo original é uma relativa homogeneidade étnica, uma língua e, portanto, uma cultura uniforme, uma história velha e comum, atitudes e hábitos enraizados, bem como limites administrativos e políticos claramente definidos. Esses elementos fazem com que o observador veja "ingleses", "franceses" ou "italianos". Mas é preciso constatar que a situação medieval é bem diferente: em um caso como o da França, não há nem unidade de povoamento, nem consciência de uma "pátria" e menos ainda de uma "nação", nem língua comum, nem fronteiras ou destino inquestionáveis; mas, em contrapartida, há um molde de crenças praticamente estanque: a Cristandade. Todos esses homens se creem ou se dizem "cristãos"; claro que há alguns rebeldes e grandes núcleos judaicos e mulçumanos aqui e acolá, mas não passam de coágulos e, em princípio, exceções. Mas aos olhos dos outros povos, do Islã por exemplo, esses homens e mulheres são "francos": o erro é evidente, mas porque nesses tempos o profano e o sagrado estão misturados e o poder é teocrático – é o *dominium*, o da fé e o do povo "dominante". Este tipo de sociedade está hoje às nossas portas, e decerto André Malraux não se enganou ao predizer um "século religioso". Mas voltemos aos tempos medievais.

1.2.1 A ordem e as "ordens"

A ordem celeste domina o mundo; baseia-se em uma harmonia cósmica estabelecida desde sempre. Em um esquema universal, o homem não pode ser senão um elemento sem livre-arbítrio; assim ele é, assim ele será. Nas sociedades mais antigas, no Egito, no subcontinente indiano, e talvez já no meio dos agrupamentos neolíticos, de que só temos ínfimos vestígios (e descarto, evidentemente, todo o Extremo Oriente que ignoro), em todas essas sociedades, portanto, surgiu a consciência de que seu equilíbrio, a ordem superior que as rege, impõe em seu seio papéis e "funções" distintos: convém que alguns sejam os intermediários entre os humanos e as forças divinas, que outros garantam o enquadramento – se necessário armado – de todo o grupo, enquanto aos últimos caberá tanto a função de produção de novos homens como de alimentos. Não há surpresa nessa tripartição; contudo, Dumézil e outros etnólogos consideravam-na muito mais característica da cultura indo-europeia primária. Mas na Europa o que podemos encontrar dessa visão do mundo, entre os greco-romanos, os celtas ou os germânicos, não inclui, ao que parece, nenhum conteúdo espiritual: temos a impressão de que, na representação dos homens, o jurídico e o econômico prevalecem sobre sua responsabilidade moral ou religiosa. No mais, nem os neoplatônicos da época imperial nem os Padres da Igreja no momento da eclosão cristã não abraçam em suas reflexões este tipo de repartição dos humanos: livres ou escravos, cristãos ou "gentis", depois monges ou laicos, virgens ou casadas. Mas essas apreciações ou se afastam da vontade do Criador, ou só se referem a um aspecto secundário da vida de grupo.

Foi nos tempos carolíngios, no fim do século IX, que se esboçou a transformação essencial: não há nem em Jean Scot Érigène nem em Héric d'Auxerre nenhuma ideia de que a ordem de Deus se apoia nas três funções, nas três "ordens" de que já falei, e que cada uma delas foi concebida para uma missão específica, correspondente a um estatuto social igualmente específico. A formulação deste "esquema" por Aldabéron de Laon, por volta de 1020 ou 1030, se tornará a regra intangível adotada pelos doutos: *oratores, bellatores, laboratores*, tríade que é muito maltraduzida por: "os que oram", "os que combatem", "os que trabalham", ou seja, os clérigos, os guerreiros e os outros, ou, caso se queira, a Igreja, a nobreza e o povo. Só pouco depois, no tempo de Abelardo e de São Bernardo, será formulada uma hierarquia entre essas ordens: a primeira posição para os clérigos, pois dependem da autoridade pontifical, depositária aqui na terra da vontade divina; a segunda aos combatentes, que são necessariamente os mais fortes, os cavaleiros, os *armati*; o resto é a massa confusa dos outros, a "terceira ordem" como se dirá mais tarde, embora majoritária em número é simples rebanho de fiéis, *grex fidelium*. Dessa forma encontram-se misturados o religioso e o social, o sagrado e o profano, como quer o clima geral desses séculos. Além do mais, cada homem, colocado por Deus em uma ordem e não em outra, não pode mudar esse fato: tentá-lo seria fazer uma escolha de vida (*haeresis*) evidentemente condenável, e ressaltei mais acima esse traço flagrante de imobilismo social.

Nosso racionalismo herdado do Iluminismo não demorou a estigmatizar uma ordem, fundando assim uma gritante desigualdade social: clérigos e nobres se refestelam na ociosidade do suor e das lágrimas dos "pequenos". Erro grosseiro de apreciação, além de veicular a infeliz noção de um "feudalismo" apoiado na violência senhorial e na sujeição dos "servos", os *servi*, os "escravos" do vocabulário latino. Isso é ignorar completamente que o "esquema trifuncional" é a imagem daquilo que Deus quer: chegar à salvação, objetivo principal de nossa vida aqui na terra. Mas nessa busca universal da salvação eterna, que já bastaria para a resignação dos mais fracos, a maneira de ver as coisas em nada se assemelha à nossa: diante de Deus e de sua vontade, não há ricos e pobres, senhores e súditos, mas apenas cristãos à espera do juízo final. Nesse dia, porém, o clérigo que falhou em sua missão pastoral ou o guerreiro que se cobriu de violência, de luxúria ou de dinheiro têm muito menos chances de obter a salvação do que o trabalhador braçal, extenuado de cansaço. Na realidade, só tomarão consciência dessa divina injustiça só no século XIV ou ainda mais tarde, quando o ministério da Igreja se enfraquecerá ou que a ordem dos guerreiros pouco a pouco se deixará arrastar pelo pecado.

De fato, antes mesmo que Guillaume d'Ockham ou outros doutores não comecem, por volta de 1350, a levantar dúvidas sobre a excelência da escolha divina, ou que os camponeses da Inglaterra, que se revoltam em 1381, não se perguntem como era no tempo de Adão e Eva, são visíveis as fissuras no esquema ensinado por aqueles que sabem. A Igreja foi a primeira que contribuiu para desorganizar esse quadro de vida que, no entanto, sustentava seu poder. À medida que valorizava o papel e o lugar do princípio hierárquico em suas próprias fileiras, principalmente ao exaltar a superioridade do papa sobre todos os cristãos, mesmo os da segunda ordem, ao procurar se oferecer bens materiais muitas vezes de forma duvidosa, ao taxar de simonia, isto é, de materialização profana, tudo o que ameaçava sua fortuna, ou de nicolaísmo as falhas morais em seu seio, ela oferecia o flanco às suspeitas que a afastavam excessivamente de sua missão original. Até no vocabulário usado em seu grupo social, a palavra "ordenar" deslizou para o sentido único de entrada em suas fileiras, como se seu conjunto fosse o único amado por Deus, e a palavra "estado" passou a designar as duas outras partes do esquema divino, assim reduzido ao nível apenas do profano.

A ordem dos guerreiros mereceria um pouco mais de minha atenção, pois são excessivas as vias de pesquisa sobre os problemas colocados por suas divisões internas, seus estatutos em constante transformação, suas atividades materiais na vida política e econômica. Limito-me a uma única consideração, mas que considero significante: enquanto a ordem dos *oratores* declinava continuamente e a dos *laboratores* se diversificava, como veremos, já a dos *bellatores* conservaram uma indiscutível homogeneidade, quando menos de fachada. Certamente as franjas foram corroídas por elementos saídos do "terceiro estado": os usos familiais e os interesses materiais erodiram a força da ordem ou a conduziram para uma estrutura de casta. Mas, o papel de gládio de Deus sobreviveu até mesmo nessa evolução; fala-se mais de "honra" e de glória do que de religião e de defesa cristã, mas a "nobreza" não falhou em sua tarefa.

Nesta história dos vínculos espirituais que unem os homens, o caso do "terceiro estado" é muito mais complexo. Não faz parte do meu propósito, no entanto, entrar em um estudo da evolução do sentimento religioso dos humildes, isto é, de todos aqueles que não pertencem às duas ordens "dominantes". Limito-me a ampliar as três brechas que os séculos fizeram surgir no esquema trifuncional, e que pouco a pouco lhe retiraram seu papel de cimento social. O primeiro elemento de dissolução provém das insuficiências de percepção dos clérigos que pretendiam enquadrar o estatuto material dos homens. Quando, ainda no século XI, e mais cedo por razões ainda mais fortes, os pensadores classificavam os fiéis, os *laboratores* eram para eles os trabalhadores manuais, e o trabalho, assim reabilitado, encontrava-se alçado ao patamar de um valor moral. Mas esses trabalhadores que devem alimentar os outros são, evidentemente, os camponeses, a esmagadora maioria da terceira ordem. Mas o crescimento urbano se inicia em toda Europa, segundo as formas e os ritmos locais, no fim do século XI, propaga-se, inclui a Cristandade e triunfa em toda parte. Nos séculos XII e XIII, o mundo das cidades reúne quatro ou cinco em cada dez homens na Itália, três ou quatro na França, quase o mesmo tanto na Alemanha ou na Inglaterra. Mas essas pessoas não se encaixam ou se encaixam mal no quadro ideal: as forças que as animam estão mais próximas do interesse individual e da realidade local; sua cultura tende a personalizar o indivíduo e a tecer laços apenas profanos. Além do mais, a relação delas com o dinheiro é constante; por vezes, no salário ou na venda, ele é o fundamento de seu sistema econômico. Claro que nem todos são fabricantes ou vendedores de tecidos, usurários ou mestres de ofício; no mais, nenhum deles ignora a força das confrarias ou o culto mariano. Mas seu "perfil" não é o do *laborator* do campo. Como inserir em um mundo apenas tripartite aqueles que praticam o comércio "desonesto", que "não trabalham com suas mãos", como se vangloria Rutebeuf, ou que se "consolam com uma vida pobre longe de um rico senhor de terra", como diz Villon? Adapta-se a pastoral, tenta-se rechear os ditos e os *fabliaux* com preceitos morais, e os "mistérios" com dados piedosos. Trabalho em grande parte perdido; o "nascimento do espírito laico", como foi dito com certa ênfase, corroeu a espiritualidade da terceira ordem.

 O segundo ataque é mais dissimulado: no esquema, esqueceram-se simplesmente da liberdade. Esqueceram-na não porque a consideravam sem importância, mas porque aos olhos de Deus todos os fiéis são almas de mesmo peso. Até o rigoroso Direito Romano admitia que um escravo não era um simples corpo. Os pensadores cristãos não estimavam, portanto, que esse grupo de homens podia trazer alguma nuança ao esquema estabelecido. Nos tempos carolíngios, a noção de que "só existem dois tipos de homens, o livre e o escravo" é uma observação puramente laica, na qual não intervém a noção de Salvação. E a Igreja cristã havia recrutado muitos de seus primeiros adeptos entre os não livres; não julgava escandaloso, pois, ela mesma dispor de abundantes rebanhos de escravos, e isso até em pleno século X. É certo que em teoria condenava o tráfico e até o uso da carne humana, mas somente em nome da caridade e não da salvação; lamentava os "filhos de Cam", o filho de Noé cuja descendência, a raça dos negros, fora condenada por Deus. Mas estava fora de que questão entrar no mundo dos clérigos sem antes ter resgatado sua condição de não livre. Por essa razão é que em nenhum dos escritos redigidos pelos doutos a divisão dos homens se apoiava na ideia de liberdade ou de servidão. São nossos espíritos racionais que condenam esta cegueira repugnante. Mesmo depois de a escravidão à moda antiga – ou à moda merovíngia – ter desaparecido por uma série de razões que não exporei, a categoria dos subjugados, dos "ligados", os *servi* do vocabulário antigo ou os "servos", como dizem os historiadores, continuou a ser considerada pelos clérigos sem relação com a "função" da terceira ordem. Podemos discutir as etapas e o conteúdo da servidão, ressaltar os incontestáveis esforços de libertação por parte da Igreja depois do ano 1000, mas a tara da servidão permanece indelével; e só podemos nos surpreender que a Igreja tenha tolerado, ou até praticado, os persistentes entraves à liberdade de certos fiéis como, por exemplo, não poder se casar, se deslocar ou dispor dos frutos de seu trabalho, em princípio no entanto abençoado, sem a autorização de um senhor se afirmando cristão e, às vezes, da própria Igreja. Se o "esquema" já havia sido superado pela irrupção da gente da cidade, desta vez fora atingido em seu princípio de igualdade perante a salvação.

E o foi também, talvez ainda mais gravemente, com a explosão interna da noção de ordens que mantêm a sociedade em paz graças às funções precisas e até uniformes. A estratificação em camadas sobrepostas no interior de cada um desses grupos provinha, evidentemente, de uma evolução ao longo dos séculos. Mas para as duas primeiras ordens, o prejuízo não era tão enorme. Afinal, que entre os clérigos tenha havido aqueles que escolheram as "ordens menores" e outros as "ordens maiores", ou que também tenha havido uma hierarquia no direito concedido a alguns de outorgar este ou aquele sacramento, tudo isso não alterava a missão de intermediário entre os laicos e Deus. Da mesma forma, todo o aparato feudal ou não, cavaleiresco ou nobre, de primogênitos ou caçulas, no qual se debatiam os *bellatores* não retirava da segunda ordem seu papel de combatente. Foi na terceira ordem que se introduziu o germe de decomposição. Em seu interior já se opunham homens livres e servos. A evolução econômica foi o motor mais poderoso da explosão interna: com efeito, entre os "comuns" desprendeu-se a massa dos "pobres", os *vilissimi*, os "menus", os *armen Leute*, o *popolo minuto*, toda aquela gente sem terra, sem ferramentas, sem ofício, sem dinheiro e, por vezes, sem moradia, não tendo, pois, "ni feu ni lieu" [nem "fogo" nem lugar], em breve "ni foi ni loi [nem fé nem lei]. E seu número aumenta, sobretudo na cidade, porque no campo a natureza pode continuar a prover o mínimo. A Igreja tem consciência de que esse estado deplorável pode acabar alterando a fé desses cristãos esquecidos, levá-los a contestar um esquema que pretende sufocá-los no meio de todos. Pelos sermões, desde o século XII, e depois pelos *exempla* comentados, tenta enaltecer a Senhora Pobreza, passaporte para o além; Jean Gobi chega até a estabelecer seriamente os níveis na pobreza para, como garante, desmascarar os "falsos pobres", ou, ainda pior, os "maus pobres". Que desplante! Não obstante os inúteis combates perante o desarranjo da economia senhorial nos séculos XIV e XV, o abandono de uma esperança aqui na terra causava uma fratura fatal no interior de uma "ordem" que pretendia não ver senão cristãos "trabalhadores", todos juntos em marcha no caminho da salvação.

1.2.2 A paz e a honra

As desordens muitas vezes sangrentas que sacodem a vida dos povos ou, pelo menos, das "nações" cadenciam interminavelmente os "Tempos modernos" e, mais ainda, os "contemporâneos". Não que os séculos medievais ofereçam uma face irênica, mas a guerra, de que voltarei a falar, e os "pavores", de que não falarei, têm primeiramente uma dimensão menor e, em seguida, mais circunstancial: são distúrbios de origem familiar ou de modesta finalidade territorial; neles não são invocados nem o direito das gentes, nem os fundamentos da sociedade, nem as "nações" que ainda não existem. Daí a importância dos "encontros", mas entre príncipes, e que se destinam a uma rápida conclusão por meio de um acordo de compromisso. O interesse dessas entrevistas puramente formais era deter o conflito por algum tempo; sua lista é longa e, a partir da alta Idade Média, destacam-se: Estrasburgo (842), Saint-Clair-sur--Epte (911), Yvois (1022). Com o passar do tempo e com problemas cada vez mais importantes, surgem no fim da Idade Média as "conferências': Montereau (1419), Arras (1435), Bruges (1472), que reúnem um imperador, dois reis, um "importante duque do Ocidente" e Veneza. Mais tarde, no século XIX, por exemplo, a história é repleta de tais "congressos", de Viena a Versailles. E as célebres "entrevistas" que pretenderam regrar os efeitos da última guerra mundial são farinha do mesmo saco! Nenhuma delas implicou em uma consulta aos indivíduos; os poderosos talharam na massa humana a defesa de seus próprios interesses. Quanto às tentativas internacionais que hoje são feitas, são tão necessárias e desejáveis quanto ineficazes em seu conjunto.

Meu propósito não é medir o peso das "resoluções" da ONU, mas buscar nos tempos medievais o início de uma busca da Paz, com maiúscula e englobando todos os homens. Essa tentativa aconteceu e permaneceu, muito justamente, um dos símbolos da Idade Média, ainda que sua eficácia tenha lentamente se alterado. A historiografia tradicional destaca obstinadamente o progressivo enfraquecimento, por volta de 880 ou 950, da autoridade pública por um momento revigorada pelos carolíngios. E opõe ao brilho dos guerreiros da Austrásia as desordens, as violências, o "terrorismo" da "anarquia feudal". Para justificar o ardente desejo de apaziguamento das vítimas dessa desordem, ou seja, clérigos virtuosos e pobres camponeses esmagados, invocam os "terrores do ano 1000" que assombrariam os espíritos desses tempos. Após rudes querelas entre os admiradores de Michelet e os devotos do positivismo à moda do século XIX, os historiadores estão hoje mais ou menos de acordo: os "terrores" do ano 1000 nunca existiram; quando muito encontraremos uma surda inquietação diante de uma transformação social percebida, mas não compreendida. A anarquia é uma visão de erudito: trata-se de fato de uma lenta reviravolta, de um ou dois séculos, do público para o privado, com os inevitáveis ajustes do enquadramento dos homens; quanto ao "terrorismo", é apenas a marca do regresso à aldeia dos guerreiros montados que o fim das razias de escravos na outra margem do Elba deixava sem atividade organizada. As questões de violência ou de momento nesses fenômenos fazem parte da querela erudita: deixemo-las. É sempre temerário, e algumas vezes falso, projetar de um tempo ao outro as contingências de um momento; mas não oculto o quanto considero que o ano 1000 e o ano 2000 ressoam do mesmo timbre!

Não nos distanciemos e retornemos ao século X, um século que não poderia ser qualificado de "noite sombria" ou de "aurora sorridente", como fez no fim dele o borgonhês Raoul le Glabre em sua célebre frase sobre "a veste branca de igrejas com a qual o mundo exausto se revestia". Qual foi a origem desse lento ensolarar? O fim dos carolíngios? É um detalhe. O crescimento demográfico? Sim, mas é uma causa ou um efeito? E, no mais, de onde vinha? Uma origem extra-humana, um dom de Deus ou um movimento das massas oceânicas? Estamos em um terreno movediço; só podemos nos apoiar em uma certeza, mas de difícil percepção: a renovação da fé. Ela deixa, com efeito, as nuvens da teoria erudita para tomar um curso terrestre e uma forma mais humana. A

Igreja abre em seu próprio seio as vias de pureza e da ação militante que vão do retorno às origens monásticas de Cluny (910) à reforma "gregoriana" já quase no fim do século XI. Entre estas duas datas, os homens se reagrupam, o quadro senhorial se instala, as paróquias se estabelecem solidamente e os mortos deixam de assustar. Mas ainda seria necessária uma etapa para consolidar a Cristandade em seus primeiros passos: aqui está ela.

Essa etapa foi a paz jurada entre os homens. Embora sua inspiração tenha sido em grande parte popular, os pequenos, os fracos não tinham nenhuma força real para obtê-la. Foi a Igreja que tomou sua iniciativa: sua autoridade, seus bens e sua hierarquia exigiam calma e submissão. Bispos, com menor frequência monges, organizaram concílios – o que permanecia jurídico, portanto teórico –, em que eram dispensados conselhos e ameaças; e depois assembleias para as quais vinham, de boa ou de má vontade, senhores, homens de armas, às vezes gente da cidade. Como o verbo é, nessa sociedade que não escreve, a expressão da autoridade, fizeram os homens armados jurar solenemente que em suas terras conservariam a paz entre eles e em relação aos fracos, clérigos e homens pobres; é a paz de Deus ou, sob uma forma mais modesta, a trégua de Deus. O juramento sobre uma relíquia ou uma cruz é público; engaja a honra e, sobretudo, a salvação. Renunciar-lhe ou recusá-lo significa condenar-se à danação eterna. O movimento iniciou-se na França central por volta de 990, ganhou o norte por volta de 1020, o leste e a Alemanha depois de 1050, o Mediterrâneo antes de 1100. Aqueles que o recusavam, além das ameaças infernais, eram obrigados pela força a fazê-lo. E pelo "bem comum", a Igreja não hesitou em armar bandos de camponeses para apoiar os soldados da paz.

Em princípio, a noção de ordem pública e, portanto, de um cordão de segurança em torno da sociedade, fora assim alcançada. Não se deveria, no entanto, cair no otimismo. Embora invoquem por muito tempo a paz fiadora do bem comum, seus desvios logo se esboçaram. Primeiro, a tendência da autoridade no interior do corpo eclesial foi se concentrar na hierarquia secular, o papa incluído, depois de 1050 ou 1070. Em consequência, as ordens monásticas se engajaram, por volta dessas datas ou um pouco mais tarde, em movimentos muito ativos de retomada de uma piedade mais austera, muito mais apartada do comum, e muitas vezes dirigida contra a parte secular do clero. Em seguida, tornou-se rapidamente claro que o recurso a uma espécie de "força popular" camponesa para submeter os senhores rebeldes poderia romper o esquema trifuncional; a terceira ordem não poderia tomar o lugar da ordem dos guerreiros;

de forma que, em um segundo momento, a tendência das "instituições de paz" foi deslizar para uma reaproximação das duas primeiras ordens para controlar a terceira. Por outro lado, os *bellatores* que não possuíam nenhuma ou que possuíam pouca terra para administrar tinham alguma dificuldade em abandonar combates e rapinas. A Igreja, apoiando-se no caráter militante da fé renovada, não encontrou muita dificuldade para orientar o zelo belicoso dos *armati* para a guerra santa: as "pré-cruzadas", como se diz, começaram na Espanha e na Sicília a partir de 1040 ou 1060. Esse movimento de "regurgitação" da força armada durou dois séculos e meio, o mesmo tempo que a paz de Deus.

São dois os elementos que saem revigorados deste esforço pacífico. O primeiro é o lugar do juramento nas relações entre os homens. Destaquei seu papel de substituto ao contrato escrito, procedimento do tipo mercantil que acabará triunfando na cidade. O homem comum e a maior parte dos guerreiros são *illitterati*, isto é, ignorantes em latim; mas, ao pronunciá-lo, sentem-se sob o olhar de Deus: para um acordo, um engajamento, um compromisso, uma arbitragem, o juramento não é a formulação mecânica exigida por nossos tribunais. Além da salvação, ele engaja a honra de cada um. Esta noção é, naturalmente, inata no homem: quando atingido em seus sentimentos de orgulho ferido, de bem subtraído ou de simples humilhação, o homem desses tempos não concede às circunstâncias do insulto nenhum argumento atenuante, e a vingança deve ser total, sem condições de "paz", mesmo vinda dos "amigos". Este sentimento, quase animal em suas manifestações de violência, não parece ter sido tocado pela paz de Deus.

Então, se a paz não consegue acabar com os conflitos entre indivíduos ou entre grupos sociais, talvez se chegue a isso por um outro caminho. A fórmula dos juristas romanos ainda permanecerá verdadeira: *pax est lex et lex est pax*?

1.2.3 A lei e o poder

"Costume" é uma das palavras-chave dos tempos medievais: *consuetudo, usus, habitus*, "o que se faz", "o que sempre se fez"; "antigo" se é atestado há pelo menos dez anos, nas palavras dos velhos que, nas aldeias, são consultados de forma oficial; "muito antigo" quando se deve recuar bem além desse tempo. É, pois, uma jurisprudência que se renova no decorrer dos casos registrados e se perpetua pela memória de geração em geração. Diz respeito a tudo o que a Igreja não tem o poder de decidir em caso de litígio: os problemas de herança, a gestão fiscal, os conflitos de interesse; pois a paz é só um princípio, uma teoria temperada com sanções puramente espirituais. Por isso a diversidade das práticas locais ou das tradições "ancestrais" provoca uma pulverização dos casos e das soluções, ou segundo o lugar, ou segundo a pessoa. O verbo reina.

Depois de me ler, poderiam então acreditar que o juiz, seja ele quem for, o notário ou o escriba estão na escuridão sem referências. Não é nada disso. O escrito existe; a lei está ali, e às vezes, pelo menos na Europa Setentrional, o notário pode qualificar como *lex* um simples *usus*. Como sempre, não vou enveredar por um setor técnico, aliás dos mais complexos; não farei uma história do direito, só mencionarei o que serve ao meu propósito. Primeiramente, o ponto de partida. A Antiguidade mediterrânea, de espírito muito jurídico, legou aos medievais os "códigos", uma enorme bagagem escrita de direito civil e penal, e isso deu-se em duas vagas sucessivas: primeiro, um condensado do século V, chamado "teodosiano", do nome de um imperador que então reinava; depois, um conjunto desenvolvendo toda essa herança e qualificado de "justiniano", porque foi compilado durante o reinado desse imperador em Bizâncio, mas que só depois de 1010 ou 1020 chegará ao oeste, pelo intermédio dos juristas italianos – foi o *Corpus juris civilis*, cujo eco ainda ressoa em nossas leis. Das tradições célticas não sabemos quase nada; mas as germânicas, e de todas proveniências, veiculavam um arsenal de "leis", sobretudo penais, mas de tradição oral. A fase de contatos, de sínteses parciais, de passar a limpo toda essa bagagem, enriquecida com lições da vida cotidiana da população e, sobretudo, dos responsáveis do poder, exigiu quase seis séculos e se fez em benefício do direito territorial face ao direito pessoal. A esse respeito, a lei, escrita ou não, contribuiu para consolidar, pelo menos localmente, os vínculos entre os homens.

Em razão de sua territorialidade, o direito ofereceu faces muito diferenciadas que o historiador tem uma grande dificuldade para classificar. Em um esboço grosseiro, diria que o direito escrito "romano" triunfou na Itália; que na Espanha estava fortemente contaminado pelos usos locais, bem como na França ao sul da linha La Rochelle-Lyon; mais ao norte, serão apenas trechos introduzidos nos "costumes". Mas quantas nuanças! Na Espanha, as condições da sobrevivência cristã nas montanhas diante da invasão muçulmana valorizaram as disposições defensivas, consolidando as comunidades militar-pastoris, os *concejos*, ou os recintos fortificados de dominância religiosa, as *sagreras*; mesmo na Catalunha, mais "romana", essa situação alterou fortemente a herança antiga. Na Itália, centro principal da difusão do Direito Romano, foi a expansão urbana que deu à prática jurídica uma cor autoritária quando os citadinos precisaram submeter ao seu controle os aldeões e os senhores do *contado*. A sutileza de espírito, tradicional nesse país, fez maravilhas para contornar nessa ocasião todas as obrigações legais. Na época das incursões de Barba Roxa na península, Otton, bispo de Freising, surpreendia-se com o fato de a pátria do direito ser o lugar onde ele não era aplicado, e atribuía essa anomalia, que revoltava o bom alemão, a um conhecimento tão sutil do direito que permitia que suas brechas e fraquezas fossem facilmente descobertas.

Mesma diversidade encontrada nos países de direito costumeiro. No entanto, sob este aspecto, o caso da Inglaterra é particular. Em razão da esmagadora preponderância das grandes propriedades, os *manoirs*, e de um forte controle real sobre os burgos, os *townships*, o costume desenvolveu-se na forma senhorial ou na forma dos homens livres (*franci plegii*). A fusão foi muito precoce e muito vigorosa no arquipélago: era a *Commonlaw*, enquanto no continente triunfavam os usos locais.

É próprio dos dados jurídicos registrar em um texto, muitas vezes dentro de uma conjuntura particular, as novidades do momento; por isso, o tempo necessário para a assimilação e o início da prática dessas *novae consuetudines* tinha como efeito estabelecer uma distância entre a realidade e um texto já ultrapassado no momento em que se desejava usá-lo. É claro que esta maldição já fora observada pelos juristas. Por conseguinte, pensaram sobretudo em fixar aos costumes aquilo que podia ter força permanente e aspecto comum como, por exemplo, a natureza das relações de família – agnática no sul, mais cognática no norte – ou as formas da herança, com partes iguais ou não. Ali onde dominava a marca romana, isso poderia significar um simples rejuvenescimento; em outros lugares, era preciso "redigir" os usos, correndo-se o risco de petrificá-los. Ambos os lados do Canal da Mancha dedicaram-se a essa tarefa por volta do fim do século XII, por exemplo. Entre 1180 e 1260, na cidade e no campo e sem que se saiba direito quem começou, generalizou-se a colocação por escrito das *franchises*, *lois*, *assises*, *keures*, *Landfrieden* e outras. Na Inglaterra, por meio da *Commonlaw* reavivada, e na França sob o impulso de São Luís, deu-se início ao processo de passar a limpo os usos. No reino da França, nomes como os de Philippe de Beaumanoir, Pierre Flotte e Guillaume Durand ou, pouco mais tarde, o de Nogaret na região de língua de *oc*, e os "espelhos" redigidos na Alemanha na mesma época, como os de Eike von Repgov, são provas evidentes dessa preocupação em ver com mais clareza. Mas muito tempo ainda será necessário, até 1454 na França, e talvez só na época de Francisco I, para que o poder real ordene que toda a jurisprudência acumulada sobre as primitivas práticas locais seja passada a limpo.

Seria, naturalmente, uma grande ingenuidade supor que uma lei "redigida" poderia trazer benefícios à pobre gente de que principalmente falo; seria uma lamentável "banalidade", sem jogo de palavras fácil, lembrar que em todos os séculos a lei tem como objeto consolidar a ordem do momento, e que esta ordem é inevitavelmente a dos mais fortes e dos mais ricos, armados ou não – "armados ou não", porque a Igreja ainda acrescenta, nesses tempos, que a desordem desagrada a Deus e que, boa ou má, a lei dos homens sempre cederá à do Criador. De tudo isso se poderá deduzir, como repete uma ignara tradição historiográfica, que a justiça medieval não passava de cavaletes de tortura e patíbulos? O que revela um completo desconhecimento do estado de espírito dos juízes medievais. A preocupação com a salvação, a deles e a dos acusados, leva-os a buscar principalmente a transação, o acomodamento, o compromisso, com seus inevitáveis efeitos financeiros: *Justicia est magnum emolumentum*, "A justiça é um grande negócio", diz a sabedoria popular. Se a arbitragem por dois representantes das partes em disputa e por um terceiro que, se necessário, decidirá após inquérito obteve um retumbante sucesso cuja generalidade é atestada por tantas fontes, a culpa não é dos tribunais, mas porque o peso das famílias, das testemunhas e das salvaguardas fundamenta o julgamento. Mas seria um erro acreditar que em todas as ocasiões a justiça prevalecerá em benefício da melhor defesa. A esse respeito, um rápido olhar sobre nossa justiça pública e codificada deveria nos incitar a alguma indulgência. Ademais, os homens desses tempos se remetiam a Deus para corrigir seus erros. É evidente que juízes profissionais, especialistas em direito, principalmente escrito, assim como seus sucessores estão enredados no formalismo e são de uma exasperante lentidão; mas, em princípio, equitativos. Os outros juízes, muitas vezes simplesmente designados, *electi*, pelo poder local, poderiam parecer parciais: pelo menos são rápidos; e não há em nossos textos traços das reclamações feitas contra as sentenças de um senhor ou de um colegiado de escabinos. Além do mais, o recurso a um julgamento pronunciado por uma assembleia de homens "probos e justos", os doze "jurados" da Inglaterra, oferece desde o século XII o exemplo de uma justiça não profissional; a ela corresponde, na França, a abertura de um direito de apelo a uma justiça superior, a do rei, por exemplo.

Quando deve pronunciar uma sentença, o juiz não condena sistematicamente à forca, ou ao *mur*, a masmorra perpétua. Disse que ele preferia muito mais o acordo. Poderá também, em um caso confuso, recorrer à decisão divina que o libera de uma escolha difícil: o princípio do "ordálio", isto é, da prova física (ferro quente, água fervente) imposto ao eventual culpado para que nele encontre a força de provar seu bom direito graças à ajuda de Deus, não sobreviveu ao século XII. Foi substituído pelo duelo, opondo dois campeões encarregados de desempatar no combate as causas rivais. Mas, além do caráter bastante aleatório desse encontro em que dois profissionais pagos para se enfrentar não pretendiam perder a vida, a interdição desse procedimento irracional triunfou no século XIII, sob o impulso de São Luís na França, por exemplo. A sentença pronunciada será evidentemente graduada segundo a gravidade do delito: o crime de "sangue" derramou sangue e fará derramá-lo. Neste tipo de crime engloba-se o que atentou contra a ordem geral, o crime, o ataque a mão armada, o incêndio voluntário: queimar um celeiro é tão grave quanto matar o pai. Além disso, a sentença é acompanhada de sanções financeiras, e os primeiros séculos medievais deixaram-nos intermináveis listas de multas, do "preço do sangue", o *wehrgeld*. Para o historiador, são uma extraordinária fonte de informação sobre o valor relativo dos homens, dos animais ou dos imóveis, entre os séculos VI e o IX. Essas tarifas pouco a pouco desapareceram da prática judiciária, mas a multa acompanhada do confisco dos bens ou de uma destruição (como a da casa, o *abattis*), ou mesmo de uma peregrinação imposta, tornou-se a mais costumeira das sanções: tinha então como efeito quase inevitável ou arruinar para sempre o culpado ou condená-lo a um exílio definitivo. Quanto às penas corporais – mais a mutilação do que a condenação à morte por enforcamento –, não poderíamos negá-las, não mais do que as torturas físicas destinadas a arrancar confissões verdadeiras ou falsas; fizemos, no mais, muito melhor depois, e deixaremos a ideia das "masmorras" aos guias dos castelos em ruína. Resta a fogueira purificadora; mas é a Igreja que decide se será usada contra o herege ou a feiticeira, embora ela própria não ouse acendê-la.

Que tenha ou não problemas com a justiça, que tenha ou não jurado seguir algumas práticas religiosas ou profanas, que seja até camponês, burguês ou cavaleiro, o homem sente que sobre ele se exerce um poder, um *dominium*. Por vezes o sofre simplesmente porque seu lugar no esquema divino lhe impôs sua regra. Por vezes ele próprio participa desse esquema, na sua família, na assembleia da aldeia onde é convocado, ou mesmo no tribunal que, na cidade, acontece na praça da senhoria. A velha palavra germânica *bannum*, retomada pelos historiadores, não é a mais utilizada nos textos que evocam o poder. Dirão *potestas, auctoritas, ministerium*, termos que não têm um conteúdo idêntico. Mas deixemos esses problemas de palavras, pois na realidade todas englobam um mesmo princípio: dar ordens e zelar pela sua execução. Os homens de ciência se debruçaram sobre as raízes dessa hierarquia da autoridade; invocaram suas principais fontes de reflexão: Aristóteles e Agostinho para os que pensam, a Bíblia ou os totens ancestrais para os que creem. Delas retiraram dois princípios que não se contradizem. De um lado, guerreiro, mágico, material, o poder é filho da conjuntura; sustenta, com efeito, uma relação de forças, evidentemente mutável segundo os tempos, e que é ilustrada pelo símbolo da Roda da Fortuna de que já falei. Mas, por outro lado, esse poder que, em princípio, se exerce do alto para baixo é sistematicamente limitado ou combatido por um contrapoder: a *frérèche* se opõe à primogenitura, o testamento ao precípuo, a comunidade ao "tirano", o *consilium* à *discretio*, ou os confrades aos escabinos. Todos invocam o "bem comum", que ainda assim só será obtido por um equilíbrio cujo argumento, moral se assim quisermos, é "tomar para dar": para a primeira ordem, a austeridade administrativa, mas a esmola; para a segunda ordem, a opressora "renda senhorial", mas a proteção e a justiça; a rapacidade ou a extrema avareza para o mercador e o lavrador, mas o suor para ambos. Suprimo, naturalmente, todas as nuanças apresentadas por uma sociedade diversa: no século XIV, o poeta Chaucer detalha assim trinta formas de autoridade no mundo inglês de sua época.

Os campos onde esse poder se exerce, as formas que toma, os atores que mobiliza exigiriam de mim um estudo da sociedade em suas relações internas como, por exemplo, a da administração, pública ou não; mas bastarão alguns detalhes. Primeiro, no interior do grupo familiar ou clânico: o poder é o do sangue, quero dizer da defesa dos bens materiais ou morais acumulados desde várias gerações; cabe aos homens (pai e irmãos) garantir a estabilidade herdada dos ancestrais, e o instrumento para isso será a fé – não aquela que se deve a Deus, mas somente a *fides*, a "boa-fé", cuja ruptura provoca a exclusão do membro culpado de ter rejeitado as obrigações quase carnais que são o cimento do grupo: o filho rebelde, o primo pródigo ou a esposa infiel. Mas não nos esqueçamos de que neste caso o contrapoder é forte: é o das mulheres, de que muito falei mais acima; o da Igreja também, natural defensora dos rejeitados.

O poder da Igreja é justamente aquele que oferece a maior diversidade e objetos. Em primeiro lugar, e por sua razão de ser, a Igreja dispõe das chaves da salvação, e nunca deixa de ameaçar com a sua privação aqueles que possam contrariar sua função pastoral, claro, mas também suas posições terrenas. Possui, no entanto, uma arma mais eficaz do que a pregação persuasiva ou os *exempla* moralizantes: é a senhora da escrita, e é por meio dela que consegue impor sua visão temporal do mundo. E esse fato é testemunhado pela enorme massa de manuscritos da Igreja que chegou até nós: ela exerceu o controle de toda informação até o desenvolvimento urbano dos séculos XIII e XIV. Se acrescentarmos que, no plano puramente material, mantém e explora um bom terço do solo, podemos avaliar que na sociedade medieval o *dominium* preponderante é o da Igreja; que ela é, portanto, a base sobre a qual repousa o "feudalismo", como dizem os devotos de Marx. Controla, visita, julga e explora, mas também apoia, alimenta, ensina e cauciona. Para esse papel com duas faces, dispõe de toda a sólida hierarquia clerical, pelo menos até que escapem de seu controle os estudantes pensantes, os monges separatistas, os párocos indignos e os espíritos fortes. Mas essas deserções ou esses contrapoderes não nascerão antes do século XIV. Durante quatro ou cinco séculos, a Igreja manteve seu controle sobre as almas e sobre os corpos.

O caso dos *bellatores* é mais simples: têm a força armada; são de uma forma mais ou menos ampla os senhores da terra: sabem exigir dos outros homens o que garante suas despesas de guerra ou de prestígio. Segundo a terminologia dos escribas que se mantêm ao lado deles, exercem a *potestas* que protege, o *districtum* que julga, a *exactio* que cobra. Para fazê-los compreender, dispõem de agentes pagos, de forças armadas, e contam com uma *fides*, uma submissão alimentada pela proteção que asseguram; se esta vier a fraquejar, como a partir do século XIV, o pacto se rompe. Mas, no interior da segunda ordem, o historiador encontra um outro problema: o das relações internas de poder impostos pela vassalidade e pela feudalidade. Recusei mais acima os termos de "sociedade feudal" e de "feudalismo", e não tenho a intenção de discuti-los novamente. Primeiro, para não aumentar a esmagadora literatura que a eles se consagra; em seguida, porque não acredito no seu interesse e nem mesmo na sua existência. É natural que esses propósitos pareçam provocantes, mas se alguém quiser considerá-los, admitirá que se trata apenas de um epifenômeno social abrangendo um ou dois homens em cada vinte, uma simples película institucional. Como a quase totalidade de nossas fontes escritas estão profundamente ligadas às duas ordens dominantes, e aliás não menos do que as arqueológicas, é difícil para o historiador, se não ficar atento, resistir ao entusiasmo que o leva a considerar um bispo essencialmente como um senhor e um camponês como um "vassalo". É certo que a dominação material dos guerreiros não foi nenhuma ficção; mas em que um castelo seria ou não "feudal"? Por que o homem do campo e mesmo o da cidade mudariam sua vida cotidiana pelo fato de o senhor ter colocado, ou não, as mãos entre as de um outro, ou trocado com ele um beijo sobre os lábios? Será realmente importante que o homem comum saiba que seu senhor é "lígio" a um outro, ou então forneceu os serviços de conselho e de guerra a que seu juramento o obriga? Para ele, é um senhor armado, nada mais. Toda essa gesticulação "feudal" só diz respeito a uma pequena parte da sociedade; o homem comum não entende disso, e pouco se preocupa com isso.

O caso da terceira ordem pede menos observações, a despeito de seu peso social, ou melhor, por causa dele. O poder de um camponês, de um burguês ou de um mercador será o de um pai sobre sua família, de um proprietário sobre seus equipamentos. Ainda que as obrigações pareçam triunfar sobre os direitos, é neste caso, e mais do que em qualquer outro, que os contrapoderes são mais fortes ante o controle espiritual dos clérigos ou o controle material dos guerreiros; mas a natureza deles é essencialmente defensiva. Talvez só as pessoas da cidade, se souberam e puderam se erigir em comunidades (ora religiosas, ora econômicas, ora políticas), disporão então de um poder de controle: primeiro no interior de sua ordem – um mestre não é um criado; um escabino, um homem de ofício; um vendedor de tecidos, um tecelão –, mas também sobre todos aqueles, principalmente das duas primeiras ordens, que devem suportar a rivalidade de uma justiça urbana, acomodar-se ao espírito de liberdade que ali cresce, submeter-se à "lei do mercado" que ali reina, e na qual dinheiro é a mola retesada contra sua economia de simples subsistência.

No clima de confusão entre profano e sagrado desses tempos, será que existe um poder superior acima desse conjunto social, afinal de contas bastante equilibrado em seus princípios? Em outras palavras, o homem medieval tem consciência de que pode haver um recurso e uma proteção vindos do alto? Sabe o que é um duque, um príncipe, um rei, um imperador? Mais ainda: tem consciência de pertencer a um "Estado", a uma "nação" que não teriam apenas a aparência de uma Cristandade? Sim e não ao mesmo tempo. E, embora muito provavelmente me distancie de meu objetivo principal, devo aqui fazer uma pausa. As crônicas narram, a iconografia reproduz o júbilo popular à beira das estradas por onde passa o Rei Filipe ao retornar vencedor de Bouvines, as festas que acompanham as "entradas" reais ao longo do século XIV, a tristeza dos súditos diante da morte de seu rei "bem-amado" Carlos VI o louco, ou a fidelidade de Joana d'Arc, devota do "gentil delfim". Nossa época, que levou a personalização do poder superior a um nível digno das monarquias absolutistas do século XVII, demonstra muito interesse pelo progressivo "aumento do poder" da autoridade real ou principesca na Europa da Idade Média declinante. Com efeito, encontramos nesses tempos os mesmos procedimentos utilizados hoje para valorizar o senhor do Estado: propaganda difundida por cronistas pagos, agentes de execução às ordens, clãs familiares ou partidários e ritos de sacralização. O imperador, que desde o século X é alemão, os reis da França, da Inglaterra, de Castela e de Sicília, os duques ou condes da Provence, da Borgonha, da Catalunha ou de Milão, e até simples senhores de cidade como em Veneza ou em Florença, são o objeto e os atores de uma "religião real", equivalente a uma religião cívica à moda romana: o chefe é belo, forte, justo e corajoso; é o senhor do solo e do subsolo, o protetor do homem comum, o fiador da paz, o mecenas ocasional e o chefe da guerra sempre. Tem uma função de origem espiritual que, a exemplo do santo Rei Luís, é exercida em sua vida privada; assim que sagrado, é homem de Igreja a quem não se pode recusar nem a fé nem o imposto. É quase em essência um "bom rei".

Sendo esta a imagem ideal refletida pelos *Miroirs du prince* que causam furor desde o século XIII, qual é a atitude do bom povo diante desse senhor distante? Na época carolíngia, surgiu no círculo próximo de Carlos Magno, sobretudo depois de sua coroação imperial, a ideia de que todos os súditos jurassem obediência ao soberano: ideia magnífica, mas praticamente inaplicável, como quase todas as desses tempos. Acreditando-se nos anais, a decisão foi tomada e aplicada; levando-se em conta os meios de comunicação do século IX temos, no entanto, todos os motivos para duvidar. No mais, a experiência não foi refeita a não ser sob o aspecto atrofiado dos juramentos de fé pessoal exigidos aos nobres que dependiam diretamente do príncipe, por exemplo na Alemanha por volta de 1050. No início do século XIV, foram feitas reuniões consultivas abusivamente qualificadas na França de "estados" ou de "estados gerais"; cem anos antes, tais consultas já eram conhecidas na Inglaterra e em Castela. Mas nelas nada foi feito que satisfizesse o homem comum: seus representantes são amplamente esmagados por aqueles da Igreja e dos "nobres"; quando muito, algumas cidades tentavam fazer ouvir sua voz quando o assunto envolvia a doação de dinheiro. Além disso, as disposições principescas, ditadas pelo círculo clerical ou aristocrático do soberano, bastarão, como creem, para responder aos problemas do "povo": nelas falam de duelo, de blasfêmias, de boa conduta, de trabalho e de caridade. Esta ficção "democrática" é tanto mais surpreendente porque a fatia de tempo que no Ocidente vai da Peste Negra à Reforma, digamos de 1350 a 1550, é a mesma em que as desordens políticas e os sobressaltos econômicos fazem levantar no Arquipélago, na França, no Império, na Itália ou na Espanha os poderosos ventos dos individualismos opostos e de contestação geral. É certamente por isso que, hoje, o campo de pesquisa mais amplamente aberto é o do nascimento da noção de "Estado", ou mesmo de "nação", que sustentará a época "moderna". Detenhamo-nos nessas premissas: é pouco provável que nessa época o homem comum já tivesse assimilado a ideia de "França", a concepção de *Gallici*, para se limitar a esse país. Quando em 1346 um camponês da Picardia assinalou a Eduardo da Inglaterra a existência do vau que lhe permitiu passar a Somme antes de Crécy, não se deve de forma alguma acusá-lo de "traição à pátria", como se dizia no século XIX: pelo contrário, o homem permanecia acima de tudo fiel a seu senhor local, o rei inglês, que era, com efeito, Conde de Ponthieu. Quando, quase cem anos depois, Joana d'Arc declara que se coloca entre os "bons franceses", ela quer dizer os "reinícolas", isto é, aqueles que seguem o rei em seu destino, rei que neste caso é o rei da França; mas só os doutos se dizem *Francigeni*: os outros, camponeses, mercadores e até senhores se dizem bretões, catalães, normandos ou saboianos. Chegará o tempo em que a ideia de ser "nacional" alcançará a aldeia: não o vejo no meu horizonte.

1.2.4 As violências

O homem está na terra pela vontade do Criador; se aqui sofre é por causa de um destino cujo fim lhe escapa; a resignação será a parte que lhe cabe. A ausência ou a recusa de qualquer perspectiva de reencarnação posterior lhe impõe a tarefa de se safar praticamente sozinho. Mas os surdos murmúrios que percebemos através da literatura, as marcas da dor nos traços ou nos gestos que o artista observou mostram realmente que o homem passa por dificuldades e que o harmonioso edifício da paz, da fé e do amor divino é apenas virtual.

Em primeiro lugar, a violência está em toda parte. É um traço constantemente associado ao "medieval" e, desta vez, infelizmente se justifica; o surpreendente é que sejam nossos séculos que com isso se indignam. Nos mil anos de história, é tentador buscar fases de viva pressão da violência ou, ao contrário, de refluxo. A busca é puramente teórica, e afinal bastante inútil, porque nossas fontes escritas permanecem em grande parte aristocráticas, portanto mutiladas, e porque, diante de um castelo incendiado, os arqueólogos não têm resposta incontestável. Se um século é mudo, como do V ao VIII, ou como o X, sua reputação não é boa, parece-nos completamente negro – *dark age*, como dizem os ingleses. Se é repleto de obras, escritas ou pintadas, como nos séculos XIV e XV, rapidamente separamos o joio do trigo e exaltamos a boa semente. Entre esses intervalos, a "veste branca de igrejas" de Raoul le Glabre, a atmosfera das escolas, uma progressiva aculturação do homem comum, o desabrochar de um suposto consenso moral, tudo isso dá uma boa imagem aos séculos XII e XIII; e uma breve luz sobre o século IX vale aos carolíngios uma honrosa reputação. Será que, neste caso como nos outros, a ilusão nos espreita? De todo esse milênio que rapidamente sobrevoo, podemos estar certos de que a regra é: Que tempos! Do começo ao fim, o grito será o fio condutor; gritos de alegria, de alerta, de dor, de ódio ou de amor: "Natal", "Socorro!" "Avante!", "Nossa Senhora!", sem contar os "xingamentos", as imprecações em que se misturam o nome do Senhor, o Pai ou o Filho, como os inevitáveis *Mein Gott* ou *God damn* que, no vocabulário popular da França, valeram aos alemães o apelido de *maingots* e aos ingleses o de *godins*. A violência é, portanto, primeiramente verbal: os insultos que envolvem a honra ou o sexo, as maldições que normalmente acreditam eficazes e são acompanhadas de gestos de desafio, de cusparadas, de empurrões. Muito mais do que os próprios atos, que lesam os bens ou até as pessoas, é a injúria e a "afronta" que exigem reparação imediata, ou desencadeiam o ódio, o *odium*, familiar ou aldeão. Será a fonte da vingança, geralmente armada, que passa de geração em geração se uma rixa decisiva não regrou a querela. Esse lugar preponderante da honra, essa fúria de resposta, a *faide*, a vendeta, transparece em todas as cartas de remissão do fim da Idade Média, em que é invocada como uma desculpa à violência. Afeta tanto os príncipes quanto os aldeões, e se estende por anos, pesando na atitude política dos grandes ou na atividade profissional dos pequenos. A história está repleta dessas querelas desde os merovíngios, quando cumprem o papel da política, até Luís XI na França, quando continuam animando as lutas fratricidas; a elas se misturam inveja, traição, rivalidades de casamento ou de interesses, motivos de guerra e de pilhagens, e se alimentam pouco a pouco nas lutas políticas: Armagnacs e Bourguignons, Montéquios e Capuletos, e mil outros exemplos que nem preciso citar. Sob esta perspectiva, uma rivalidade que opõe duas forças animadas por motivos teóricos, como o da superioridade do poder pontifical sobre o do imperador germânico e que, apesar de dois séculos de conflitos sangrentos e de disputas verbais, causa boa impressão: a de um ideal a defender e não de um acerto de contas.

Ao narrar a história de seu tempo, o início do século XV, o "Religioso de Saint-Denis" destaca o lugar do não dito nessas manifestações vindicativas; valoriza então outra forma de violência agressiva, mas hipócrita: o rumor, o murmúrio, o "mexerico" em torno de um príncipe, de um oficial, de um dignitário. Para o historiador, este contágio da calúnia, privada ou pública, tem o evidente interesse de revelar o subconsciente popular: com efeito, essas alusões marcam muitas vezes a ansiedade latente em relação ao contexto econômico ou político do momento; e o mito popular da "traição" ou a ideia fixa do "complô", muito apreciada na França, conheceram belos dias no fim da Idade Média.

Violência verbal, direta ou camuflada, esta atitude é evidentemente contrária ao amor e à paz; e resulta em brutalidades físicas. Que um sargento do senhor ou do escabino agarre bruscamente pelo pescoço, jogue no chão ou esmurre algum suposto delinquente é um comportamento de baixa polícia que será encontrado em toda parte e em toda época; só nos resta supor que a debilidade dos meios de defesa corporal ou jurídica do homem suspeito de fraude ou de rebelião favoreceu o desenvolvimento de um clima de hostilidade entre o indivíduo ameaçado e o agente de execução do senhor. Mais uma vez, as cartas de remissão fervilham de casos de sargentos empurrados, e até "feridos" ou mortos por delinquentes, às vezes em bandos. Nos "pânicos", a multidão, facilmente excitada por um líder, se lançará contra um agente do poder, comunal ou real. Mas, contrariamente à nossa tendência atual, a autoridade suprema não é questionada: o rei não sabia, só isso. E será assim durante séculos, e contam-se nos dedos de uma mão os casos de monarcas – que são sagrados, é verdade – ou mesmo de grandes príncipes assassinados. Basta citar a emoção do homem comum quando deram um soco no Duque de Orléans, e depois no Duque de Borgonha, no início do século XV; e a multidão ainda não avaliava seus desastrosos efeitos políticos.

Estes casos são graves, mas raros; e não devem nos dissimular a pequena violência cotidiana, mais sutil do que brutal. São então o que chamamos de "incivilidades": um grupo de aldeões parte à noite para deslocar os marcos que delimitavam as terras do senhor; a caça com armadilha e rede, o abate clandestino de carvalhos senhoriais, a fraude nas medidas do mercado ou do porto, são atitudes que só têm o interesse como objetivo. Mas o historiador se regozija ao perceber as formas latentes da "luta de classe" nesse combate oculto ao qual se acrescentarão as corveias sabotadas, os instrumentos quebrados, o pão leve demais ou o tecido curto demais. Mesmo assim não nos esqueçamos, ainda que nem sempre seja evidente, que todos esses homens têm armas; e este é até um dos sinais da liberdade e, ao pretender interditar ou limitar seu uso, São Luís causou escândalo e fracassou. Facas, machados, adagas são rapidamente brandidos nos campos, na taverna, no moinho, no mercado, como uma ameaça ou como um gesto de defesa. Quanto ao roubo, o surrupiado parece dos mais comuns, mais frequente também do que o arrombamento e a efração, sem dúvida porque estes últimos, geralmente praticados em bandos, podem ser descobertos pelo vigia noturno e são passíveis das penas de sangue. O assassinato, sobretudo premeditado, parece menos comum do que hoje; talvez porque seus motivos mais comuns – ciúme, interesses de herança, rivalidades de família – terminam com muita frequência e muita rapidez com um ajuste financeiro ou com uma vingança reparadora.

Todos esses homens, e até todas essas mulheres, que agitam uma faca ou insultam sua futura vítima são pessoas comuns. Em princípio, não têm o direito de usar a violência, não mais do que os clérigos da primeira ordem; recorrer às armas seria uma ofensa a Deus. Mas para os *bellatores* é, ao contrário, seu ofício, sua função e seu "ministério". Não pretendo enumerar guerras, nem mesmo me debruçar sobre a mentalidade do homem de espada; mas, embora bastante minoritários em número, os guerreiros têm na sociedade um papel considerável que devo examinar. A historiografia tradicional está errada, mais uma vez: os intermináveis conflitos, dinásticos ou não, os ataques de castelo em castelo, as cavalgadas ruidosas de "damoiseaux et gentes dames" mergulharam a Idade Média em um oceano de desordens brutais, "anárquicas" e incompreensíveis. É uma interpretação incorreta dessas "guerras". Trata-se apenas da forma mais cotidiana e mais natural da atividade dos "nobres", dos homens equipados com armas, e cuja vida rotineira é desse gênero. A *werra*, será chamada "cavalgada" se o caso durar e tiver alguma dimensão política, é uma incursão de alguns dias, conduzida por um bando de jovens cavaleiros, com algum parentesco, contra um castelo vizinho, por motivos de honra lesada, de ciúme, de choque violento, ou só para se distrair, ganhar uma moça ou um pouco de dinheiro. Na passagem, queimam algumas choupanas ou uma bela casa na cidade. Depois há uma ruidosa reconciliação com bebedeiras, beijos e juras de amizade. Para além das diferentes características segundo os séculos, esse clima perigoso não é visto com bons olhos pelo homem comum, que com isso perde seus bens ou até a vida. São esses ataques rápidos, em que se exercitam para a batalha, que valeram à Idade Média sua má reputação. Este julgamento é apressado, e tanto mais lamentável porque há igualmente a guerra (*bellum*), a verdadeira, pública, enquadrada e duradoura, mas absolutamente rara. É assunto de grandes personagens ou, pelo menos, quando o rei ou o conde não a dirige, um aspecto do *ost*, das obrigações vassálicas e "feudais" se solicitadas. Neste caso, a coisa se torna séria: alguns milhares de homens, quando muito, mas carroças, provisão em cavalos, e mortos, mas de preferência capturas para se exigir um resgate. Seus motivos são claros e muitas vezes graves: questões políticas e mesmo econômicas, no fim da Idade Média. Mas as operações militares são difusas: cercos, ataques surpresas e razias; as batalhas propriamente ditas são excepcionais e raramente decisivas, a menos que haja grandes perdas humanas. Em contrapartida, a duração desses engajamentos é longa, e termina muito mais por cansaço. É, no entanto, um abuso de linguagem, infelizmente avalizado pela tradição, acreditar em uma continuidade das campanhas militares. Nem por ocasião das incursões alemãs na Itália e em Roma, de 1050 a 1200, nem ao longo dos dois grandes conflitos entre os reis de França e da Inglaterra – um entre 1153 e 1259, o outro de 1337 a 1453 –, os combates foram ininterruptos. O melhor exemplo, tão citado na França, é o da "Guerra dos Cem Anos": dos cento e trinta e poucos anos do conflito, só em pouco mais da metade houve "cavalgadas", e de tamanho modesto na realidade.

Efetivos, armamentos, táticas e vítimas em combate ou efeitos políticos não fazem parte do meu assunto, mas serão retomados no momento de avaliar seu custo, que aumenta conforme o aperfeiçoamento do armamento, ou do engajamento maciço de mercenários, nos séculos XIV e XV. Esses custos, no entanto, só podem ser compensados pelos resgates, pelo butim ou pelas requisições; "a guerra com perfume de dinheiro", já dizia, no século XII, Pierre, o abade de Cluny. Portanto, para vencê-la é preciso gastar e, para pagar, há que se tomar; e se a ação desanda, há que se recomeçar – motivo contínuo das constantes reviravoltas dos conflitos. Mas quem vai pagar se não é o homem comum: são as requisições de armas e de montaria, a taxa de defesa, a *exactio*, a "talha" ou outra palavra qualquer, é o pagamento do resgate do senhor capturado em combate, e são os prejuízos com as destruições do rebanho, dos grãos, da vinha, da casa, confiscados, destruídos ou queimados? Claro, em princípio, todo homem livre deve combater, mas logo compreenderam que esse material humano era ineficaz no combate; foi então que, no fim do século XI, se estabeleceu o esquema que reserva o combate apenas aos *bellatores*. Esta evolução teve dois efeitos capitais: uma vez que os homens livres não arriscam mais sua vida, pagarão em dinheiro ou em corveias; mas caso faltem combatentes, será preciso engajar mercenários. Mas entre duas campanhas, estes últimos pretendem "garantir o pão" pilhando cidades e aldeias, o que talvez seja pior do que as exigências do senhor. Muitas vezes o mal começou por iniciativa real, na França, na Inglaterra, e mais tarde em Castela, ou por decisão urbana na Itália, nos Países Baixos, por volta de meados do século XII, e assumiu toda sua dimensão no século XIV. Os homens, reunidos em "tropas", em "companhias" ou em milícias, provêm de regiões com excesso demográfico ou muito pobres; são chamados por nomes às vezes inexatos: *brabançons, génois, navarrais*. Têm chefes que firmaram contrato, *condotta*, com uma cidade ou com um príncipe, e só lutam, aliás muito bem, para quem pagar mais. No campo e até na cidade, no entanto, as pessoas sabem bem quem, afinal, acabará pagando: a aproximação dos *caïmans, écorcheurs, coquillards** ou outros é vigiada: fazem barricadas nas portas ou fogem para a floresta.

Outras duas manifestações guerreiras, mas bem diferentes. A primeira não tem efeito nas pessoas comuns e está próxima do imaginário ou do jogo aristocrático. Uma de suas faces é a errância dos cavaleiros de aventura em busca de proezas individuais: procuram uma jovem, o duelo ou, para ser ainda mais admirado, o cálice sagrado do Graal. Todo um arcabouço "cortês" disfarça essas agitações que encantam os historiadores da literatura ou os da iconografia; mas é difícil acreditar que as aventuras de Percival e dos cavaleiros de Artur ou os golpes de espada de Roland tenham alegrado as noites na choupana, ou servido de modelo a um homem simples, seja ele quem for. E as justas de equipes de cavaleiros, os torneios que se estendem por vários dias, que enganavam o tédio da vida de castelo nos séculos XII e XIII, só terão interesse para o espectador do povo se rebaixados ao nível dos confrontos individuais entre campeões, se necessários elevados à posição de heróis esportivos.

A segunda é bem mais importante. É a cruzada: a guerra santa contra o pagão ou o infiel. Essa guerra é justa; a Igreja a prega, os reis e os imperadores a conduzem. Perguntar-se sobre suas motivações é simples, mas obrigaria a muitas nuanças: Excesso demográfico de caçulas sem terra? Busca de escoamentos nas "escalas" comerciais? Exteriorização do espírito belicoso que a paz não consegue amordaçar? Medo real de um avanço muçulmano no Mediter-

---

* *Caïman*: mendigo, andarilho (e, às vezes, malfeitor). *Coquillard*: mendigo que se faz passar por um peregrino de Saint-Jacques (carrega a concha), ladrão, malfeitor. *Écorcheur*: homem de guerra (desempregado) que pilha e destrói a região [N.T.].

râneo? Todas, decerto, mas sobretudo movimento de piedade agressiva, não para converter, mas para rechaçar o Islã, uma *djihad* cristã. Arrancar Jerusalém dos egípcios, dos árabes ou dos turcos, instalar-se solidamente em toda a costa do Oriente Médio, recuperar a Espanha, a Sicília, as Pouilles, tudo isso não é só política e interesse. Algo que o Islã compreendeu muito bem e, ainda hoje, conserva sua dolorosa memória. Porque não se trata, ou não apenas, de gigantescas expedições principescas que são devotamente enumeradas pela historiografia tradicional; mas de um poderoso movimento popular, uma manifestação de fé, uma peregrinação armada que todos podem tentar. Não há "as" cruzadas, mas "a" cruzada: todos os anos, por mar ou por terra, senhores em armas, mas também criados, camponeses e mercadores partem para o Oriente. A viagem é desastrosa, o retorno incerto, o perigo muito real: morte ou captura; mas a peregrinação pelas terras percorridas por Cristo e seus apóstolos, se afinal não resultou em nada duradouro, foi no Ocidente um grande momento de piedade que se estendeu de 1060 a 1300. Todos são afetados: nossos textos mostram isso; e nas choupanas falam do Santo Sepulcro e de Saladino e não de Lancelot ou de Guinevere.

    A guerra, a violência e a ruína que a acompanham são, certamente, "danos colaterais" na aplicação da paz ou da lei. Eis-me agora diante do último, hoje o senhor de nossas vidas cotidianas, se não de todos os nossos pensamentos: o dinheiro. Não se trata aqui de finanças públicas ou privadas, de preços ou salários, de cunhagem ou circulação de espécies, de procedimentos contábeis ou bancários, de valores ou política monetária, nem mesmo de comércio ou trocas; mas somente do lugar do dinheiro na mentalidade, na abordagem da vida nesta terra, para qualquer homem desses tempos e, neste caso, sem importar a ordem a que pertença. Uma primeira observação iluminará o papel, em princípio inadmissível, do instrumento monetário: até o século XIII, e até mais tarde se nos limitarmos ao campo, o dinheiro é um elemento secundário da vida cotidiana. Pior ainda: um tabu a respeitar. Do bezerro de ouro a Judas, a Escritura o destina à execração divina; entre os gentios, Aristóteles contesta inclusive seu poder, embora a economia antiga não o ignore. É certo que a Igreja cristã admite o comércio e a riqueza, mas vê nisso uma condição *inhonesta* e valoriza a pobreza, pois não é possível "servir ao mesmo tempo Deus e Mamon"; por sua vez, São Lucas denuncia o símbolo da corrupção, a do corpo, cujos esforços são dominados pelo dinheiro, e a da alma, invadida pela cobiça e pela inveja. Pelo menos até o século XII, esta categórica rejeição é sustentada pela natureza fundamental da economia: uma economia de subsistência em que as transações podem perfeitamente se satisfazer com a troca, com o dom e o contradom ou com o objeto em espécie, quer se trate de multas, de impostos ou de salários. Foi a partir da expansão urbana e a formação de um grupo de mercadores profissionais, entre 1100 e 1250 segundo as regiões, que o dinheiro se insinuou na vida prática. A despeito da evidência e da sua própria participação, a Igreja persiste em considerar o dinheiro ou sua manipulação como uma fonte de pecado e, mais ainda, o comércio, o investimento e os lucros que deles se espera. Sua ira aponta principalmente contra o empréstimo, no entanto fonte de todo investimento e do qual não se priva: obter um lucro no final do empréstimo consentido a pretexto do risco corrido ou da privação do ganho equivale a vender o tempo, o da duração do empréstimo; mas o tempo só pertence a Deus; é, portanto, um roubo que merece ser punido. E se houver excesso, "usura", por exemplo uma taxa de 20% do capital, o pecado é mortal e leva a satanás. Diante dessa atitude de crispação que, se necessário, ela mesma desrespeita, será que o homem comum opôs alguma resistência às tentações do mal? Na cidade, certamente não: além do aumento de nossa documentação contábil, urbana ou até senhorial, a literatura do século XIV estabelece bem suas classificações sociais em função da riqueza mobiliária e da relação com o dinheiro. As coisas são mais incertas no campo, e as rebeliões contra a crescente fiscalidade só depois de 1400 ou 1450 serão a mola essencial do sobressalto camponês: por volta de 1350 os "Jacques" da bacia parisiense começam a atacar as ineficiências do poder senhorial e a sua autoridade judiciária. Afinal, não considero razoável, portanto, buscar – e de forma obstinada como vários historiadores atuais são tentados a fazer – os traços de um "sistema capitalista" medieval antes de 1450 ou 1500 e, no mais, exclusivamente na cidade nesse momento.

1.2.5 E a gente de outros lugares

Eis um homem vindo de outro lugar, e quem sabe de uma região próxima; ouviu dizer que nesse lugar as pessoas são facilmente acolhidas mediante o pagamento de um "direito de entrada"; ele evitará dizer se é livre ou não, no caso de um antigo senhor o reclamar. Talvez até se refugie com mais facilidade na cidade, da qual dizem, porém com mais audácia do que certeza, que "o ar ali torna livre" (*Luft macht frei*). Ainda assim, ele é "de fora", um *horsain*, alguém de outro lugar, um *aubain* (*alibi*, outro lugar, diz o latim) ou um *forain* (de *foris*, de fora), um *estrange*. Não tem direito nem ao juramento comum que o protegeria, nem a comparecer nos tribunais ou a estabelecer um processo na justiça; pode, quando muito, caso se sinta ameaçado, encontrar alguma segurança em uma confraria onde pagará caro, ou se introduzir em um ofício, se for admitido para exercer uma atividade artesanal. Ademais, um mestre na falta de mão de obra pode ele mesmo procurar essas gentes, "hóspedes" que serão enviados para desmatar ou transportar cargas. Contudo, esse migrante pode ser apenas alguém de passagem, um estudante, um mercador, um pregador itinerante – um *gyrovague*, como dizem –, ou um artista que vai de corte em corte, um saltimbanco, um trovador, talvez um peregrino e, naturalmente, um oficial transferido de posto em posto. Na sua passagem, toda essa gente entra em contato com outros homens, mas contato que permanece superficial e efêmero. Ao contrário, se o estrangeiro se instala, se forma um grupo específico com sua família ou companheiros, abre-se então o campo de sua relação com os habitantes locais.

A xenofobia é um sentimento animal universal: baseia-se em uma reação de rejeição quase biológica diante daquele que não é do mesmo sangue, da mesma tribo ou da mesma natureza; e o homem, neste aspecto, só difere dos outros animais pelo difícil esforço, maior ou menor, que faz para dominar essa pulsão negativa. Os antigos contribuíram em grande parte para fortalecer esse individualismo hostil. Até os filósofos mais abertos ao mundo classificavam os homens segundo sua língua, sua aparência, seus costumes; ainda que essas "categorias", como dizia Aristóteles, não acarretassem ódio nem desprezo, simplesmente desconfiança e incompreensão; de todo modo, foi só no fim dos tempos romanos que "bárbaro" perdeu seu significado de "barbudo" ou de "tartamudo" e adquiriu um conteúdo negativo. A Bíblia, os Reis Magos ou a mensagem cristã trouxeram algumas nuanças, mas não sem sólidos *a priori*; pois embora Deus afirme não distinguir entre suas criaturas, não deixou de eleger o povo judeu como porta-voz de sua lei. Além disso, embora a fé cristã pretenda reunir todos os homens, São Paulo distingue entre cristãos e "gentios", as "outras gentes". Torna-se claro, portanto, porque os séculos medievais foram profundamente hostis ao estrangeiro. Não tanto pela sua alteridade biológica, pela sua carnação, pela sua pilosidade, nem talvez pela sua língua ou religião; mas porque suspeitam nele alguns costumes próprios ao seu grupo de origem: o imaginário substitui então o conhecimento. O estrangeiro é portador de ameaças, está fora das redes coletivas; duvidam de seu senso de honra; é logo acusado de crimes, de fraudes, de envenenamentos. Mesmo onde acaba sendo admitido, como nas cidades da Itália, atribuem-lhe um estatuto particular, com tarifas específicas para as multas e a ameaça de confisco de seus bens ao morrer, o "droit de aubaine". A situação agrava-se a partir do século XV, quando surgem dois movimentos que se complementam: o reforço do Estado e o nascimento dos sentimentos "nacionais". Nesse momento, o estrangeiro deverá escolher entre tornar-se "súdito do príncipe" submetendo-se à regra comum ou fugir e, na melhor das hipóteses, retirar-se e tornar-se um "estrangeiro" no sentido atual da palavra.

Esta xenofobia não é "racismo", para usar uma palavra moderna. Para ser assim considerado, seria necessário que à rejeição se conjugasse o desprezo e a ignorância. Nada do gênero atingirá o estudante na universidade, o agente de uma sucursal bancária ou mesmo um servo fugitivo: todos são filhos do verdadeiro Deus; às vezes os doutos os ouvem com interesse, os príncipes são curiosos a respeito deles. Mas o clima muda na ausência da aura cristã: então o "infiel", o sarraceno, o mouro ou o turco (todos esses termos se confundem e são intercambiáveis), em resumo, o "maometano", é um maldito, um amigo de satanás; se tem uma alma, só pode tê-la vendido ao diabo. Quem vence: o medo ou o desprezo? Talvez a combinação dos dois. É certo que há alguns espíritos curiosos que veem além do turbante ou do Crescente; e honestamente traduzem o Alcorão, como Pedro o Venerável, abade de Cluny, no século XII; leem e discutem a medicina de Avicena, a filosofia de Averróis; alguns se emocionam ao falar da magnanimidade de Saladino, e até se entregam à admiração, como o Imperador Frederico II, excomungado é verdade, que "gostava de ouvir elevar-se durante a noite o chamado do muezim". Mas tudo isso é um assunto de ricos e de eruditos; as pessoas comuns permanecem com a visão ortodoxa da Igreja, chamar um homem de "sarraceno" é o insulto supremo, que significa "criminoso" e "sem lei". É verdade que há poucos grupos muçulmanos no corpo da Cristandade: apenas dois, numérica e economicamente secundários, e ambos exclusivamente mediterrâneos: aqueles cuja conversão não foi tentada ou obteve êxito. Primeiro há os escravos, vendidos após razia ou acordo comercial aos ricos mercadores e, eventualmente, da Igreja: estão na Ligúria, no Levante, na Catalunha, na Provence; são mão de obra desqualificada ou domésticos, submetidos a duras condições que chegam à condenação à morte à moda antiga, com a deplorável escapatória de administrar o estábulo ou a cama do senhor. Nesse momento, talvez, se introduzirá a ideia de uma raça desprezível, uma vez que, depois de 1400, os escravos são principalmente negros, a cor do mal. Os outros são muito particulares: trata-se dos *mudéjares* da Sicília, de Portugal, da Andaluzia, que não fugiram diante da reconquista cristã na Espanha ou nas ilhas, entre 1170 e 1300; continuam sob controle cristão a falar árabe, a praticar sua fé e a usar sua lei. Como estão isolados, marcados desde o concílio de 1241 com uma veste especial e, no mais, sem sérias reações contra seus senhores, são deixados em paz, além de serem úteis no artesanato ou no comércio. Mas já se desenha uma atitude de desprezo em relação a eles.

Por fim, como não abordar o caso dos judeus? Sua história é um dos filões indiscutíveis das culturas da Europa e do Oriente. Durante dois milênios, entre incríveis avanços e terríveis infortúnios, sob os olhos estupefatos, admirativos e coléricos tanto do mundo cristão como do Islã, o povo "eleito" por Deus, o de Abraão e da Bíblia – este "Livro de três religiões" –, ocupou, triunfante ou perseguido, um lugar excepcional na sociedade. Apesar de seu volume bastante pequeno, sua história é perfeitamente conhecida, pois a vida dos judeus é muito agrupada, muito organizada, e nos deixou fontes de informação de grande riqueza, que vão das discussões teológicas ao preço da carne *kasher*. Na história dos judeus medievais há várias vias de aproximação; vamos segui-las.

A primeira diz respeito à evolução de suas relações com o poder cristão, e não evocarei o destino delas no Islã. Da destruição do segundo templo no ano 70 de nossa era e da consequente "diáspora" até o século IV, quando triunfou a fé cristã oficial, a existência do povo judeu aparece concentrada em agrupamentos fixos ao longo da margem do Mediterrâneo. Até o século X, as relações entre eles e os reinos cristãos pareciam bem calmas. Não se vê qualquer tentativa séria de conversão, ou mesmo de isolamento. Na parte meridional da Europa, e particularmente nas zonas parcial e lentamente islamizadas, o lugar das comunidades parece bom, ou até excelente, na Espanha ou na Itália. O período entre o século XI e o século XIV é o mais dramático, com certeza em razão do despertar da piedade cristã, e do poder da Igreja estabelecida e conquistadora. Encorajada provavelmente pela autoridade real aqui, pela pregação piedosa ali, uma hostilidade até então reprimida sacode a população cristã. Já isolados pelo seu modo de vida, aqui na terra ou no além, obstinadamente rebeldes a qualquer esforço de conversão, inflexíveis em sua recusa a qualquer acomodamento seja em que campo for, os judeus são insultados, perseguidos, expulsos, e depois atacados e massacrados: alguns pogroms irrompem durante a passagem das multidões "cruzadas" dos séculos XI e XII, por volta de 1100 no Vale do Reno e do Ródano depois de 1140 ou 1160, acompanhadas de confiscos e de violentas expulsões, por exemplo na França no tempo de Filipe Augusto e de Filipe o Belo. Além disso, há os exageros da Igreja: em 1215, no Concílio de Latrão, Inocêncio III impõe aos judeus o uso de um chapéu especial e de uma "rodela" sobre as roupas; quanto a São Luís, tomado por uma agressiva devoção, ele ordena o confinamento dos judeus, sempre rebeldes à verdadeira fé, em alguns bairros na cidade. Tais medidas de segregação reforçaram então a coesão das comunidades judaicas na sua piedade, nos seus usos, no seu isolamento. Sob o efeito dos terrores provocados, nos séculos XIV e XV, pelos desastres epidêmicos ou guerreiros, a perseguição acelerou-se no sul da França, na Espanha e na Alemanha, onde tinham se reunido grupos muito sólidos. Esta fúria se acalmou um pouco depois de 1450 e, desta vez, houve a contribuição do papado e da burguesia urbana, não por caridade ou compreensão, mas por imposição da economia na qual os judeus desempenhavam seu papel; no mais, já em tempos mais antigos, era assim que se justificava o retorno das comunidades para a França ou para outros lugares depois de um exílio mais ou menos bem-sucedido. É verdade que, para além do meu horizonte, a Reforma e a intransigência católica que se seguiram tornaram ainda mais difícil a situação dos judeus.

Se esta "história" é movimentada, ritmada por espoliações e massacres e, depois, por pedidos de retorno interessados, é porque a vitalidade do "povo eleito" é multiforme. Até o século XI, ocupam funções de corte, ou mesmo militares, na Espanha; exercem ofícios particulares, mas muito recompensadores, como criadores de cavalos ou tintureiros. Pouco a pouco afastados desses setores econômicos por uma Igreja ressabiada, tiveram depois do século XI de adotar as práticas de intermediários encorajadas pela sua própria dispersão. Foi sobre eles que, já no século IX, os carolíngios se desincumbiram covardemente do serviço de escoltar para Bizâncio ou para o Islã o gado humano recolhido entre os eslavos pelos valorosos guerreiros do "grande imperador". Conservarão no Islã esse papel no tráfico dos escravos ao conduzirem os rebanhos de negros de seus balcões magrebinos até suas comunidades espanholas, sicilianas ou provençais. São eles também que, no século XII, fretam barcos carregados de ouro senegalês ou etíope que desembarcam na Europa para impactar a economia. Quanto ao homem comum das cidades e ainda mais das aldeias, são os judeus, sempre eles, que garantem o empréstimo com penhor, com custo alto ou com pequena duração, ou muitas vezes com taxa usurária. E o ressentimento popular, evidentemente impermeável aos efeitos do retorno do ouro ao Ocidente, começa a alimentar um ódio feroz em relação ao pequeno caixeiro-viajante e seu asno, indo de aldeia em aldeia, indiferente às furibundas condenações da Igreja, mas indispensável à gente humilde. Em contrapartida, não são vistos nas grandes empresas comerciais ou bancárias onde reinam os italianos, pois sabem bem que estariam demasiado expostos aos brutais confiscos que acompanham o desmanche de companhias aventureiras. Para os príncipes, os confiscos dos bens dos judeus não são afinal, e por essa razão, recursos fiscais sérios.

A Igreja chama os judeus de "deicidas"? No entanto tolera o culto, protege as sinagogas, consulta os rabinos. Mas deixa correr, sobretudo nos séculos XIII e XIV, os horríveis relatos de sacrifícios de crianças, de hóstias profanadas, ou não refuta os boatos sobre o envenenamento dos poços, sobre os complôs para exterminar os clérigos. E o homem comum não demorou a decidir: o judeu está fora da lei, fora do sagrado. Não sabem e não querem saber o que se passa em suas festas de "sabá"; especialmente quando em seu próprio seio o povo judeu, enclausurado desde 1300 em seu gueto, divide-se em pietistas rigorosos e supostamente mais perigosos do que seus irmãos mediterrâneos, que permaneceram mais próximos dos cristãos: asquenazes contra sefarditas. E então o temor e a indignação piedosa tornam-se amarga desconfiança, depois ciúme por ignorância, e por fim ódio, o mesmo direcionado aos feiticeiros maculados de pecados diabólicos. Dele é preciso se lavar e, para isso, matar. Mas matar esse povo que é testemunho da antiga aliança, aquele em que Deus quis se encarnar, esses judeus que é preciso olhar como a face negativa mas indestrutível da mensagem divina, será que podem? Não é ele o reflexo do Antigo Testamento? Não aparecerá no dia do juízo final como o testemunho daquilo que era "antes"? Mas não há nas pessoas mais humildes da Idade Média nenhum desprezo, nenhuma repulsa: o "racismo" não tem nada a ver com isso; e o próprio "antissemitismo", que tanto agrada os nossos tempos, não tem sentido na Idade Média.

Eis, portanto, nossos homens vivendo em grupos mais ou menos densos, mais ou menos conscientes de seus vínculos comuns. Direitos, deveres, contatos com a autoridade qualquer que seja ela, frequentação do vizinho ou do estrangeiro, usos na ou fora da paz, eis os traços que precisei emprestar aos diversos "estados" da sociedade. Neste nível, porém, as diferenças já começam a ser menos distintas entre fortes e fracos, ricos e pobres, aldeões e citadinos. Serão essas as similitudes que encontraremos se penetrarmos agora nos cérebros e nos corações? O que sabem essas "pessoas da Idade Média"? O que ela pensa?

2
O conhecimento

Se o leitor me acompanhou até aqui, deve ter notado como muitas vezes me refiro ao mundo dos animais, no qual, entretanto, coloco o homem entre os mais dotados. Quem sabe até não se irritou com isso. Ainda assim, não podemos negar que entre os mais próximos de nós, aliás os únicos que poderíamos observar seriamente, não faltam atitudes idênticas, evidentemente segundo espécies e as características biológicas que lhes são próprias: viver isolado ou em grupo, na cidade ou no campo, manifestar alegria ou aflição; eles brincam, brigam, disputam o alimento e marcam o território; têm até mesmo uma memória da qual a audição e o olfato são decerto os vetores mais seguros. Ao qualificá-los de "instintos", livramo-nos rapidamente de qualquer curiosidade em relação a tais comportamentos. E é evidente que ensinar um elefante a contar segundo nossos usos, um macaco vestido a representar ou um cão a fazer números de prestidigitação só faz deles "animais sabidos" – queremos dizer "humanos".

Neste momento é necessário, portanto, que eu renuncie a invocar o animal e me consagre apenas ao homem. Pois devo convir que nunca vimos um cão segurar uma pena ou dissertar sobre Aristóteles. Ao penetrar agora no cérebro e no coração do humano minha tarefa torna-se bem mais delicada. Minha documentação ora é volátil, inconsistente e por vezes de pura especulação, como em torno da noção de "mentalidade", por exemplo; ora é sólida, datável e abundante, mas percorre caminhos banais e envolve apenas um punhado de homens. Para me fazer compreender melhor, direi que o sonho e seu papel me escapam entre as mãos, e que falar dos estudantes nas ruas de Paris é banal. De todo modo, aproximemo-nos deles.

2.1 O inato

O homem fala, escreve e também se expressa com gestos ou mímicas. Todos esses procedimentos traduzem um sentimento ou uma ideia, aquele ou aquela do próprio momento em que são expressados, ou então são o resultado de uma reflexão íntima, por vezes vaga. Nos dois casos, sua base é o tesouro de conhecimentos acumulados no cérebro; uns o foram por hereditariedade ou sem consciência; outros foram adquiridos ao longo dos anos.

2.1.1 A memória

"E vós fareis isto em minha memória", diz o padre no momento da Eucaristia. "E isso se passou em um tempo de que não há memória", coloca o escriba no fim de seu processo verbal. A *memória* é a ponte entre Deus e sua criatura, a base sobre a qual se ergue a sociedade, o reservatório onde se conservam os exemplos, os modelos e os programas de vida. Todo o devir está no passado, e um mundo temeroso e desarmado, como são os séculos medievais, precisa do socorro da memória, individual ou coletiva, que é uma coisa só. É ela que sustenta o costume, alimenta os precedentes, descarta os imprevistos e justifica o perdão. Não é muito difícil perceber os que as pessoas simples esperam dela. Primeiro, a lembrança dos tempos antigos, assim como foram relatados pelos "contadores" profissionais, ou pelos velhos da aldeia; a lição será repetida para dotar as gerações seguintes da noção de um passado que engendra o presente, e lhe dá um sentimento de profundidade, um "sentido histórico" a ser compartilhado por todos. Em seguida, um conhecimento fundado na experiência cotidiana, a das receitas de ofício na oficina ou nos campos, a dos limites das propriedades, dos acidentes vegetais ou naturais nos quais se apoiam o parcelar, um lugar sujeito ao dízimo, um direito de uso, o alcance da "justiça". Na ausência de plano ou de uma delimitação indiscutida, é preciso reunir, e em praça pública, todos os que sabem ou poderiam saber; e numerosos são os atos de conciliação em que, antes de redigir seu texto, o inquiridor enumera os nomes e, caso saibam, a idade das testemunhas cuja opinião é solicitada. Aparentemente, o mais difícil é encontrar os nomes: o esquecimento do aldeão parece completo, pelo menos antes do século XIII. Se o leque dos nomes de batismo é, em seu conjunto, bastante largo, fecha-se em pacotes compactos em um círculo de aldeias vizinhas: em uma serão muito os Hugues e Guillaume, mas em outra predominarão os Guy e os Robert. Essas similitudes poderão até denunciar as proveniências no início insuspeitas; por isso, entre dois "Jean", apenas "o pequeno" ou o "filho de fulano" permitirá evitar a confusão – esperança das mais frágeis, ainda assim. Quanto ao apelido que poderia se tornar hereditário, ele surge bem depois que "Jean filho de Jacques" caiu em desuso, não muito antes do século XIII no campo – e de que já falei mais acima. Na cidade, a divisão do trabalho, perceptível desde o início da expansão urbana anterior a 1200, acelerou a chegada do "apelido", aquele que ressalta uma atividade ou um traço de caráter. Como a razão primeira do esquecimento é o sentimento da inutilidade, compreende-se que, na cidade, o sistema dos ofícios implicava não perder de vista, como se fazia nos campos, a continuidade da linhagem, ascendentes e descentes.

Todas estas observações dizem respeito à terceira ordem. A situação torna-se mais complexa quando abordamos as duas outras ordens. É que, além da necessidade de reter, como o homem comum, tudo o que se relaciona com sua vida diária, esses homens têm uma função que acarreta outras exigências. É este, principalmente, o caso dos *bellatores*, os mais fáceis de cercar. Nada que não seja natural à primeira vista: esses homens de guerra são também administradores; interessa-lhes tudo o que envolve seus bens. Empregam sargentos, parentes para lembrar o que têm, o que podem esperar; desde o século XIII estarão sempre cercados, como os mercadores na cidade, de contabilistas ou de escribas à disposição. Com eles apreenderão o que é proveitoso guardar na memória; se necessário pedem para ler e repetir ou, como aquele senhor de Guines de que já falei, recitam eles mesmos receitas em forma de dísticos ou de poemas rústicos. Já antes de 1200, a Normandia e a Inglaterra, como também a Itália, conservaram inúmeros desses "tratados" de agricultura (as *housebonderies*, *Husbandry*), frutos de uma experiência, por vezes monástica, que beneficia os senhores dos domínios e seus administradores. Foram escritos certamente por clérigos, mas só existem graças aos relatórios feitos pelos especialistas.

A aristocracia tem também dois outros lugares de memória que, neste caso, lhes são próprios. Em primeiro lugar, o imaginário de seu quadro social alimenta-se com relatos amorosos ou guerreiros, em que se misturam as proezas de heróis míticos e as de seus próprios ancestrais. É indispensável que esses relatos sejam ouvidos, cantados, representados diante de todos – velhos que os enriquecem com suas próprias lembranças, jovens que neles encontram exemplos e motivos de orgulho. É claro que os autores que se dão ao trabalho de redigir e depois recitar essas "gestas", essas *canzone*, esses *romanceros*, são profissionais, meio poetas e meio historiadores. E para que se recordem desses relatos ou então os façam recordar, usam procedimentos de memorização muito simples: ritmos, assonâncias, repetições, estereótipos que os atentos ouvintes podem por sua vez fixar em suas memórias. O segundo campo de lembranças da ordem aristocrática não tem só essa cor ideológica: é também político e diz respeito à memória dos nomes. É sobre ela que se apoia em grande parte a prosopografia, tão cultivada pelo historiador das filiações, das genealogias e do poder. Enumerar a sucessão dos ancestrais, sobretudo a dos ramos mais prestigiosos do tronco familiar, é de uma absoluta necessidade política e mesmo econômica, pois justifica a autoridade sobre os outros, grandes ou pequenos, e aproxima do nível real ou principesco, onde a regra é o princípio de legitimidade hereditária. Os vínculos, tecidos e depois rompidos por ocasião de um casamento ou de uma herança, se traduzem em deslocamentos da bagagem onomástica que apaixona os historiadores do direito e da família. Conservamos inúmeras dessas genealogias estabelecidas no momento em que o poder dos senhores ressentia a exigente necessidade de reforçar seu controle sobre os pequenos: entre o fim do século XI e meados do século XII. Mais tarde, essa preocupação em conhecer as raízes da autoridade sobre as pessoas e sobre os bens conquistará os homens das cidades, a burguesia e, sobretudo, os senhores das companhias mercantis. Mas o poder resultante será, então, unicamente econômico e não ideológico. É evidente que esses "memoriais" foram estabelecidos por homens de escrita, ainda que o senhor afete ter sido seu autor, como Foulques le Réchim, Conde de Anjou, no século XI. A importância desses levantamentos é tal que, por vezes, transparecem os procedimentos de trabalho do clérigo como, por exemplo, na pena do Cônego Lambert d'Ardes para os senhores de Guines: ele questionou jovens e velhos, leu alguns textos e ouviu algumas lendas; sua memória está, portanto, no segundo grau. Desenvolve-se em ondas concêntricas, remontando cada ramo do tronco principal um após o outro; há lacunas que ele confessa ou que a invenção preencherá. As mulheres não estão ausentes dessas listas, em todo caso quando trouxeram terras e glória. O ideal é chegar até a *stirps*, a raiz real, carolíngia: três séculos após sua morte, Carlos Magno, e mesmo seus medíocres sucessores, ainda são a referência máxima, tanto na literatura épica como nas genealogias dos séculos XI e XII. Que glória descender do "grande imperador"! Inútil dizer que a despeito das acumulações lendárias ou do zelo obsessivo de muitos historiadores, na maioria germanizantes, ninguém alcançou essa posição com segurança. Em geral, as listas estabelecidas remontam a um século ou dois antes do momento em que foram postas por escritos. E se for necessário recuar ainda mais? Seríamos capazes de fazê-lo sem a ajuda do registro civil? E para isso é preciso ter pontos de referência: "Antes, nada sei", foi talvez o que modestamente disse o Conde de Foulques, "porque não sei onde meus ancestrais estão enterrados". Necrópoles, construções e *obits* recitados de geração em geração substituem a memória dos sobreviventes. Uma vez mais, são os mortos que sustentam a glória dos vivos.

O caso dos homens de prece é mais evidente. São eles os únicos a segurar a pena nesses campos, antes que surjam os "livros de razão", os *ricordanze* dos burgueses do século XV. Quando necessário, aplicarão ao seu próprio caso os procedimentos técnicos de memorização que um "homem importante" já lhes pedira para si próprio: em meados do século XII, Lambert de Waterloo, cônego de Cambrai, examinou minuciosamente sua própria família. E como a Igreja tornou-se especialista na arte de administrar seus bens e os dos outros, também os clérigos devem ter a preocupação de contar, verificar e recordar. Mas um outro campo se abre para eles. Como detentores do Escrito, são seus guardiões e o canal para os fiéis: para eles devem ler, recitar e, evidentemente, comentar o Livro santo, mas também os Salmos que ritmam a liturgia, os *exempla* que alimentam seus sermões, os "martirológios" nos quais são inseridos os nomes dos santos a reverenciar, os obituários nos quais são inscritas as festas a celebrar. Tudo isso deve ser memorizado e, se necessário, enriquecido. Foi entre os clérigos que as técnicas de memorização se desenvolveram primeiro e mais perfeitamente: sequência de palavras reforçada pela repetição de um dado central; ideias de partida que desencadeiam a repetição e o comentário; conjunto de fórmulas que amparam os parágrafos de um discurso – esses *incipt* que tanto agradam os especialistas da diplomática sacra; uso sistemático do "de cor" que exige sessões de repetição com cantos, ou salmodia – uma palavra cujo próprio sentido é revelador.

Nesse recurso à memória, todo um fundo de conhecimentos comuns serve de reserva onde garimpar. Por várias vezes mencionei esses *exempla*, essas anedotas moralizantes relatadas em meados do século XIII pelos inquiridores dominicanos como Étienne de Bourbon ou Cesário de Heisterbach. Esses textos despertaram o interesse dos historiadores do pensamento – não se ousa dizer da "cultura" – popular. São, com efeito, histórias que os irmãos pregadores compilaram, principalmente no campo, para condená-las ou corrigi-las;

histórias que testemunham lembranças antigas, crenças marginais, fantasias tenazes, trazidas pela memória coletiva do *vulgum*, dos *minores*, dos *illitterati*: é o "folclore", a cultura do povo, como dizem no fim do século XIX. Tomado em uma acepção desdenhosa ou, pelo menos, pejorativa desde sua aparição nos tempos modernos – e não continua sendo assim? –, o folclore é hoje visto como uma das vias de acesso mais seguras à psicologia do homem comum, ou à solidez das tradições antigas. Convém, contudo, relembrar que as noções por ele veiculadas não são apenas "populares"; o que não falta são concílios da alta Idade Média cujos cânones se atropelam para condenar crenças, ritos e fórmulas vindos de tempos muito antigos, célticos, germânicos ou greco-romanos: não acreditamos mais em fadas, mas o "Deus te crie" ou o "Saúde" em resposta aos espirros de alguém são algumas fórmulas clássicas de exorcismo contra o espírito do mal que supostamente possuía a infeliz pessoa resfriada – fórmulas condenadas e proibidas pelo Concílio de Leptines de 742!

2.1.2 O imaginário

Que hoje em dia haja pessoas destemidas que gostem de se assustar com dinossauros de papelão, isso não é algo "imaginário" porque houve um tempo em que esses animais gigantes realmente existiram; mas que desde o século X, e talvez até hoje, pelo menos no norte da Europa, algumas mulheres acreditaram ter visto cavalgadas noturnas e aéreas – as da "Mesnie Hellequin" ou das feiticeiras conduzidas pela deusa da Noite – é o transporte para o subconsciente delas de uma "invenção" cuja origem está no medo que sentem da morte e da escuridão: ela é algo "imaginário". Este imaginário se alimenta, portanto, de pulsões instintivas e de interpretações irracionais. Este vasto campo de pesquisa onde se movimentam alegremente historiadores das ideias e mestres da psiquiatria não tem limites, nem quanto à profundidade dos mitos que nele se revelam, nem quanto à mistura entre a memória deformada e a pura fantasia. Os medievais não eram indiferentes às produções do imaginário, mas as condenavam quando lhes eram relatadas: no século XI, Burckard de Worms via nelas raízes pagãs que deviam ser arrancadas; no século XIII, os dominicanos percebiam desvios heterodoxos. Este imaginário é algo comum a todos: ordens, estados, sexos e idades; e se temos acesso sobretudo ao dos clérigos que o explicam, ou ao dos camponeses que o confessam é simplesmente por uma questão de fontes.

O sonho é, como ainda hoje, seu suporte mais sólido e, na Idade Média, o caminho mais seguro para descobri-lo. Os santos e os monges nem tão santos assim falam de seus sonhos; os reis e os príncipes também, e alguns outros que pouco falam sobre eles. Esses testemunhos, evidentemente, aproximam-se mais do que acreditam ter sonhado do que daquilo que realmente sonharam. Embora seu teor seja sagrado, a Igreja desconfia do sonho: teme as armadilhas de satanás. Não se vê, com efeito, um príncipe tomar decisões bruscas e irracionais a pretexto de um sonho? Ou o que pensar então de um membro da primeira ordem a quem, enquanto dormia, um homem santo revelou – considerado então um "bom sonho" – o lugar onde estão seus ossos: a "invenção" dessas relíquias assume então um sentido mais amplo do que o atual. Com que sonham todos esses homens? Como hoje, sem dúvida, com episódios da véspera, com problemas do dia seguinte, com angústias ou esperanças de sua vida nesta terra. Para que tenham o direito de ser narrados, esses sonhos devem falar de Deus, do Livro santo, da salvação, da morte, e são então transformados, como em toda hagiografia, em um relato organizado e didático: é uma *visio* e não um simples *somnium*. Mas atenção: não se deve ir além dessa simples *apparitio*, pois isso seria se deixar cativar pelo veneno da adivinhação, com que se alimentam a premonição, a pregação, a recusa do Verbo que falava nos sonhos. No século XII, os primeiros concílios de Latrão já interditam formalmente a interpretação dos sonhos. Mas essas são atitudes de clérigos: no tempo de Jean de Meung e do *Roman de la Rose*, no tempo de Dante na Itália, no início do século XIV, o sonho se dessacraliza, torna-se o eco profano do cotidiano; mas talvez só porque os sonhos do homem comum chegam então às nossas fontes.

Não sonham apenas com São Bento, com prejuízos da tempestade ou com seus avós. Às vezes, insinua-se inesperadamente no sonho um episódio surpreendente ou um personagem extraordinário: ao despertar, o próprio sonhador descreve esse testemunho; e não tem certeza de que no fim do relato que vai assim decifrando, ele mesmo não se convença de que realmente viu essas "maravilhas", essas *mirabilia*. Foi bem trabalhoso descobrir nos relatos de Marco Polo ou nos de Mandeville a parte da invenção pura e a da deformação mais ou menos consciente: não há, como pretendem, homens cujos pés gigantes os protegem da neve, nem unicórnio, virgem ou não, nem ouriços pendurados em árvores; mas há marchadores equipados com raquetes, rinocerontes e frutos nos plátanos. Há nas invenções do viajante ou do sonhador uma parte espontânea de analogias pressentidas e de vontade criativa. O imaginário alimenta-se, pois, de uma realidade mais ou menos bem dominada: nos séculos

XIV e XV, acreditam ver em toda parte seres disformes, animais fantásticos ou esqueletos, e para isso contribuem os malfeitores, os lobos às portas de Paris e a peste. A esses devaneios adicionarão, naturalmente, todo um leque de pulsões sexuais que desempenham atualmente um papel determinante no diagnóstico feito pelo psiquiatra: imaginados ou realizados, os contatos carnais ocupam desde sempre um lugar privilegiado em nossos sonhos. Mas esse é um campo sobre o qual lançam um véu de decência e de temor religiosos. Bem raros são os relatos que fazem alguma alusão a essas imagens proibidas; a rigor, apenas as fugazes tentações que Santo Antônio ou outro eremita conseguirá dominar. Há, no entanto, um caso aparentemente menos frequente ou flagrante: os sonhos alimentados pela androginia. Quando e como, no fim dos tempos, os sexos se mesclarão e suas particularidades desaparecerão para que, depois do juízo final, todas as criaturas se tornem "uma só carne", como os anjos? A questão do sexo dos anjos é crucial para o destino da humanidade. Em 1453, enquanto eram bombardeados pela artilharia de Maomé II, os doutores de Constantinopla tentavam respondê-la antes de se entregar aos infiéis. E nossos contemporâneos que zombam da preocupação e do momento nada compreenderam sobre a última angústia daqueles cristãos; questão que foi rapidamente resolvida pelos turcos.

Entre as "artes" – nós chamamos de disciplinas – que eram ensinadas nas escolas, e de que voltarei a falar, havia uma com contornos muito vagos: a música. Ainda que, evidentemente, essa arte englobasse o que nosso senso comum lhe atribui, seria apropriado nesses tempos traduzi-la por harmonia: a do firmamento, da natureza e dos fenômenos extra-humanos. E se a menciono aqui é porque vejo nela um elemento de dom natural, uma aptidão inata para captar as exigências da harmonia. Ninguém duvida de que nos séculos medievais era bem fácil se persuadir de que era ali que a vontade de equilíbrio desejada por Deus se expressava da melhor maneira; o contato com esta evidência nada tinha a esperar da palavra, e menos ainda do escrito. É na natureza que nos instruímos sobre Deus, afirmava São Bernardo em 1150, ele mesmo, no entanto, um fino letrado e um pregador infatigável. Mas, para tirar proveito dessa harmonia da obra divina, é preciso ter algo que é inato, o sentido e o gosto pelo belo. O historiador resta perplexo neste campo. Ao longo de um milênio, como perceber o que o homem considerou "belo", dado que esse sentimento, pessoal e íntimo, escapa a uma definição, e mais ainda a uma classificação? Dispomos de apenas duas vias, e ambas muito exíguas. Os pregadores, os cronistas – e, por que não? –, os poetas louvam a beleza como uma das virtudes. Mas seu discurso é simplista: em relação a um ser vivo, uma paisagem ou uma obra humana, é "belo" o que é "bom", isto é, o que agrada ou se esforça para agradar a Deus; é uma homenagem à divindade; é até mesmo o seu reflexo. A "boa cidade" é calma, ordenada e ativa, ela é "bela; o "bom" cavaleiro pratica a coragem, a devoção e a castidade, ele é "belo". Mas a outra via não é mais convincente: é a das representações, principalmente pintadas nos manuscritos, nos afrescos e nas telas, ou esculpidas nas paredes; e, por falta de exemplos seguros, poderíamos adicionar-lhes sem dúvida os jardins. Mas a decepção nos espreita: em tese, um príncipe "em majestade", um senhor em sua estátua jacente sobre a laje funerária, um anjo do juízo final e até Cristo na sua aureola das absides de igreja devem ser "belos"; mas todos se assemelham. Há realmente, de século em século, gestos ou expressões próprias de seu tempo; mas nada além de um ideal abstrato. É preciso esperar o século XIV para que se esboce uma revisão do "bom" correspondente ao "belo", um retorno aos traços reais: podemos então considerar "belas" as cabeças de Carlos V ou de Du Guesclin, em Saint--Denis ou em Amiens, porque são "bons" homens? Na verdade, passou-se sem transição da beleza imaginária ao realismo cruel. Não será uma surpresa que uma dimensão social lance nele seu veneno; subitamente, desde os tímpanos românicos, as pessoas humildes são "feias". O único campo em que se esboçava um gosto pelo belo é o da representação feminina. O caráter universalmente masculino do mundo dos artistas (e também dos poetas, aliás) é uma boa explicação. Mais acima mencionei algo sobre o ideal feminino, no mínimo dos mais teóricos. Nos últimos séculos medievais, cada vez mais o gosto pelo belo direcionou-se não para o rosto da mulher, que em grande medida continuou ainda estereotipado, mas para sua silhueta, por exemplo por um pronunciado gosto pela graciosidade dos membros, pela leveza aparente da cintura, pela importância dada ao colo e ao pescoço; a representação escapa então aos cânones da harmonia para cair na sensualidade. A moda dos vestuários mais justos – para os dois sexos, aliás –, valoriza o corpo, o que é revelado, às vezes indecentemente, e o que é oculto, com hipocrisia. Mas buscar sobretudo a atenção do espectador ou do ouvinte é o que guia o pincel ou a pena do artista.

Um último campo, muito bem dominado hoje na França: o papel da cor. Ela é, certamente, essencial na ornamentação interna, e até externa, dos edifícios, nos brasões que se generalizam desde o século XII, mas sobretudo no vestuário, inclusive o de trabalho. Foram cuidadosamente observadas as fases de sucesso deste ou daquele tom – o branco, o preto e o vermelho antes do ano 1000, o azul nos séculos XII e XIII, o verde e o amarelo no fim da

Idade Média –, mas sem que as razões para isso realmente apareçam; no mais, a sabedoria popular afirma que cor não se discute, pois é uma questão de gosto ou de moda. Mas o sentido simbólico das cores é um campo em que o imaginário é de difícil percepção; o que explode, em contrapartida, aos olhos do historiador é uma Idade Média que não é feita nem de preto nem de dourado, mas que em toda parte resplandece em tonalidades vivas que brilham em todas as cores, que se tornaram o adjuvante natural do belo.

2.1.3 A medida

"Não é preciso refletir, basta contar", diz a sabedoria popular. Ainda assim é preciso saber e poder contar. Poucos são os campos em que nosso tempo se opõem tanto aos séculos medievais. Para nós, um litro, uma hora ou um quilômetro são dados indiscutíveis que, mesmo com certa dificuldade, foram adotados em todo mundo. Como sabemos, apenas as ilhas britânicas e alguns territórios por elas outrora dominados permanecem fiéis a um sistema obscuro, arcaico e confuso, vindo da Idade Média, e as razões para isso pouco importam aqui. Em contrapartida, o sentimento de desordem, de capricho e de irracionalidade que tais práticas suscitam aos olhos de quem a elas renunciou é o mesmo do historiador diante da "medida" medieval. E, ainda que ninguém nasça sabendo contar, o suporte mental que serve de apoio à sociedade pode ser colocado entre os sentimentos inatos. A noção de medida é, com efeito, uma pulsão pessoal ou, se preferirmos, coletiva, mas neste caso a de um grupo, de uma família, de um clã, de uma aldeia: ela é uma das características originais desse grupo. De forma que a dispersão dos dados fornecidos pelas fontes conduz cada historiador medievalista a cercar seu estudo com uma "metrologia" local, tão confusa quanto inútil. A empreitada é, com efeito, ainda mais inútil porque, como dizia Protágoras nos tempos gregos, "o homem é a medida de todas as coisas", o que não tem só o aspecto de uma máxima moralizante, mas permite lembrar que falar em "pés", em "polegadas", em "passos", em "côvados" ou em sacas, em jornadas ou em maços não tem aritmeticamente nenhum sentido. E, ainda que se conseguisse estabelecer relações ou médias, o fato é que uma medida de grão dita "rasa" e outra dita "cheia" podem ir do simples ao dobro consoante se determine ou não o cálculo na própria borda da medida ou para além dela; ou ainda que uma "jornada" de terra não é a mesma trabalhada por um boi ou por um cavalo. Por que então a insistência em apontar um dedo acusador para apreciações grosseiramente errôneas, e a obstinação em considerá-las como resultado da desonestidade ou da ignorância? Os erros podem ser enormes mesmo no topo da sociedade: em 1371, a administração inglesa pretendeu taxar as paróquias do reino, elas foram estimadas em 45 mil e não passavam de 6.500. E então? Esta bagagem documental é inútil? Será preciso se contentar com estimativas, quase mudas, dos atos da vida cotidiana – "minha terra", "meu dízimo", "meus direitos de uso" – ou com expressões que não querem dizer senão "grande", "numerosos", "importante", quer se trate de casas, de mortos ou de lucro? Sim, sem dúvida. Mas, colocando-se no nível de todos esses homens ignaros ou doutos, o número não é nada: é apenas obra de Deus e, tal como aparece, não pode ser discutido, retificado, e menos ainda subtraído; falsear então uma conta é um insulto ao Criador, quase um crime de sangue. Ademais, como é sagrado, o número também é o sinal do poder: o de Deus, certamente, mas, se necessário, o do rei, do príncipe ou, mais modestamente, do senhor ou da cidade. Público ou não, mas variante e personalizado, também é símbolo, o que justifica que não se busque necessariamente seu valor contábil. Neste caso, é a mensagem antiga, mais ou menos cristianizada, que obscurece o valor numérico: ao número um, expressão da unidade divina, corresponde a tríade, a do Panteão egípcio ou védico antes da Trindade cristã; o quatro é o número da perfeição geométrica, o da Jerusalém celeste, o do Templo e da casa de Deus; o sete é o do Gênesis e do calendário judaico, que permanece o valor da semana. Quanto ao seis, significa "muito", pois excede o que pode ser contado pelos dedos de uma mão: seis companheiros, sessenta navios, seiscentos mortos, seis mil almas, ou o que nem mesmo pode ser contado: seis vezes seis, trinta e seis.

As questões que a história e o agrupamento dos números colocam ao pesquisador decorrem, evidentemente, desses propósitos. Estão longe de ser claras; eis algumas delas. O sistema duodecimal reinou no cálculo até o triunfo, no século XIX, do sistema métrico. Herdado da Antiguidade mediterrânea, e por essa razão adotado pela Igreja cristã, tem uma origem facilmente discutível: as lunações, fáceis de observar, ritmaram – e ainda ritmam no Islã – o transcorrer do tempo anual; mas não se enquadram com o tempo da revolução da Terra em torno do Sol, portanto é preciso recorrer ou às constelações observadas no céu, e que Ptolomeu se esforçou para reagrupar em doze, ou então à mensagem bíblica, a das doze tribos de Israel. O número vinte, que entra em composição com doze, por exemplo no sistema monetário desses tempos, parece lembrar os vinte dedos de nossos quatro membros, o que não é muito convincente. Quanto ao zero, desconhecido dos antigos, que preferiam o ômega do alfabeto grego para marcar o fim de todas as coisas e o alfa para abrir a lista, foi introduzido na contabilidade ocidental quando muito nos séculos X e XI, sob a influência bizantina, ela mesma despertada pelo contato com a Índia que já o usava há mais de um milênio. Ainda podemos acrescentar que a despeito das comodidades contábeis que permitia, o uso do zero não se generalizou antes do desenvolvimento das práticas comerciais ou fiscais no século XIII. Talvez o simbolismo do zero, o círculo perfeito sem começo nem fim, o colocasse no nível de Deus, e não no dos homens. Um outro problema, e não menos importante: a substituição dos algarismos "romanos" pelos algarismos "arábicos". Desta vez, causas e etapas são bem visíveis: foi o contato com o Islã, e o Oriente em geral, no momento das trocas econômicas e culturais, e depois de 1150 durante as cruzadas, ou até antes pelo intermédio da Espanha ou da Sicília. A despeito da resistência dos clérigos, o uso do zero impunha a evidente comodidade de escrita; escrever 198 em vez de CXCVIII constituía um indiscutível progresso. Em um primeiro momento, o aparecimento dessa nova prática é perceptível na documentação mercantil italiana ou nos escribas da Igreja em contato com o Leste no fim do século XI e início do século XII.

Esta alusão aos aperfeiçoamentos da contabilidade medieval leva muito naturalmente ao equipamento técnico ou mental de todos aqueles que tinham contato com a aritmética e a geometria: duas das "artes" ensinadas na escola. Não sabemos muita coisa sobre o conhecimento dos celtas ou dos germânicos em matéria de agrimensura ou de medição do espaço; certamente eram sólidos, pois o próprio César observou a precisão e as equidistâncias dos traçados ou dos pontos de agrupamento gauleses; quanto aos escandinavos dos séculos VIII ao X, não precisarão de ninguém para desenhar no solo, na Irlanda, no Jutland ou na Normandia, os limites das parcelas devidas aos guerreiros ou aos seus homens. Mas, evidentemente, foi a herança greco-romana que serviu de modelo durante mil anos. De Hesíodo, oito séculos antes de nossa era, a Boécio, cinco séculos depois, passando por Plínio, Varron ou Columelle, as lições e os exemplos afluíram para a Cristandade. Podemos até dizer que antes do século XV ela nada acrescentou a essa herança: desenhos como os de Villard de Honnecourt no século XIII, fragmentos cadastrais do século XV e toda a iconografia também são um testemunho disso; correntes graduadas, mira e cavalete, compasso e fio de prumo, esquadro e nível de água, sem contar, para a construção, sarilho com polia ou balanças com contrapesos. Os "construtores de catedrais" não passavam, sem dúvida, de voluntários de domingo empurrando carrinhos de mão, e os inquiridores do cadastro florentino de 1427 de simples manejadores de pena, mas acima deles havia mestres de obras no canteiro e engenheiros do cadastro. Para encerrar, como não lembrar que foi nesses mesmos tempos que nasceram o ábaco, primitiva máquina de calcular com quadrantes complicados, que uma teimosa tradição atribui ao gênio de Gerbert d'Aurillac, futuro papa do ano 1000; em seguida a contabilidade em linhas e em colunas, para nós evidente *b a ba* de qualquer registro contábil, mas invenção do fim do século XII dos mercadores e banqueiros italianos preocupados em ver claro e rápido.

Não destacaremos os erros de cálculo que recheiam a contabilidade medieval, comercial ou fiscal, pois esses homens não eram mais inábeis, desatentos ou desonestos do que nós; mas, em matéria de dados estimados em numerário, eram constantemente induzidos ao erro pelos valores correntes das espécies metálicas que deviam converter em unidades "de conta". E, sem entrar em uma história da moeda que não cabe aqui e me levaria demasiado longe, que me baste lembrar algumas bases simples, muito diferentes das nossas. O valor das somas a pagar ou a receber é estimado segundo uma escala numérica que não passa de uma soma abstrata, sem cunhagem "real": uma libra (que na origem é, no mais, um peso de metal) equivale a vinte "soldos" (palavra que significa apenas "aquilo que se paga"), e um soldo a doze denários (ainda pior aqui: *denarius* é o que se vende"). Mas essa estranha inter-relação, supostamente fixa, só existe em teoria: assim, só na França, estima-se uma trintena de escalas de contagem, em função do lugar de cunhagem ou dos usos antigos de origem esquecida. Sempre há vinte soldos em uma libra, mas essa "libra" não é a mesma em Paris, em Tours, em Viena ou em outro lugar, e às vezes em relações muito diferentes: estimada "em *parisis*", uma soma só será 80% daquela expressa "em *tournois*"; e se o contabilista não se deu ao trabalho de deixar isso claro, porque está claro para ele, o historiador é lançado no erro.

Vencido este primeiro obstáculo, o seguinte é pior: o pagamento da taxa ou do objeto será feito com a ajuda de jetons metálicos com peso, "título" e aparência diferentes; não trazem qualquer indicação numérica, e só são distinguidos por um nome comum que lhes serve de identidade: um *écu*, um *agnel*, uma *couronne*, um *franc* (um homem em armas), cem outros que, aqui ou acolá, são *florin*, *ducat*, *matapan*, *marabotin* etc. Mas, e por esta razão, o valor contábil dessas espécies não é fixo: varia segundo o mercado ou a vontade do intermediário, portanto segundo a zona em que esses dados são aplicados. Em que metal, aliás? Na época carolíngia, a raridade e a própria inexistência de filões de ouro na Europa Ocidental, a obstinada recusa da Igreja em dispor ou em "liquidar" os tesouros que acumulou nos templos antigos, com o lucro do tráfico escravagista ou que simplesmente vieram dos impostos pagos pelos "colonos" que trabalham em suas terras, tudo isso levou o poder a renunciar a qualquer cunhagem de moeda em ouro. Deixemos de lado as consequências da paralisia comercial perante um Oriente, grego ou muçulmano, que permaneceu bimetalista. Como, em contrapartida, não falta prata no Ocidente, mantiveram-na. Mas no momento em que as três culturas mediterrâneas entraram em um contato duradouro, desde 1020 ou 1050 no conjunto meridional da Europa, o ouro novamente se tornou necessário para saldar algumas transações doravante consideráveis. Esta "fome" de ouro é invocada mais tarde para explicar a expansão das expedições de conquista europeia na direção da África ou da América, que eram ricas nesses metais; mas nesse fato também podemos ver um dos fatores determinantes das violentas expedições para o Islã mascaradas em "cruzadas" piedosas. O ouro vem de fato do Sudão, do alto Egito e das Índias. Pode ser transportado por caravana ou por barco até a Sicília, até as Baleares, até a Espanha, a partir do século XII. Depois de 1250, esse afluxo pelos negócios ou pela violência desencadeou a retomada da cunhagem do ouro no Ocidente; uma nova transformação provém, no mais, da relação de valor dos dois metais, ouro e prata, extremamente flutuante. Este imbróglio teve duas consequências: abriu o caminho para uma desenfreada especulação mercantil e favoreceu as variações do custo de vida. Provocou também, entre os historiadores de ontem como nos de hoje, o desagradável sentimento de que um estudo dos preços, dos salários e, portanto, do "nível de vida", quando apoiado só nessas areias movediças, é perfeitamente irrealista, e esta é a razão pela qual me desobrigo desse assunto; e o que dizer das elucubrações sobre a relação com o valor do franco estabelecido por Poincaré? No entanto, os homens desses tempos tinham uma real consciência dos inconvenientes de tal desordem: Justiniano, Carlos Magno e inclusive alguns papas esboçaram projetos reformadores, e cujos créditos a literatura aristocrática dava a um fabuloso Alexandre o Grande. Mas ainda não existiam condições para uma reforma séria, que só poderá ser tentada na época do Iluminismo e até no século XIX.

No mais, quer se tratasse de um espaço, de um volume ou de um número, a abordagem medieval não pode ser a nossa; é uma abordagem de duas dimensões e herdada do pensamento grego. Paisagens ou quantidades não são apreciadas "em profundidade", razão de uma certa indiferença pela geografia antes do século XIII: os números não têm mais "volume" do que aquilo que a visão registra; o que explica Pedro Damião atravessar os Alpes sem se dar conta de fazê-lo ou São Bernardo não ver que estava margeando o Lago Léman. É que o mundo, obra de Deus, está em um estado de fixidez que não tolera nenhum exame crítico nem, evidentemente, "razoável". Afinal de contas, os filósofos gregos tinham distinguido o *macrocosmo*, que é o conjunto do mundo criado pelos deuses ou pela natureza e que, portanto, não se poderia mudar – como Aristóteles e até Platão afirmavam –, e o *microcosmo*, o pequeno mundo cotidiano onde se agitam o homem, o cidadão, o viajante, como era visto por Pitágoras ou Erastóstenes. É preciso esperar o século XIII e o contato com o Islã para que o desenvolvimento do sentido geográfico na Cristandade sacuda a placidez dos doutos; o que os eruditos gregos ou indianos já tinham suposto, e os viajantes muçulmanos, pelo menos em parte, verificado, torna-se uma questão com pesadas consequências: a Terra é plana ou redonda? Fixa ou móvel? Eis o que preocupa aqueles que sabem e não temem enfrentar uma Igreja agarrada às afirmações bíblicas. E os outros? Todos os outros, aqueles de quem falo com frequência? Pois é! Provavelmente isso não os preocupa, pois já eram bem poucos os meios para escrutar, prever, suportar o ritmo e os caprichos do tempo, como se interessar então pelo espaço além do campo, da colina e da cidade vizinha? No púlpito, o padre falará talvez de Jerusalém, de Roma, do Éden, mas suas ovelhas têm alguma ideia dos lugares e das distâncias? "Será esta a Jerusalém para onde estamos indo?" É o que dizem os humildes retratados pela historiografia popular que de pés descalços se dirigem ao Santo Sepulcro e que se espantam com cada cidade pela qual passam.

2.2 O adquirido

A palavra "cultura" é bem cômoda, e a de "sociedade" também. Nem uma nem outra têm, com efeito, um conteúdo ou mesmo um sentido preciso, o que permite a vulgarização do seu emprego. Em relação à primeira: Massa dos conhecimentos? Ideologia e crenças? "Mentalidades" e regras de vida? E à outra: Composições internas? Tipos de relações entre humanos? Natureza do trabalho? Esta querela de palavras, além do mais recheada de opiniões pessoais ou de contingências imediatas, não é inútil, pois revela principalmente o horizonte que aquele que a usa pretende abraçar. Quanto a mim, abordarei aqui a massa dos conhecimentos que governam a ação dos homens ao longo dos tempos medievais – digamos as cordas, sensíveis ou insensíveis, que subtendem a vida deles. Podem provir do campo do inato, e acabo de evocá-las; mas são também em grande parte adquiridas, e preciso examiná-las.

Impõem-se, porém, duas advertências prévias. Para nós é muito mais difícil compreender e explicar a maior importância dada nesses tempos a um problema como o dos "universais", as oposições dos conceitos, do que à peste ou ao trabalho da lã. A razão para isso é clara: hoje não passamos mais pelo filtro da Igreja cristã, quer se trate de "cultura geral" ou de embriaguez científica. Nosso saber não é mais engessado pela convicção de que conhecimento, hierarquia e talento estão ligados e de que, para compreender e aprender, é preciso possuir e cultivar as sete "virtudes teologais": fé, esperança e caridade, o que é o mínimo para um crente, mas também prudência, justiça, força e temperança, como exigia Tomás de Aquino; e estamos longe disso.

A segunda correção é, em suma, apenas uma simples observação contábil, geralmente esquecida. Mil anos é um tempo demasiado longo, uma duração demasiada longa para que os ritmos de evolução do pensamento possam se comparar aos do nosso pedacinho de século. Ao refletir sobre isso, a contração do tempo que passa obscurece nosso julgamento de uma maneira surpreendente: comentou-se de forma muito justa que transcorreram tantos anos entre o merovíngio Grégoire de Tours e Santo Tomás de Aquino quanto entre este e Jean-Paul Sartre; mas em nossos manuais escolares, sobretudo aqueles que sobrevoam a literatura e o pensamento, dez páginas serão suficientes para o "pensamento medieval", esmagadas pelas quinhentas consagradas aos tempos seguintes.

2.2.1 O gesto, a imagem, a fala

É uma banalidade relembrar que nem todos aprendem qualquer coisa e de qualquer maneira. Outra é ocupar-se do caso de todos aqueles que fazem profissão, ou melhor, "ministério", de transmitir o conhecimento; e como todos estão longe de ser membros da primeira ordem, falarei sobre isso mais adiante. E uma terceira, por fim, afirmar doutamente que nesses tempos medievais, como no Neolítico ou como hoje, o ser humano, normalmente dotado do uso de seus sentidos, se instrui olhando, imitando, ouvindo e lendo. O que pode em seguida fazer com o que assim aprendeu não está em discussão aqui, mas apenas seus métodos de aquisição, e os séculos medievais oferecem, a esse respeito, muitas particularidades.

Dos quatro caminhos tomados pelos dados novos, dois ainda são, e talvez cada vez mais, os nossos. O primeiro é a visão: o "choque das fotos", como dizem os jornalistas, fixas ou móveis, que nos revelem uma atrocidade de guerra, uma proeza esportiva, um creme para a pele, as virtudes de um automóvel ou qualquer outra coisa que interessa tanto a criança quanto o idoso, é hoje a principal fonte e o principal instrumento das aquisições intelectuais. Nos tempos medievais, a miniatura, o afresco e a escultura são seus principais suportes: neles encontram a ilustração de cenas religiosas, guerreiras e lendárias, onde o espectador alimentava até seus conhecimentos técnicos sobre roupas, ferramentas ou gestos cotidianos. O conteúdo simbólico da maior parte dessas representações toca sobretudo os intelectuais; e merece um olhar mais fundamentado, sobre o qual retornarei. Mas, para se limitar à historiografia tradicional, ver nessa arte da figuração uma "Bíblia de pedra" ou uma "enciclopédia popular" é ir demasiado longe, ao que me parece. Os manuscritos ornados de letras pintadas e de figuras, e mesmo os que se querem "práticos", como os bestiários ilustrados, são acessíveis somente aos ricos e aos clérigos: podemos seriamente acreditar que as *Três riches heures* do Duque Jean de Berry, no início do século XV, e tão suntuosamente decoradas, tenham sido outra coisa que um mesquinho prazer de colecionador? Quanto à "Bíblia de pedra" em questão, além das dificuldades de interpretação que ainda deixam perplexos os historiadores da arte, como podemos imaginar que o fiel conseguisse obter alguma instrução quando a escultura está apoiada na base de uma torre-lanterna, ou em um capitel de quatro faces instalado a mais de dez metros do chão, a menos que ao olhá-lo o fiel deixasse de prestar atenção no ofício divino que, no entanto, o levara até ali? O historiador do pensamento se deleita em investigar essas obras; pessoalmente, creio que o homem comum só encontrava nelas um prazer para o olho: não se instruía com elas.

O segundo canal utilizado pelo conhecimento é o gesto: aquele que, vindo do alto, revela e ensina o que são o poder, a prática e a experiência. Imitar esse gesto ou essa atitude é uma fonte de informação; pode ser imediata ou exigir um tempo de assimilação. Como hoje, o "estágio" é a etapa preliminar, a primeira fase da compreensão e do saber: aprender a guiar a atrelagem, a manusear a foice, a fiar a roca desde a infância, depois a arrumar a casa, a manter o fogo, a fiar a lã, a forjar o ferro e, por fim a navegar, a viajar, a vender, sob o olhar de uma mãe, de um pai, de um confrade, de um "mestre". As técnicas de hoje por vezes diferem, mas os princípios são os mesmos: imitar o gesto é pouco a pouco aprender a substituir seu autor, esposar sua função, seu papel. Falei mais acima sobre o sentido simbólico desses gestos, sobre os vínculos que criam entre aqueles que os fazem e aqueles que os imitam. Os séculos medievais são ricos de casos hoje bem desprovidos de sua antiga potência. Mas alguns exemplos ainda são compreensíveis para nós: sentar-se no salão principal quando os outros estão em pé, na cátedra da universidade quando os outros têm só maços de feno, em um trono quando os outros estão de joelhos, na cabeceira da mesa quando se é o mais velho ou o mais importante. Não examinarão, nesses tempos, como fazem o "mestre", o senhor, o "professor"? Ou ainda manusear um bastão, insígnia da autoridade que ordena, o do pai colérico que castiga, o do pastor que conduz ou do intendente nos campos, o do oficial em função, o do rei, enfim, com o cetro na mão. Um último caso, mas tipicamente medieval: autenticar uma decisão que para isso exige um gesto visível de poder. Nossa assinatura deve ser autógrafa, isto é, nenhuma outra vontade pode ir contra a sua. Por não saber assinar, o homem medieval traça uma cruz, se é um pobre homem (temos, no entanto, cruzes feitas pela mão real), ou então esboça um *signum*, um S cortado precedendo ou acompanhando seu nome traçado por um escriba profissional; se tem algum poder, será o nome completo em letras ornadas, seu "monograma", do qual traça algumas pernas se for rei. Mas o essencial é a aposição no documento de uma impressão, aplicada ou presa em cordões de couro ou em uma meada de fibras, um "selo" de cera que traz uma marca, um emblema, uma figurinha própria ao autor da decisão que, como prova de autenticação, pousa publicamente sua mão sobre a ata e a assina. Em 1194, quando fugia de seu inimigo Ricardo Coração de Leão, em sua pressa Filipe Augusto lançou no rio seu selo e a matriz na qual era derramado; o rei foi obrigado a substituí-lo por uma nova marca. É evidente que houve nesses tempos alguns selos falsos, como há hoje assinaturas contrafeitas; mas o que conta aqui é a força do poder implicado pelo gesto gráfico ou não. Imitá-lo é, então, a marca do desejo de se apropriar da força do outro.

Abrem-se agora para nós os "caminhos" mais comuns do conhecimento: falar, ler e escrever. Nossos contemporâneos falam a torto e a direito, leem cada vez menos, contentam-se com *abstracts* e *e-mails*; e não escrevem mais: clicam e enviam, se possível abreviando as frases e até as palavras. Meu propósito não é o de suspirar com isso, mas de ressaltar que nos tempos medievais a situação era bem diferente. São o Verbo de Deus e as Sagradas Escrituras que sustentam o conhecimento. Ler e escrever nos parecem o mais evidente meio de comunicação com o outro; mas falta muito para que todos o usufruam. De forma que, desde o início, coloca-se a questão do número de "letrados", isto é, daqueles que sabem ler e escrever correntemente; em seguida, a da língua que estão usando. Não posso evitar a abordagem desta questão. Desde o primeiro momento, abre-se uma fratura capital na sociedade: uma parte, mas verdadeiramente insignificante, de indivíduos possuem aptidões que adquiriram por profissão, uma vez que sua "ordem" é a das pessoas que sabem, e aprenderam nas escolas a ler e a escrever para comunicar a Palavra de Deus. A quase totalidade é formada por clérigos; ao longo dos séculos, seu número permaneceu praticamente constante: cerca de 20 mil dos três milhões de ingleses de 1450; uma proporção que, certamente, se aproxima dos 10% na França. Quanto às pessoas das outras ordens, se a metade delas sabe ler, apenas uma minoria sabe escrever; o cronista Villani diz que, em 1370, 70% dos florentinos fazem parte dela, mas provavelmente é puro pedantismo de citadino arrogante. Deixemos de lado os mercadores e alguns príncipes um pouco mais civilizados, mas certamente é tudo antes de 1250. Grégoire de Tours afirma que o merovíngio Chilperico, por não conhecer as letras, pretendeu inventar outras, e Éginhard nos explica que Carlos Magno, a despeito de seus tenazes esforços, nunca conseguiu segurar a pena: Será culpa desse distante século VIII? Mas, em pleno século XI, o capetíngio Henrique I continua a usar uma cruz para autenticar uma ata. O que dizer então de seus contemporâneos que vivem no campo! No século XV, será necessário fabricar carimbos de madeira, untados de tinta, para permitir que os *condottieri* assinem os "soldos" de mercenários; italianos, no entanto, as pessoas mais finas da época.

Que falem, leiam ou escrevam, os homens e as mulheres desses tempos foram confrontados ao problema da expressão linguística. Esta vasta questão deve me reter por um momento. A língua do poder, da lei e da fé é o latim, mesmo ali onde nenhum soldado ou magistrado romano não colocara os pés, ou seja, mais da metade da Europa "cristã". Podemos admitir que em direção ao sul do continente, digamos abaixo da linha Loire-Danúbio, um latim degradado, mutilado e contaminado pelas expressões e pelos sotaques tenha mesmo assim conseguido formar a base de uma língua vernacular que abriu a porta e os ouvidos para a língua sagrada, mas não nas regiões "bárbaras" de francos, saxões, escandinavos e, em seguida, eslavos. Ademais, mesmo ali onde o "baixo latim" permanecia vagamente perceptível, o do ibérico não era o do galo-romano, o qual não era o do transalpino. Mas os clérigos que cercavam Carlos Magno, e provinham de diversas regiões, começaram a purificar a língua santa: ao consegui-lo, fizeram uma obra admirável, mas tornaram esse latim "puro" absolutamente inaudível ao homem comum, tanto na cidade, onde uma certa "elite" talvez pudesse compreendê-lo fosse como fosse, quanto na aldeia onde, no púlpito, o padre para se fazer compreender teve de rapidamente traduzi-lo para a língua vulgar. Relativamente fácil em regiões "latinas", a tarefa tornava-se infindável quando era necessário passar do latim carolíngio "aviltado" ao picto, ao bretão ou ao saxão. Entre 800 e 950, do norte ao sul da Europa, o refluxo agrupou o vernacular no campo da comunicação cotidiana, e o latim triunfante tornou-se apenas a língua dos doutos. Perguntamo-nos se em tais condições o código, a crônica, o poema ou o romance, redigidos em latim dos séculos IV ao XIII, tinham a mínima chance de ser percebidos ou acompanhados pelo homem comum – pelo homem comum desse tempo, certamente, mas também pelo nosso, uma vez que, na França por exemplo, ensina-se (ou se ensinava) às crianças que a "literatura" da Idade Média, antes de Joinville ou Villon, só tinha a oferecer três frases datando de um juramento de 842 em Estrasburgo, uma "cantilena" em honra de uma santa mulher no início do século XI e a *Chanson de Roland* pouco mais tarde. Dado que todo o resto, e por muito tempo ainda, era em latim, então não existia: não é lido, *non legitur*. Mas quando foi preciso redigir um contrato mercantil, medir um campo, designar uma ferramenta ou pronunciar uma sentença, foi então necessário se fazer compreender; desde então, a língua falada exigia seu lugar nos escritos em que é preciso evitar a contestação, o erro, o dolo. A partir do fim do século XI, nomes, palavras, fórmulas em língua comum se introduzem no interior do texto latino. Na Catalunha, na Provence, em Auvergne e, naturalmente, na Itália, isso foi fácil; mais ao norte, no século XII, ainda hesitam: dizem *gallice, quo vulgo dicitur*, seguidos do termo em língua vulgar. De forma que logo, e para simplificar as coisas, o texto todo será redigido em língua vulgar, em anglo-normando, em *oil*, em picardo, em loreno; na região de *oc*, usarão o *poitevin*, o gascão, o *toulousian*, o provençal. Esses textos destinam-se primeiro às pessoas das cidades porque lhes são necessários na vida cotidiana, ou à aristocracia que quer ouvir cantar as proezas a imitar. Depois de 1240 ou 1250, o passo será dado em toda parte. E se não podemos ouvir as vozes, podemos ao menos ler os escritos.

2.2.2 E o escrito

Em uma civilização do gesto e do verbo, a oralidade é, certamente, o suporte da comunicação e do conhecimento; mas o escrito conserva o poder mágico que as Sagradas Escrituras lhe conferiram. Beijar a Bíblia e depositar no túmulo o filactério que traz a invocação e a identidade do defunto não são apenas "sinais" da piedade; são uma marca de submissão ao poder da coisa escrita quando ela deve tocar o eterno: concepção mediterrânea, talvez, mas as runas escandinavas tinham certamente um mesmo valor. Na ausência das vozes, o historiador tem, portanto, textos de todas naturezas. São tão numerosos que, para o erudito, não passa de desejo de agradar a demonstração de grande tristeza pelo desaparecimento de tantos deles; na realidade, e falando honestamente, não consultamos ou utilizamos mais de um quarto daqueles que são conservados em nossos depósitos de arquivos. Somente na França, e não contando os textos jurídicos nem as obras literárias, nem os primeiros documentos notariais ou contábeis, isto é, limitando-se apenas às atas "da prática", sabem que possuímos em nossas coleções públicas, para o período que vai dos séculos IX ao XIV, mais de 5 mil cartulários, ou seja, coletâneas de cópias, cada uma com cerca de 200 peças, mais ou menos o mesmo tanto de documentos originais ou em cópias isoladas, ou seja, perto de um milhão e meio de textos? E esse volume será o triplo para os dois últimos séculos medievais. É claro que a repartição no tempo e, no mais, também no espaço é muito irregular, e os desaparecimentos se devem tanto à vontade dos contemporâneos quanto aos acidentes naturais ou humanos; foram descartados os documentos julgados inúteis ou sem valor duradouro, o que aumentou a massa preservada dos textos de natureza "jurídica". É justamente esta preocupação em selecionar e classificar que, no fim do século XI, marca o triunfo progressivo do escrito. Mas o testemunho desses textos é parcial e tendencioso, pois só mostram o mundo assim como os clérigos o viam; é uma restrição e uma mutilação que nunca devemos perder de vista.

A arte de escrever se aprende na escola; não é inata. É difícil, pois não é apenas segurar uma pena ou um cinzel; também é preciso possuir o conhecimento do latim, dos autores antigos, dos "filósofos", dos Padres, tudo o que é objeto da "gramática" e da "retórica" nas escolas e nos mosteiros. É preciso ser mestre das palavras, de seus diversos sentidos, de seus conteúdos opostos, o que abre à discussão e à persuasão. Toda uma técnica da *disputatio*, em grande parte de origem grega, deve fazer progredir a reflexão entre os doutos e a crença entre os fiéis. A "dialética" permite o estudo das ideias gerais, dos conceitos e dos "universais", como dizem na Idade Média: Deus, o bem, o mal, as virtudes, o dogma... É prodigiosa a contribuição medieval nesta expansão do pensamento. Infelizmente, temos certeza de que o viticultor ou o tecelão foram de alguma maneira implicados nela?

Se, em um primeiro momento, descarto o peso dos conhecimentos adquiridos pelo escrito é para examinar antes alguns problemas de natureza técnica, simples sobrevoo de questões práticas. Eis algumas delas. Quem escreve? Homens na quase totalidade; temos algumas assinaturas femininas, evidentemente, mas as poucas obras atribuídas às romancistas ou às poetisas, um punhado aliás, de Dhuoda no século XI a Christine de Pizan no XIV, não nos chegaram por suas mãos; além do mais, os *lais* de Marie de France provavelmente não são dela, e foi Abelardo quem, sem dúvida, escreveu as cartas de Heloísa. Nesses tempos, e ainda por muitos séculos, as mulheres têm a palavra, mas não a pena. Os homens que redigem são algumas vezes laicos, como os tabeliões italianos a partir do século VIII, ou os contabilistas mercadores e os escribas das cidades no século XIII, quando a economia exigiu a multiplicação dos escritos. A esmagadora maioria, no entanto, é composta de clérigos, são tarefeiros nas "oficialidades" – gabinetes de escrita episcopais –, capelães dos príncipes ou dos senhores, principalmente monges, dez ou vinte que trabalham na base do ditado nos *scriptoria*, os "escritórios" dos conventos para multiplicar as cópias de obras pias, com o evidente risco de desatenção ou de incompreensão que fazem florescer os erros para grande alegria de nossos meticulosos eruditos.

Os estarrecedores "progressos" atuais no massacre da língua – sílabas comidas, contração das palavras, exaltação das siglas incompreensíveis aos não iniciados –, tanto na fala quanto no escrito, nos impedem de criticar os procedimentos de abreviação sistemática dos escribas medievais. Essa prática conheceu um uso constante em certos tipos de textos, filosóficos ou científicos, ou em certos períodos, principalmente entre os séculos XI e XIII. Ela nunca recebeu uma explicação satisfatória: Preocupação de ir mais rápido? Economia de espaço? Natureza do instrumento gráfico? A discussão ainda existe, assim como para nossos usos modernos. Mas são compreensíveis as dificuldades suplementares ao ler um documento medieval: coloca diante de nossos contemporâneos alguns obstáculos consideráveis. Quanto ao próprio gesto gráfico, ele exige para ser decifrado técnicas muitas vezes árduas de leitura paleográfica. De fato, a história da escrita está bem dominada atualmente: privilegia o suporte ou a natureza do instrumento, e suas limitações; mas também o volume dos textos que devem ser redigidos, a importância do testemunho, o público a quem são dirigidos. Algumas "notas breves" de notário, algumas anotações de escrivães de justiça chegam a parecer "ilegíveis", como as qualifica o profano. Mas um diploma real, um contrato "partido", isto é, redigido em dois exemplares, ou um contrato de exploração agrícola serão cuidadosos, ou mesmo providos de filetes coloridos e de letras adornadas. E, naturalmente, tais observações valem para as obras literárias, jurídicas ou filosóficas cuja ornamentação também pode recorrer à miniatura, que exige o trabalho de um artista, e sustenta um amplo leque de nossos conhecimentos, espirituais e mais ainda materiais. Observaremos também que em determinados séculos, por uma questão de clareza, muitas vezes de origem real, ou de todo modo pública, o gesto retomou uma regularidade que nos encanta. O abandono das ligaduras e das abusivas deformações, herança quase direta dos grafismos da Antiguidade tardia e de sua epigrafia, a escrita sobre pedra, originou primeiramente a "uncial" dos séculos VI-VII, e depois especialmente a "carolina", proveniente da "Escola do Palácio" carolíngio dos tempos de Luís o Piedoso, e do fim do século IX; em seguida, entre 1150 e 1250, uma cursiva mais apressada, qualificada de "gótica primitiva" e, por fim, a "romana" da Itália, à qual a imprensa, por volta de 1500, a partir das prensas dos Manuce, conferiu a dignidade de um claro grafismo qualificado abusivamente de "humanístico", e que se tornou a nossa, sem séria resistência dos teclados do computador.

Se, antes de seu fim, os tempos medievais não marcaram de forma duradoura nossas maneiras de escrever, deixaram, no entanto, uma base capital da nossa cultura escrita. Em relação à tinta, a da China ou do Egito, direi apenas que era uma mistura aquosa de negro de fumo, cola e sulfato de ferro, com nuanças que só aos químicos interessam. E não muito mais sobre os instrumentos para escrever, ou seja, o cinzel sobre a pedra, o estilete sobre o tijolo mole ou a cera, o cálamo de madeira dura para o suporte vegetal, a pena de pássaro – de ganso de preferência – para a pele animal. O resultado são ligaduras, espessuras, grossas e finas, que interessam aos eruditos; e não é uma preocupação do homem comum. Em contrapartida, e é essencial, dois problemas merecem uma observação, e nos são tanto mais importantes por que nossos modernos procedimentos afetam fortemente seu longo uso.

O primeiro diz respeito ao suporte material do escrito. Eliminadas as inscrições lapidares ou a epigrafia tumular, os séculos medievais usaram suportes vegetais ou animais. Não conservamos, ou não descobrimos, traços de escrita sobre cascas, como as de bétula nos países eslavos, mas dispomos de plaquetas de madeira de diversas origens, principalmente de plátanos ou coníferas, untadas de cera para receber inscrições ou disposições de efeito imediato, cujo traço era em seguida apagado. Esse procedimento muito usado nos tempos antigos, foi por muito tempo julgado secundário nos anos medievais; mas, com base em alguns vestígios arqueológicos, perguntamo-nos hoje se essa prática, que evidentemente não deixou traços, não deveria ser posta na categoria dos nossos "rascunhos", "anotações de serviços" e "lembretes". Na Antiguidade, o suporte vegetal privilegiado era, como sabemos, o papiro, junco semiaquático e cujos talos, como os do sabugueiro, cortados, entrelaçados e colados, fornecem uma sólida trama semelhante à têxtil. Seu uso é atestado no Extremo Oriente e no Egito muito tempo antes de nossa era, e foi corriqueiro na Antiguidade mediterrânea. Embora muito maleável e resistente ao fogo, esse suporte de origem subtropical infelizmente não suporta muito o frio, a umidade e os roedores. De mais a mais, seu transporte para o Ocidente, quando o Islã passou a ser o senhor das margens meridionais do Mediterrâneo, tornou-se tão caro que foi preciso abandoná-lo no século VII; a Itália e a Cúria romana resistiram bem até meados do século XI, e depois o deixaram de lado. O estado lamentável dos farrapos "merovíngios" mostra bem esse fracasso. Conhecido na China antes de nossa era, o papel, cujo nome vem do papiro, tem os mesmos procedimentos de fabricação: consiste em uma pasta de algodão ou de serragem de madeira, maleável e até mais resistente aos caprichos do tempo, porém muito vulnerável ao fogo e bastante apreciado pelos ratos e vermes. Chegou ao Islã Ocidental, Sicília e Andaluzia já no século XI, mas só é encontrado em país cristão – e unicamente à base de madeira – em meados do século XII, no Roussillon e na Provence. Mas só no século XV ele aparece na prática cotidiana, e como suga muita tinta é relegado aos rascunhos e anotações, cujo texto é absorvido tanto de um lado como do outro. Essa terrível fragilidade do papel, como antes o exorbitante custo do papiro, garante o triunfo do suporte animal: o pergaminho, cujo nome vem provavelmente da região de Pérgamo, na Ásia Menor, já era conhecido e utilizado antes da queda de Roma. Trata-se de peles jovens, sem ranhuras e sem orifícios, ou de vitelo natimorto – o precioso "velo" –, ou geralmente de carneiro, finamente tosquiados. Imputrescível, não inflamável, resistente à água e aos roedores, reutilizável após raspagem, o único senão é sua estreita dependência em relação aos criadores e aos curtidores. Embora de acesso limitado, é objeto de um comércio ativo, sobretudo quando o escrito se desenvolve, o dos livros de salmos dos burgueses ou, nas escolas, a prática das "folhas soltas", as *peciae*, nas quais são anotadas as palavras do mestre; algumas feiras fazem dele o artigo preferido, como a do Lendit em frente de Saint-Denis, e para os estudantes da Universidade de Paris.

    Um segundo elemento bastaria para dar aos tempos medievais um lugar de destaque na história da cultura no Ocidente, e cujo fim, infelizmente, estamos percebendo. Esses séculos inventaram o livro, o *codex*, como dizem os doutos. Enquanto os usos antigos privilegiaram os textos em rolos – os *rotuli* presos a um bastão em cada extremidade e enrolados e desenrolados de acordo com as necessidades de leitura, a partir do século II de nossa era foi que surgiu a ideia de costurar em um dos lados as folhas separadas e mantê-las sob uma mesma capa. Mas, se o papiro não se prestava a esse tratamento, por causa de sua moleza natural, o pergaminho, ao contrário, permitia com esse procedimento uma leitura de várias passagens de um mesmo texto só com o uso de vários dedos, e sem precisar manipular o rolo para consegui-lo. Se a conservação dos *rotuli* era certamente mais fácil, a dos *codices* também passou a ser logo que as capas se tornaram mais robustas, às vezes de madeira, o que permitia sua disposição na vertical. Uma vez alcançado o objetivo, permitir uma consulta múltipla, a prática do rolo foi eliminada. Esta manipulação, de puro bom-senso, está desaparecendo, como se pode observar, ante os notáveis "progressos" representado pelas telas, que desenrolam o texto de forma contínua, mas sem deixar de recorrer a manobras complexas, o que é um surpreendente retorno aos usos abandonados por serem incômodos!

2.2.3 O que aprender?

Em uma sociedade ainda estreitamente apegada à natureza e às necessidades de sobrevivência que ela satisfaz, é claro que ninguém precisa conhecer a *Lógica* de Aristóteles, e nem saber ler; basta apenas dominar os gestos. Mas assim que o grupo se torna uma sociedade de homens, a primeira necessidade é se dotar de uma língua de trocas que todos compreendam; então o oral e o seu bom uso desde a tenra idade não exigem que seja lida ou escrita: a fala se encarregará de difundi-la e de repeti-la. Eis um nível de "cultura" que poderia bastar ao homem pobre. Mas quando se eleva à categoria de um grupo que vive em sociedade, impõem-se o número, para a vida de trocas, e o texto sagrado, para marcar uma crença; torna-se então necessário se confiar a um homem da arte ou recitar um texto aprendido de cor. Nestes dois casos, é indispensável a intervenção de um "especialista" com conhecimentos suficientes e que pode servir de "intermediário" entre o homem e a ciência, entre o crente e Deus. Esta observação, particularmente banal, tem o objetivo de identificar desde já duas restrições: de um lado, o "homem comum" não tem, em princípio, nenhuma necessidade de aprender e se confia aos que sabem; de outro, os que sabem são os ministros da divindade. Nesse tipo de sociedade, os clérigos, e só eles, são, portanto, os senhores do conhecimento, pelo menos na linha de frente. Dado que me ocupo sobretudo dos "pequenos", poderia parar por aqui. Mas esses clérigos têm também como missão incluir esses homens no caminho da salvação; é preciso, pois, que difundam para baixo o que adquiriram do alto. O que será feito pelo padre da aldeia, pelo capelão de castelo e pelo cônego na cidade: comentarão as epístolas ou o evangelho do dia, farão recitar alguns salmos de texto obscuro, ou mesmo incompreensível, mas que são os caminhos da fé, assim como as sutras do Corão o são para os "infiéis"; talvez expliquem as razões de uma decisão dos poderes locais, caso a tenham compreendido; ou então recordarão o costume do lugar. Na cidade, a audiência assim conquistada também poderá contar com a circulação de coletâneas leves e, se necessário, ilustradas, às quais o nome de "manuais" será dos mais apropriados, ainda assim estes só passarão entre as mãos de uma minoria de citadinos ou de senhores com acesso à leitura, em língua vernacular naturalmente. A partir do século XV, quando o nível cultural se elevar, bestiários e tratados de agricultura, como o *Fleta* anglo-normando ou o *Viandier de Taillevent* no século XIV, alcançarão mais do que a elite. O volume dos textos profanos de caráter didático aumenta nos últimos séculos medievais, quando a "cultura livresca" penetra na massa até então *illitterata*.

Essa "cultura", os doutos a adquiriram nas escolas, e voltarei a isso. Mas ela é quase que totalmente uma herança da Antiguidade. Constitui a base do saber que se espera de um "cidadão", de um homem livre aos olhos do direito, bastante afortunado para não ser obrigado a trabalhar com as mãos, e capaz de exercer, quando necessário, um papel cívico ou político (dois adjetivos que evocam a cidade); em suma, o que se espera de um "homem polido", como se dirá na idade "clássica". A preocupação com a regulamentação, que está na base da reflexão romana, havia introduzido no início da era cristã, por exemplo sob a influência dos *rhéteurs*, isto é, de advogados profissionais como Quintiliano no século I, a ideia de um ensino por disciplinas, por "artes", ou seja, por tipos de ofícios que teriam de usá-las. Este enquadramento ultrapassou os limites dos séculos romanos; foi recuperado na aurora dos tempos medievais, nos séculos V e VI, pelos conselheiros dos príncipes, como Boécio ou Cassiodoro, na Itália, e depois adotado pela Igreja e seus letrados como o fundamento técnico de toda reflexão sobre as Sagradas Escrituras ou o dogma. O acesso a ele será feito por três vias – o *trivium* – difíceis de dissociar, pois se apoiam uma na outra: a gramática, para dominar a língua sagrada; a retórica, para acumular e definir as noções jurídicas e morais; a dialética, para organizar um raciocínio e opor as respostas. A grade de reflexão e o sistema lógico de pensamento, tanto na época dos mestres gregos anteriores à nossa era quanto no momento em que se desenvolverá na Idade Média um ensino de alto nível, encontram-se assim fixados. Reunir os dados adquiridos é a *quaestio*; tirar deles um ensinamento é a *sententia*; submetê-la à crítica é a *disputatio*. Quer se trate das regras da vida cotidiana, de um problema de direito ou de moral ou até de uma noção abstrata, de fé, de dogma, este é o caminho seguido nas "escolas", a "escolástica". A Igreja apossou-se dele, ainda que temendo, por vezes até condenando, a etapa da *disputatio* pela qual os espíritos sutis lhe escapavam. Pois quando se trata de uma questão relativa à fé, à divindade ou, mais simplesmente, ao bem e ao mal, o risco de um desvio na boca do mestre que sustenta uma resposta poderia provocar erro e heresia no douto e em seus ouvintes. No mais, é aí que se coloca a principal contribuição da reflexão medieval na história do pensamento ocidental. E, sem entrar demais em um campo que excede minhas competências e minhas convicções, devo relembrar a importância de duas questões que eram debatidas nas escolas e na cátedra dos séculos XI ao XV.

Primeiro, e na forma que Anselmo du Bec lhe deu em 1100: "É preciso crer para compreender? Ou compreender para crer?" A primeira resposta só pode ser Deus: a reflexão ontológica está, portanto, na base da fé e engessa todo o ensino da Igreja dominante. Hesitar em responder, isto é, submeter à reflexão as "provas" da existência de Deus, significa se afastar do verdadeiro caminho, como o fez Abelardo um pouco mais tarde: *Sic et non*, "Sim e não". Foi só no século XIV que a contribuição, de origem anglo-saxônica, das virtudes da experimentação para iluminar o debate fará pouco a pouco pender para o "não". O segundo problema, decerto muito ligado ao precedente, destaca o peso e o gosto pelas palavras na sociedade medieval. Os "universais", ou seja, os conceitos que nos servem para designar um conjunto de noções ou de ideias, existem como tais? São coisas, "realidades", *realia*? Admitindo-o, se é então "realista", mas esse termo teria hoje muito mais uma recendência de ceticismo. Ou então não passam de palavras, *nomina*, noções intelectuais imaginadas pelo homem e nada mais? Admiti-lo é ser "nominalista". Enquanto se tratar de elementos propriamente humanos, como "mulher" ou "natureza", isso não passaria de um jogo de espírito. Quando a discussão é sobre noções mais morais – o bem, o mal, o belo, o verdadeiro –, surge um risco, porém modesto, pois não ataca a fé. E quando se trata de Deus? Ele é "real", não tem, pois, qualquer necessidade de demonstração a exemplo de um postulado? Ou é então uma criação do espírito humano? Os realistas invocarão Platão e a alma; os nominalistas seguirão o "primeiro" Aristóteles e a natureza. Em um dos campos, Agostinho e os Padres da Igreja, no outro, o muçulmano Averróis e as "categorias do "segundo" Aristóteles. Quando no século XIII chegou ao Ocidente, pelo intermédio dos pensadores "árabes", a totalidade da obra do mestre grego e suas contradições, esse mesmo pensamento foi o objeto de disputas. Para aproximar Aristóteles do pensamento cristão, Tomás de Aquino tentou um compromisso que cedia algum espaço à razão: o que lhe valeu ser condenado em 1277, depois canonizado em 1333 e, hoje, finalmente alçado ao topo da reverência de nossos filósofos, pois assim caminha o pensamento.

Se abordei longamente esses problemas quase de ordem metafísica foi para sublinhar a cegueira de tantos "modernos" perante os progressos do pensamento humano nesses séculos que qualificam de "góticos". Mas não sou tolo: nem o vinhateiro de Borgonha, nem o pastor dos Causses ou o tecelão de Flandres ouviram falar de Aristóteles, e quem sabe nem o padre da aldeia. Mas, por uma curiosa reviravolta que nossa época torna ainda mais sensível, é bem possível que toda uma parcela de conhecimentos desperte mais o interesse do homem comum de hoje do que o dos tempos antigos: são "ciências", como atualmente se diz por comodidade, todas essas disciplinas em que a alma não está envolvida, mas em que o homem de todos os dias poderia encontrar sua satisfação. Mas o *trivium* só pode lhes oferecer um vislumbre ideológico, e pelo qual a Igreja pouco se interessa. Melhor ainda, desconfia que tal vislumbre possa se tornar um antro da dúvida e da heresia. Seu ensino faz parte da escolástica: são os "quatro caminhos", o *quadrivirium*. Nesses tempos, no entanto, nenhum deles levou muito longe, ou melhor, eles não produziram senão glosas, isto é, comentários, ou então traduções, descrições sem visão de conjunto. Quase todas as "invenções" são o desenvolvimento ou, quando muito, a sistematização de descobertas antigas, o que, decerto, não é pouco, mas fazem pálida figura no "balanço" medieval: O que valem a verruma ou o costado trincado, diante da *Suma* de Santo Tomás? O *quadrivium* abre para campos dos quais já falei algo mais acima. Por exemplo a "música", que é o estudo da harmonia dos sons e das formas. Os monges, principalmente clunisianos, utilizaram muito as soluções dadas por Gui d'Arezzo, fixando nas pautas musicais do italiano as seis notas básicas, que no século XI e nos seguintes continuam a ser designadas pelas iniciais de cada versículo de um hino a São João. Afirmou-se que era preciso também ver na "música" a arte de governar os homens, mas como é difícil oferecer as provas! A aritmética e a geometria, que vêm a seguir, certamente permitiram as construções e as agrimensuras. Os cadernos de desenhos, como os de Villard de Honnecourt, no século XIII, no norte da França, mostram um domínio das regras da geometria; mas os erros na estimativa das distâncias ou nas perspectivas "cavaleiras", e também as hesitações dos arquitetos no cálculo das pressões e do peso das abóbodas erguidas no topo de muitos edifícios evidenciam que muitas vezes, na construção e na agrimensura, a experiência no canteiro de obras prevaleceu sobre o cálculo feito pelos responsáveis. Quanto à astronomia, constantemente ameaçada pelo temor de ser acusada de deslizar para a astrologia, limitar-se-á por muito tempo ao cômputo e à observação dos movimentos celestes, que são, no mais, negados por Aristóteles; só no século XV, com o afluxo dos manuscritos gregos e árabes, essa ciência será arrancada do simples psitacismo.

"Manuscritos gregos"? Sim, e até lidos no original quando se é um "humanista", como Salutati, antes de 1400. O conhecimento da língua em que foram redigidas tantas obras vindas da Antiguidade nunca se perdera; mas estava limitado a alguns conventos, àqueles que haviam mantido contato com o Oriente, ou então a alguns eruditos curiosos, como Scot Erigène nos tempos carolíngios. Mas era sobretudo o mundo dos mercadores que a conhecia, por necessidade profissional naturalmente. A tradução era feita com a intermediação de ibéricos, sicilianos e bizantinos. Já os outros a abandonavam, pois *graecum est: non legitur.* A Itália, como sempre mais aberta ao mundo, chegou a criar em meados do século XIV em Florença um ensino do grego, mas sem muito sucesso. Na mesma época, até espíritos finos, como Petrarca ou Boccaccio, só conheciam algumas palavras, embora professando uma viva admiração pela "língua dos deuses". Petrarca havia adquirido um Homero e o colocara sobre um atril no centro de sua casa, beijava-o todos os dias e convidava seus hóspedes a fazer o mesmo. Foi a decomposição dos últimos vestígios do império do Oriente, antes de 1453, que fez afluir para a Itália alguns eruditos ou colecionadores, despojando os turcos de seus tesouros. Alguns deles, como o Cardeal Bessarion, trouxeram até verdadeiras bibliotecas; pontífices, como Nicolau V, multiplicaram as oficinas de tradução, e a imprensa ofereceu em 1476 a primeira edição de uma gramática grega. Tendo se tornado acessível e até objeto de uma moda erudita depois de 1500, o grego revalorizado não deixou de ser um risco para a Igreja, pois se viu muitas vezes diante de antigas traduções incorretas que tiveram de ser retificadas. Ainda que, normalmente, eu rejeite o uso da palavra "Renascimento", que lança um injusto opróbio sobre os tempos anteriores, é preciso convir que o retorno do grego provocou um profundo choque, e mesmo para além dos limites do pequeno círculo dos "humanistas" profissionais: as Sagradas Escrituras não foram redigidas em latim, mas em aramaico, em hebreu e em grego, com sucessivas traduções; o que valiam então a Vulgata latina de São Jerônimo do século IV, os comentários de Santo Agostinho do século V, de Isidoro de Sevilha do século VI, de Gregório o Grande, do século VII, dado que esses eruditos, esses teólogos pensavam e escreviam a partir de traduções talvez duvidosas? Ao desconforto global dos fiéis no século XV somou-se a dúvida: podemos avançar que o acesso ao grego foi uma das raízes da reforma da Igreja.

2.2.4 E onde?

Todo homem é habitado pela legítima angústia de transmitir o fruto de seus esforços aqui na terra. Instruir aqueles que virão depois é, portanto, uma preocupação natural, que pode ser satisfeita ensinando-se aos filhos ou filhas gestos e receitas cotidianos. Esse é, evidentemente, o caso das sociedades "primitivas": é a parentela que ensina, e isso não exclui a inovação e o progresso. Mas quando, por exemplo, se introduz no grupo a ideia de uma divindade a servir ou quando a preocupação em acumular se instala no espírito, é preciso ir além e usar, por exemplo, números e letras; isso implica que, aqueles que ensinam, também os conheçam. Para as meninas, procriar e manter o fogo não exigiam que soubessem muito mais, e isso poderia bastar. Mas se o homem pretende cuidar dos assuntos de um grupo, se deve argumentar, vender ou comprar, precisará aprender, e fora de sua casa. O objetivo destas considerações banais é mostrar que, como um simples animal, o homem também poderia permanecer na "santa ignorância" a que São Bernardo o convida a se limitar para se consagrar inteiramente ao louvor de Deus. Mas se não quer ou não pode se contentar com essa "ociosidade", deve passar ao controle dos que sabem, e que nos tempos medievais são todos pertencentes à Igreja. É, portanto, a escola que se abre aos nossos olhos.

Os tempos antigos não conheciam nada de parecido. Os mestres, os mestres de retórica, *grammatici* ou sofistas, não obedeciam a nenhuma organização global; professavam sem espaço de estudo fixo, sem nenhum controle, segundo a demanda dos ricos que os pagavam para ter acesso a seus conhecimentos; isso limitava, evidentemente, sua audiência a uma elite. No fim dos tempos romanos, alguns deles eram até mesmo de estatuto servil; e por essa razão muitos deles ingressaram nos primeiros agrupamentos cristãos e ali dispensaram seu saber. Esta espécie de professorado livre, em grande parte profano e quase exclusivamente reservado às famílias mais abastadas, aparentava-se mais a um preceptorado laico. A despeito da desastrosa reputação intelectual da época "bárbara", temos a prova de que esse tipo de ensino subsistiu com certo brilho até o século VII na Gália, na Espanha e na Itália. A partir desse momento, no entanto, o contágio de um ensino que introduz dados propriamente cristãos abalou tais práticas. Com efeito, os mosteiros atraíram para si uma "clientela" de crianças ou até de adultos, em geral de proveniência aristocrática, e à qual se propunham ensinar, além das "artes" de que falei mais acima, os rudimentos do dogma. Irlandeses, anglo-saxões, mas também italianos, conquistaram pouco a pouco, e com o apoio da Igreja romana, a influência que antes pertencia aos gramáticos.

Foi na época carolíngia que se constituiu a cesura mais nítida. Por uma vez conforme à sua reputação quase hagiográfica, Carlos Magno realmente imprimiu sua marca na história do ensino na Europa; ou foi obra, em todo caso, do seu círculo de clérigos ingleses, italianos e espanhóis. Uma capitular, *admonitio generalis*, de 789 prescreveu a instalação de uma escola em cada paróquia para os súditos mais desmunidos com idade de sete a doze anos. Essa disposição, como a maioria daquelas imaginadas nesses tempos, certamente não foi acompanhada de reais efeitos práticos. Ela permanecerá, contudo, na raiz da lenda do imperador barbudo que elogia os alunos pobres e dóceis e fustiga os alunos ricos e preguiçosos; mas não nos deixemos enganar, pois a famosa "Escola do Palácio" nunca passou de um modesto círculo de conselheiros ociosos em que o príncipe não era o único a não saber escrever. Mas o efeito evidente dessas preocupações, mesmo tendo permanecido teóricas, foi o de passar definitivamente o ensino para as mãos da Igreja.

A história da escola, em um país como a França muito ligado à sua "cultura", é bastante conhecida e contento-me com um esboço para não cair logo na tradicional e beata admiração pelas universidades, esta "bela filha" da Idade Média. Primeiro, se fosse coerente com meu objetivo tantas vezes afirmado, ficaria por aqui. Como um fio condutor a ser seguido, é certo que o ensino destinado às crianças atravessou modestamente todos os séculos. As *petites écoles*, como se dirá no século XIX, continuam aí. Os meninos, de sete a doze ou catorze anos, são convidados a ouvir, ou ouvem realmente, o padre da paróquia; na cidade, este papel caberá a um *magister*, designado pelo oficial do bispo. Seis ou dez alunos são reunidos em um local especial onde lhes ensinam... não sabemos muito o que: a leitura, com certeza o cálculo, o canto, principalmente para os Salmos. O mestre é um clérigo, eventualmente um cônego; sua ciência é muitas vezes discutida pelos pais das crianças, de forma que se tem a impressão de que se trata mais de uma creche do que de um lugar de estudo: as crianças brigam, jogam bola ou dados, quebram suas tabuletas de estudo, mas normalmente apanham do mestre. Contudo, nos séculos XIV e XV esse tipo de propedêutica para a universidade foi reforçado pela adjunção das noções de saber necessárias, pelo menos na cidade, a um alargamento dos meios de conhecimento cotidianos; os "reitores" dessas escolas nos parecem então mais sábios e ouvidos com mais atenção. O balanço é derrisório? Talvez, principalmente se lhe adicionarmos uma inevitável repartição entre cidade e campo, entre ricos e pobres, entre meninos e meninas, estas últimas ignoradas por nossas fontes e provavelmente restritas aos rudimentos "domésticos". Pelo menos se divertem na escola, se acreditarmos naqueles que, como Guibert de Nogent, sofreram com um preceptor brutal e ignaro designado por uma mãe abusiva: da janela, Guibert suspirava ao ver os alunos da sua aldeia divertindo-se no pátio. Mas o essencial é que continua a correr um pequeno fio de saber profano durante o reinado da Igreja dominante.

Para além desses rudimentos, há o ensino sério, aquele dispensado pela Igreja e do qual saiu praticamente toda a "cultura" medieval. Distinguiremos duas grandes fases cronológicas e um corte em cada uma delas. A primeira cobre os séculos X, XI e o início do XII. Nesse período, o ensino é quase exclusivamente o dispensado pelos monges. Continua fechado em si mesmo; é muito mais obra dos beneditinos de Cluny, mais ávidos de investigações, do que dos de Cîteaux, adeptos de uma extrema modéstia do saber. Todos se instruíram pela leitura e pela crítica dos manuscritos que reuniram; e abrem seu *studium* aos outros religiosos, a alguns aristocratas curiosos, bem como aos "donatos" e aos "oblatos", meninos que eles acolhem para mais tarde fazer deles monges. Ensino de ricos e para ricos; mas formidável busca de textos e de comentários assim preservados da insignificância. O despertar das cidades no século XII fortaleceu, no entanto, a necessidade de instruir também os laicos cujos negócios exigiam alguma cultura profana. Os bispos e seus cônegos abriram então seus claustros a um ensino menos confidencial e religioso. Do choque entre essas duas "posições" nasceu o "Renascimento do século XII" que não é só livresco; foi também a valorização da *disputatio* diante da repetição mecânica do "realismo" à maneira de Santo Anselmo. Estas escolas urbanas começaram a se propagar em vez de se fechar: justificaram o acesso a uma hierarquia do saber e a uma possibilidade de também ensinar, de ter o direito de ensinar conferido pelo bispo, a *licencia docendi*. Dessa forma, Hugues de Saint-Victor e Pedro Lombardo deram às escolas de Paris um renome igual ao de Bolonha, onde, no mesmo momento, Graciano renovava o estudo do direito, o de Justiniano, o *Corpus juris civilis*. Alguns mestres estimavam, por vezes, que era preciso ir mais longe: por volta de 1120 ou 1130, Abelardo rompeu, até com certo estardalhaço, qualquer vínculo com esse ensino que julgava tímido.

Abre-se então uma segunda fase, a da história das universidades, este santíssimo lugar onde medievalistas profissionais e público esclarecido comungam com emoção. Tanta tinta e tanta saliva já foram gastas sobre essa majestosa "herança" medieval que trarei apenas alguns senões. A criação do que chamamos um *studium generale* é um fenômeno exclusivamente urbano: tanto pior para os quatro em cada cinco homens que vivem no campo e que provavelmente nunca ouviram falar sobre ele! Além do mais, ele não passa, afinal de contas, de uma forma de associação de ofício, como tantas outras existentes na cidade: a aproximação dos mestres e dos estudantes, o *universitas magistrorum et scholarium*, um forte agrupamento provido, como aliás é natural em toda parte, de sólidos estatutos e de uma rígida hierarquia. Contudo, sua originalidade vem do fato de depender unicamente do papa ou, a rigor, como na França, do rei; o que a faz escapar ao controle teórico da Igreja estabelecida e permite que seja aberta a todos. Os mestres só são pagos pelos seus alunos, a menos que sejam também monges. A metade, pelo menos, dos mestres e alunos que frequentam esses lugares é, portanto, laica: não pronunciaram qualquer voto. Ademais, as lições são dadas nas ruas, sem local fixo; os "colégios", que florescem graças aos mecenas – geralmente príncipes – que os criam, são apenas alojamentos para estudantes pobres, mesmo que às vezes ali se ensine, como no alojamento de Robert de Sorbon em Paris. Os estudantes que não conseguiram obter uma bolsa da família ou um "benefício" da Igreja, como a *chapellenie* de um risco burguês, vagueiam pelas ruas, e fazendo muita algazarra. Os ouvintes foram pouco a pouco organizados em função de sua "nação" de origem, ou mesmo da "faculdade", da natureza, dos seus estudos. Estas categorias resultam em um *cursus* ritmado por exames que estão longe de ter desaparecido: dos dezesseis aos vinte anos, o estudo das "artes", de que falei mais acima, e que é sancionado pelo grau de "bacharel" (Provavelmente uma palavra de gíria ibérica que queria dizer "mascador de biscoito"!); dois anos mais tarde, a *licencia*, mas que, segundo a disciplina escolhida, só tem valor de diploma prático uns seis anos depois, e que apenas 20% dos estudantes conseguem após exames meticulosos. E para a medicina e direito são ainda necessários mais alguns anos. Quanto à teologia, deve-se ter mais de trinta anos para poder ensiná-la.

É um belo edifício que entusiasma o historiador; na realidade, magma informe e em constante formação. É evidente que os resultados são brilhantes: uma abertura para o exterior, uma ilimitada fusão dos apetites juvenis; tudo é novo e louvável. Mas todas as formas de poder, quaisquer que sejam elas, só veem nisso elementos puramente negativos. Para o rei e sua polícia, o bispo e seus cônegos, o abade e seus monges, o papa e seus dogmas só existem desordens, bloqueios, desvios, concorrências e intermináveis querelas. Somos nós que veneramos a universidade medieval; não há eco dessa admiração entre os contemporâneos. No mais, a abertura de uma última fatia de tempo neste sobrevoo rudimentar mostrará isso sem rodeios: grande parte das instituições universitárias apareceu no fim do século XII e ao longo do século XIII. Por uma espécie de nacionalismo atrasado, lombardos, ingleses, catalães e parisienses se disputam a prioridade dessas criações – Bolonha? Paris? Oxford? Montpellier – entre 1195 e 1220; depois vinte outras em cem anos. Em Paris, de 5 a 8 mil estudantes e uma quinzena de colégios, uma centena de mestre laicos. Mas a fratura é imediata; a partir de 1230, em Paris, as ordens menores, os "mendicantes", pressentiram o perigo do conhecimento e do dogma para o controle da fé. Introduziram-se na universidade pelo alto, isto é, apoderando-se daquilo que era sua especialidade e sua superioridade: a teologia. Pouco a pouco inundaram todo o organismo universitário, contribuindo assim e rapidamente para desnaturar sua razão de ser, para fazer dela, desde o século XIV, a caixa de ressonância de suas próprias doutrinas. As universidades se multiplicaram então por toda a Europa, mas mutilando-se mutuamente; passaram à posição de instrumentos dos poderes locais, engessaram-se em um raciocínio argumentativo que aos poucos conferiu à palavra "escolástica" todo seu peso pejorativo. Quanto ao corpo de professores, que permanecia laico, este deslizou ao nível da casta hereditária em grande parte provida de bens materiais. Que não nos enganemos: os grandes espíritos desse tempo, Tomás de Aquino, Alberto o Grande, Buridan, Boaventura e tantos outros, são "universitários", mas primeiramente "irmãos mendicantes". E os doutores do século XV, Gerson ou Cauchon, este tão desprezado por outro assunto, em nada são espíritos de segunda ordem porque também eram universitários. Mas o tempo da universidade resplandecente não existe mais e durou, praticamente, um século. Doravante os espíritos curiosos buscam a ciência em outra parte: junto aos príncipes mecenas, em Florença, em Roma, em Paris. Academias são abertas para os ricos pensadores, para os "intelectuais" e não mais para os "professores". O tempo de Abelardo passou: eis o de Petrarca, de Ficino, e em breve o de Erasmo.

2.3 A expressão

Como afirma Littré: "exprimer" [expressar] significa fazer jorrar o que está dentro, pela força se necessário. A palavra "exteriorização", se não fosse tão feia, seria mais apropriada do que "expressão" para qualificar meu propósito de agora. O que o ser humano sente intimamente em seu corpo, o que imaginou, o que aprendeu, o que quer revelar aos outros e fazer com que compreendam, é praticamente tudo de que falei até aqui. Para alcançar esses objetivos, o homem dispõe de muitos caminhos: pode recorrer ao gesto, e encontrei os do ofício ou dos ritos; pode discorrer, ou mesmo gritar, usando todas as formas que a voz autoriza, em família, no mercado, na cátedra. É até uma fonte histórica de primeira ordem à qual recorri com frequência; com ela verdadeiros especialistas da palavra conquistaram um lugar privilegiado: os que reuniram os "pregoeiros de Paris", os que têm como missão propagar a voz de Deus, os que se dedicam à tarefa de sustentar os bons costumes e a moral corrente, como fazem os irmãos pregadores, dominicanos ou franciscanos. Com seus ritmos, o canto e a dança sustentarão as trocas, profanas ou não. Para nós, no entanto, ainda é difícil perceber todas essas manifestações "naturais" porque a Igreja, senhora do saber, teme os desvios da língua ou da atitude que elas poderiam provocar. Por isso conseguiu desacreditar ou, de todo modo, ocultar até nossos dias atitudes "populares" como as que os bandos de "Goliards" expressavam nas ruas, eco da alegria e da indisciplina da juventude estudantil (a origem da palavra é discutível, mas não é importante). Esses *juvenes*, esses *scolares* se opõem à ordem, à da Igreja, à da burguesia, com gritos, desfiles, cantos ou outros excessos que logo são taxados, e com alívio, de "anarquia".

Se, infelizmente, muitas dessas formas de expressão nos escapam, nossos manuais, em contrapartida, estão abarrotados daquelas que nos parecem as mais evidentes e que percebemos bem: o que foi escrito, o que foi construído e ornamentado, isto é, a literatura e a arte. E embora os "pequenos" que acompanho nunca tenham lido a crônica de Froissart, ou compreendido alguma coisa da mensagem do tímpano de Vézelay, devo examiná-las.

2.3.1 Quem escreve e o quê?

As respostas a estas duas questões de partida não têm o mesmo interesse. A primeira começa com uma lista de centenas de nomes e datas que devem ser classificados por séculos, por regiões, por categorias sociais, ou mesmo por assuntos tratados, ou seja, com uma "história da literatura". Imenso depósito! Só consigo varrer alguns cantos. O que me parece o mais próximo de meu ponto de observação não é uma nomenclatura de escritores inspirados: até o século XII, quase todos são homens da Igreja, escrevem em latim e, por essa razão, são inacessíveis à esmagadora maioria dos "iletrados". Já falei do recuo da língua santa, da irrupção das penas profanas e laicas. O que me importa não é o nome do "autor", mas procurar sua parte pessoal na obra que lhe é atribuída. Se é homem de Deus, às vezes banhando desde a infância no oceano das fontes sagradas, esta parte pessoal ou direta só será medida para além dos empréstimos, por vezes dos plágios que se permitiu; mas na época isso é uma questão de fontes de inspiração e de influências estrangeiras. Que em seguida tenha confiado a pena a um escriba profissional ou que ele próprio tenha redigido é secundário: é uma questão de pesquisa autográfica praticamente impossível e sempre decepcionante. Mas quando se trata de um laico, a dificuldade torna-se maior e a pesquisa essencial, sobretudo se esse "autor" nos forneceu um texto redigido em latim apesar de ignorar esta língua; e também, aliás, quando se trata de uma língua vernacular. Um exemplo, fácil de circunscrever: o *sire* de Joinville é o "autor" de um *Livro das santas palavras e dos bons feitos de nosso santo Rei Luís*, na realidade uma coletânea das lembranças pessoais do senescal da Champagne como confidente (diz ele) de São Luís, e antigo combatente da cruzada do Egito. A obra, redigida no intuito de contribuir para o dossiê de canonização do rei, foi apresentada em 1309, quando o autor já ultrapassara os oitenta anos; evoca, portanto, acontecimentos de meio século atrás. O problema não é investigar a validade das lembranças de um octogenário, ou a de um escrito redigido com fins hagiográficos, mas saber como esses relatos foram reunidos. Joinville sabia escrever; conservamos em uma ata de administração de uma de suas terras duas linhas escritas por ele, mas com extrema inabilidade. Ou seja, não segurou a pena em 1309; mas a vivacidade do relato, o estilo original e o picante das anedotas revelam um pensamento muito pessoal: Será que ditou? E, nesse caso, a partir do quê? Apenas de sua memória, de uma pesquisa, de anotações feitas ao longo dos anos? Se somarmos a relativa raridade dos manuscritos referentes à história do rei, só alguns poucos antes do século

XVI, podemos concluir que uma das mais célebres obras da literatura francesa medieval não foi recebida ou difundida nem mesmo entre as pessoas da corte e que, portanto, permaneceu desconhecida do "público".

O exemplo de Joinville é conhecido e por isso me atraiu; mas podemos estendê-lo à quase totalidade dos "autores" laicos. Eis uma seleção instrutiva: nos séculos XI e XII, Guilherme IX, Duque de Aquitânia, poeta truculento da língua de *oc*, ou Foulques, Conde de Anjou, amante de genealogias, no século XIII, a Condessa de Die ou Marie de France e seus "lais" (caso elas tenham existido), Guillaume le Maréchal e sua autobiografia, ou Chrétien de Troyes e seus romances, seguraram a pena? Certamente não; mas quem então se interpunha entre suas "obras" e o pergaminho no qual foram transcritas? Curiosamente, talvez esteja entre os humildes a maior probabilidade de encontrar autênticos autores-escritores, pois com frequência são levados a apresentar a si mesmos e a seus "percursos": assim fazem em geral os *troubadours* das canções em língua de *oc* em uma *razo* que antecede o poema; os *jeux* e os *dits* de Artois do século XII são de autores conhecidos que se nomeiam e se vangloriam: Adam de Halle ou Jean Bodin, que certamente não tinham recursos para pagar um escriba. Já em relação aos séculos XIV e XV nossa certeza é, claro, bem maior: são seguramente Froissart, o "Burguês de Paris" ou Villon que redigiram seus textos, que até escreveram no pergaminho. E como, naturalmente, não se destinavam à publicidade, os "diários", as "memórias", os "livros de razão" dos burgueses ou dos mercadores dos tempos finais da Idade Média não receberam de ninguém o cuidado de reunir essas lembranças pessoais.

É mais fácil e, no mais, mais enriquecedor iniciar pela segunda das questões apresentadas. O que essa gente escreve? O que leva a sobrevoar aquilo a que chamamos os "gêneros" literários. A resposta é muito clara: os dez séculos medievais nos deixaram testemunhos de todas as formas de expressão do pensamento ocidental, fruto das heranças greco-romana e celto-germânica com, é verdade, algumas nuanças aqui e acolá, e sobretudo duas exceções de que falarei a seguir. Primeiro, os tratados e as obras de piedade, dependentes em partes iguais da filosofia grega ou "árabe" e da fé cristã; seu eco e sua matéria bruta ainda nos impregnam. Em seguida, todas as formas de lembrança do passado – crônicas, anais, biografias – às vezes desde a origem do homem até o "fim dos tempos", cujo caminho já fora traçado pela Antiguidade mediterrânea; a Igreja dominava essas formas. Depois, como um prolongamento poético, epopeias guerreiras, "gestas" (a palavra quer dizer "proeza"), as sagas escandinavas, as canções germânicas dos *Niebelungen*, os "ciclos" carolíngios, todos se apoiando na classe dominante dos chefes de clã ou dos chefes de guerra; mas a Antiguidade não conhecera a *Ilíada* ou a *Eneida*? Por fim, todo o setor da poesia com suas diversas facetas (lírica, burlesca, moralizante, didática, satírica); dos relatos de viagem, das descrições de cidades ou de regiões, dos manuais técnicos, do teatro, enfim, ainda que bastante tardio. Tudo isso, mais ou menos intacto, ainda atrai nossas penas, e tanto mais, que alguns "gêneros" podem, mais do que outrora, tentar os homens de hoje que chamamos ou até supomos "letrados". Deixemos, portanto, este inventário um tanto quanto cansativo.

Mas eis algo novo, tanto mais interessante porque não pode invocar uma paternidade antiga e porque, em contrapartida, é hoje um dos mais cultivados. Primeiro, vivemos cercados por dicionários e enciclopédias, e pouco importam aqui os motivos dessa paixão. Mas a invenção é medieval: reunir tudo o que se sabe ou se espera saber. Talvez como uma atitude de defesa em um mundo que poderia desabar e cuja herança queriam reunir: e eis as *Etimologias* de Isidoro de Sevilha no século VI. Ou, ao contrário, como uma base de partida otimista para um futuro a iluminar: e eis o *Speculum* de Vincent de Beauvais ou os inúmeros *Miroirs* do século XIII. Nessas obras é pouca ou nenhuma a preocupação de consultar os dados reunidos de acordo com uma ordem alfabética das palavras ou das noções; talvez só as pequenas coletâneas ilustradas como os bestiários recorram a essa prática. Por outro lado, a Idade Média triunfou no campo dos quadros gerais, postos em versos ou não, e geralmente em língua vulgar: os vinte mil versos do *Roman de la Rose* e, sobretudo, a parte que é obra de Jean de Meung, no fim do século XIII, e os dez mil da *Divina comédia* de Dante, no início do século XIV, oferecem um quadro do mundo; e o número considerável dos manuscritos que chegaram até nós, várias centenas, parece atestar um sucesso que vai além de uma simples elite. Seria preciso pular os séculos "modernos", todos imbuídos de um "humanismo" em que o homem é tudo, para encontrar esse mesmo nível, e isso ocorrerá bem mais tarde com o "Iluminismo".

O romance é outro setor literário que nasceu nos tempos medievais. Para nós, é o exemplo típico da obra escrita: hoje, na França, são publicados mais de setecentos romances por ano. A Antiguidade bem que conhecera alguns contos com personagens, no tempo de Horácio ou de Ovídio, mas o "gênero" era, ao que parece, pouco apreciado. As primeiras "canções" em latim ou em vernacular que inauguram esta abordagem são do século XI e geralmente versificadas; *fabliaux* e "novelas" se multiplicam entre 1170 e 1230, como uma prova da aculturação do popular; entre meados do século XIII e o século XV há uma eclosão que vai do inglês Chaucer ao italiano Boccaccio, passando pelos autores de *Renart*, por Rutebeuf ou pelo *Aucassin et Nicolette*. O "romance", que na origem não é senão uma obra qualquer em língua românica, torna-se um escrito cujas características são constantes: uma anedota, alguns personagens elaborados, um tema profano e um esboço de sentimentos pessoais; a dimensão cristã, as virtudes heroicas se apagam diante de um realismo que mistura uma historieta cativante à vida cotidiana. Os contadores são profissionais, provavelmente clérigos, mas de modesta cultura assim como seu eventual público; são, para nós, em grande parte anônimos. Na origem de muitos desses romances, o gosto – mas nunca um real conhecimento – pela Antiguidade abriu um filão de aventuras extraordinárias entre as quais um estranho Alexandre o Grande, é o surpreendente herói; um outro será qualificado de "matéria da Bretanha", um magma céltico, escandinavo, saxônico, talvez ibérico, onde se agitam Artur e seus cavaleiros, Tristão e Siegfried, nos "ciclos" cujas reviravoltas ocupam o período de 1150-1350. Após essas datas, o gosto pelo conto penetrou na Itália e na Alemanha, mas a inspiração, submetida às condições diferentes de recepção, tem uma outra ressonância.

2.3.2 Para quem e por que escrevem?

Estas duas questões são o resultado do sobrevoo que precede, e é bastante artificial querer separá-las. À primeira, a resposta é necessariamente simplista se a ela não misturarmos os resultados da segunda, essenciais para o nosso propósito. Escrevem em função de seu público, quer se trate de instruí-los ou de distraí-los. Ao contrário de tantos autores mais tardios, sem contar nossa época em que isso é coisa comum, as pessoas da Idade Média só muito raramente seguram a pena para falar de si mesmas: Guibert de Nogent que fala continuamente de uma infância infeliz, Joinville inclinado a valorizar seu lugar e suas proezas, Abelardo que se confidencia em lamentações íntimas, Villon que se vangloria de uma vida de rapaz irresponsável são mesmo assim exceções. Os outros estão preocupados em narrar proezas guerreiras, diplomáticas ou apenas sexuais, em acumular exemplos, lições, receitas que eles querem que sejam usadas. Se são da Igreja, esperam convencer o fiel do poder divino; se são laicos, querem alimentar a *memoria* ou apenas divertir sem com isso obter qualquer benefício pessoal, e usarão tanto relatos heroicos como escritos escatológicos, pois é preciso prender a atenção do ouvinte, que varia ao longo do tempo. O historiador de hoje só consegue perceber alguns lampejos projetados pela vida social: por exemplo, o aumento do público citadino sustentará o gosto pelo teatro e também pelo conto mais ou menos lúbrico; o gradual isolamento da aristocracia em seus valores de classe será a base da expansão "cortês" ou épica; o desenvolvimento da curiosidade científica, alimentada pelas traduções do árabe ou pelos relatos dos viajantes, nutrirá a literatura de contestação; e a poesia com suas múltiplas facetas será evidentemente o reflexo do clima moral, ou muito simplesmente material, da época. Não temos muitas informações sobre a atitude dos leitores em relação às obras a que têm acesso; para julgá-la temos apenas o testemunho do número de exemplares desta ou daquela obra que chegou até nós – estimativa bem imperfeita, não tanto em razão das perdas, acidentais ou não, quanto da própria natureza do público em questão: aqui ricos guerreiros amantes das "gestas" ilustradas, ali homens "modestos" que passarão de mão em mão um "dito" escrito em um pergaminho de baixa qualidade. Há um único traço que caracteriza todos esses séculos tão diferentes dos nossos: a não existência de uma contraliteratura, aquela que ataca uma obra ou um autor em nome de supostos princípios vilipendiados; ou então ela só murmura nas "cartas" ou nos sermões – a Igreja pode, é verdade, ter apagado seus traços. De forma que temos a sensação de que o público não contesta nada da mensagem que lhe é proposta; a famosa doutrina da "traição dos clérigos" não existe na Idade Média; por isso, no final desses tempos, os doutos continuam a se dilacerar, em latim, em querelas inúteis, mas que não despertam nenhum interesse no homem das choupanas.

Mas é principalmente este homem que me importa, bem como o companheiro na cidade ou o mercador no cais. Em tais condições, a resposta é simples: o homem comum quer ouvir e até ler, se possível em sua língua cotidiana, as "moralidades", tudo o que o padre confirmará no púlpito, aquilo que poderá alimentar uma discussão doméstica ou o relato de um "contador". Na cidade, irá se divertir nos "jogos", nas "farsas", nos "mistérios" que serão representados diante dele, e dos quais participará; irá conhecer e aprovar os *fabliaux* e a poesia popular, que enaltecerão seu gosto pela sátira, pelo escabroso e pelas "belas histórias". Mas, a despeito de seu caráter comum, não é garantido que os diversos "ramos" do *Roman de Renart* tenham tido o sucesso que normalmente lhes é dado.

Virtudes morais ou guerreiras, amor sublimado ou delicado, sensibilidade cristã ou espírito de clã, ou seja, todo um setor da literatura medieval que aparece unicamente coberto e concebido por uma classe social, que é a única a experimentá-la ou mesmo a compreendê-la. Como para tantos outros setores da vida desses tempos, vemos que os olhos de nossos contemporâneos se arregalam diante da literatura "cortês", um adjetivo obscuro e, em geral, muito malcompreendido. Essa literatura coloca em cena apenas heróis, combatentes da fé, homens e mulheres de alta, de altíssima posição, e que se entregam a sutis combates sexuais, sobre os quais não paramos de discutir: Realidade ou ficção? Sedução ou machismo? Heroísmo ou hipocrisia? Essa literatura emana de profissionais apaixonados por símbolos e recheados de estereótipos; no fundo, continua bastante erudita e, normalmente, inspira-se no antigo, no folclore – principalmente céltico –, na história sagrada ou nas fantasias étnicas. No varejo, dará origem aos reis dos jogos de cartas: Davi, o salmista; Alexandre, o aventureiro; César, o dono do mundo; e Carlos, o rei dos reis. E não deixa de ser curiosa a ausência não só de Artur ("o urso", em grego *arctos*, é rei, mas dos animais) como de sua esquadra de buscadores do Graal, o cálice que recolheu o sangue de Cristo na cruz. Interessante campo onde desabrocha o imaginário dos poderosos; mas podemos realmente acreditar que esses personagens e suas extraordinárias disputas despertaram algum tipo de emoção em mais de um homem em cada dez? No mais, os da Igreja não demoraram muito para perceber satanás sob a armadura de Lancelot.

2.3.3 A parte do artista

Mas satanás está bem visível para além das canções corteses: estava esculpido nos tímpanos de Saint-Lazare d'Autun, na tentação e no juízo final, como em cem outros edifícios, pintado nos entrelaçados iniciais das *Moralia in Job*, nos afrescos de Asnières-sur-Vègre, em toda parte em imagens aterrorizadoras. Para se manifestar não precisava de qualquer discurso: era serpente, lobo, animal monstruoso, às vezes chama. O homem que assim o representara também expressava um sentimento: a arte é, portanto, uma das vias do conhecimento. Porém, ainda mais do que para o escrito que acabei de mencionar, não teria sentido citar intermináveis listas de monumentos ou obras pintadas ou esculpidas. O único interesse desse catálogo seria mostrar que, em suma, nos resta da época medieval uma massa por vezes ainda intacta de construções, de ornamentos pintados e esculpidos, de objetos vis ou suntuosos de madeira, de metal, de vidro, de marfim, de tecidos ou de pedra que é, no mínimo, mais de cem vezes superior ao total de todos os escritos sobre os quais tentei informar meus leitores. Essa mina prodigiosa foi objeto de inventários ainda hoje perfeitamente incompletos, mesmo nos países curiosos de sua cultura antiga como a França ou a Itália. Para complicar ainda mais o acesso a esse tesouro, destacaremos que muitas dessas obras, sobretudo as construídas, acumulam as alterações e as modificações dos sucessivos séculos, em função das necessidades do momento, ou simplesmente da moda. Enquanto um testemunho escrito aceita mal as modificações, exceto na forma de "glosas" adicionadas por um preocupado leitor, não há muitas igrejas ou castelos que não tenham sido objeto de adjunções, de transformações, de remodelagens e de mudanças de decoração em um período de mil anos. Admiramos as catedrais góticas do século XIII e as fortalezas do século XIV, mas nos esquecemos completamente que essas obras-primas sucederam a outras, sistematicamente destruídas: o gótico nasceu sobre as ruínas da arte românica, e esta última havia aniquilado a arte carolíngia. Quando, por um acaso surpreendente, essas fases sucessivas de construção ainda coexistem, como na Catedral de Beauvais, o efeito é fascinante.

Não nos dedicaremos, pois, a um estudo evolutivo de todas essas obras. São filhas das possibilidades do lugar e das necessidades do momento: a pedra muitas vezes substituiu a madeira não por causa de suas aptidões ignífugas, mas porque permitia, por exemplo, a edificação de estruturas arredondadas; nos castelos, as torres redondas substituíram as torres quadradas porque eliminavam os ângulos mortos em caso de ataque; a pedra lavrada suplantou a pedra seca, as camadas de tijolos e o *opus spicatum* quando foram redescobertas as técnicas romanas de cimentação e que a serra longa foi introduzida nas pedreiras; a pintura em afresco das paredes desapareceu quando se vulgarizou a pintura a óleo e sobre tela, mais apropriada aos novos gostos. As ferramentas agrícolas, o atrelamento dos cavalos, as máquinas de tecer ou de moer foram aperfeiçoadas pelo contato com as técnicas vindas do Mediterrâneo ou da Europa Central; quanto à miniatura, cujo valor tornou-se exorbitante quando foi necessário multiplicar os exemplares, principalmente os impressos, ela cedeu ante a gravura em madeira, e depois em cobre. Poderia dar muitos outros exemplos das modificações da técnica em todos os campos; mas basta acrescentar que todos esses "aperfeiçoamentos" têm um fundo social ou moral, às vezes até econômico: o crescimento demográfico na cidade derrubou as igrejas demasiado pequenas, a escolha dos lugares de novos castelos está ligada ao aparecimento da artilharia de cerco. E, nos últimos séculos medievais, foram a peste e a guerra que desencadearam essa corrente artística "macabra" em que a morte desempenha um papel furioso, como antes o culto da Virgem havia multiplicado natividades, crucificações ou assunções.

A arte medieval, em todas suas expressões, recobre mil anos. Em outras palavras, buscar seus traços "constantes" exige um estudo sem limites porque, como acabamos de ver, ela é filha de seu tempo. Mas se ainda assim vou realizá-lo, manterei em mente que nosso tempo e sua sensibilidade certamente não poderão nos dar as chaves da arte medieval sem alguma margem de erro. E ainda é preciso acrescentar que a construção como o ornamento são obras de especialistas para quem, como ainda hoje, a inspiração não é necessariamente o eco do sentimento ou das preferências populares. Ademais, não vemos como ou por que teriam consultado os camponeses de uma aldeia ou os companheiros de uma oficina antes de erguer ou de ornamentar uma igreja ou um castelo. Disse mais acima que os "construtores de catedrais" talvez fossem voluntários do carrinho de mão e que, principalmente na cidade, quando os burgueses avaliavam ter dado dinheiro suficiente para uma obra sem fim, recusavam-se a continuar os gastos e a obra ficava inacabada, como em Beauvais ou em Colônia; mas de todo modo contentes por terem tido tempo de construir toda ou parte de uma das torres da fachada, como em Sens, Strasbourg, Troyes, Amiens e tantas outras.

Isto posto, que é essencial no meu nível, parece claro que os mestres de obra, nos canteiros ou nas oficinas artesanais, e os monges miniaturistas, nos conventos, sofriam pressões muito mais espirituais do que materiais; são, certamente, o reflexo daquilo que tanto os pobres quanto os ricos pensavam e ouviam. Mas às vezes é fácil perceber o toque pessoal do artista mesmo quando um tema ou um plano foram encomendados; as máscaras e os grotescos das estalas e dos capitéis, os esboços satíricos de pena leve que se insinuam nas iniciais de um belo livro, o senso de humor que anima até alguns juízos finais como o de Autun são a prova de uma liberdade de execução e até, talvez, de uma intenção libertadora diante do "projeto" que pretendem assim ludibriar. Por conseguinte, torna-se difícil interpretar uma forma ou um tema de forma absoluta: tudo parece símbolo, isto é, quadro de pensamento simplificado; para nós, o único interesse será se perguntar se esses apelos ao subconsciente tinham alguma chance de ser captados pelos humildes. E posso enumerar mais de um desses apelos: em primeiro lugar, o recurso à luz, emblema da casa de Deus que entra assim no cotidiano; o princípio da verticalidade, emblema da regeneração do homem perante a horizontal do mal rastejante; a necessidade de uma centralidade, a das partes sagradas do edifício ou da ornamentação, o ponto de convergência das linhas em um desenho, crucificação, cruzamento de ogivas, figura de Cristo. As formas geométricas mais simples terão, sob este aspecto, um valor de significante simbólico. O quadrado, o da Jerusalém celeste, da *aula* real, do campo romano, será a imagem estabelecida de um mundo fechado. O círculo será o caminho seguido pelos astros no céu que, sem início nem fim, como na criação divina, é a imagem da perfeição. A espiral, ao contrário, sucessão de círculos contínuos que partem de um centro único, será como uma imagem do infinito. A cruz, por fim, bem mais do que um emblema de Cristo supliciado, será a imagem das quatro direções que dilaceram o homem, direções astronômicas e físicas mais ainda do que espirituais; a cruz posta em movimento sobre si mesma será o símbolo do mundo móvel, e era muito usada pela arte grega bem antes que, "gamada", como se diz, fosse emblema de regimes políticos que se pretendiam novos. Todos esses traços e muitos outros conservam aos olhos do historiador uma dimensão puramente teórica, mas rica de interesses inextricáveis. Embaixo, ali onde fervilha o mundo dos humildes, podemos esperar perceber um eco dessas especulações?

Ao longo do meu relato, poucos desenvolvimentos me deixaram tão insatisfeito quanto este que termina. Muitas vezes tive, e já me expliquei sobre isso, de simplificar ou descartar alguns objetos cujo estudo sério teria exigido desenvolvimentos que me distanciariam do meu ponto de observação: por exemplo, os setores da economia ou da hierarquia social. Desta vez, o sacrifício foi outro, ou pelo menos de outra natureza: não tive de rejeitar o que para mim talvez aparecesse como "fora do assunto", mas tive de talhar em uma massa sem limites; e neste oceano de nomes, de obras de filiações, pesquei alguns destroços. Desta vez, é o espaço que me teria faltado ainda que tivesse desejado dizer apenas o principal. Tenho decerto algumas lamentações, mas também me tranquilizo: sábios ou ignaros, atentos ou distraídos, de sentido fino ou de matéria grosseira, toda essa gente tem uma alma ou creem ter uma.

3
E a alma

Na descrição feita do Castelo de Ardres, erguido diante de seus olhos na aurora do século XII, o Cônego Lambert detalha os diversos níveis do edifício: sobre uma pequena elevação que sustenta todo o conjunto, encontra-se a torre de pedra, o nível mais próximo ao chão é reservado aos animais, à água, ao feno, aos víveres; acima, a cozinha, o celeiro, a área onde há uma lareira para os doentes ou as crianças pequenas; depois a sala onde se reúnem os homens em torno do senhor; no andar acima, os quartos, o da senhora fértil, núcleo da família do senhor, o dormitório dos meninos, os quartos das meninas; mais um andar com a guarnição que vigia as redondezas; por fim, bem no alto, o mais próximo de Deus, a capela, o "templo de Salomão". Os arqueólogos sempre se comovem diante deste desenho; mas pouco importa que esta descrição seja ou não pura obra da imaginação: para mim, que percorri todos os andares, eis-me diante da porta do oratório sagrado.

No frontão não está escrita a ameaça de Dante: "Deixai aqui toda esperança", mas a frase de um historiador de hoje: "A Idade Média nunca foi cristã". Este especialista da Igreja Católica do século XVI quer dizer, naturalmente, que "cristão" engloba os cânones da contrarreforma do Concílio de Trento. Esse Deus, no entanto, nós o encontramos em quase todas as páginas que precedem: que Ele seja ou não "cristão" à maneira tridentina é secundário; que se tenha visto nele uma única divindade em três pessoas, com uma maior predileção pelo Filho do que pelo Pai, não o é menos. O que, evidentemente, se exterioriza é que "Deus" é a forma suprema da superioridade do espírito sobre a matéria: chamemos esse Deus de cristão segundo o uso e a letra, mas só isso.

Seria demasiado simples se limitar a esta constatação: a Idade Média teria praticado um "deísmo" simplista, ou até grosseiro. Sem se consagrar demais ao discurso dos que têm como profissão dissecar o dogma e perseguir os rebeldes, o historiador desses tempos deve procurar afinar a pesquisa. Se o cristão medieval qualifica como "descrente" o muçulmano e como "deicida" o judeu, como resposta do primeiro ouve que ele é politeísta, e do segundo que ele é idólatra. No entanto, todos os três veneram Abraão e o Livro; ou seja, não são os dogmas que se opõem, mas as mentalidades. Eis pronunciada a palavra armadilha: Podemos esperar definir o que é uma "mentalidade"? E defini-la como "medieval" primeiro e como "cristã" em seguida? À primeira questão, poderemos dar uma resposta suficientemente ampla para abarcar tudo: para um homem como para um grupo, ela é uma maneira particular de sentir e de pensar em um quadro social preciso; nele entra o inconsciente, principalmente coletivo, uma bagagem de dados ou de usos, uma certa maneira de traduzi-los, mas nenhuma "razão". Quanto à segunda questão, a resposta parece pouco discutível: não há "uma" mentalidade medieval, pois em mil anos é evidente que os quadros sociais, culturais, espirituais se modularam; mas "várias" mentalidades sucessivas, ao longo das tensões de cada momento. É por isso que podemos dizer que as formas de representação ou de expressão dessas mentalidades só terão coerência se tomarmos o cuidado de iluminá-las a um só tempo sob suas faces gêmeas: cultural e social.

Uma terceira questão é mais difícil. Disseram que o homem era um "animal ideológico", isto é, submetido à pressão das ideias, atos e palavras que o perseguem. Mas a extrema debilidade de seus meios de defesa contra a natureza, e até contra si próprio, mergulha-o em um medo constante, de que já disse algumas palavras, e o conduz às redes da religiosidade. Será, portanto, na ideia de Deus que buscará refúgio, reconforto, submissão. Poderá se unir a Ele pelo espírito se sua aspiração for seguir o reconhecimento escrito da fé revelada, ou então pelo coração se puder mergulhar na meditação mística: a convicção de Abelardo está na primeira via, e a de São Bernardo na segunda; quanto aos ministros do culto, eles têm como tarefa reforçar esses apoios. Mas esse que eles invocam Deus invocado pode ser especificamente "cristão"? E como o concebem esses homens e mulheres da Idade Média, quando não são doutos?

3.1 O bem e o mal

É pouca minha inclinação, e menor ainda minha competência, para avançar com audácia no meio de querelas dogmáticas. Limitar-me-ei, portanto, em nível mais modesto, precisamente aquele onde permanecer o povo humilde medieval cujas motivações tento sondar. Discordo dele, todavia, em um ponto importante: considero o homem, e em todos os tempos, como um animal, certamente muito "evoluído", ou até "superior" se preferirem, mas uma criatura entre as outras. Mas essa visão "materialista" não tem qualquer sentido na Idade Média: o homem é a coroação da criação, mas "nem anjo nem animal"; tem em si um reflexo, uma *imago* do Ser Supremo: escapa, pois, a qualquer estudo racional. No entanto, ele próprio tem consciência de que a perfeição não é seu destino aqui na terra, quando muito uma promessa. O Criador o mergulhou em um oceano povoado de obstáculos, de tentações, de ilusões; decerto para pôr à prova suas forças, constrangê-lo a um esforço pessoal de aperfeiçoamento, conduzi-lo a se interrogar sobre si: "Conhece-te a ti mesmo", como já dizia Sócrates. Por isso antes de comparecer no fim dos tempos terá de escolher entre o bem e o mal.

3.1.1 Fim do dualismo

Aos olhos de todos os homens e do ponto de vista de seus interesses materiais, a natureza é animada – se a palavra não for demasiado forte – por movimentos dentre os quais uns são bons para as espécies vivas, mas outros não: temperatura, umidade, alterações do solo. Inútil perder tempo com essas evidências, a não ser para lembrar que qualquer sociedade julgada mais ou menos "primitiva" delas retira a ideia do bom e do mau para a sobrevivência das espécies, que quando elevadas ao nível do espírito conduzem, portanto, à ideia do que é o bem e do que é o mal. Mas tais forças escapam ao homem: vêm, pois, de um mundo superior, o dos "deuses", benevolentes ou coléricos. Do Egito antigo aos mundos escandinavos e passando pelas ações do panteão greco-romano, deuses bons e deuses maus se disputam o homem e o mundo, e até a vida e a morte. Quando esses ouropéis se rasgam, quando os homens se elevam à ideia de um poder superior único, torna-se evidente que esse mesmo poder está dilacerado entre duas formas de igual potência, que estão em constante luta e se disputam o controle da criatura. É essa a convicção de muitos crentes na Ásia Média ou Oriental, por exemplo na antiga Pérsia ou na Ásia

Menor nos séculos V e VI antes de nossa era. O deus único Ahura Mazdâ reúne as duas forças antagonistas, que só o fogo irá separar no fim dos tempos. Um profeta como Zaratustra (Zoroastro, como dizem os gregos) o estabeleceu como um dogma dualista na época dos soberanos aquemênidas, nos séculos IV e III a.C. Diversas variantes desta visão escatológica se mantiveram solidamente nessas regiões até o século III da era cristã, quando o "Profeta" Manés deu-lhe um segundo fôlego e o nome "maniqueísmo".

Essa divisão de Deus, esse eventual triunfo de lúcifer sobre Javé, rejeitado pelos judeus, era evidentemente inaceitável para os cristãos. A dualidade entre o Pai e Ele mesmo encarnado em Jesus não constituía de forma nenhuma uma dualidade, e muito menos um dualismo, dado que Deus é o próprio espírito do bem. No mais, nenhuma alusão evoca este problema nos evangelhos. Como sempre, foi São Paulo quem primeiro denunciou o que não era uma "heresia", mas uma negação da unicidade divina. Além disso, era na mesma época encorajado a essa denúncia por causa do perigoso vigor do culto de Mitra, que oferecia algumas semelhanças com a mensagem de Cristo, atraía muitos adeptos e fora até bem-acolhido em Roma. E na mesma época se desenvolviam nas comunidades cristãs eruditas algumas querelas dogmáticas sobre a natureza do Filho em relação ao Pai, que também não deixavam de ter alguma repercussão entre as elites "bárbaras" recentemente convertidas à fé cristã. Mesmo com reais riscos de cismas internos, foi preciso decidir: uma série de concílios gerais, entre 325 e 471, isto é, quando ainda subsistia a ficção de um império unificado, condenou essas doutrinas e, principalmente, o dualismo. As sequelas das interpretações sobre a filiação crística desapareceram no Ocidente no século VII, quando as populações adeptas da hipótese ariana se submeteram ao dogma romano, e isso no mesmo momento em que, no Oriente, o Islã absorvia em seu seio o que ainda podia testemunhá-la.

Inútil dizer que não houve uma exagerada preocupação por parte do conjunto das populações cristãs do Extremo Ocidente com as contorções dos padres conciliares. No entanto, ao regressar da cruzada no fim do século XI e nas primeiras décadas do XII, vários senhores afirmaram ter encontrado entre os "bugres", os búlgaros, cujo território atravessavam, estranhos "cristãos" que acreditavam nas duas faces de Deus; eles os chamavam *bogomilos*, mesmo sem nada saber sobre a origem deste nome. Pouco mais tarde, por volta de 1140 ou 1160, São Bernardo, o infatigável defensor do dogma romano, denunciou a presença deles no Vale do Reno. E eis que cheguei a um dos mais sólidos chavões da história medieval, e que continua a fazer muito sucesso nas bibliotecas populares: os cátaros. Duas observações prévias e de interesse desigual. A primeira é de ordem linguística: a palavra "cátaro" – "puro" em grego – não tem nenhum conteúdo específico, não foi usada antes do século XIII quando é facilmente associada a "valdense" – um simples desvio disciplinar do qual direi umas palavras – ou a "bugres" – por causa dos *bogomilos* – ou ainda a "albigenses" – que é uma excessiva extrapolação do papel desempenhado por essa região no conflito armado que se desencadeou – e até a "patarinos" – que é um movimento de revolta social milanês sem relação com o catarismo. No próprio interior desse grupo, os títulos de "homens bons" ou de "perfeitos" dados aos líderes não têm um sentido religioso particular. O segundo problema vem de uma retificação que a leitura de quase toda a literatura consagrada a esta questão torna indispensável: uma "heresia" é uma escolha – este é o sentido da palavra – perante uma decisão dogmática ou disciplinar que se contesta; é uma fratura no próprio corpo da Igreja. Eram bastante comuns no Oriente bizantino, talvez porque ali a atividade do pensamento religioso era mais vibrante e diversa do que no Ocidente. Elas também ocorreram no Ocidente – direi algumas palavras sobre isso –, mas permaneceram muito pessoais, sem real audiência e de curta duração. Mas o catarismo não é uma "heresia": é uma outra crença, fundamentalmente anticristã, portanto inadmissível; quanto a isso a Igreja não se enganou em sua fúria para destruí-lo. O dualismo dos cátaros opunha, com efeito, a alma dominada por Deus e a matéria dominada pelo mal. E tudo o que dizia respeito à matéria, o sexo, a carne, o sangue, era símbolo do diabo: sem carne, sem ato sexual, sem violências. Mas então Deus, que é alma, não pode se fazer carne em Jesus: a Encarnação é, pois, uma armadilha de satanás, e Cristo um impostor ou o espírito do mal. Não é mais uma heresia, é uma negação.

O episódio cátaro levanta duas questões. A primeira foi amplamente estudada, e nossas fontes, entre as quais muitas são cátaras, não deixam nenhuma dúvida. Vistos ao longo do Reno, na Lombardia, na Catalunha, depois densamente do médio Garonne até a Provence, os agrupamentos cátaros estão solidamente organizados por volta de 1150-1170, sem que se saiba muito sobre as etapas dessa instalação: pregações eficazes, realização de "concílios", rodadas de discussões com dignitários católicos, organização de uma espécie de Igreja. Por volta de 1200, o perigo parecia bastante claro para que Roma se inquietasse; o rei da França – Filipe Augusto – nada diz, e parece só esperar a oportunidade para se introduzir no Sul; foi o Papa Inocente III, depois do assassinato de um legado, que tomou o caso em mãos. O que aconteceu depois é conhecido: um forte ataque dos barões do norte da França, abençoado pelo papa como uma "cruzada" – e é de fato uma –, com massacres provavelmente abomináveis, batalhas, saques e destruições; depois o rei também se envolveu, e por sua vez dirigiu-se até a região de *oc* e ali se instalou. O conflito durou vinte anos, de 1209 a 1229; alguns pontos fortes aguentarão firme até por volta de 1250 ou 1260, e muito tempo depois ainda se defenderá os cátaros aqui e ali. Os dois resultados essenciais e imediatos saltam aos olhos: para evitar o regresso do mal, a Igreja criou um corpo de investigadores, de "inquisidores" da fé, a função foi dada aos doutores irmãos de São Domingos; e o rei da França chegou ao Mediterrâneo.

O problema, porém, tem uma outra face. Por que e como tal doutrina, afinal de contas de um rigor excepcional – como se deixar morrer de fome para não tocar um alimento –, conseguiu se implantar, e de forma brutal, nessa região ensolarada e de trovadores? Nenhuma explicação é realmente satisfatória. Sórdida degradação dos costumes do clero local? Não era só ali. Pregação de apóstolos búlgaros? Nenhum vestígio sério. Velho fundo dualista basco ou catalão? Mas por que nesse momento, e é simples hipótese. Não há também líder profético, nem provocador vindo do Norte; talvez fosse então necessário procurar nesta última via. A brutalidade dos homens de guerra vindos do Norte é suficiente para mostrar que o espírito da cupidez os lançava ao assalto de terras mais ricas e menos povoadas do que as suas; o rei deixou acontecer – mas não os teria incitado a isso? Por seu lado, a gente do Sul não escondia seu desprezo pela do Norte, nem seu espírito independente: Seria então um acerto de contas que ainda ressoa no subconsciente occitano? Outra hipótese: ao misturar condes, senhores, artesões e camponeses em um mesmo movimento, os cátaros adotavam, em relação à imperiosa obrigação das "ordens", uma atitude mais ou menos revolucionária que era preciso castigar, pelo menos aos olhos da Igreja; mas seria esta uma causa ou um efeito?

São estas obscuridades que nos impedem de situar o episódio cátaro dos séculos XII e XIII. Tentei pelo menos despojá-lo dos andrajos, principalmente regionalistas, com os quais, na falta de melhor, o cobrem, e que alguns nostálgicos ainda veneram. Quanto à própria ideia da dupla face do Ser Supremo, ela foi furiosamente escorraçada pelos frades dominicanos, os "pregadores", senhores desde 1235 dos poderes de perseguir e de julgar. Mas convém não confundir os "inquisidores" do século XIII com seus ferozes sucessores do século XVI. Ainda que qualquer tribunal reunido para julgar uma causa previamente condenada conduza com frequência à fogueira ou à prisão perpétua e não à multa ou ao perdão, os juízes desses tempos, como Bernard Gui, o mestre deles, mesmo não sendo dóceis cordeiros, mostraram uma fineza de apreciação que os manteve na moderação. Quanto ao povo, ele permaneceu chocado pelos ecos do conflito: sem examinar sua realidade, a qualificação de "satanismo", com que os cátaros foram acusados e com que foram perseguidos em qualquer ocasião e por qualquer coisa os desviantes ou as seitas, fundava-se na lembrança da "cruzada dos albigenses". Foi uma das acusações feitas contra os templários durante seu processo no início do século XIV.

3.1.2 A virtude e a tentação

Assim como outras, emprego a palavra "Igreja" a todo momento no quadro que traço desses tempos; infelizmente está cheia de contradições, uma vez que engloba ao mesmo tempo a estrutura hierárquica, que recobre o dogma cristão e guia ou vigia o fiel em sua passagem pela terra, e o conjunto desses fiéis, a *ecclesia* em seu sentido grego de "assembleia", que abrange mais do que os ministros de Deus. Tomada nesta acepção, que aliás é a da época, a Igreja medieval é a organização social em seu conjunto, a expressão dominante dos batizados, a base de toda representação. O que a domina não é, pois, o papa, nem um bispo, nem monges, mas a ideia de uma coerência espiritual entre todos, e para além de quaisquer contradições ou nuanças "religiosas". Essa coerência apoia-se na virtude, isto é, na coragem, no mérito, na energia, física ou moral, que, segundo os antigos, distinguiam o homem do animal. Esse esforço no sentido do interesse do bem comum deve ser espontâneo e não precisa de nenhum código. No entanto, os doutos desses séculos se esforçaram para enquadrá-lo segundo um espírito de sistema que é uma das marcas da "cultura" ocidental. Falei mais acima dessas sete "virtudes", tão frequentemente simbolizadas por efígies, e que são as vias da perfeição para todo homem, cristão ou não: as três virtudes com uma dimensão moral – fé, esperança e caridade – e as quatro com uma dimensão mais "humana" – prudência, justiça, força e temperança – assim como falava Tomás de Aquino em meados do século XIII. Em sua preocupação de manter o controle do rebanho dos batizados, a Igreja – e neste caso na forma de um corpo organizado – multiplicou as incitações para servir, mesmo com algum esforço, essa marcha para o ideal. Foi por isso que durante muito tempo marginalizou a questão da graça concedida por Deus ao fiel para ajudá-lo a fazer o bem, e para que não se introduzisse uma discriminação entre aqueles que teriam recebido esse dom e os outros, relegados ao nível apenas das "obras". É conhecida a importância dada no século XVI a essas questões durante a Reforma.

Em contrapartida, a Igreja logo se deu conta de que a prática dessas virtudes é necessariamente modulável em função dos "estados" da sociedade. Para além da repartição desta última nas três "ordens" desejadas por Deus e de que tantas vezes falei, os pregadores mostraram-se muito abertos às apreciações, por assim dizer, "sociais". Foi talvez na virtude da caridade que essa flexibilidade se manifestou mais claramente: a compreensão, mesmo a indulgência, em relação ao próximo, que nos parecerá a forma mais evoluída da caridade, não é nesses tempos a face mais valorizada dessa virtude; ou melhor, ela toma um aspecto mais comedido, o da ajuda aos necessitados. A atividade hospitalar, sob a égide monástica ou episcopal, certamente existe desde os primeiros séculos cristãos, e aumentará no momento das crises epidêmicas ou econômicas dos séculos XIV e XV, mas se assemelhará mais ao asilo e ao refúgio, muitas vezes provisórios e desprovidos de qualquer assistência terapêutica. Um gesto como o de São Luís, criar uma casa destinada a cuidar de trezentos cegos necessitados (os *quinze vingts*), permanece uma exceção. Esta forma de caridade bastante rudimentar e, de certa forma, superficial não provém daquilo que chamaríamos uma "frieza de coração", mas do encontro de duas concepções antinômicas. Em primeiro lugar foi Deus quem desejou atormentar o cego, o inválido ou o pobre. Só o clero buscará voluntariamente essas desgraças, no sentido pleno da palavra, e delas extrairá a pureza exigida por seu "estado"; os outros padecem e não devem esperar assistência espontânea. No século XIV, quando as debilidades do sistema econômico senhorial multiplicarem os "novos pobres", a presunção de ser "mau pobre" irá até os limites do descaminho voluntário, portanto da heresia. Uma seleção mais rigorosa afastará dos hospitais os que não fazem parte da cidade, ou os homens suficientemente saudáveis para serem enviados a um canteiro de obra qualquer. A segunda concepção contém uma correção, mas é também discutível: possuir um conforto material aqui na terra parece legítimo; a questão da "pobreza" de Cristo dilacerou a Igreja no início do século XIV. Fiéis à lição de seu mestre Francisco de Assis e ante a evidente e escandalosa riqueza de uma Igreja que cede sob o peso dos legados e das doações, os "frades menores" defendem a renúncia de todos os bens aos pobres. Mas esse ato de caridade "pura" chocava; eram muitos os cristãos para quem Jesus havia sido proprietário, ou que se felicitavam pelas pilhagens dos cruzados nas terras dos infiéis. Sendo o excesso de riqueza uma poderosa fonte de alimento para alguns dos pecados capitais, é preciso, portanto, dar e fazê-lo na forma de uma esmola voluntária. Tema clássico de pregação para uma Igreja que logo compreendeu que era possível persuadir o fiel de que dar à Igreja era dar a Deus ou aos pobres, garantindo assim uma "indulgência" na hora do juízo final. A doação que o rico fará por ocasião de uma festa, de uma boa colheita ou, simplesmente, quando a morte se aproximar, torna-se então, entre aqueles que podem, uma espécie de "dever de condição", de obrigação social: talvez o coração participe desse gesto, mas como complemento. De forma que a caridade, em seus dois sentidos, corre o risco de não passar da modesta esmola de um fiel também modesto. Infelizmente para o historiador, essas caridades reais não receberam a honra de serem postas por escrito.

Para mim, este longo esboço sobre uma das virtudes cardeais mais necessárias à vida espiritual dos homens poderia ser repetido para as outras, e creio que a conclusão seria a mesma: embora guardiã das vias da salvação, a Igreja não é um Cérbero cristão. Distingue perfeitamente os módulos e os limites da virtude segundo as "ordens" que traduzem a vontade de Deus, e as "condições" que provêm da vontade dos homens. Sendo assim, os clérigos, monges e seculares, qualificados de "rentistas da oração", devem dar o exemplo perante alguns laicos sabidamente inevitáveis pecadores. Toda uma estrutura hierarquizada e fechada contribui para desempenhar o papel de fortaleza da virtude, refúgio e cidadela. Esta é certamente a razão pela qual a Igreja se dotou, por vezes desde os primeiros séculos de sua existência e com certa dificuldade, de um estatuto excepcional: o "foro" eclesiástico, que coloca seus membros ou seus bens "fora" (*foris*) do controle laico. Esse privilégio não tem só um objetivo de autodefesa; é também a marca de uma especificidade moral, e constitui uma verdadeira heresia denunciar o seu abuso, como tentaram, sobretudo nos séculos XIV e XV, vários clérigos indignados ao ver essa exceção cobrir os exageros da riqueza ou do laxismo.

As outras ordens escapam, com efeito, a essa rigorosa disciplina da virtude. Dos guerreiros pode-se temer os excessos do "parecer", o apetite das honrarias, a indomável força dos interesses clânicos, mas será mais fácil lhes perdoar esses desvios se permanecerem fiéis ao seu dever de condição: defender e combater. A terceira ordem resgatará a si própria pelas "virtudes" do trabalho, a partir do momento em que este último saiu do opróbio que antes o estigmatizava. Já a salvação dos mercadores será a mais difícil de preparar: senhores do tempo e do número, atributos que deveriam ser só de Deus, levando uma vida equívoca e suspeita e animados pela preocupação de realizar por si próprios sua salvação, eles são normalmente suspeitos de agir em nome do diabo, e com frequência a Igreja repugna a lhes dar sua confiança e sua caridade. Em 1198, a canonização de um mercador de Cremona, e de quem só conhecemos o apelido de "bravo homem" (*homo bonus*) causou um grande efeito, mas não se repetiu.

Mesmo que para o fiel que leva uma existência "comum" seja difícil manter-se longe das tradicionais tentações e armadilhas estendidas por satanás, a lista dos passos dados em falso no caminho da salvação logo tomará o aspecto de um simples quadro das fraquezas do homem, que o acompanham desde pelo menos o fim dessas "idades de ouro" imaginadas pela sabedoria antiga. Duas dessas tentações merecem, no entanto, ser enfatizadas nesses tempos medievais, porque se revelaram aos pensadores desses séculos as mais difíceis de controlar. A primeira é a tentação de pensar fora da lei ditada por Deus ou, pelo menos, enunciada em seu nome por seus ministros. Falou-se de "nascimento do espírito laico" no fim do século XIII, e a expressão foi julgada excessiva. Com certeza, a noção da liberdade de pensar fora do quadro imposto, e ainda mais a do livre-arbítrio, não parecem ter desabrochado antes dos tempos do Pré-renascimento e da Pré-reforma. Tomás de Aquino, Guillaume d'Ockham e Jean Buridan, para citar só três potentes pensadores de entre 1250 e 1350, defendem e valorizam o pensamento individual e a acuidade do olhar sobre a criação; e Jean de Meung, ou até Dante, na mesma época, denunciam a hipocrisia de uma sociedade sufocada pela Igreja; mas nenhum deles escapa à ideia de uma estreita dependência em relação ao Criador. A ameaça do "humanismo" como rival do pensamento revelado e indiscutível só se faz sentir no fim dos tempos medievais, cujo fim podemos estimar a partir desse fato. Mas tomou primeiro as características de uma rejeição global, quase de um misticismo negativo: os "irmãos do livre-espírito" que podem ser vistos no noroeste da Europa na aurora do século XVI são considerados muito mais como piedosos, como místicos muito piedosos. Com efeito, seu distanciamento do seio da Igreja não é assimilado a uma heresia, a uma ruptura, porque a ação deles é raramente militante e não assusta a hierarquia.

Por outro lado, dá-se o inverso com os movimentos de revolta antieclesiais, sistematicamente denunciados, perseguidos, exterminados, pois atacavam os excessos da dominação clerical ou as fragilidades da hierarquia estabelecida. Aos nossos olhos, no entanto, esses movimentos parecem muito menos ameaçadores para a Igreja do que a rejeição dogmática dos cátaros ou o abalo interno da fé. Nesses movimentos de contestação, por vezes absolutamente radicais, o que inquietava a hierarquia era a repercussão "popular" de muitos deles, o indiscutível alcance das recriminações feitas à falsa virtude dos clérigos, à sua riqueza contrária à pobreza de Cristo, e também à sua pretensão de se envolver nos problemas a que eram manifestamente incapazes de dar uma resposta, como as condições do casamento, as heranças ou até mesmo o trabalho "mecânico". É extensa a lista dessas sublevações. Como a repressão seguia na forma de um acordo mais ou menos confessado entre as duas primeiras ordens a fim de chamar a terceira à obediência, o historiador descobre facilmente a dimensão "social" desses movimentos. Mas vou passar ao largo deste aspecto rudimentar das "lutas de classe"; o caráter geralmente "camponês" dessas "fúrias" mereceria, no entanto, um pouco de minha atenção. Elas emanam de todas as regiões da Europa Ocidental e sob as diversas máscaras de todos os séculos: Normandia no século X; Lombardia, Champagne, Picardia, Flandres, margens do Reno no século XI; Catalunha, Alemanha, Vale do Loire e Lyonnais no século XII; Itália e Languedoc no século XIII. Ora a Igreja conseguiu recuperar uma parte dessas forças liberadas, como nas cidades da Itália do século XI; ora fechou os olhos às tentativas de difícil condenação, como as de Robert d'Arbrissel no século XI ou de Francisco de Assis no século XIII; algumas delas a fizeram refletir porque, com a condição de se manter sob um controle superior, a pretensão era justa, como a de Pierre de Bruys, que em meados do século XII pedia uma leitura literal das Escrituras, ou a de Pierre Valdès que, no mesmo momento, pregava a reconstituição das comunidades cristãs primitivas. Mas depois de 1300 ou 1320, e do intratável pontificado de João XXII em Avignon, a repressão tornou-se tanto mais dramática porque os rebeldes, sistematicamente qualificados de "valdenses" (do nome de Valdès), começaram a atacar, a crise econômica ajudando, todo o edifício hierárquico da Igreja. Ao mergulhar na anarquia de um cisma pontifical que durou três quartos de século, a própria Igreja abriu o caminho para o triunfo póstumo dos "hereges".

Lançar-se na rebelião antieclesial podia ter como origem uma tentação em que o orgulho teria ocupado o lugar principal. Mas, afinal de contas, a Igreja estava armada – e deixou isso bem claro – para manter as rédeas do controle do rebanho e restabelecer o sentido da virtude. E o que podia contra a força da outra metade da humanidade batizada: as mulheres? Como disse antes, tentei por várias vezes circunscrever o lugar, o papel e o poder das mulheres nesses tempos. E se não cheguei a um resultado satisfatório foi precisamente porque são apenas os homens, sobretudo clérigos, que falam delas, e porque obscureceram ou até ocultaram a figura feminina. Mas a mulher é para o homem a própria personificação da tentação e, de Eva até o juízo final, ela conquista obrigatoriamente a metade da vida cotidiana aqui na terra. Essa tentação não é aquela provocada pela atração sexual; pode ser que os clérigos lhe tenham sido sensíveis, como os outros machos da espécie, e que a exclusão das mulheres do ministério eclesial, prescrita por São Paulo e desrespeitando as lições do próprio Jesus, tenha agravado as coisas. Mas a suspeita em relação à mulher vai muito além de sua função sexual: admirável e atraente, mas repugnante e hostil, foi nela que Deus depositou o "negativo" de sua obra. Ao lhe atribuir ao mesmo tempo o poder de dar a vida e o de frequentar os mortos, Ele colocou diante do homem um sinal de contradição e de reflexão. A Igreja cristã, como por sua vez o Islã, nada viu e ambos se refugiaram em uma condenação absurda.

3.1.3 O pecado e o perdão

O homem é à imagem de Deus, mas não passa do seu reflexo; é "superior" ao animal porque foi dotado de razão, mas é inferior ao anjo porque foi corrompido no nascimento. É inevitável, portanto, que peque; mas é indispensável que se lave do pecado. A falta original, a confissão e o perdão aqui na terra são importantes traços constitutivos da fé cristã; não são encontrados com tal unidade e força nas outras crenças. Pesa sobre a espécie humana uma noção latente de culpabilidade, e convém que disso seja persuadida. A preocupação com uma regulamentação, tão cara aos mediterrâneos, levou ao estabelecimento de uma "grade de leitura" dos erros e das faltas perante a lei de Deus ou, simplesmente, à dos homens: Aristóteles havia comentado os "vícios"; Santo Agostinho converteu-os em pecados; no século VII, Gregório o Grande, fixou a lista deles; no século XII, Pedro Lombardo introduziu nela a noção de faltas "capitais", porque desejadas; mas a expressão "pecados capitais" só surgiu a partir de 1260, com Tomás de Aquino. Cada um deles é o eco dos impulsos do coração ou do espírito, voluntariamente aceitos ou provocados, e acompanharão o homem até o juízo final. Isso significa dizer que é evidente sua relação com os traços da sociedade humana, pelo menos no Ocidente. O orgulho, a *superbia*, está na base do espírito de dominação tanto quanto na do espírito de rebelião contra a ordem ou as "ordens". A vaidade sustenta as pretensões dos homens ricos. A inveja é a mola do sistema "senhorial", como a avareza é o seu produto. A cólera é o símbolo das relações humanas, como a gula é o do insulto à pobreza. A luxúria é a obsessão da carne diante da alma e vai bem além do apetite sexual. E a eles são adicionados, mas como um tom abaixo desses sete pecados, a "acédia", qualificada de preguiça no século XV, e que é o abandono de toda iniciativa humana ante as forças naturais, espécie de insulto aos desígnios de Deus. Qualquer hierarquia entre esses erros só pode ser fruto de uma reflexão pessoal, com exceção do orgulho que conduz à negação do Criador, como fez o arcanjo caído. Supomos, no entanto, que as contingências do momento podiam privilegiar este ou aquele: por exemplo, a luxúria ao ritmo das variações dos regimes matrimoniais, ou a inveja e a avareza perante os avanços do dinheiro.

Apesar de a falta original ser resgatada pelo batismo, este sacramento, que abre a via da salvação, tem apenas um valor de rito iniciático, pois não elimina o pecado que será cometido. Ademais, o progressivo abandono do batismo dos adultos, no início dos tempos carolíngios, para beneficiar crianças sem real consciência, ou mesmo ainda demasiado jovens, por ocasião da confirmação, para possuir o entendimento necessário a qualquer engajamento consciente, reduziu o batismo ao simples papel de porta de entrada na vida cristã, pois ele não exonera o novo crente de seus erros. O pecado será, pois, um ato voluntário de ofensa a Deus, um obstáculo na via dessa salvação que é o objetivo de toda existência. A necessidade de ter esta consciência, espontaneamente ou a convite de um ministro de Deus, resulta primeiramente no remorso, em seguida na contrição e, por fim, na confissão. O sentimento de que confessar sua falta é uma forma eminente de submissão à divindade, um exemplo da luta a ser travada contra o mal, conduziu os primeiros cristãos a pregar a confissão pública diante dos outros batizados, e no próprio local da prece. A fim de se humilhar ainda mais, assim como a justiça humana exigia para os delitos materiais, convinha que o culpado se expressasse em voz alta e marcando com essa confissão o sentimento de que reconhecia ter pecado e se engajava a não repetir seu erro. Não foi preciso muito tempo, é claro, para que se revelassem os perigos de tais declarações, sinceras ou não, que eram comentadas pelos outros crentes, por vezes animados pelo apetite da calúnia. Foi talvez o temor de que o bom uso e a sinceridade do culpado se alterassem diante da perspectiva de um escândalo que introduziu a obrigação de, por um lado, se confessar pelo menos uma vez por ano e, por outro, que essa confissão fosse "auricular", isto é, ao ouvido do padre dotado do poder de absolvição. Essas práticas se estenderam pouco a pouco a partir do século X, mas a primeira só se tornou obrigatória em 1215 e a segunda em 1255.

Assim que estabelecido como sacramento penitencial, o perdão dos pecados confessados associou-se estreitamente à confissão, com a condição de haver uma séria contrição, naturalmente. Essa absolvição, ardentemente pedida pelo moribundo na forma de uma unção e de um perdão últimos, constituiu a arma mais poderosa do poder da Igreja sobre o fiel: não há salvação se a alma permanecer impura. E esse perdão exige penitência, portanto expiação. Este é o campo mais bem-conhecido da prática cristã. Com efeito, não é só questão de se entregar às intermináveis preces ou de encomendar uma série de missas, que supostamente apagariam as faltas do defunto. É preciso também um esforço pessoal: os "penitenciais" que chegaram até nós, do século VIII na Irlanda e até os séculos XI e XII em outros lugares, fixavam os jejuns e as flagelações que as faltas exigem. No entanto, a expiação pode ter um aspecto mais avassalador. A doação, em bens móveis ou não, a renda eventual ou perpétua, decididas no momento do perdão e, sobretudo, *in articulo mortis*, são a forma mais simples, mais comum e, segundo o nível social do pecador, a mais pesada dessa expiação. Essas doações vão para a Igreja, intermediária natural com o além, e é fácil imaginar com que zelo e com que segundas intenções monges ou cônegos encorajaram esse tipo de penitência na função de executores testamentários dos pecados. Mas será fácil encontrar uma via menos duvidosa em direção à salvação, uma via mais dura de seguir: a peregrinação expiatória para os lugares santos, que por si só pode arruinar o penitente até o fim dos seus dias.

E assim caminha o povo cristão: entre impurezas e esperança. Nesses séculos "simples", a via a seguir para realizar corretamente a "passagem" é cuidadosamente vigiada pelos depositários da lei. Mas o fiel sabe ao menos como reconhecê-la?

3.2 A fé e a salvação

Eis que cheguei ao ponto mais alto do caminho percorrido, desde que mencionei o corpo, as ferramentas, as práticas ou o ambiente de vida. E meu linguajar se embaralha, já que não domina a dimensão metafísica de meus personagens. No entanto, esta é uma das chaves da Idade Média, talvez a principal; e não cessei de citar a fé, a salvação, o Ser Supremo como os principais atores nesses séculos. Pouco importa que se possa chamá-los cristãos ou não; isso não passa de querela de palavras. Todo esse mundo banha em um oceano de piedade, de crenças espirituais indiscutivelmente imperiosas: quem não mergulha nele não é deste mundo; e temo nele me afogar.

Começar pelo estudo de palavras poderia ser um primeiro apoio. A fé, a *fides*, a de um homem em outro, ou de um "fiel" em Deus, não é de modo nenhum uma forma de pensamento piedoso, religioso, mas apenas a confissão de um contrato aceito por ambas as partes, um contrato que exclui qualquer noção transcendental. Já foi até mesmo dito, por pensadores indiferentes ao sagrado, que a fé supunha uma estrutura de pensamento bastante próxima da do "feudalismo" profano. Para servi-la, será preciso usar ritos, fórmulas, obrigações que implicam uma atenta vigilância para balizar o caminho a seguir: a estrutura eclesial é, portanto, o molde onde colocar a fé. A crença, a *credentia*, não passa da confiança, mais ou menos provisória, que se tem no outro; *credere* significa emprestar, dar "crédito", ter "crédito", e é uma palavra muito mais profana do que sagrada. Se vier a tocar este último campo, mutila-se a si mesma, pois o sagrado é o que escapa à razão, o que contém unicamente o espiritual e o impenetrável: em boa lógica, a crença não pode se encontrar aí. Também não seremos mais felizes com a *religio*: é a "releitura", o escrúpulo, até o respeito; não é de modo nenhum a noção de uma ordem do mundo. Ter a "religião" do trabalho é apenas um engajamento moral; não é um dogma, nem um rito. Quanto à *pietas*, é a expressão da ternura e da dedicação: os antigos veneravam Pietas como uma divindade familiar e até doméstica.

Esta revisão das palavras nos deixa, pois, sem resposta única. Na atitude do homem medieval, e decerto de qualquer homem em qualquer tempo, a relação com um Ser Supremo contém ao mesmo tempo uma confiança, um acordo e um engajamento do espírito, do sopro vital, sentido primeiro da alma, *anima*; e, como qualquer manifestação humana, exige que nos aproximemos de seu conteúdo, de seu continente e de seu objeto. E, a despeito das reservas que me inspirou, usarei a palavra "fé" para simplificar meu propósito.

3.2.1 O dogma e os ritos da fé cristã medieval

Eis um título bem longo, e proposital, para deixar bem clara a especificidade das manifestações da crença nesses tempos. Com efeito, algumas bases essenciais da fé cristã resultam de convicções que lhe são muito anteriores, oriundas não só de espaços culturais sem vínculos evidentes com o mundo cristão mediterrâneo – como a Índia ou o Irã, e talvez um Oriente mais distante –, mas também da matriz judaica primitiva, ou por vezes até do mundo profano da filosofia antiga. Portanto, a alma é superior ao corpo e toca o imortal; Deus é *uno*, não importa a aparência que ofereça; toda criatura é obra sua e tudo lhe deve, principalmente o amor e a obediência. A esta base milenar, os cristãos acrescentaram um elemento, que é fundamental em sua crença: por um breve momento, Deus se fez homem aqui na terra para resgatar o mundo pecador; esta "encarnação" é própria da crença cristã; não admiti-la é se colocar fora da *ecclesia*, da assembleia dos crentes. E, evidentemente, não comentarei este dogma. Em contrapartida, é indispensável extrair os seus efeitos. E vejo três deles.

Em primeiro lugar, se a Palavra de Deus foi revelada pelos profetas nos tempos antigos, o Verbo, isto é, a palavra sobrenatural, extrairá sua autoridade e sua doutrina do Livro Sagrado que reuniu essas mensagens. A parte anterior a Cristo, o Velho Testemunho (é o sentido de "Antigo Testamento"), desempenha o papel de um contrato de aliança entre o homem e um Deus incorpóreo. Mas se Jesus é "filho de Deus", sua mensagem e tudo o que ela contém de "boa-nova" (é o sentido da palavra "evangelhos", sejam estes tardios ou até apócrifos) formam um "Novo Testamento", uma Nova Aliança; Ele torna-se a base principal da crença porque é o *Logos*, a verdadeira palavra proferida entre os homens, enquanto o que precede no Livro é apenas uma prefiguração, um *mythos*, um mito. Ao valorizar o Novo Testamento, ao passo que os judeus não o aceitavam, os cristãos exaltaram toda a parte "humana" da mensagem divina.

É daí que vem a hipertrofia da figura crística nas convicções, nos ritos e nas representações. Visto que os cristãos estavam convencidos, ou pelo menos assim diziam, de que Jesus era Deus feito homem, era preciso honrá-lo, representá-lo, designá-lo como se fosse homem. E o homem comum não se interrogava sobre as doutas discussões provocadas por essa dualidade em uma só pessoa. Deus era tratado como homem: chamavam-no "senhor", com as mãos juntas como os humildes faziam diante do mestre; descobriam-lhe ou inventavam-lhe uma vida familiar; representavam-no quase sempre com os traços imutáveis de um rapaz com barba, assim como imaginavam que ele teria sido entre os judeus de outrora; ou então era pintado ou descrito com ferramentas na mão; as festas populares ritmavam conjuntamente as etapas de sua passagem aqui na terra e os velhos ritos agrários de fertilidade; colocavam lado a lado o pagamento dos censos ou das rendas e os momentos litúrgicos. Esta humanização de Deus constituía um escândalo abominável para os judeus ou para os muçulmanos. Quase nada mudou até hoje nessa herança crística; e ao longo da Idade Média chegou-se a exonerar o próprio Jesus de qualquer papel ou prescrição nesses campos, em proveito dos discursos de Paulo de Tarso que nem o conhecera. O fato de que se tenha até mesmo qualificado Paulo de "apóstolo" mostra que reconheceram nele o "inventor", no sentido medieval da palavra, da doutrina cristã.

O terceiro efeito é de natureza mais filosófica. As populações da Europa Ocidental, nórdica ou mediterrânea, têm uma necessidade de "realidade", um apetite pelo concreto que as levam a dar uma dimensão ao "verdadeiro", à verdade, como linha de conduta espiritual. Essa verdade será expressa por atitudes cujo objetivo é tornar o espiritual acessível: um manuscrito que recopia a Bíblia é corporalmente *a* Bíblia; a hóstia que simboliza o sacrifício de Cristo deve ser exibida e comida como o corpo real de Jesus. Sem falar dos restos, das "relíquias" de personagens santos que é preciso tocar e não simplesmente olhar. Como não se tem absoluta certeza do caráter "autêntico" de objetos relacionados à pessoa de Cristo – espinhos, cruz, sudário –, a reverência será dada às próprias imagens de Jesus ou, na ausência de melhor, às da Virgem ou dos anjos. A iconolatria, isto é, a veneração das imagens, muito mais vigorosa no império do Oriente, onde desencadeou furiosas querelas políticas e guerreiras, abalou o mundo carolíngio. No Ocidente, a pressão da piedade popular e a tolerância monástica permitiram, mas dentro de limites vigiados, que a representação de Cristo subsistisse até nossos dias – ao menos nas cenas da crucificação, elemento fundamental da teologia cristã. Sabemos da indignação que estas práticas ainda provocam nos judeus e nos muçulmanos.

Para penetrar a massa inculta que nem sempre compreende corretamente, ou não compreende nada, os aspectos espirituais de sua própria piedade, e para evitar que ela caia na idolatria ou no "pensamento selvagem", é preciso lhe inculcar a submissão aos ritos. Era esse, no mais, o procedimento nas crenças pagãs. Este cuidado cabe, evidentemente, à Igreja; e realizá-lo é tanto mais difícil quanto mais variados são os sólidos usos que entre o *vulgum* provêm dos cultos pré-cristãos. Em primeiro lugar, é preciso que ele permaneça em contato com o divino e, para isso, que frequente a casa onde estão acessíveis a imagem e os sinais de Deus. Por motivos que os doutos encontram facilmente, o fiel não pode ficar entregue a si mesmo, simplesmente convidado a orar várias vezes por dia e por conta própria, como fazem o muçulmano ou o judeu. É claro que o incitam a louvar Deus regularmente, mas a Igreja parece duvidar muito desse zelo; o apetite pelo espiritual e pela devoção espontânea em todos esses homens simples, antigos adoradores da natureza ou das "virtudes" humanas, parecem-lhe exigir um constante apoio. A missão do padre que receberia o cuidado (a *cura*) das almas em uma aldeia ou em um bairro é zelar pela manutenção dessa chama. Terá, certamente, o encargo de administrar os sacramentos, especialmente o da Eucaristia, que em sua igreja será celebrada com regularidade, e mesmo todos os dias; mas esse "ofício", essa missa, também deve ser a ocasião de pregação, pois é preciso relembrar as etapas da paixão de Cristo, valorizar as marcas da clemência ou da cólera divinas, louvar os sinais da virtude, ameaçar com o castigo último os tímidos ou os céticos. Se necessário, os especialistas eruditos da Palavra de Deus, os "pregadores" – dominicanos nas escolas, franciscanos nos mercados –, substituirão o padre sem ovelhas e sem imaginação.

Pois, afinal de contas, essas ovelhas não são zelosas. O Concílio de Latrão de 1215 prescreveu a obrigação da presença na igreja paroquial à qual o fiel está vinculado, e também a de comungar pela hóstia consagrada ao menos uma vez por ano, na Páscoa, por exemplo. Trinta anos depois, no entanto, o Bispo Jacques de Vitry estigmatiza furiosamente a indiferença dos fiéis que, aos domingos, preferiam frequentar a taverna e não o ofício. Serão, portanto, multiplicadas as formas mecânicas da devoção de modo a interiorizá-las: genuflexão (rito pagão da submissão), sinais da cruz (gesto de união com a Trindade), uso ou não do chapéu no lugar santo (inversão, desejada ou não, das práticas judaicas), mãos postas durante a prece, como entre os escravos, e em oposição aos braços erguidos para o céu do "devoto" antigo. Esses gestos podem ser simplesmente uma materialização bastante externa da piedade. Quanto à invocação direta de Deus, ela permanece restrita ao *Credo*, base mínima da crença e cujo conhecimento ou recitação não parecem ter sido obrigatórios antes do século XIII. As outras "preces" – o *Pater noster* desde o século XII e, mais ainda, a *Ave-Maria* no século XIII – testemunham essa humanização da fé, de que falei mais acima.

A necessidade de tornar visíveis algumas realidades espirituais que o homem comum não parecia perceber muito bem levou a Igreja a valorizar, tornando-as sagradas, isto é, moralmente invioláveis, algumas práticas que ritmam a vida piedosa do fiel. A lista dessas práticas foi de certa forma fixada por Pedro Lombardo em meados do século XIII: sete "sacramentos" cuja importância varia em função da evolução do sentimento religioso na própria Igreja. O Batismo e sua Confirmação são, evidentemente, a entrada na *ecclesia*. A Eucaristia é o "passaporte" verdadeiramente cristão, pois exalta o próprio princípio da encarnação. A penitência é uma arma contra o laxismo dos costumes, algo que a Igreja via como uma traição de sua mensagem. E a Extrema-unção é a abertura para a salvação. Só pouco mais tarde a "recepção" na ordem dos clérigos foi assimilada a um sacramento, assim como o casamento, no caso dos laicos;

sem dúvida para lutar, no primeiro caso, contra a queda nas vocações piedosas e, no segundo, para minar a escandalosa liberdade matrimonial no interior da aristocracia guerreira. Temos a impressão de que, em sua simples preocupação de se preparar para a salvação, de todas essas santas precauções, o homem comum só adotou a Extrema-unção como sacramento indiscutível, além do batismo evidentemente; os outros são no mais das vezes só saudados de longe.

Para fazer ceder os últimos incrédulos, digamos os mornos – pois não há lugar no espírito dessas pessoas para não crer e afirmá-lo –, restava à Igreja uma arma cujos efeitos parecem ter sido reais: o milagre. Trata-se de um acontecimento súbito, indiscutível, admirável, espetacular, pelo qual o incrédulo vê com os próprios olhos a manifestação da potência e, em geral, da benevolência de Deus. Lição ou advertência, reconforto ou caridade, o milagre vai contra as leis da natureza, as velhas tradições pagãs, a magia. Ocorre depois de uma prece, de um toque, da intervenção de um homem "virtuoso", e só diz respeito às almas puras, ou que assim se espera purificar: 80% envolvem mulheres, crianças, pessoas pobres. No mais das vezes, trata-se, como fez Jesus, de milagres de cura: dos 5 mil e poucos que foram analisados, 40% envolvem os problemas da motricidade, 30% a deficiência dos sentidos. Ao longo dos séculos, sobretudo depois do século XIII, sua eficácia levantou suspeitas; os milagres se converteram ou se limitaram a "maravilhas" (*mirabilia*), isto é, eventos prodigiosos, fantásticos, mas cada vez mais laicizados, ainda que o popular persista em ver neles a marca do sobrenatural. A Igreja lutará até a Contrarreforma contra esse deslizamento para o paganismo; mas seu remédio, voltar-se para si mesmo para mergulhar na verdadeira fé, tinha pouca chance de convencer o homem comum.

3.2.2 A Igreja

A *ecclesia* é o conjunto dos crentes, e tudo o que precede está nela incluído. Mas esse rebanho deve ser guiado; e a Igreja, no sentido em que mais usei a palavra, é o quadro hierárquico onde se reúnem os ministros da divindade. Sem eles, a *ordo laicorum* ficaria sem pastor, isto é, tentada pelo pensamento selvagem, o mesmo alimentado pelas crenças pagãs de que já falei: cortejos noturnos, refeições votivas com sacrifícios, culto idólatra das pedras, das árvores e das águas. Os homens da Igreja tiveram de realizar um prodigioso esforço de aculturação, seja atraindo essas crenças para caminhos mais ortodoxos, valorizando o culto dos mortos, por exemplo, seja justificando com argumentos de natureza "social" algumas práticas brutais, como a "faide", a vingança, familiar ou não, que será absorvida pelo "julgamento de Deus" em campo fechado. Ou ainda sacralizando as procissões, como as das rogações, da Quaresma, do carnaval; transformando o xamanismo espontâneo em uma crença espiritual na onipotência do Criador. No mais, desde os primeiros séculos da cristianização oferecia-se aos futuros batizados um modelo de vida perfeitamente conforme ao ideal esperado, o encarnado pelas comunidades de monges: depreciação do carnal, rejeição das vanidades do século, esforço pessoal de renúncia ao mal. Porém, a despeito de suas sucessivas reorganizações para tornar esse ideal acessível, a Igreja viu-se diante de um povo que repugnava esse teocentrismo absoluto, pois fora do alcance da sua modesta bagagem espiritual. Sempre é possível se agregar a um grupo de penitentes ou se exonerar de todo remorso fazendo generosas doações – mas nada além disso: não existe eremita, cisterciense ou mesmo irmão menor que queira, ou melhor, que possa.

É preciso, portanto, passar pelo papel dos intermediários, dos que têm a tarefa de conduzir os outros à salvação; e é a Igreja "estabelecida" que, desta vez, se oferece a nós: do modesto vicário de uma rústica capela até o pontífice soberano em Roma. Suponho que meu leitor não espera aqui uma história da Igreja, como também não esperou um retrato da nobreza laica ou de um mercador bem-sucedido. Sobre a história religiosa da Idade Média, a do papado, dos monges, dos bispos, ou então sobre as escolas e as querelas dogmáticas, tantas obras excelentes já foram escritas na forma de dicionários, catálogos, ensaios e manuais que sentir-me-ia ridículo ao acrescentar algo. Não perco de vista, contudo, meu público comum, a gente humilde. O que parece mais certo é que tenham ouvido falar do papa reinante como uma espécie de chefe distante, de seu bispo local quando, por exemplo, ele vinha, ao menos uma vez por ano, para confirmar os votos do batismo. Mas os "oficiais", os "arcediagos", os "deãos da Cristandade" são para eles apenas entidades, e isso mesmo na cidade. Quanto aos monges, talvez os admirem, mas não hesito em dizer que os altos muros da clausura sem dúvida lhes pareciam muito mais a marca de uma formidável potência econômica – e de uma dominação mais material do que espiritual – do que a de uma proteção da virtude contra o mal. Os únicos visíveis, reais, bem próximos, são o padre da aldeia ou do bairro, rodeado de seus "vicários", e seus eventuais substitutos, que vivem no meio deles, nessa "paróquia" que é seu lugar religioso comum.

O historiador do fato religioso, ao abandonar de bom grado o observatório romano ou a abadia, dedica hoje um lugar mais importante à "paróquia", de que já falei. Com efeito, os avatares desse molde da fé ritmam a história do cristianismo muito mais do que as querelas dogmáticas sobre a Trindade, ou a história das "reformas" da Igreja *in capite*. Embora a *ecclesia* seja o agrupamento completo dos crentes, sua significação é vaga demais, e sua marca no solo extensa demais, para que família, vizinhos ou clãs nela se reconheçam. Para isso, talvez precisem de agrupamentos de habitantes, de casas, de células individuais, mas que se ajustem: uma *paroikia* à moda grega, uma *parrochia* latina, uma *paroisse*, ou ainda uma *plebs*, que é a multidão reunida, um *plou* céltico. O fato de ali instalarem um lugar de culto, um cemitério e pias batismais não representa uma evolução geral, nem natural nem imediata. Esses agrupamentos se formam em zonas vagas e flutuantes. Hoje estamos praticamente convencidos de que o *fundus* de uma grande propriedade rural da Antiguidade tardia não deu necessariamente origem a uma paróquia; de que esta também não é, certamente, o reflexo de alguma circunscrição política ou fiscal antiga, mesmo nas zonas fortemente controladas por Roma; de que o "terreno", no sentido geográfico de espaço necessário para produzir com o que alimentar um grupo de homens, não coincide obrigatoriamente com um quadro religioso, como não coincide também o solo no qual os direitos "senhoriais" seriam exercidos. De modo que a formação de uma rede de paróquias contíguas reunidas em torno de uma igreja curial é, certamente, apenas um fenômeno tardio de concreção dos ritos e dos usos; não antes de em 1215 a Igreja ter decidido no Concílio de Latrão que cada fiel teria *sua* paróquia e não várias ou qualquer uma.

As sucessivas etapas dessa formação podem, contudo, ser circunscritas. Do século V ao XI, quando a própria cristianização ia lentamente se propagando, os pontos de fixação do culto se desenharam quer sob a influência de um senhor da terra (fala-se então de "igreja privada", *Eigenkirche*, cujo padre é designado por um laico), quer por incitação episcopal, e mais ainda monástica; em seguida, os próprios fiéis escolhiam um santo padroeiro – e, naturalmente, este caso é mais fácil de perceber na cidade. Na época carolíngia, e segundo o espírito de reorganização da sociedade que preocupa esses tempos, pelo menos no topo da hierarquia laica ou clerical, surge a perspectiva de uma territorialização da noção paroquial: Hincmar, arcebispo de Reims, introduz a ideia de que o pastor local do rebanho será remunerado pelo pagamento da décima parte (o "dízimo", *decima*) das rendas de sua paróquia, o que implica evidentemente a determinação de um espaço, se possível autorizado, onde recebê-lo. No momento da fase capital do encelulamento das aldeias, entre 950 e 1150, uma verdadeira adequação do sistema paroquial acompanhou a reforma da Igreja: o edifício paroquial, o *atrium* do cemitério que o cercava, o solo e a dotação fundiária onde se instalava o altar (*dos et altare*) foram postos entre as *res sacrae*, e assim englobados, como afirmava Graciano em seu *Decreto* do século XII, na jurisdição de exceção, o "foro" de que a Igreja gozava. A sacralização e a espacialização resultaram então no progressivo desaparecimento – na maioria das vezes por sucessivas retomadas – das igrejas privadas e das igrejas secundárias (*Niederkirchen* e capelas isoladas), reduzidas a simples oratórios. Esse movimento englobou a coleta do dízimo cujo controle devia ser assegurado pelos "sínodos" sob a supervisão do bispo. Mas, em relação a estes dois últimos pontos, o resultado foi medíocre: por culpa da aristocracia laica e pela falta de zelo no pessoal eclesiástico, se opuseram localmente o confisco ou a recusa de restituição dos dízimos. Todavia, a rede estabelecida no século XIII se manteve quase até o fim do Antigo Regime. Desenhou-se então a substituição da rede paroquial por uma rede comunal profana, mas não sem acomodamentos cujo enunciado escapa ao meu propósito.

Um último elemento, porém: para o fiel da base, a noção de paróquia equivalia a reconhecer o local onde eram administrados os sacramentos, particularmente o Batismo ou a Eucaristia; mas como a paróquia também era, como já disse, local de reunião, de asilo e de festas, a importância dada ao padre no grupo social era fundamental: como homem de Deus, ele era o porta-voz da comunidade, assim como ao seu lado o ferreiro, o principal dos artesãos da aldeia. Ainda que só tivesse algumas poucas palavras em latim para jogar na cara do senhor, um naco de cultura dogmática e um certo carisma pessoal, era considerado como o depositário do conhecimento, o sustentáculo do dogma, o diretor de consciência dos fiéis e também do senhor. Os padres medievais não têm boa reputação. Até o século XII, eram quer eleitos pelos seus futuros paroquianos, com o apoio do senhor do lugar, entre os clérigos do lugar ou entre os servidores de algum convento próximo, quer designados pelo bispo da diocese, que tentava emplacar seu candidato. Esse procedimento rudimentar de designação não implica, no mais, que o padre tenha sido ignaro, desonesto ou corrupto. Era comum que recebesse críticas; mas fica evidente que, ao longo dos últimos séculos medievais, o personagem do padre de aldeia conquistou os espíritos. A recomendação do celibato, que datava do século X, converteu-se em obrigação depois de 1225 ou 1250; um mínimo de cultura tornou-se regra em razão da progressiva aculturação dos fiéis; o nepotismo e o absenteísmo também foram seriamente combatidos, inclusive por bispos e arcediagos, que nem sempre deixavam de praticá-los. Em resumo, o padre medieval era melhor do que a sátira tradicional dos *fabliaux*. Assim como seus paroquianos, não passava de um homem submetido às tentações, mas servido pela fé. O que o distinguia era a absoluta obrigação de tentar conduzi-los à salvação no além.

3.2.3 O além

Todo ser vivo é algo mais do que um amontoado de células animadas por impulsos químicos ou elétricos. Não há cultura que não tenha percebido nele um invólucro material e um sopro espiritual, um corpo e uma alma; e por essa razão não vemos por que o ser humano seria o único nessa situação (penso que o leitor já notou minha opinião a esse respeito; mas paremos por aqui). Os paleontólogos esforçam-se para encontrar quando e em que aspectos o homem pré-histórico tomou consciência dessa dualidade, e como a expressou. Mas todas as "civilizações" de que temos vestígios não duvidaram dela; interrogaram-se sobre o momento e as condições em que essa "aliança" se estabelecera: pelo imediato desejo de Deus, como diziam a Bíblia e as crenças orientais, ou quem sabe de um demiurgo, como na filosofia de Platão. Esta noção da pre-existência da dualidade corpo e alma no espírito do Criador é um ponto de dogma que interessava os eruditos, mas o fiel da Idade Média só vê uma coisa evidente: o corpo é perecível e a alma sobrevive; a morte é o momento em que os dois se separam. Mas se reencontrarão no fim dos tempos, quando o fiel estará diante de Deus.

O caminho será longo, e a aproximação do momento em que se estará "depois", em que o corpo terá sido abandonado, quando dever-se-á mostrar sua alma, é uma angústia opressora. A vida, a "passagem" aqui nesta terra, é um constante combate, uma "psicomaquia", entre vícios e virtudes, que Prudêncio descreve no século V, e sempre ilustrada por escultores e miniaturistas. É um combate em campo fechado entre o bem e o mal, o da vida de um homem, não se renovará e acabará no juízo final: o corpo será descartado e a alma pesada – o que significa que haverá justos e reprovados. À espera do juízo final, o corpo não deve, pois, desaparecer: será enterrado e, ainda que apodreça na terra, ressuscitará no fim dos tempos. O cristianismo será, portanto, formal neste ponto: a cremação, a incineração, adotadas por tantas culturas no Oriente e no Extremo Ocidente, estão proscritas; no mais, na Europa, elas foram pouco a pouco desaparecendo a partir do século IX, a despeito da reputação purificadora que se atribuía ao fogo – sabemos que atualmente essas práticas voltaram a ser valorizadas. Quanto às almas, à espera da ressurreição e do juízo final, elas vagueiam na angústia do último dia, talvez no limbo onde estão refugiados os gentios, os natimortos, o Hades dos gregos, o *shéol* dos judeus; ou então suspiram, invisíveis, em suas antigas moradas no meio dos vivos, ou no campo dos mortos onde repousam seus despojos mortais.

Essa espera do dia, aquele em que ressoarão as trombetas do juízo final, provocou muito naturalmente entre os pensadores – uns muito doutos, outros simplesmente angustiados – uma confusa meditação sobre os sinais anunciadores do fim do mundo. Os profetas bíblicos, sobretudo Isaías e Ezequiel, e depois o Apóstolo João, haviam descrito esse Apocalipse: surgirá um anticristo que por um momento entregará o mundo a todos os tormentos. No século XI, o juízo final ocorreria quarenta dias depois do seu desaparecimento; no século XII, introduzia-se um "reinado" imperial de 120 dias, no fim do qual seriam convertidos à verdadeira fé todos os que a recusavam, particularmente os judeus; no século XIII, Tomás de Aquino rejeitava o tema de mil anos paradisíacos antes do juízo final; no século XIV, os infortúnios da época dariam uma grande importância aos três cavaleiros anunciadores do Apocalipse de São João: a guerra, a peste e a fome. Todas essas fantasias de piedade temerosa alimentaram, sobretudo no fim dos tempos medievais, a verve dos poetas e a inspiração dos pintores. Mas vários movimentos espirituais nelas se apoiaram para fundar seus programas, por assim dizer, revolucionários: o fim dos tempos marcará o fim do mundo dos homens, portanto é preciso se preparar. Assim falavam Tanchelm no século XI, Joaquim de Fiore no século XII, os flagelantes e os taboritas nos séculos XIV e XV e, no século XVI, Müntzer, o chefe dos camponeses alemães revoltados. É por um abuso de sentido que reunimos sob o nome de "milenarismo" essa convicção da iminência do calamitoso fim da Humanidade, uma vez que esses mil anos deveriam ser de paz. Não se poderia, pois, qualificar desse modo o retorno anual da Paixão; os "terrores" do ano 1000 nada têm a ver com o milenarismo: simples coincidência de palavras.

Eis, enfim, o juízo final. Os ressuscitados se aglomeram no Vale de Josafá, ao pé do Templo, em Jerusalém, assegura a tradição bíblica. Eles saem do túmulo com a alma encarnada mais ou menos limpa. Ao longo de todos esses séculos a iconografia multiplicou a imagem desse augusto momento: a cena só varia de acordo com a imaginação (ou o humor!) do artista. Deus, envolto em uma "glória", representado com as feições de Jesus e, por vezes, acompanhado de Maria ou de João, separa os bons dos maus; São Miguel pesa as boas e as más ações; ao lado deles, o diabo tenta fazer pender para o seu lado o prato das más. Os eleitos se precipitam no paraíso representado pelo "seio de Abraão"; os condenados são empurrados com golpes de forcados para a boca do monstro Leviatã, ou diretamente para uma fornalha. A imaginação popular não se dedicou muito a descrever o paraíso: é um lugar vago onde flutuam as almas dos bem-aventurados; imaginam uma espécie de êxtase permanente, eventualmente com a repetição de coros de hinos, mas nenhum regozijo particular. E não há túnicas brancas ou genuflexões beatas como imaginará o artista "moderno". Já o inferno é diferente: nas esculturas, nos afrescos e nas miniaturas só aparecem caldeirões fumegantes, forcados e caninos, animais imundos, podridão e trevas, torturas refinadas, tudo de que se teve medo aqui na terra: o fogo, o frio, a noite, os animais com ferrões, com dentes, com veneno. Podemos nos perguntar se, no fim dos tempos medievais, esta orgia de horrorosos suplícios não despertava algumas dúvidas em qualquer homem um pouco mais evoluído. Tantos e eternos sofrimentos não era um preço muito alto a pagar, ainda que por pecados repetidos. Mas Deus é justo. Portanto deve ter previsto uma graduação para a pena. Dante, pelo menos, assim canta no início do século XIV. No mais, já no século V, Agostinho surpreendia-se que se pudesse queimar uma alma, o que realmente não faz nenhum sentido. E, afinal, Deus é misericordioso; tem o poder da graça e do perdão. Então, a ideia de um meio-termo foi lentamente avançando ao longo do tempo, um dos caminhos foi o aperfeiçoamento do arsenal penal aqui na terra; adequando o castigo e sua duração à natureza ou à gravidade da falta. Por volta de 1120 ou 1150, a ideia do "purgatório – espécie de detenção provisória onde expiar no remorso – está presente em vários escritos. A alma pecadora que só cometeu faltas veniais (*venia* quer dizer "perdão") permanecerá isolada, atormentada, premida pela contrição antes de ser lavada e recebida na graça divina, esta graça que também se podia obter pelas preces dedicadas dos parentes do defunto.

Esse percurso para a vida eterna na presença de Deus é acompanhado pelos anjos. Esta é uma das faces mais animadas da piedade medieval. Desde o século VI, os doutos e, pelo menos neste caso, muito mais os simples, dizem ou mostram que sabem ou sentem ao lado deles seres perfeitos, invisíveis e incorruptíveis, que Deus encarregou de ser seus guardiões e seus guias. São dotados de uma hierarquia interna dirigida pelos três arcanjos que permaneceram fiéis a Deus: Gabriel, protetor e guardião de Maria, e depois do seu culto; Rafael, que zela pelo paraíso; e, principalmente, Miguel, que desde o século V é o gládio de Deus. Os anjos não têm sexo e, no mais, são representados com traços uniformes, quase insípidos. A crescente necessidade de segurança, sobretudo nos séculos XIV e XV, valorizou ainda mais o papel de proteção que lhes atribuem: confiam-lhes a proteção das cidades ameaçadas e suas estátuas vigiam as portas da cidade.

E terão muito trabalho; pois o "inimigo do gênero humano", o "príncipe deste mundo", está aqui para tentar o justo, apoiar o ímpio e combater a obra de Deus. Satanás, desde que inspirou o pecado original, domina o homem e lhe insufla o orgulho de se opor a Deus, assim como o fez o arcanjo lúcifer, sua figura emblemática. O judaísmo não conhecia essa personalização de satanás. O diabo é uma espécie de invenção medieval; foi por volta do ano 1000 que a Igreja denunciou seu papel nefasto: até então era muito mais a tentação, aquela que se infiltra nos sonhos, nas pulsões incontroladas. Veem nele o lado negativo da criação, o que leva os doutos a considerar a mulher seu mais fiel aliado. Jesus rechaçou, decerto, todas as tentações, e sua Paixão resgatou o poder do demônio sobre a alma humana; mas sempre se deve temer a persuasão que se renova, a tentação de vender a alma ao diabo, como o Monge Teófilo, o ancestral de Fausto, tema recorrente da literatura moralizante. Como lutar contra essa força hipócrita, disfarçada, obsessiva: o exorcismo no "possuído" pelo espírito mau, a prece, o jejum, os amuletos, a vida dos santos que souberam rechaçá-lo? Lutar contra o medo ridicularizando o diabo, como nos *fabliaux*, por exemplo? Esforços em grande parte desperdiçados: o diabo medieval é uma criatura do próprio Deus; não é uma entidade, como sustentarão os dualistas ou os cátaros e está presente, por temperamento, ao lado de todo homem. Tem ou pode tomar mil formas grotescas ou ameaçadoras, encantadoras e tentadoras. São Miguel e muitos outros o aniquilarão, sem dúvida – mas quando o encontrarem! Pois quase sempre se esconde, e muito bem, em um canto do cérebro ou no coração do pecador corroído pelo medo de perder sua salvação porque não soube desmascará-lo no sorriso de uma mulher, na ferida de um cavalo, ou no falso peso de um fardo de lã. Uma dúvida constante como companheira de vida...!

Eis, portanto, nossa "gente" no fim de sua passagem. Como nunca deixam de representá-la com a pena ou com o cinzel nos caldeirões do diabo e nas danças macabras, todos os "estados" do mundo se confundem, pois todo homem tem uma alma. Que o artista pareça ter sentido algum amargo prazer em colocar a ferver no caldeirão ou a conduzir a dança da morte mais bispos e prestigiosas damas do que camponeses e curtidores, não passa da satisfação de um humilde ante um orgulhoso. Dúvida repetida pelo padre no púlpito para consolar os sofredores ou apaziguar os desencantados uma vez que todos, no fim da vida, simplesmente depositados na terra ou honrados com uma estátua jacente, não serão nada além de cinzas de ossos; mas os sobreviventes não sabem realmente para onde foram as almas.

Conclusão

E assim chego ao fim do meu caminho. O uso acadêmico exige uma "conclusão" no término do percurso. Mas, na verdade, não sei o que "concluir". Tentei acompanhar toda essa gente no decorrer de suas vidas comuns e em suas preocupações cotidianas, sobretudo em suas preocupações materiais; pois, embora tenha tentado avançar nos campos do espírito e da alma, senti-me pouco à vontade, decerto por falta de sentido metafísico. Tomei-os e depois os deixei ao longo de todo um milênio; mas ali estavam antes, e ali permanecem depois. O que dizer então deste pequeno naco de tempo neste pequeno naco de terra, no oceano da aventura humana? Nada que não se saiba, nada que não seja banal.

Talvez apenas dois propósitos mereçam uma pausa. O primeiro é uma explicação, ou até uma justificação, de meu comportamento nesta pesquisa. O segundo é uma questão, talvez insolúvel.

Ao abordar um assunto, o pesquisador esboça na "introdução" o que se propõe a demonstrar, e termina afirmando que conseguiu realizá-lo. Minha posição é um pouco diferente porque na verdade nada tenho a "demonstrar". Talvez tenham notado que basicamente pilhei os outros, quem sabe sem tê-los bem-compreendido; e meu mosaico, que mistura o carvalho e o rato com a sopa de repolho e a Trindade, nada tem de original ou de novo. Pede, contudo, explicação. Meu relato procede de duas preocupações às quais muito me apego, e que terão visto surgir aqui ou ali, e de forma muito pessoal, sem dúvida. Primeiro, não creio na superioridade de nossa espécie, venha de onde vier, e não obstante seu comportamento egoísta e dominador; não posso senão me afligir com sua total incapacidade de dominar a natureza, que trata com um imprudente desprezo, e não posso me conformar com sua perfeita ignorância do mundo animal. Foi, pois, este simples ser vivo a que chamamos "homem" que busquei e acompanhei desde os soluços do recém-nascido até o momento em que morrerá, e sem profundidade espiritual, temo. Preocupado em me ater ao essencial, quis chacoalhar a massa dos clichês e dos *a priori* onde se comprazem os enaltecedores dos tempos medievais e todos os que os leem ou ouvem: não! A universidade, os cistercienses, a Hansa teutônica, os estatutos da *Arte della lana*, ou a *Suma* de Tomás de Aquino ou a Catedral de Amiens não são a "Idade Média". Estou cansado de só ouvir falar de cavaleiros, de feudalismo, de reforma gregoriana, de senhoria banal, a pretexto de que nada se sabe dos outros – mas esses "outros" são os nove décimos da humanidade desses tempos: Talvez pudéssemos tentar percebê-los? Foi ao que me dediquei; inútil me acusar de misturar os séculos, de me contentar com generalizações simplistas, de eliminar nuanças de tempo ou de lugar, de usar vocábulos enganadores e fontes impuras. Sei disso e assumo. Ao menos isso explicará que tudo o que é indiscutivelmente móvel – o político, o econômico ou a escala social – tenha sido sistematicamente descartado como simples peripécias na história dos homens.

E eis o que me leva à minha segunda questão. Esse ser humano que acompanhei por mil anos é o mesmo que nós? Destaca-se de minha análise que só algumas nuanças nos separam dele? Não obstante a convicção exibida por quase todos os historiadores medievalistas, estou convencido de que o homem medieval é como nós. Há várias objeções, naturalmente: a economia não é a mesma, dominada pelo capitalismo e a competição; a sociedade apoia sua hierarquia em critérios que eram secundários nesses tempos distantes (a instrução, o serviço comum, público ou privado); o clima espiritual já não é o mesmo desde o apagamento da visão "cristã"; até a vida cotidiana foi abalada por novas concepções do tempo, do espaço, da velocidade. Tudo isso é indiscutível, mas superficial: uma visão do alto, como o fazem com frequência os historiadores medievalistas. Pois a leitura atenta de qualquer jornal diário faz saltar aos olhos o que é essencial: como nos tempos longínquos de que falo, a vida não está nos pregões da Bolsa, nas gesticulações políticas ou nas modas de corte de cabelo; na verdade, em todos eles só falam das preocupações de profissão e de dinheiro, dos problemas de alimentação e de moradia, da violência e do amor, do jogo e dos discursos consoladores. Os tagarelas ignorantes que reinam em nossas fontes de informação até podem, vez ou outra, qualificar como "medievalesca" uma decisão ou um acontecimento, e não veem que ainda estão na "Idade Média".

Varri neste ensaio muitos campos, alguns dos quais não me são familiares. E o que será do meu eventual leitor? Na verdade, não sei muito bem a quem me dirijo. Estas páginas não podem convir a um erudito especializado no direito matrimonial ou na alimentação, ainda menos se o for na piedade e no dogma cristão: ouço daqui seus protestos. Mas, por outro lado, são inúmeras as alusões que faço às obras, aos homens, aos fatos que não são do domínio comum da memória coletiva, a do "leitor esclarecido". Simplista para o erudito, confuso para o estudante, obscuro para o profano? Não sei; desejava apenas dizer tudo isso, simples assim.

Índice

Sumário, 5
Prefácio, 7
Parte I – O homem e o mundo, 11
1 O homem nu, 13
   1.1 Uma criatura frágil, 13
      1.1.1 Um ser desgraçado, 13
      1.1.2 Muito contente consigo mesmo, 15
      1.1.3 Mas ele vê nuanças mesmo assim?, 17
   1.2 Porém, uma criatura ameaçada, 20
      1.2.1 Ele realmente se conhece?, 20
      1.2.2 Contra o homem, as ofensivas "anormais", 24
      1.2.3 A doença que espreita, 26
      1.2.4 A morte negra, 29
      1.2.5 É possível contar estes homens e mulheres?, 32
2 As idades da vida, 40
   2.1 Da criança ao homem, 40
      2.1.1 Esperando a criança, 40
      2.1.2 A criança nasceu, 44
      2.1.3 As "infâncias", 45
      2.1.4 A criança no meio dos seus, 49
   2.2 O homem em sua privacidade, 51
      2.2.1 O tempo que passa, 52
      2.2.2 O corpo que é preciso alimentar, 58
      2.2.3 O paladar que é preciso formar, 64
      2.2.4 O corpo que é preciso enfeitar, 65

2.3 O homem, a mulher e os outros, 71
    2.3.1 Os dois sexos face a face, 72
    2.3.2 As questões do sexo, 76
    2.3.3 Vivendo sob o mesmo teto, 80
    2.3.4 As correntes do casamento, 83
    2.3.5 E suas fechaduras, 86
    2.3.6 Os pais, 90
    2.3.7 E a "parentela", 94
2.4 A esfera do esforço, 95
    2.4.1 A casa, 96
    2.4.2 E o que há em seu interior, 100
    2.4.3 O homem é feito para o trabalho, 103
    2.4.4 Mas que trabalho?, 106
    2.4.5 E as ferramentas?, 110
2.5 Fim de vida, 113
    2.5.1 Os velhos, 114
    2.5.2 A "passagem", 118
    2.5.3 Depois da morte, 120
3 A natureza, 125
    3.1 O tempo que faz, 125
        3.1.1 As luzes do paleoambiente, 126
        3.1.2 O que viram e sentiram?, 128
    3.2 O fogo e a água, 132
        3.2.1 O fogo, símbolo da vida e da morte, 132
        3.2.2 A água salvadora e benfazeja, 134
        3.2.3 O mar, horrível e tentador, 137
    3.3 Os produtos da terra, 140
        3.3.1 Dominar o solo, 140
        3.3.2 Fazer a terra render, 143
        3.3.3 A erva e a vinha, 146
    3.4 A árvore e a floresta, 149
        3.4.1 A floresta, opressora e sagrada, 149
        3.4.2 A floresta, necessária e nutritiva, 153
        3.4.3 E a gente da floresta?, 155

4 E os animais?, 157
- 4.1 O homem perante o animal, 158
  - 4.1.1 O medo e a repugnância, 158
  - 4.1.2 O respeito e a afeição, 160
- 4.2 Conhecer e compreender, 164
  - 4.2.1 O que são os animais?, 164
  - 4.2.2 Penetrar nesse mundo, 166
- 4.3 Utilizar e destruir, 170
  - 4.3.1 Os serviços do animal, 170
  - 4.3.2 Matar é próprio do homem, 175
  - 4.3.3 Um balanço contrastado, 180

Parte II – O homem em si próprio, 185

1 O homem e o outro, 187
- 1.1 Viver em grupo, 187
  - 1.1.1 Por que se reunir?, 188
  - 1.1.2 Como se reunir?, 192
  - 1.1.3 Onde se reunir?, 196
  - 1.1.4 Rir e se divertir, 205
- 1.2 Precauções e desvios, 210
  - 1.2.1 A ordem e as "ordens", 211
  - 1.2.2 A paz e a honra, 216
  - 1.2.3 A lei e o poder, 219
  - 1.2.4 As violências, 228
  - 1.2.5 E a gente de outros lugares, 235

2 O conhecimento, 241
- 2.1 O inato, 242
  - 2.1.1 A memória, 242
  - 2.1.2 O imaginário, 246
  - 2.1.3 A medida, 250
- 2.2 O adquirido, 255
  - 2.2.1 O gesto, a imagem, a fala, 256
  - 2.2.2 E o escrito, 260
  - 2.2.3 O que aprender?, 265
  - 2.2.4 E onde?, 270

2.3 A expressão, 275
    2.3.1 Quem escreve e o quê?, 276
    2.3.2 Para quem e por que escrevem?, 279
    2.3.3 A parte do artista, 281
3 E a alma, 285
  3.1 O bem e o mal, 287
    3.1.1 Fim do dualismo, 287
    3.1.2 A virtude e a tentação, 291
    3.1.3 O pecado e o perdão, 296
  3.2 A fé e a salvação, 298
    3.2.1 O dogma e os ritos da fé cristã medieval, 299
    3.2.2 A Igreja, 303
    3.2.3 O além, 307
Conclusão, 311

CULTURAL
Administração
Antropologia
Biografias
Comunicação
Dinâmicas e Jogos
Ecologia e Meio Ambiente
Educação e Pedagogia
Filosofia
História
Letras e Literatura
Obras de referência
Política
Psicologia
Saúde e Nutrição
Serviço Social e Trabalho
Sociologia

CATEQUÉTICO PASTORAL
Catequese
  Geral
  Crisma
  Primeira Eucaristia

Pastoral
  Geral
  Sacramental
  Familiar
  Social
  Ensino Religioso Escolar

TEOLÓGICO ESPIRITUAL
Biografias
Devocionários
Espiritualidade e Mística
Espiritualidade Mariana
Franciscanismo
Autoconhecimento
Liturgia
Obras de referência
Sagrada Escritura e Livros Apócrifos

Teologia
  Bíblica
  Histórica
  Prática
  Sistemática

REVISTAS
Concilium
Estudos Bíblicos
Grande Sinal
REB (Revista Eclesiástica Brasileira)
SEDOC (Serviço de Documentação)

VOZES NOBILIS
Uma linha editorial especial, com importantes autores, alto valor agregado e qualidade superior.

PRODUTOS SAZONAIS
Folhinha do Sagrado Coração de Jesus
Calendário de mesa do Sagrado Coração de Jesus
Agenda do Sagrado Coração de Jesus
Almanaque Santo Antônio
Agendinha
Diário Vozes
Meditações para o dia a dia
Encontro diário com Deus
Guia Litúrgico

VOZES DE BOLSO
Obras clássicas de Ciências Humanas em formato de bolso.

CADASTRE-SE
www.vozes.com.br

EDITORA VOZES LTDA.
Rua Frei Luís, 100 – Centro – Cep 25689-900 – Petrópolis, RJ
Tel.: (24) 2233-9000 – Fax: (24) 2231-4676 – E-mail: vendas@vozes.com.br

UNIDADES NO BRASIL: Belo Horizonte, MG – Brasília, DF – Campinas, SP – Cuiabá, MT
Curitiba, PR – Fortaleza, CE – Goiânia, GO – Juiz de Fora, MG
Manaus, AM – Petrópolis, RJ – Porto Alegre, RS – Recife, PE – Rio de Janeiro, RJ
Salvador, BA – São Paulo, SP